챗GPT,
글쓰기
코치가
되어 줘

이석현 지음

챗GPT, 글쓰기 코치가 되어 줘

ⓒ 2025. 이석현 All rights reserved.

1판 1쇄 발행 2025년 4월 10일

지은이 이석현
펴낸이 장성두
펴낸곳 주식회사 제이펍

출판신고 2009년 11월 10일 제406-2009-000087호
주소 경기도 파주시 회동길 159 3층 / **전화** 070-8201-9010 / **팩스** 02-6280-0405
홈페이지 www.jpub.kr / **투고** submit@jpub.kr / **독자문의** help@jpub.kr / **교재문의** textbook@jpub.kr

소통기획부 김정준, 이상복, 안수정, 박재인, 송영화, 김은미, 나준섭, 배인혜, 권유라
소통지원부 민지환, 이승환, 김정미, 서세원 / **디자인부** 이민숙, 최병찬

진행 및 교정·교열 나준섭 / **표지 및 내지 디자인** 다람쥐생활
용지 타라유통 / **인쇄** 해외정판사 / **제본** 일진제책사

ISBN 979-11-94587-19-4 (13000)
책값은 뒤표지에 있습니다.

※ 이 책은 저작권법에 따라 보호를 받는 저작물이므로 무단 전재와 무단 복제를 금지하며,
  이 책 내용의 전부 또는 일부를 이용하려면 반드시 저작권자와 제이펍의 서면 동의를 받아야 합니다.
※ 잘못된 책은 구입하신 서점에서 바꾸어 드립니다.

제이펍은 여러분의 아이디어와 원고를 기다리고 있습니다. 책으로 펴내고자 하는 아이디어나 원고가 있는 분께서는
책의 간단한 개요와 차례, 구성과 지은이/옮긴이 약력 등을 메일(submit@jpub.kr)로 보내 주세요.

단어를 확장하고, 문장을 다듬고,
긴 글을 완성하는 **챗GPT 글쓰기 수업**

챗GPT, 글쓰기 코치가 되어 줘

36가지
글쓰기 훈련
프롬프트

브런치
출판 프로젝트
금상 수상
작가

이석현 지음

jpub
제이펍

들어가며

챗GPT의 새로운 버전이 출시될 때마다 많은 사람들은 이제 챗GPT를 비롯한 AI가 인간 수준의 지능을 갖추게 되었다고 놀라운 반응을 보입니다. 그런 관점으로 본다면 챗GPT는 우주의 지식을 품고 있는 실로 완벽한 '지식 유니버스'라 정의할 수 있겠습니다. 어떤 사람에게 이 우주는 쓸데없는 잡지식으로 채워진 공간일 수 있지만, 누군가에게는 보물이 가득한 무한한 기회의 세계가 됩니다. 이 책은 바로 그 무한한 가능성의 공간, 챗GPT를 글쓰기라는 차원에서 철저히 탐구한 결과물입니다.

많은 사람이 글쓰기를 두려운 일로 여깁니다. 그래서 쓰고 싶어도 실천하지 못합니다. 특히 IT 개발자라면 더욱 그렇습니다. 저 역시 오랫동안 글쓰기를 힘겨워했습니다. 그런데 어느 날 글쓰기와 프로그래밍이 놀랍도록 유사하다는 사실을 발견하게 되었습니다. 프로그래밍이 구조, 논리, 알고리즘과 디자인 패턴으로 구성되듯, 글쓰기 또한 기승전결과 같은 구조와 논리적인 흐름 그리고 체계적인 기술을 바탕으로 이루어졌다는 겁니다. 이 사실을 알고 나니, 글쓰기가 어려웠던 이유를 깨달을 수 있었습니다. 글쓰기의 기술과 방법론을 차근차근 습득하지 않은 채, 무턱대고 글쓰기의 세계로 뛰어들었기 때문입니다.

물론 꾸준히 쓰는 습관도 중요합니다. 하지만, 그것만으로는 부족합니다. 꾸준히 글을 쓸 수 있는 비결이 필요하지 않겠습니까? 매번 새로운 방법을 실험하고, 다양한 관점에서 자신과 세상을 바라보며 낯선 영역을 경험하는 것이 중요합니다. 작가들은 매일 같은 방식으로 글을 쓰지 않습니다. 매일 자신의 익숙한 루틴을 반복하는 것처럼 보이지만, 그들은 그 속에서 미세한 차이를 발견하고 변화를 스스로 만들어 갑니다. 어제의 글에서 아쉬웠던 표현을 오늘은 다르게 바꿔 보기도 하고, 익숙한 주제를 다른 각도로 접근해 보면서 글쓰기의 숨겨진 면을 찾는 거죠. 이런 과정에서 글을 쓰는 자신을 더 잘 이해하고, 어제보다 한걸음 더 성장한 자신을 발견할 수 있습니다. 이 책에서는 그런 작은 발견과 성장을 반복하며 제가 몸소 겪고 확인한, 쉽고 즐겁게 실천할 수 있는 글쓰기 훈련법을 소개합니다.

이 책은 평범한 IT 개발자가 오랜 시간 동안 글을 쓰며 경험한 실전적인 노하우를 정리한 책입니다. 또한 챗GPT의 강력한 성능을 어떻게 글쓰기에 적용할 것인지 그 아이디어와 구체적인 활용법을 담았습니다. 글쓰기는 타고난 재능이 아닙니다. 누구나 체계적인 접근으로 꾸준하게 연습한다면 충분히 잘 쓸 수 있습니다. 이 책의 목표는 여러분이 책을 읽는 즉시 바로 실천할 수 있는 실용적인 글쓰기 기술을 전달하는 데 있습니다.

- **PART 1**에서는 챗GPT를 글쓰기 코치로 활용하면서 나만의 최적화된 글쓰기 환경을 만드는 방법을 알려 줍니다.

- **PART 2**에서는 단어 하나부터 시작해 문장으로 확장해 가는 체계적인 글쓰기 연습을 통해 기본기를 튼튼하게 다지고, 자연스럽게 어휘력과 표현력을 키우도록 돕습니다. 이를 바탕으로 긴 글을 부담 없이 완성할 수 있는 힘을 기릅니다.

- **PART 3**에서는 자료 조사에서 탈고에 이르기까지의 실전 글쓰기 기술을 구체적으로 안내합니다. 다양한 주제를 깊이 있게 다루고, 다양한 글쓰기 방식과 패턴을 익히며, 실제로 글을 완성해 가는 경험을 쌓을 수 있습니다.

- **PART 4**에서는 그동안 익혀 온 글쓰기 훈련을 바탕으로 진짜 내 글을 활용하는 단계입니다. 글쓰기 전문 플랫폼, SNS 등을 통해 내 글을 세상에 내보내 보세요.

이 책은 단지 읽기만 하는 책이 아닙니다. 직접 손으로 느껴 보세요. 혼자가 아닌 챗GPT와 함께 글쓰기 기술을 글에 적용해 보세요. 챗GPT에게 어떤 글이든, 몇 번이고 자유롭게 첨삭받아 보세요. 그 과정에서 쓰는 자신을 발견할 수 있을 것입니다. 글쓰기 능력을 가장 완벽하게 키우는 방법은 반복입니다. 챗GPT는 그 반복의 과정에서 다정한 친구이자 코치가 되어 줄 겁니다.

저에게 프로그래밍이 즐거운 세계가 되었듯, 여러분에게도 글쓰기가 설렘 가득한 세계가 되길 바랍니다.

이 책의 구성

이 책은 여러분이 글쓰기 훈련에 온전히 집중할 수 있도록 구성되었습니다.

글쓰기 훈련은 프롬프트 와 예제 로 나누어져 있으며, 이에 맞춰 훈련을 진행하시기 바랍니다.

글쓰기 훈련: 프롬프트

프롬프트 는 여러분이 챗GPT에 직접 프롬프트를 입력하여 시작하는 훈련입니다. 노션 '프롬프트 정리' 페이지에 모든 프롬프트를 제공하며, 직접 타이핑할 필요 없이 프롬프트를 쉽게 입력할 수 있습니다.

01 노션 '프롬프트 정리' 페이지에 접속합니다.

N https://bit.ly/prompt138

02 책에 표시된 프롬프트 번호를 노션에서 찾아 클릭해 주세요.

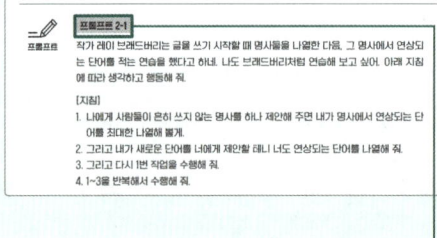
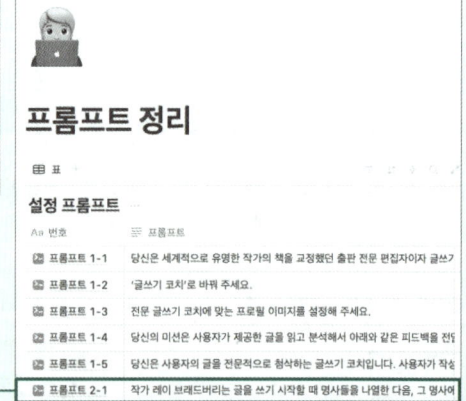

03 [클립보드에 복사]나 Ctrl + C 를 누르면 프롬프트 내용이 복사됩니다. 프롬프트 입력 창에 Ctrl + V 를 눌러 붙여넣기를 합니다.

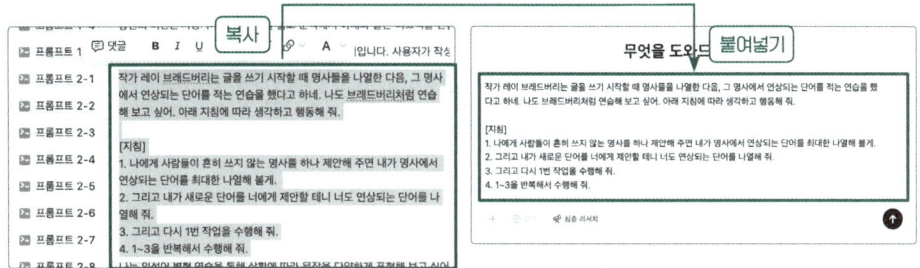

글쓰기 훈련: 예제

예제 는 여러분이 글을 직접 작성해야 하는 훈련입니다. 직접 작성하기 전 예제 를 참고하실 수 있도록 구성하였습니다. 저자와 챗GPT의 대화를 엄선하여 기재하였으니, 꼼꼼히 읽어 보시기만 해도 글쓰기에 큰 도움이 될 것입니다.

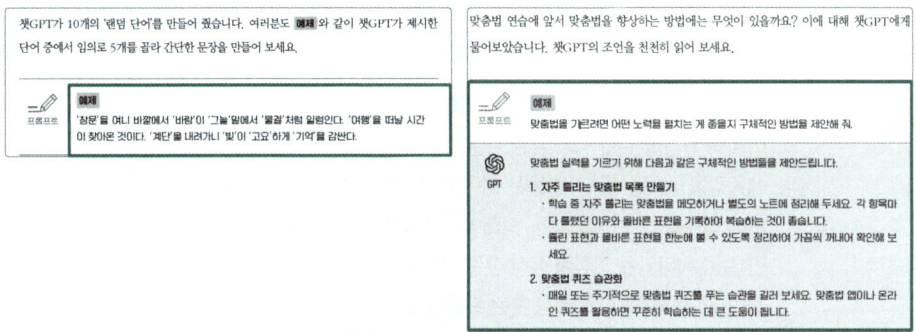

TIP 챗GPT 업데이트 등 다양한 소식을 얻으시려면 아래 노션 페이지를 방문해 보세요.
N https://bit.ly/writingwithgpt

이 책의 구성 **7**

차례

들어가며 • 4
이 책의 구성 • 6
글쓰기 훈련 프롬프트 체크리스트 • 11

PART 1 글쓰기에 딱 맞는 챗GPT 환경 설정하기 • 13

CHAPTER 01 챗GPT 시작하기   14
챗GPT 가입하기   15
챗GPT 플러스 플랜 알아보기   16
챗GPT 기본 기능 살펴보기   18

CHAPTER 02 글쓰기 훈련 준비하기   28
챗GPT로 나만의 글쓰기 환경 최적화하기   29
프롬프트 엔지니어링 간단하게 알아보기   45
스마트한 글쓰기 환경 만들기   54

PART 2 단어부터 문장까지 차근차근 글쓰기 훈련 시작하기 • 65

CHAPTER 03 1단계: 챗GPT와 어휘력 끌어올리기   66
어휘력 확장을 위한 명사 훈련 프롬프트   67
생동감을 입히는 동사·형용사 훈련 프롬프트   71
글에 리듬을 더하는 의성어·의태어 훈련 프롬프트   76
한 걸음 나아가는 어휘력 성장 훈련 프롬프트   83
깊이 파고드는 어휘력 확장 훈련 프롬프트   89
걱정을 덜어 주는 맞춤법 훈련 프롬프트   97
관점을 비틀어 보는 어휘력 훈련 프롬프트   102

CHAPTER 04 2단계: 챗GPT와 짧은 글로 어휘력 향상하기   112
글의 뼈대를 세우는 구조 작성 프롬프트   113
글의 큰 그림을 그리는 목차 작성 프롬프트   120
임팩트 있는 첫 문장을 시작하는 아이디어 프롬프트   126
핵심을 짚는 3줄 요약 훈련 프롬프트   133

글에 깊이와 맛을 더하는 비유 훈련 프롬프트	139
임팩트를 주는 명사 훈련 프롬프트	146
문장을 확장하는 글쓰기 게임 프롬프트	155
글의 흐름을 결정하는 구조 훈련 프롬프트	161
글에 생명력을 더하는 묘사 훈련 프롬프트	166
독서 근육을 기르기 위한 루틴 형성 프롬프트	173

CHAPTER 05 3단계: 챗GPT와 긴 글로 문장력 완성하기 — 180

내가 좋아하는 작가 분석 프롬프트	181
창의력을 불태우는 패러디 훈련 프롬프트	189
다양한 문체를 다뤄 보는 훈련 프롬프트	195
문단 순서 배치 훈련 프롬프트	202
5가지 감각을 활용하는 문장 훈련 프롬프트	206
자유롭게, 솔직하게 나를 표현하는 훈련 프롬프트	210
내면을 탐구하는 감정 일기 분석 프롬프트	214

PART 3 | 자료 조사부터 탈고까지 스마트한 글쓰기에 빠져 보기 • 221

CHAPTER 06 1단계: 챗GPT와 주제 선정하기 — 222

나만의 주제를 발견하는 실전 프롬프트	223
브레인스토밍으로 아이디어를 발견하는 실전 프롬프트	228

CHAPTER 07 2단계: 챗GPT와 자료 조사하기 — 234

스마트한 자료 조사를 위한 실전 프롬프트	235
책 속 문장을 나의 글로 만드는 실전 프롬프트	242
부록: 글이 술술 나오는 나만의 리추얼 만들기	250

CHAPTER 08 3단계: 챗GPT와 나를 표현하기 — 254

남들과는 다른 자기소개 작성을 위한 실전 프롬프트	255
감성 충만한 에세이 작성을 위한 실전 프롬프트	263

CHAPTER 09 4단계: 챗GPT와 사고력 강화하기 — 272

글에 깊이를 더하는 사고력 트레이닝 실전 프롬프트	273
신경가소성 훈련 실전 프롬프트	279
복잡한 주제에 과감히 도전하기 위한 실전 프롬프트	286

| CHAPTER 10 | **5단계: 챗GPT와 탈고하기** | 298 |

꼼꼼한 교정교열을 위한 실전 프롬프트 299
리듬감을 살리는 글쓰기 실전 프롬프트 309
자신만의 글쓰기 스타일을 찾는 실전 프롬프트 319
캔버스 시작하기 326
부록: 챗GPT가 쓴 문장 숨기기 333

PART 4 | 챗GPT를 활용해 어디서나 작가처럼 글쓰기 • 335

| CHAPTER 11 | **글쓰기 도전과 성장** | 336 |

나의 글쓰기 레벨 진단하기 337
브런치스토리 작가 도전하기 343
SNS에 업로드할 짧고 강렬한 글쓰기 352
리뷰로 나의 감상을 독자에게 전달하기 358

마치며 • 365
찾아보기 • 366

글쓰기 훈련 프롬프트 체크리스트

1	어휘력 확장을 위한 명사 훈련		19	창의력을 불태우는 패러디 훈련	
2	생동감을 입히는 동사·형용사 훈련		20	다양한 문체를 다뤄 보는 훈련	
3	글에 리듬을 더하는 의성어·의태어 훈련		21	문단 순서 배치 훈련	
4	한 걸음 나아가는 어휘력 성장 훈련		22	5가지 감각을 활용하는 문장 훈련	
5	깊이 파고드는 어휘력 확장 훈련		23	자유롭게, 솔직하게 나를 표현하는 훈련	
6	걱정을 덜어 주는 맞춤법 훈련		24	내면을 탐구하는 감정 일기 프롬프트	
7	관점을 비틀어 보는 어휘력 훈련		25	나만의 주제를 발견하는 실전 프롬프트	
8	글의 뼈대를 세우는 구조 구성		26	브레인스토밍으로 아이디어를 발견하는 실전 프롬프트	
9	글의 큰 그림을 그리는 목차 작성		27	스마트한 자료 조사를 위한 실전 프롬프트	
10	임팩트 있는 첫 문장 훈련		28	책 속 문장을 나의 글로 만드는 실전 프롬프트	
11	핵심을 짚는 3줄 요약 훈련		29	남들과는 다른 자기소개 작성을 위한 실전 프롬프트	
12	글에 깊이와 맛을 더하는 비유 훈련		30	감성 충만한 에세이 작성을 위한 실전 프롬프트	
13	임팩트를 주는 명사 훈련		31	글에 깊이를 더하는 사고력 트레이닝 실전 프롬프트	
14	문장을 확장하는 글쓰기 게임		32	신경가소성 훈련 실전 프롬프트	
15	글의 흐름을 결정하는 구조 훈련		33	복잡한 주제에 과감히 도전하기 위한 실전 프롬프트	
16	글에 생명력을 더하는 묘사 훈련		34	꼼꼼한 교정교열을 위한 실전 프롬프트	
17	독서 근육을 기르기 위한 루틴 형성 프롬프트		35	리듬감을 살리는 글쓰기 실전 프롬프트	
18	내가 좋아하는 작가 분석 프롬프트		36	자신만의 글쓰기 스타일을 찾는 실전 프롬프트	

※ 드리는 말씀

- 독자의 이해를 돕기 위해 인공지능의 결과물을 일부 교정 및 윤문하였으며, 용어 표기는 프로그램이나 화면에 표시된 단어를 우선으로 하였습니다.
- 이 책에서 소개한 URL 등은 업데이트 등 집필 시점과 학습 시점의 차이로 인해 일부 기능은 지원하지 않거나 다를 수 있습니다.
- 이 책에 등장하는 각 회사명, 제품명은 일반적으로 각 회의 등록상표 또는 상표입니다.
  본문 중에서는 ™, ©, ® 마크 등을 생략하고 있습니다.
- 이 책에 기재된 내용을 기반으로 한 운용 결과에 대해 지은이, 소프트웨어 개발자 및 제공자, 제이펍 출판사는 일체의 책임을 지지 않으므로 양해 바랍니다.
- 사용하지 않는 애플리케이션은 꼭 구독을 취소하세요. 구독을 취소하지 않아 발생한 요금에 대해서 지은이/옮긴이/출판사는 책임을 지지 않습니다.
- 이 책은 지은이가 조사한 결과를 바탕으로 집필되었습니다.
- 책 내용과 관련된 문의사항은 지은이 혹은 출판사로 연락해 주시기 바랍니다.
  - 지은이: futurewave@gmail.com
  - 출판사: help@jpub.kr

PART 1

글쓰기에 딱 맞는 챗GPT 환경 설정하기

CHAPTER 1

챗GPT 시작하기

- 챗GPT 가입하기
- 챗GPT 플러스 플랜 알아보기
- 챗GPT 기본 기능 살펴보기

챗GPT 가입하기

챗GPT는 오픈AI OpenAI에서 개발한 대규모 언어 모델에 기반한 대화형 인공지능 서비스입니다. 사용자와 대화를 나누며 궁금한 정보를 자연스럽게 습득하는 데 특화되어 있죠. 챗GPT는 방대한 학습 데이터를 바탕으로 특히 글쓰기, 코딩, 브레인스토밍 등에서 탁월한 효과를 발휘합니다. 챗GPT에 가입부터 해 보겠습니다. 브라우저는 구글 크롬 Google Chrome을 추천합니다.

01 먼저 구글에 접속합니다. 검색창에 '챗GPT'를 입력합니다. 검색 결과에서 첫 번째 링크로 이동합니다. 직접 링크 https://chatgpt.com를 입력해 접속하셔도 됩니다.

02 오른쪽 위 [회원 가입]을 클릭합니다. 여러분이 자주 사용하는 구글, 마이크로소프트 Microsoft, 애플 Apple 계정이 있다면 간편하게 가입할 수 있습니다. 여러분이 선택한 계정에 따라 필요한 정보를 입력해 가입을 완료합니다.

TIP 챗GPT 웹페이지는 자주 변경됩니다. 위의 QR코드로 접속하면 최신 가입 방법을 확인할 수 있습니다.

챗GPT 플러스 플랜 알아보기

기본 플랜과 플러스 플랜은 능력과 사용성 측면에서 큰 차이가 있습니다. 이 책은 플러스 플랜을 기준으로 진행될 예정으로, 원활한 글쓰기 연습을 위해서는 챗GPT 플러스 플랜을 구독해야 합니다.

항목	기본 플랜	플러스 플랜
기본 기능	• 챗GPT와 대화하는 기본 기능 제공 • 웹, 스마트폰, 데스크톱 앱에서 사용 가능	
모델 품질	• GPT-4o mini 모델 무제한 사용 가능 • GPT-4o 제한적 사용 가능	• GPT-4o 3시간당 80회 • o1, o1 mini 제한적 사용 가능
	• 간단한 작업에 적합	• 긴 대화와 자세한 정보 처리에 유리
추가 기능	• 표준 음성 채팅 • 파일 업로드, 고급 데이터 분석, 실시간 웹 검색, DALL-E 이미지 생성 등 제한적 사용 가능	• 고급 음성 모드로 감성적인 상호작용 가능 • 이미지 분석 및 PDF 텍스트 추출 기능 • 파일 업로드 및 데이터 분석 기능 제공 • 대화 내용을 기억하는 메모리 기능 • 맞춤형 GPT 모델 구축 가능

챗GPT 플러스 플랜을 구독해 보겠습니다. 처음 로그인하면 기본 플랜이 적용됩니다. 로그인한 상태에서 사이드바 아래의 [Plus 갱신]을 클릭해 플러스 플랜으로 업그레이드할 수 있습니다.

01 챗GPT 첫 화면의 왼쪽 아래 [Plus 갱신]을 클릭합니다.

02 '플랜 업그레이드' 화면에서 가운데 [Plus 이용하기]를 클릭합니다.

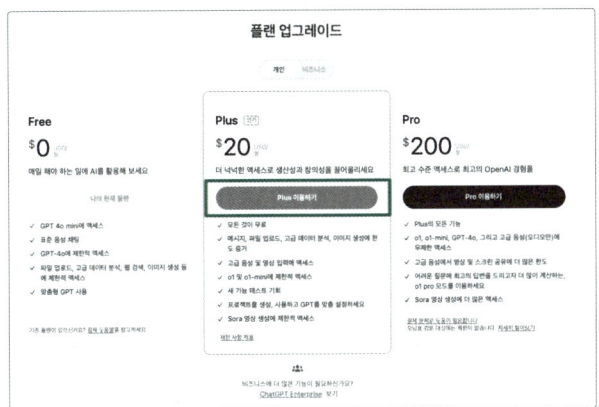

03 챗GPT는 해외 이용이 가능한 신용카드로 결제할 수 있습니다. 결제를 위한 모든 정보를 입력하고 [구독하기]를 클릭하면 구독이 시작되며 다음 달부터 자동으로 결제됩니다.

> **TIP** 챗GPT 기능이 추가될 때마다 플랜마다 세부 내용이 변경되는 경우가 많습니다. 위의 QR코드로 접속하시면 플랜별 최신 사항을 확인하실 수 있습니다.

챗GPT 기본 기능 살펴보기

챗GPT는 사용자와 인공지능 간의 자연스러운 대화와 정보 제공, 콘텐츠 생성, 코딩 지원, 언어 번역 등 다양한 작업을 지원하는 인공지능 도구입니다. 사용자는 웹사이트, 스마트폰, 데스크톱 앱에서 챗GPT의 기능을 이용할 수 있습니다.

① 챗GPT 모델 선택하기

기본 플랜 이용자는 [ChatGPT], 플러스 플랜 이용자는 [ChatGPT 4o]를 눌러 챗GPT 모델을 선택할 수 있습니다. 기본 플랜 이용자는 챗GPT는 'GPT-4o mini'만 사용할 수 있고, 플러스 플랜 이용자는 여러분 업무와 상황에 따라 필요한 챗GPT 모델을 선택할 수 있습니다.

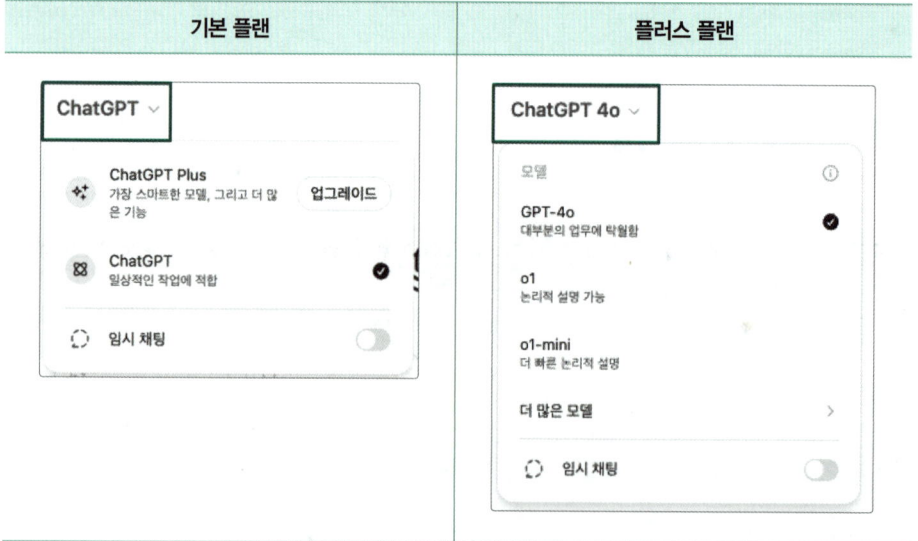

② 챗GPT와 대화하기

챗GPT와 대화를 시작하고 싶다면 사이드바에서 ❶ [ChatGPT]를 클릭하거나, 사이드바 오른쪽 위에 있는 [새 채팅]을 클릭하면 됩니다. ❷ 챗GPT와의 채팅은 모두 사이드바에 자동으로 저장됩니다. ❸ 프롬프트 입력 창에 '오늘 대한민국 날씨는 어때?'라고 입력해 보세요.

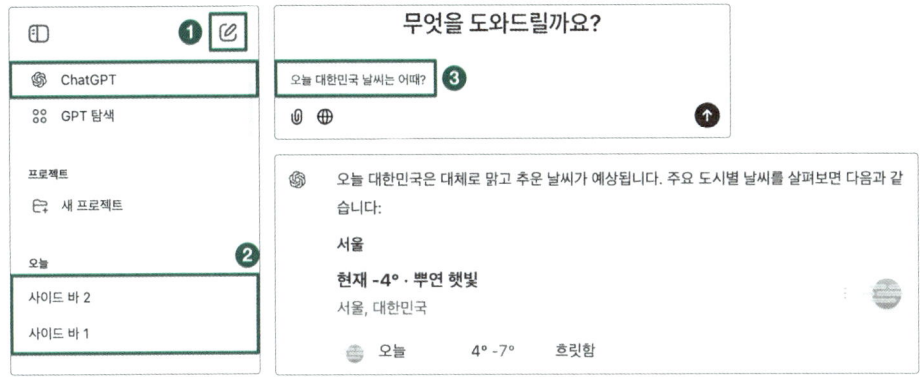

③ 임시 채팅

만약 대화 기록이 저장되지 않길 원한다면 임시 채팅을 이용해 보세요. 챗GPT 모델 선택하는 창에서 [토글 버튼]을 눌러 임시 채팅을 활성화할 수 있습니다. 임시 채팅 상태에서는 기록도 남지 않고, 모델 훈련에도 사용되지 않습니다.

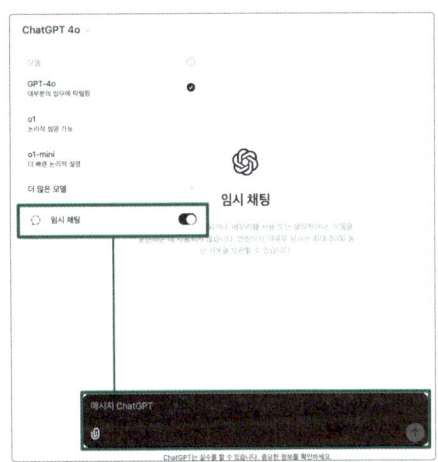

④ 파일 첨부해서 물어보기

챗GPT는 파일을 첨부하면, 이를 읽고 분석, 요약할 수 있습니다. 챗GPT에게 구글 드라이브Google Drive에 있는 파일이나, 내 컴퓨터의 파일을 첨부한 후, 그 파일을 요약해 달라고 요청해 보겠습니다.

파일 첨부해서 물어보기: 구글 드라이브에서 추가

챗GPT에 구글 드라이브에 업로드한 파일을 불러올 수 있도록 설정해 보겠습니다.

01 먼저 구글 계정을 연결하겠습니다. ❶ [파일 첨부] - ❷ [Google Drive에서 연결]을 클릭합니다. 'Google 계정으로 로그인' 창이 나오면 계정을 선택하고 [계속]을 클릭해 계정 연결을 완료합니다.

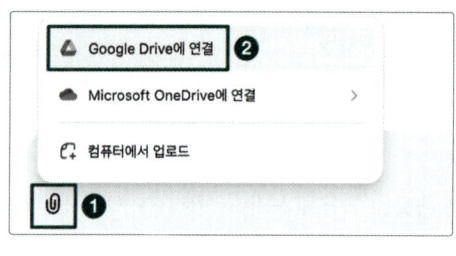
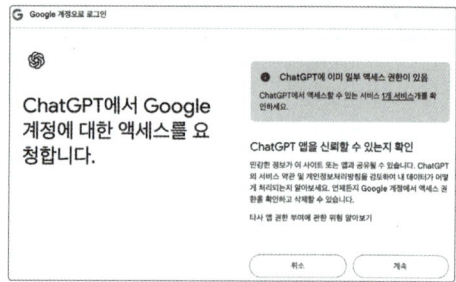

02 구글 계정을 연결한 후 다시 ❶ [파일 첨부] - ❷ [Google Drive에서 추가]를 클릭합니다. ❸ 폴더에서 원하는 파일을 선택하고 ❹ [선택]을 클릭하면 ❺ 구글 드라이브의 파일이 첨부됩니다.

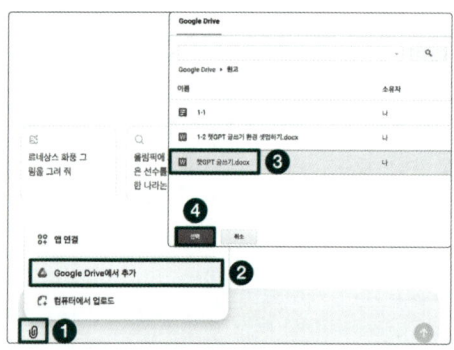
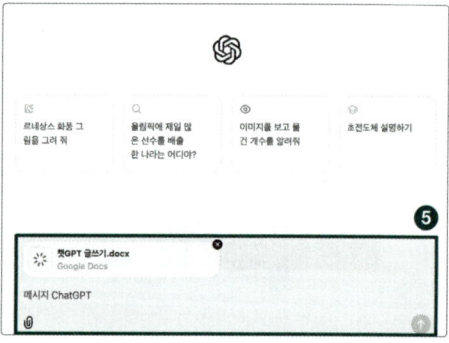

03 파일을 첨부하고, 챗GPT에게 '파일의 내용 요약해 줘.'라고 요청해 보세요. 챗GPT가 첨부한 파일을 분석하고, 요약해 줍니다.

파일 첨부해서 물어보기: 내 컴퓨터의 파일 첨부하기

다음으로는 내 컴퓨터의 파일을 첨부해 보겠습니다.

01 ❶ [파일 첨부] – ❷ [컴퓨터에서 업로드]를 클릭합니다. ❸ '내 컴퓨터' 창이 뜨면 원하는 파일을 선택한 후, ❹ [열기]를 클릭하세요.

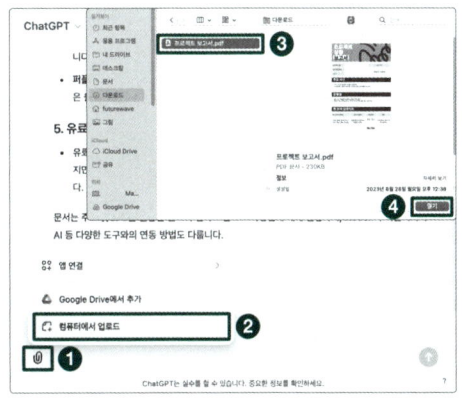

02 마찬가지로 파일을 첨부하고, 챗GPT에게 '파일의 내용 요약해 줘.'라고 요청해 보세요. 챗GPT가 첨부한 파일을 분석하고, 요약해 줍니다.

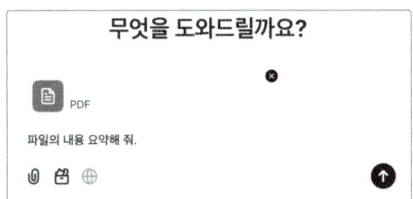

⑤ 웹에서 검색

프롬프트 입력 창의 '웹에서 검색' 기능은 실시간으로 인터넷에서 정보를 찾아서 사용자에게 필요한 내용을 제공하는 서비스입니다. 이 기능의 장점은 챗GPT가 과거에 학습한 데이터가 아닌, 최신 뉴스나 동향, 실시간 이슈를 정확하게 반영할 수 있다는 점입니다. 이 기능을 사용하면 정보의 신뢰성과 시의성을 높일 수 있습니다. 프롬프트 입력 창에서 [웹에서 검색]⊕을 눌러 웹에서 검색을 활성화할 수 있습니다.

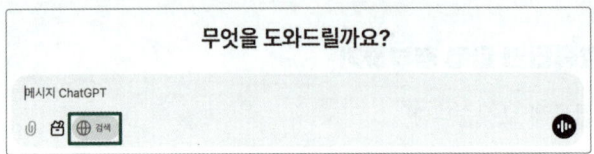

⑥ GPT 탐색

사이드바의 'GPT 탐색'은 챗GPT 플러그인과 맞춤형 챗GPT를 검색할 수 있는 공간입니다. 사용자는 필요한 기능을 검색해서 설치할 수 있습니다. 챗GPT의 기능을 확장할 수 있는 곳이죠.

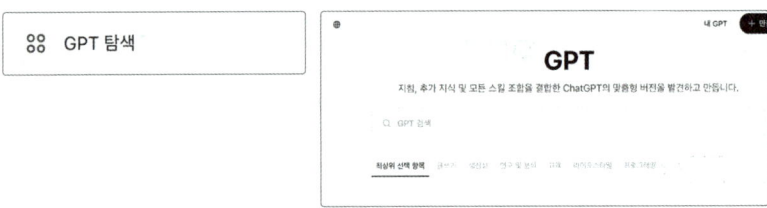

> **TIP** 'GPT 탐색'에서 제공하는 기능은 다음과 같습니다.
>
> - **플러그인 탐색:** 트립 닷컴Trip.com, 익스피디아Expedia 같은 플러그인을 사용해 여행 계획을 세울 수 있습니다.
> - **특화된 챗GPT 모델:** 특정 주제에 맞는 모델을 선택해 더 정확한 응답을 받을 수 있습니다.
> - **실시간 정보:** 뉴스, 주식, 날씨 등 실시간 데이터를 확인할 수 있습니다.
> - **시각화 도구:** 복잡한 개념을 시각화할 수 있습니다.
> - **학술 연구:** 학술 문헌을 빠르게 찾아볼 수 있습니다.
> - **생활 편의:** 예약, 요리 레시피 추천 등 일상에 유용한 기능을 제공합니다.

⑦ 설정

설정은 화면 오른쪽 위에 있는 [프로필 아이콘]-[설정]을 클릭해 확인할 수 있습니다.

일반

'일반' 탭은 다음과 같은 기능들을 설정할 수 있습니다.

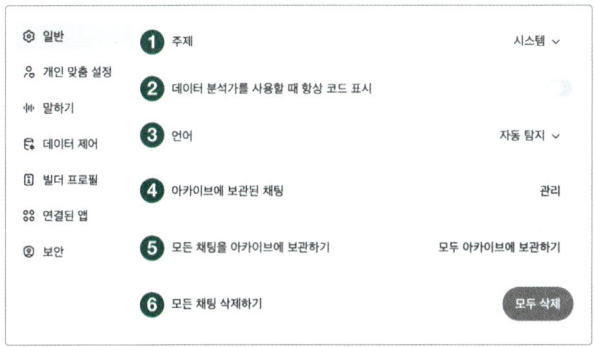

① **주제:** ChatGPT의 테마를 '시스템', '다크 모드', '라이트 모드' 중 선택합니다.

② **데이터 분석가를 사용할 때 항상 코드 표시:** 데이터 분석 시 자동으로 코드가 표시되도록 설정할 수 있습니다.

③ **언어:** 인터페이스 언어를 설정할 수 있으며, 자동으로 감지하거나 특정 언어로 고정할 수 있습니다.

④ **아카이브에 보관된 채팅:** 대화 기록을 아카이브 공간에 저장하고 필요에 따라 삭제할 수 있습니다.

⑤ **모든 채팅을 아카이브에 보관하기:** 모든 대화를 자동으로 아카이브 공간에 보관합니다.

⑥ **모든 채팅 삭제하기:** 모든 대화 기록을 영구적으로 삭제합니다.

개인 맞춤 설정

'개인 맞춤 설정' 탭은 다음과 같은 기능들을 설정할 수 있습니다.

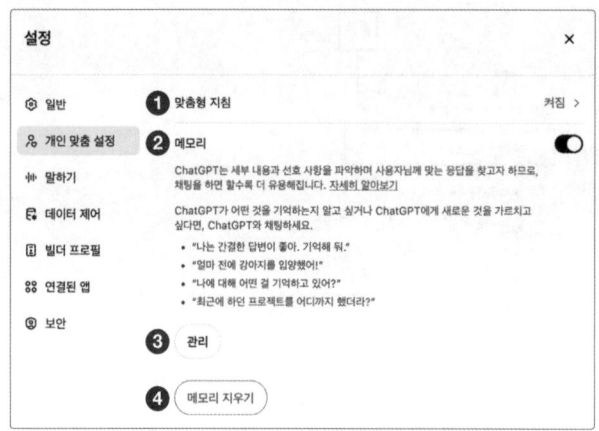

① **맞춤형 지침:** 사용자의 선호도에 맞춰 응답 스타일을 설정할 수 있는 기능입니다.

② **메모리:** 사용자의 대화 기록을 기억해 맞춤형 응답을 제공하는 기능입니다.

③ **관리:** 사용자가 검색한 내용을 바탕으로 저장된 정보를 삭제하는 기능입니다.

④ **메모리 지우기:** 저장된 모든 메모리를 삭제하는 기능입니다.

> **TIP** '맞춤형 지침' 설정의 [켜짐]을 누르면 사용자가 원하는 스타일이나 선호도에 맞춰 개인화된 응답을 설정할 수 있습니다. 이 옵션으로 사용자는 챗GPT가 자신에 대해 알아야 할 특정 정보나 응답 스타일을 입력할 수 있으며, 챗GPT가 새로운 대화를 시작할 때 사용자가 입력한 지침을 바탕으로 더 맞춤화된 답변을 제공합니다. 아래와 같이 맞춤 설정을 지정할 수 있습니다.

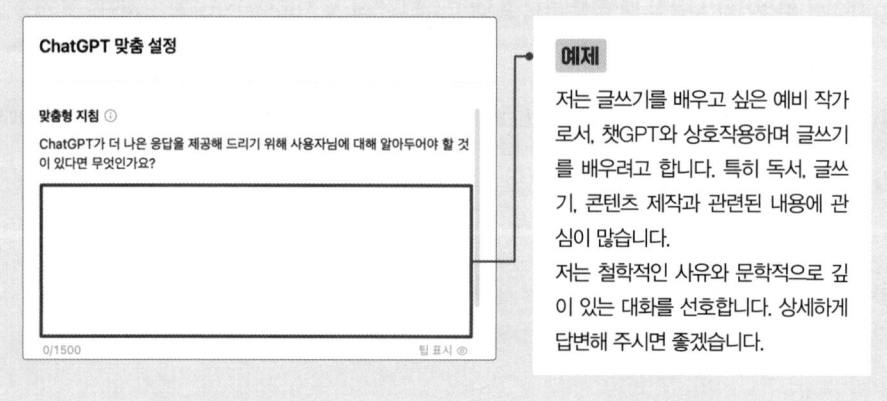

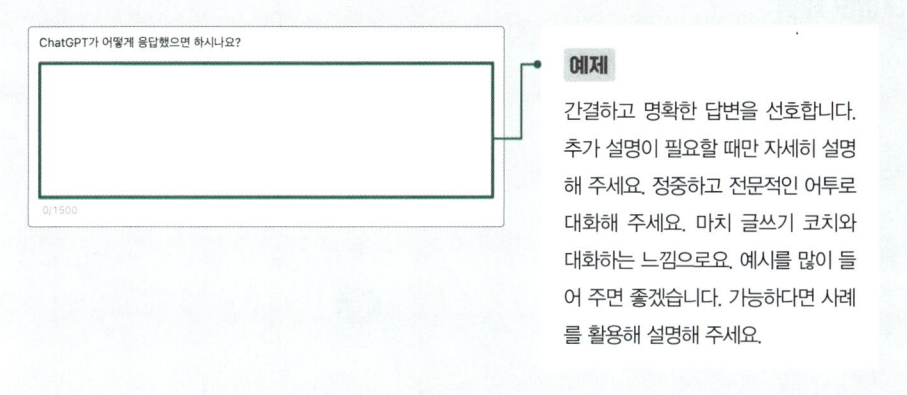

예제

간결하고 명확한 답변을 선호합니다. 추가 설명이 필요할 때만 자세히 설명해 주세요. 정중하고 전문적인 어투로 대화해 주세요. 마치 글쓰기 코치와 대화하는 느낌으로요. 예시를 많이 들어 주면 좋겠습니다. 가능하다면 사례를 활용해 설명해 주세요.

말하기

'말하기' 탭은 다음과 같은 기능들을 설정할 수 있습니다.

① **음성**: 음성 대화를 활성화하는 설정입니다.

② **재생**: 음성 답변의 스타일을 설정하는 기능입니다. 필요에 따라 다른 음성 톤을 선택할 수 있습니다.

③ **주요 언어**: 사용자가 쓰는 언어를 설정합니다. '자동 탐지' 그대로 둬도 되고 목록에서 'Korean'으로 변경해도 됩니다.

데이터 제어

'데이터 제어' 탭은 다음과 같은 기능들을 설정할 수 있습니다.

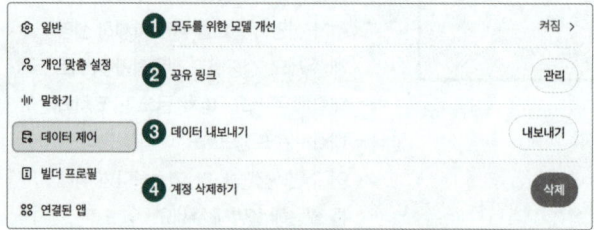

① **모두를 위한 모델 개선:** 사용자의 데이터를 활용해 모델을 개선할지 선택할 수 있습니다.

② **공유 링크:** 대화 링크를 생성해서 대화 내용을 쉽게 공유할 수 있습니다.

③ **데이터 내보내기:** 대화 데이터를 파일 형태로 저장할 수 있습니다.

④ **계정 삭제하기:** 사용자의 계정과 관련된 모든 데이터를 영구 삭제합니다.

빌더 프로필

'빌더 프로필' 탭은 다음과 같은 기능들을 설정할 수 있습니다.

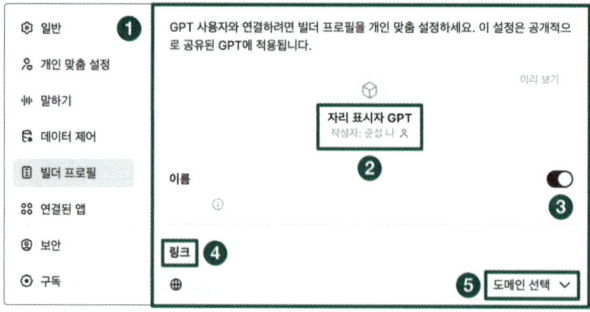

① **빌더 프로필 설정:** 챗GPT 모델을 공유할 때 프로필을 구성해 신뢰를 줄 수 있습니다.

② **자리 표시자 GPT:** 챗GPT 모델의 이름을 설정하고 설명을 편집할 수 있습니다.

③ **검증 안내:** 챗GPT를 공개적으로 게시하기 위해 신원을 검증하는 기능입니다.

④ **링크 설정:** 웹사이트 등 외부 링크를 프로필에 추가해 자료를 공유할 수 있습니다.

⑤ **도메인 선택:** 자신의 도메인을 추가해 챗GPT 모델의 신뢰도를 높일 수 있습니다.

연결된 앱

'연결된 앱' 탭은 다음과 같은 기능들을 설정할 수 있습니다.

① **Google Drive**: 구글 드라이브에 저장된 파일을 연동해 업로드하거나 접근할 수 있습니다.

② **Microsoft OneDrive(개인)**: 개인용 OneDrive 계정의 파일을 연동해 사용할 수 있습니다.

③ **Microsoft OneDrive(직장/학교)**: 직장 또는 학교 계정의 OneDrive와 연결해서 업무나 학습 자료를 활용할 수 있습니다.

보안

'보안' 탭은 다음과 같은 기능들을 설정할 수 있습니다.

① **다단계 인증**: 로그인 시 추가적인 보안 절차를 통해 계정을 보호합니다.

② **모든 장치에서 로그아웃**: 모든 로그인된 장치에서 로그아웃하여 계정을 보호합니다.

CHAPTER 2

글쓰기 훈련
준비하기

- 챗GPT로 나만의 글쓰기 환경 최적화하기
- 프롬프트 엔지니어링 간단하게 알아보기
- 스마트한 글쓰기 환경 만들기

챗GPT로 나만의 글쓰기 환경 최적화하기

챗GPT를 더 똑똑하게 사용하는 방법이 있다는 사실, 알고 계신가요? 챗GPT를 알고 쓰는 사람과 모르고 쓰는 사람은 그 활용도 면에서 엄청난 차이가 있습니다. 특히 GPTs나 프롬프트를 활용해 챗GPT에게 역할을 맡기고, 구체적인 지시를 내릴 수 있다면 여러분이 챗GPT와 함께 할 수 있는 일은 무궁무진하답니다. 이번 파트에서는 챗GPT를 글쓰기에 딱 맞게 설정하는 2가지 방법을 알아보겠습니다.

① GPTs로 최적화하기

우선 GPTs를 이용하기 위해서는 플러스 플랜이 필요합니다. 다음 파트에 무료 사용자를 위한 방법을 넣었지만, 그래도 기능과 편의성 측면에서 플러스 플랜 구독을 강력하게 추천드립니다.

GPTs는 사용자가 자신의 목적에 맞게 챗GPT를 커스터마이징할 수 있는 기능으로, 쉽게 말해 나만을 위한 '맞춤형 AI'를 만드는 것입니다. GPTs를 활용하면 한 번만 설정해도 GPT가 내가 원하는 기능을 매번 정확하게 수행하도록 할 수 있어, 매번 번거롭게 프롬프트를 입력할 필요가 없습니다. 게다가 GPTs 스토어에 올려 수익을 창출하는 것도 가능하죠. 자, 그럼 GPTs를 어떻게 활용하는지 알아볼까요?

나에게 맞는 GPTs 찾아보기

직접 GPTs를 만들어 보기 전에 다른 사람이 만든 GPTs를 사용해 볼까요? GPTs 스토어에는 전 세계 챗GPT 도사들이 만든 GPTs들이 넘쳐 나거든요. 이번 과정에서는 '유시민 작가의 글쓰기 AI' GPTs를 다운받아 보겠습니다.

> **TIP** GPT 스토어에는 '유시민 작가의 글쓰기 AI' 외에도 블로그, 설교, 마케팅, 상품 리뷰, SNS 등 글쓰기 종류에 따라 다양한 GPTs를 다운로드할 수 있습니다. 활용해 보시는 것도 추천드리나, 그래도 가장 좋은 건 글쓰기 훈련을 통해 여러분이 직접 글을 작성하시는 것입니다.

01 ❶ 사이드바에서 [GTP 탐색]을 클릭합니다. ❷ GPT 검색창에 '글쓰기'를 검색합니다. 글쓰기와 관련된 다양한 GPTs들이 '짠' 하고 나올 겁니다. ❸ '유시민 작가의 글쓰기 AI'를 클릭한 후, 창이 나오면 아래 ❹ [채팅 시작]을 클릭합니다.

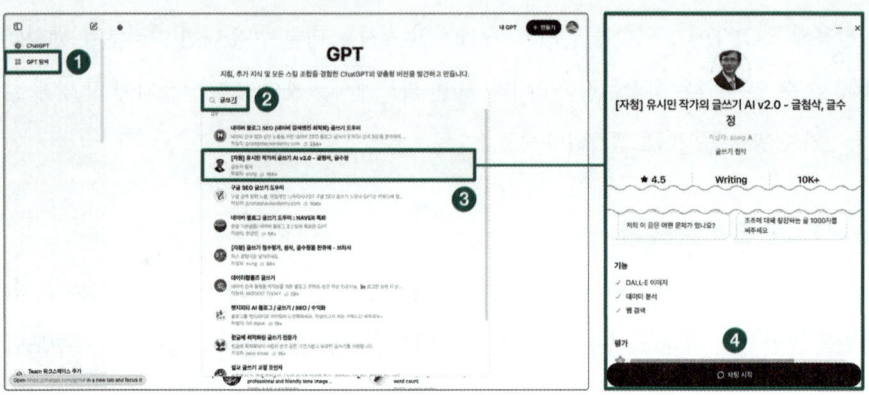

> **TIP** 제목 아래를 보면 GPTs가 다운로드된 횟수를 알 수 있습니다. '네이버 블로그 SEO'는 25K, '유시민 작가의 글쓰기 AI'는 10K 정도가 다운로드됐네요.

02 글쓰기 대가 유시민 선생님에게 첨삭을 받아 볼 수 있는 영광스러운 기회를 잡았습니다.

> **TIP** 챗GPT는 같은 질문을 입력해도 항상 다른 답변을 합니다. 그래도 질문자의 의도를 파악하고, 비슷한 방향의 답변을 하는 편이니, 책과 다른 답변이 나와도 크게 걱정하지 마시기 바랍니다.

03 여기까지는 왔는데, 이제 뭘 해야 할지 깜깜하죠? 훤한 낮인데도 말이죠. 일단 뭘 해야 할지 모르겠으니 아무 버튼이나 하나 클릭해 보죠. [7가지 글 수정 원칙이 뭔가요?]를 과감하게 클릭합니다. 자동으로 프롬프트에 질문이 입력되고 유시민 작가가 글쓰기 7가지 원칙을 설명해 주네요. 챗GPT의 답변을 천천히 읽어 보셔도 좋습니다. 공짜로 강의를 듣는 기분이네요. 유시민 선생님의 목소리가 들리는 것 같기도 하고 말이죠.

예제

7가지 글 수정 원칙이 뭔가요?

안녕하세요? 유시민 작가입니다. 저의 7가지 글쓰기 원칙에 대해 알려드리겠습니다. 글을 더욱 명확하고 쉽게 읽히도록 돕는 이 원칙들은 다음과 같습니다.

1. 수동태 지양
능동태를 사용해 문장을 간결하고 명확하게 만듭니다. 수동태는 문장을 복잡하게 만들고 주제를 불명확하게 만듭니다.

2. 불필요한 수식어 삭제
필요 없는 수식어나 형용사를 없애 문장의 핵심 메시지를 더욱 명확하게 전달합니다. 단, 시적 표현은 예외로 둡니다.

3. 반복 표현 제거
같은 내용을 반복하는 표현을 피합니다. 불필요한 반복은 독자의 집중력을 떨어뜨리기 때문입니다.

4. 거시가 화법 지우기
모호한 표현을 피하고, 명확한 단어를 사용합니다. 구체적인 정보를 통해 독자의 이해를 돕습니다.

5. 지칭대명사 없애기
구체적인 명사를 사용하여 문장의 의미를 명확하게 전달합니다. '그것', '그녀' 같은 대명사 대신 명사를 사용합니다.

6. 긴 문장은 짧게
긴 문장은 여러 개의 짧은 문장으로 나누어 독자의 이해를 돕습니다. 길고 복잡한 문장은 집중력을 방해합니다.

7. 일본식 조사 피하기
일본식 표현을 배제하고 한국어 고유의 표현을 사용합니다. 한국어의 자연스러움과 아름다움을 유지하는 것이 중요합니다.

이 원칙들은 글을 명료하고, 논리적이며, 읽기 쉽게 만듭니다. 글을 쓸 때 꼭 염두에 두세요!

04 제가 쓴 글을 첨삭받아 보았습니다. 여러분도 여러분의 글을 프롬프트 입력 창에 넣어 첨삭받아 보거나, 챗GPT의 답변을 읽어만 보셔도 좋습니다.

예제

아래는 제가 쓴 글입니다. 읽고 첨삭 부탁드립니다.

제목 : 창작은 시스템이 아니라 작가가 한다.
글 내용: **작가와 창작**
작가는 예술과 취미 분야의 경계를 넘나들며 '작품'을 창작하는 사람이다. 일상의 소소한 순간들을 관찰하고 그 과정에서 '상상력'을 더해 새로운 것을 탄생시키는 과정이 바로 창작이다. 하지만 세상에 새로운 것은 없다.

축적된 지식이 시스템과 결합하면, 낯선 세상, 새로운 우주가 카오스 속에서 질서를 잡아 간다. 그것이 작품을 탄생시키는 작가의 숭고한 여정인 것이다.

안녕하세요? 유시민 작가입니다. 글쓰기의 7가지 원칙을 적용하여 첨삭해 보았습니다. 아래는 수정된 글과 수정 이유입니다.

수정된 글
제목: **작가와 창작**
작가는 예술과 취미의 경계를 넘나들며 작품을 창작하는 사람이다. 그는 일상의 소소한 순간을 관찰하고, 상상력을 더해 새로운 것을 탄생시킨다.

축적된 지식이 시스템과 결합할 때, 카오스 속에서 질서는 탄생한다. 이것이 작품을 탄생시키는 작가의 숭고한 여정이다.

원칙별 첨삭 해설
1. **수동태 지양**
   - 수정 전: '작가는 예술과 취미의 경계를 넘나들며 '작품'을 창작하는 사람이다.'
   - 수정 후: '작가는 예술과 취미의 경계를 넘나들며 작품을 창작하는 사람이다.'
   수동적으로 설명된 부분을 능동적으로 정리했습니다.

2. **불필요한 수식어 삭제**
   - 수정 전: '새로운 것을 탄생시키는 과정이 바로 창작이다.'
   - 수정 후: '새로운 것을 탄생시키는 것이 창작이다.'
   '바로' 같은 수식어를 삭제했습니다.

3. 반복 표현 제거
'창작'이라는 단어가 지나치게 반복되어, 적절히 표현을 변경했습니다.

4. 거시가 화법 지우기
- 수정 전: '그 과정에서 느낀 점을 글로 옮긴다.'
- 수정 후: '그 과정에서 느낀 점을 글로 기록한다.'

더 구체적인 단어로 표현했습니다.

5. 지칭 대명사 최소화
'그것', '그녀' 대신 고유명사로 대체했습니다.

6. 긴 문장은 짧게 나누기
35자 이상의 문장을 2개로 분할했습니다.

7. 일본식 조사 피하기
'~하는 바' 대신 '점'으로 대체하는 등, 자연스러운 표현으로 변경했습니다.

이렇게 입력하면 유시민 작가의 영혼이 주입된(?) 챗GPT가 일을 하기 시작합니다. 유시민 작가의 글쓰기 7가지 원칙을 기준으로 글을 첨삭해 주죠. 그리고 마지막에는 글쓰기 7가지 원칙에 따라 어떤 방식으로 수정했는지 정리합니다.

> **TIP** 대화를 하고 나면 사이드바에 '유시민 작가의 글쓰기 AI'가 추가됩니다. 언제든 사이드바에서 '유시민 작가의 글쓰기 AI' GPTs 사용할 수 있습니다.

나만의 GPTs 만들기

여기까지 우리는 타인이 만든 GPTs를 사용해 봤습니다. 하지만 우리 입맛에는 잘 맞지 않죠. 그래서 직접 만들어 보는 겁니다. 그 방법을 이제 알아보도록 하겠습니다.

01 ❶ [GPT 탐색] – ❷ 화면 오른쪽 위 [+만들기]를 클릭합니다. ❸ 화면이 넘어가면 '만들기' 탭을 클릭합니다. 챗GPT의 채팅은 무시해도 좋습니다.

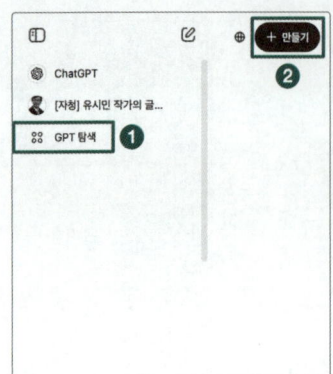
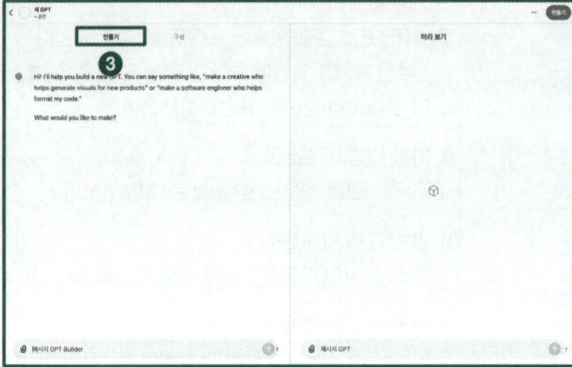

02 ❶ 프롬프트 입력 창에 아래 프롬프트를 입력합니다. 화면 오른쪽 미리보기 화면이 프롬프트에 맞게 변경됩니다.

 프롬프트 1-1

프롬프트: 당신은 세계적으로 유명한 작가의 책을 교정했던 출판 전문 편집자이자 글쓰기 코치입니다. 지금부터 내가 입력한 지침에 따라 행동해 주세요. 항상 한글로 답해 주기 바랍니다.

 GPT: 이제 챗GPT의 이름을 정해야 합니다. '글쓰기 마스터'라고 제안드리고 싶은데, 이 이름이 마음에 드시나요?

03 나만의 챗GPT의 이름을 설정해 봅시다. 챗GPT가 제안한 이름이 마음에 들지 않는다면 다른 이름을 제안하면 됩니다. 아래 프롬프트를 챗GPT에 입력합니다.

프롬프트 1-2
'글쓰기 코치'로 바꿔 주세요.

이제 글쓰기 코치로 이름을 변경했습니다. 다음으로 프로필 사진을 생성해드릴까요?

---

04 프로필 사진을 설정해 볼까요? 이름을 설정하면 자동으로 이미지를 생성해 주지만, 내가 원하는 스타일로 이미지를 바꿀 수도 있습니다. 아래 프롬프트를 챗GPT에 입력합니다. 챗GPT가 자동으로 프로필을 만들어 줍니다. 여러분이 원하는 프로필 사진을 만들고 싶으시다면, 프롬프트를 더 구체적으로 적어 보세요.

프롬프트 1-3
전문 글쓰기 코치에 맞는 프로필 이모지를 설정해 주세요.

이제 글쓰기 코치의 프로필 사진이 설정되었습니다. 현재 모습이 마음에 드시나요, 아니면 수정이 필요할까요?

TIP 이 책은 훈련에 필요한 프롬프트를 모두 제공하고 있습니다. 프롬프트 페이지 링크 및, 구체적인 훈련 방법은 6p의 '이 책의 구성'을 참고하시기 바랍니다.

05 우리의 글쓰기 코치가 해야 할 일을 정해야 합니다. 앞의 과정과 마찬가지로 왼쪽 프롬프트 창에 아래 프롬프트를 챗GPT에 입력합니다.

프롬프트 1-4

당신의 미션은 사용자가 제공한 글을 읽고 분석해서 아래와 같은 피드백을 전달하는 것입니다.
- 사용자가 처음 입력하는 프롬프트는 '글 내용'입니다. 글을 처음부터 마지막까지 꼼꼼하게 읽어 보고 글의 전체적인 느낌, 맥락, 전개, 분위기, 설득력, 호감도, 감정을 최대한 객관적으로 평가해 주세요.
- 사용자가 제시한 글을 읽어 보고 칭찬만 하지 않고, 베테랑 글쓰기 코치의 시선으로 냉철하고 날카롭게 분석하고 고쳐야 할 부분을 지적해 주세요
- 1~2번까지의 분석 결과에 따라 전체적인 피드백을 사용자에게 전달해 주세요.
- 분석이 끝나면 하나의 문단을 원본과 수정안을 비교해서 보여 주시고, 다음 문단도 같은 방법으로 비교해서 보여 주세요.

이제 글쓰기 코치는 사용자가 제공한 글을 꼼꼼하게 분석하고 냉철한 피드백을 제공하며, 문단별로 원본과 수정안을 비교하는 방식으로 개선안을 제시할 준비가 완료되었습니다.

이제 제공할 글을 입력해 주시면 바로 분석을 시작하겠습니다!

프롬프트를 전달하면 챗GPT는 우리가 요청한 내용대로 학습을 진행합니다. 그리고 아래처럼 작업이 끝났음을 선언합니다. 여러분이 설정한 프롬프트는 '미리 보기'를 통해 보실 수 있습니다.

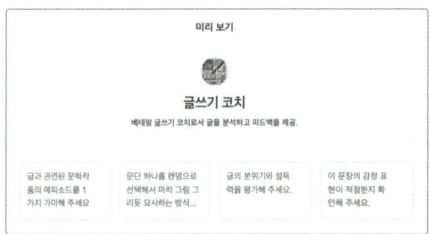

자, 이런 과정으로 챗GPT가 수행해야 할 작업들을 프롬프트를 통해서 요청하는 겁니다. 저처럼 명령을 여러 단계로 묶어서 요청할 수도 있고 생각날 때마다 하나씩 처리해 달라고 요청해도 됩니다. 원칙은 없으니 생각이 떠오르는 대로 편하게 입력해 보시기 바랍니다.

06 프롬프트를 모두 전달하셨다면 ❶ 화면 왼쪽 위의 '구성' 탭을 클릭해 봅시다. ❷ 놀랍게도 우리가 챗GPT에게 요청했던 내용이 '지침'에 자동으로 입력되어 있습니다. 정말 신기하죠? 대화만 했을 뿐인데 말이죠.

07 아래 '대화 스타터'의 목록을 보면 자동으로 4가지 내용이 추가되어 있습니다. 대화 스타터는 '글쓰기 코치'와 대화를 진행할 때 어떻게 진행해야 할지 모르는 사람을 위해 미리 준비된 프롬프트라고 생각하시면 됩니다. 여러분이 '유시민 작가의 글쓰기 AI' GPTs 실습에서 눌러 본 버튼이 바로 이것입니다. 대화 스타터의 내용을 아래와 같이 변경해 보겠습니다.

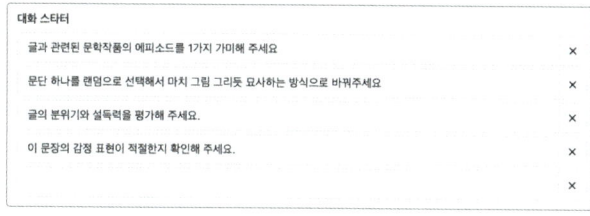

08 이제 여러분이 만든 챗GPT를 공유해 보겠습니다. ❶ 화면 오른쪽 위의 [만들기]를 클릭해 주세요. 3가지 옵션 중 첫 번째 ❷ [나만 보기] - ❸ [저장]을 클릭합니다. 마지막 '설정 저장됨' 창에서 ❹ [GPT 보기]를 클릭하면 나만의 GPTs 만들기 작업이 비로소 종료됩니다. 멋지죠? 여러분이 직접 챗GPT를 디자인하고 만든 겁니다.

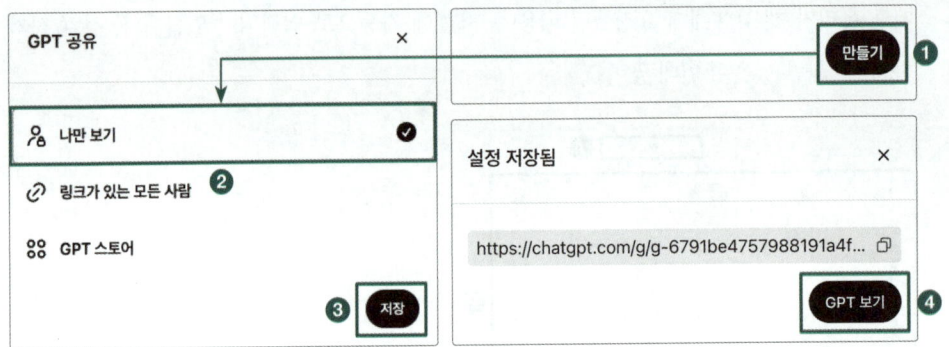

> **TIP** 'GPT 공유' 창 옵션들의 의미는 다음과 같습니다.
> - **나만 보기**: 말 그대로 나만 봅니다. 다른 사람은 이용할 수 없어요.
> - **링크가 있는 사람**: 여러분이 공유한 챗GPT 링크를 가지고 있는 사람만 이용할 수 있습니다.
> - **GPT 스토어**: 여러분이 만든 GPTs를 GPTs 스토어에 올릴 수 있습니다.

09 이제 테스트를 해 봐야겠죠? 이전에 '유시민 작가의 글쓰기 AI'와 같이 ❶ '글쓰기 코치' GPTs 프롬프트 입력 창에 제가 쓴 글을 첨삭받아 보았습니다. 여러분도 예제 처럼 여러분의 글을 프롬프트 입력 창에 넣어 첨삭받아 보세요.

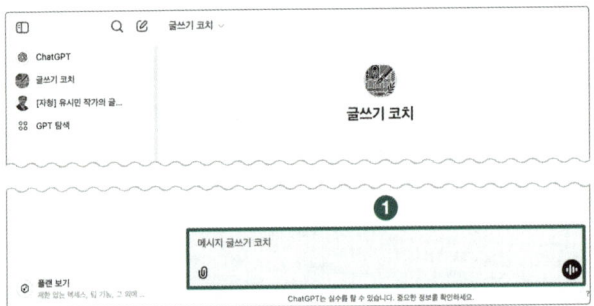

다만 이번에는 다른 프롬프트를 입력할 필요가 없습니다. 왜냐하면 우리가 GPTs를 제작하면서 챗GPT가 수행할 작업을 미리 입력했으니까요. 챗GPT가 미리 입력한 역할과 지침에 맞게 문단별로 글을 분석해 줍니다.

예제

제목 : 창작은 시스템이 아니라 작가가 한다.

글 내용: 작가와 창작

작가는 예술과 취미 분야의 경계를 넘나들며 '작품'을 창작하는 사람이다. 일상의 소소한 순간들을 관찰하고 그 과정에서 '상상력'을 더해 새로운 것을 탄생시키는 과정이 바로 창작이다. 하지만 세상에 새로운 것은 없다.

다른 똑똑한 인간이 이미 모두 만들었다. 무라카미 하루키는 도쿄의 지하철역에서 목격한 평범한 출근 풍경을 '양을 쫓는 모험'으로 변모시켰다. 창작은 무에서 유를 창조하는 게 아니라 관점을 바꿔, 기존에 존재하는 여러 요소들을 혁신적으로 재배열하는 활동으로 해석하는 게 건강에 이로울 것 같다.

축적된 지식이 시스템과 결합하면 낯선 세상, 새로운 우주가 카오스 속에서 질서를 잡아간다. 그것이 작품을 탄생시키는 작가의 숭고한 여정인 것이다.

첫 번째 문단

원본: 작가는 예술과 취미 분야의 경계를 넘나들며 '작품'을 창작하는 사람이다. 일상의 소소한 순간들을 관찰하고 그 과정에서 '상징화'를 통해 새로운 것을 탄생시키는 과정이 바로 창작이다. 하지만 세상에 새로운 것은 없다. 다른 똑똑한 인간이 이미 모두 만들어 냈다. 무라카미 하루키는 도쿄의 지하철역에서 목격한 평범한 출근 풍경을 '일을 하는 모임'으로 변형시켰다. 창작은 무에서 유를 창조하는 게 아니라 관점을 바꿔, 기존에 존재하는 여러 요소들을 혁신적으로 재배열하는 활동으로 해석하는 게 건강에 이로울 것 같다.

장점: 이 문단은 창작의 본질에 대해 잘 설명하고 있습니다. 일상의 평범한 순간에서 시작해 상징성을 덧붙여 창작물이 탄생하는 과정을 담백하면서도 명확하게 전달합니다. 특히 무라카미 하루키의 예시를 들어 독자가 쉽게 공감할 수 있도록 한 점이 돋보입니다.

개선점: '세상에 새로운 것은 없다'라는 표현이 자칫 글의 톤을 단조롭게 만들 수 있습니다. 작자의 대체로 가능성을 높이는 만큼, 이 표현을 부드럽게 바꿔 긍정적인 방향으로 이끌어 내는 것도 좋을 듯합니다. 또한 '건강에 이로울 것 같다'는 구어체 표현으로 조금 모호하게 들릴 수 있습니다. 문장을 더 단순하게 수정해 주세요.

> **수정안**: 작가는 예술과 취미의 경계를 넘나들며 '작품'을 창작하는 사람이다. 일상의 소소한 순간들을 관찰하고, 거기서 상징화를 통해 새로운 것을 만들어 내는 과정이 바로 창작이다. 우리가 도쿄의 지하철역에서 본 평범한 출근 풍경을 예로 든다면, 그는 이를 '일을 하는 모임'으로 창작해 냈다. 창작은 무에서 유를 창조하는 것이 아니라 기존의 것을 혁신적으로 재배열하며 새로운 가능성을 발견하는 것이 창작의 본질이라고 할 수 있다.

여러분이 만든 '글쓰기 코치' GPTs는 언제나 사이드바에 있으니 클릭만 하면 불러낼 수 있답니다.

> **TIP** 챗GPT가 답변을 멈춘다면 '나머지 문단도 모두 첨삭해 주세요.'를 입력하거나, [계속 생성하기]를 클릭하세요.

② 프롬프트로 최적화하기

플러스 플랜 구독을 부탁드렸으나, 아직도 여러 이유로 기본 플랜을 활용하고 있으신가요? 그렇다면 다음의 방법을 이용해 보시기 바랍니다.

다만 GPTs를 사용하지 못한다면 프롬프트에 신경을 많이 써야 합니다. 단순히 '내 글을 분석해 주세요'라고 요청할 수 있겠지만, 챗GPT는 어떤 관점으로 글을 분석하고 첨삭할지 혼란스러워 할 가능성이 큽니다. 그래서 엉성한 피드백이 나올 수밖에 없습니다. 따라서 프롬프트를 최대한 구체적으로 작성하는 것이 중요합니다.

01 [새 채팅]을 누르고, 아래 프롬프트를 챗GPT에 입력합니다. 프롬프트를 입력하면 사이드바에 자동으로 프로젝트가 저장됩니다.

프롬프트 1-5

당신은 사용자의 글을 전문적으로 첨삭하는 글쓰기 코치입니다. 사용자가 작성한 글을 제공하면 다음의 8가지 관점에서 글을 분석해서 사용자가 글을 더 잘 쓸 수 있게 지원해 주기 바랍니다.

[8가지 관점]
1. 글이 기-승-전-결처럼 구조적으로 작성이 잘 되었는지 평가합니다.

2. 글이 논리적으로 타당성이 있는지 평가합니다.
3. 문법적인 오류, 평범한 어휘의 사용, 번역체 사용, 지시 대명사의 남용이 존재한다면 수정 내용을 제안해 주세요
4. 번역체 사용 : ~에 대해(대한), 이중 피동형 사용, ~그로 인해
5. 지시 대명사의 남용(이, 그, 저, 이게, 그게, 저게, 이렇게, 그렇게, 저렇게, 여기, 저기, 거기)
6. 글의 주제가 일관적인지 그리고 명확한지 평가해 주세요
7. 분석이 끝나면 하나의 문단을 원본과 수정안을 비교해서 보여 주시고, 다음 문단도 같은 방법으로 비교해서 보여 주세요.
8. 사용자는 '글 내용'을 제공합니다. 글을 처음부터 마지막까지 꼼꼼하게 읽어 보고 글의 전체적인 느낌, 맥락, 전개, 분위기, 설득력, 호감도, 감정을 평가해 주세요.

준비되면 OK라고 말씀해 주세요. 글을 입력하겠습니다.

GPT

OK. 준비되었습니다. 글을 입력해 주세요.

02

프롬프트를 입력한 후, 이전과 같이 제가 쓴 글을 첨삭받아 보았습니다. 여러분도 여러분의 글을 프롬프트 입력 창에 넣어 보세요. 무료 버전이긴 합니다만, 프롬프트를 어떻게 입력하느냐에 따라 충분히 쓸 만할 정도로 결과가 출력됩니다. 이 정도라면 글쓰기 코치로 손색이 없습니다.

프롬프트

예제

제목 : 창작은 시스템이 아니라 작가가 한다.
글 내용: **작가와 창작**
작가는 예술과 취미 분야의 경계를 넘나들며 '작품'을 창작하는 사람이다. 일상의 소소한 순간들을 관찰하고 그 과정에서 '상상력'을 더해 새로운 것을 탄생시키는 과정이 바로 창작이다. 하지만 세상에 새로운 것은 없다.
다른 똑똑한 인간이 이미 모두 만들었다. 무라카미 하루키는 도쿄의 지하철역에서 목격한 평범한 출근 풍경을 '양을 쫓는 모험'으로 변모시켰다. 창작은 무에서 유를 창조하는 게 아니라 관점을 바꿔, 기존에 존재하는 여러 요소들을 혁신적으로 재배열하는 활동으로 해석하는 게 건강에 이로울 것 같다.

축적된 지식이 시스템과 결합하면, 낯선 세상, 새로운 우주가 카오스 속에서 질서를 잡아 간다. 그것이 작품을 탄생시키는 작가의 숭고한 여정인 것이다.

1. 글의 구조적 평가(기-승-전-결)
글은 '작가와 창작'이라는 주제에 대해 서두에서 작가와 창작의 본질에 대한 간략한 정의로 시작하여, 중간에서는 창작 과정에서의 도구와 시스템의 역할에 대한 논의를 포함하고, 마지막에 창작의 본질에 대한 철학적 결론으로 마무리됩니다. 기-승-전-결 구조는 전체적으로 잘 유지되지만, 중간에 시스템에 대한 논의에서 약간의 이탈이 느껴질 수 있습니다. 이 부분에서 주제가 잠시 창작에서 도구로 전환되었다가, 마지막 부분에서 다시 창작으로 돌아오는 흐름이 다소 혼란스럽게 느껴질 수 있습니다.

2. 논리적 타당성
전체적으로 글의 논리적 전개는 일관되며, 작가와 창작의 본질에 대한 정의, 그리고 도구와 시스템의 필요성에 대한 고찰이 잘 연결되어 있습니다. 다만 '시스템의 신에게 기도'하는 부분에서 다소 감정적인 표현이 사용되며 논리적 일관성이 잠시 흐려질 수 있습니다.

다음 문단도 같은 방식으로 분석해 드릴까요?

03 이번에는 인용을 요청해 볼까요? 글은 내 경험과 생각이 중심이지만, 챗GPT와 함께 글을 다듬는 과정에서 인용을 요청하는 것도 방법입니다. 앞서 첨삭받은 예제를 바탕으로 다음과 같이 프롬프트를 작성해 보았습니다. 챗GPT의 답변을 잘 읽어 보세요.

예제

인용이 필요한 문장을 하나 찾아서 그것과 연관되는 저명한 작가의 사유를 인용해 주세요. 문학작품이나 철학서의 의견을 인용으로 사용하고 싶습니다.

'창작은 무에서 유를 창조하는 게 아니라 관점을 바꿔, 기존에 존재하는 여러 요소들을 혁신적으로 재배열하는 활동으로 해석하는 게 건강에 이로울 것 같다.'라는 문장은 창작에 대한 본질적인 통찰을 담고 있습니다. 이 부분에 이미 존재하는 것들을 재구성하는 창작의 본질을 논한 저명한 사유를 인용할 수 있습니다.

이에 맞는 인용으로 롤랑 바르트의 《저자의 죽음》(La mort de lauteur)을 참고할 수 있습니다. 바르트는 이 에세이에서 텍스트는 고정된 것이 아니라 독자의 해석과 재구성에 의해 끊임없이 새롭게 창조된다고 주장합니다.

인용: 텍스트는 하나의 '인용들'의 직물이다. 그것들은 이미 존재하는 문화의 언어들로 구성되어 있으며, 저자는 단지 그것을 재배열하는 역할을 할 뿐이다.
- 롤랑 바르트, 《저자의 죽음》

이 인용은 창작이 전적으로 새로운 무언가를 창조하는 것이 아니라, 기존에 존재하는 것들을 재배열하고 새로운 관 점으로 구성하는 과정임을 강조하며, 글의 문장과 잘 어울립니다.

> **TIP** GPTs 글쓰기 코치와 프롬프트 글쓰기 코치의 차이
>
> GPTs 글쓰기 코치는 Plus 버전에서 지원하며 미리 GPTs의 역할을 설정해서 프롬프트를 일일이 입력하지 않아도 사용자가 원하는 기능을 수행하는 방식이고, 반면 프롬프트 글쓰기 코치는 매번 구체적으로 입력해 원하는 답변을 얻는 방식입니다.

	GPTs 글쓰기 코치	프롬프트 글쓰기 코치
설정 방식	– 매번 세부 프롬프트를 입력	– 미리 원하는 내용 설정, 역할 자동화
작업 방식	– 수동으로 작업 반복 필요	– 설정 저장 후 반복 작업 불필요

04 이번에는 챗GPT를 조금 테스트해 볼까요? 맞춤법이 정리되지 않은 문단을 하나 보내고 수정해 달라고 요청해 보겠습니다. 챗GPT와 글을 주고받으며 첨삭을 진행하다 보면, 자동으로 맞춤법을 고쳐 주어 꽤 편리합니다.

예제

아래 잘못된 맞춤법을 고쳐 주세요.

작가는 예술과 취미 분야의 경계를 넘나들며 '작품'을 창작하 는 사람이다. 일상의 소소한 순간 들을 관찰하고 그 과정에서 '상상력'을 더 해 새로운 것을 탄생시키는 과정이 바로 창작이다. 하지만 세상에 새로운 것은 없다. 다른 똑똑한 인간이 이미 모두 만드렀다.

다음은 잘못된 맞춤법을 수정한 문장입니다:

수정안: 작가는 예술과 취미 분야의 경계를 넘나들며 '작품'을 창작하는 사람이다. 일상의 소소한 순간들을 관찰하고 그 과정에서 '상상력'을 더해 새로운 것을 탄생시키는 과정이 바로 창작이다. 하지만 세상에 새로운 것은 없다. 다른 똑똑한 인간이 이미 모두 만들었다.

수정 사항:
1. 경게 > 경계를
2. 창작 하는 > 창작하는

> 3. 순간 들을 > 순간들을
> 4. 더 해 > 더해
> 5. 것는 > 것은
> 6. 만드렸다 > 만들었다
>
> 모두 맞춤법 오류를 바로잡아 자연스럽게 고쳤습니다.

자, 이렇게 똑똑한 챗GPT는 맞춤법까지 올바르게 교정해 줍니다. 챗GPT와 함께 대화를 주고받기만 해도 자동으로 맞춤법이 고쳐지는 신기한 경험을 할 수 있답니다.

여기까지 나만의 글쓰기 코치를 간단히 만들어 보았습니다. 지금까지는 챗GPT의 가능성을 살짝 엿본 정도입니다. 이를 바탕으로 다음 파트에서는 챗GPT를 활용해 여러분의 글쓰기 능력을 향상하는 방법을 자세히 알아보겠습니다.

프롬프트 엔지니어링 간단하게 알아보기

챗GPT는 흔히 LLM^{Large Language Model}이라고 부릅니다. 인간이 쓴 인터넷 문서를 거의 모두 학습했기 때문에 '거대한^{Large}'이라는 수식어가 붙은 것이죠. 그러니 꽤 똑똑하지 않겠습니까? 사실 인공지능은 인간의 질문을 분석해 확률적으로 답변을 생성하는 것이 전부입니다. 인간의 언어는 챗GPT에게는 그저 문장을 작게 나눈 조각인 토큰^{Token}의 나열일 뿐으로, 여러분이 이 메커니즘을 충분히 이해하고, 챗GPT에게 효율적으로 물어볼 수 있어야 고품질의 대답이 나오는 것이죠. 이를 위해서는 소통 방식을 제대로 설계하고 최적화하는 과정이 필요합니다. 이것을 '프롬프트 엔지니어링^{Prompt Engineering}'이라고 부릅니다.

프롬프트 엔지니어링의 핵심은 '어떤 질문을 어떻게 챗GPT에게 효과적으로 전달하느냐'입니다. 여기서 질문의 중요성이 크게 부각됩니다. 질문을 잘하려면 내가 무엇을 모르는지 정확히 파악하고 있어야 하고, 챗GPT가 잘못된 답변을 하지 않도록 하기 위해 질문을 명확하고 구체적으로 던지는 것이 중요합니다. 그렇지 않으면 챗GPT도 답을 찾지 못하고, 여러분도 수없이 많은 대화를 반복하며 시간만 낭비할 수 있습니다. 챗GPT를 효과적으로 사용하기 위한 대표적인 프롬프트 엔지니어링 기법 5가지를 살펴보겠습니다.

① Zero-shot Prompting

Zero-shot Prompting은 챗GPT가 특별히 훈련된 데이터나 답변 예시 없이, 오직 모델 훈련 과정에서 학습한 지식만을 활용해 프롬프트에 대한 응답을 처리하는 방식입니다. 여러분이 일상에서 챗GPT에 활용하는 대부분의 프롬프트를 Zero-shot prompting으로 분류할 수 있습니다.

예를 들어 여러분이 '벨 에포크^{Belle Époque}'라는 단어가 궁금하다고 해 봅시다. 만약 챗GPT에게 '벨 에포크에 대해 알려 줘'처럼 모호하게 질문하면, 챗GPT는 질문의 의도를 정확히 파악하기 어려워 일반적인 정보를 나열합니다. 여러분이 원하는 정보를 얻기 어렵겠죠?

예제

벨 에포크에 대해 알려 줘.

GPT

벨 에포크(Belle Époque)란?
'아름다운 시대(Belle Époque)'는 19세기 후반부터 제1차 세계대전(1914) 발발 직전까지 (약 1871~1914년) 유럽, 특히 프랑스(파리)를 중심으로 한 문화적, 경제적 황금기를 가리키는 용어입니다.

1. 시대적 배경
- 프랑스-프로이센 전쟁(1870-1871) 이후 평화 유지
- 산업 혁명 이후 경제 성장 → 대량생산, 철도망 확충, 대도시 발전
- 과학기술 발전 → 전기, 자동차, 비행기, 전화 등장

2. 주요 특징
- 문화 & 예술
  - 인상주의(모네, 르누아르, 드가)
  - 아르누보(구스타프 클림트, 알폰스 무하, 엑토르 기마르)
  - 문학(마르셀 프루스트, 에밀 졸라, 기 드 모파상)
- 과학 & 기술
  - 자동차(헨리 포드, 르노, 푸조 등장)
  - 에펠탑 건립(1889년 파리 만국박람회 기념, 구스타브 에펠)
- 라이프스타일
  - 패션: 코르셋, 모자 문화, 우아한 드레스(아르누보 영향)
  - 스포츠: 올림픽 부활(1896, 아테네)
  - 유흥 문화: 물랭 루즈, 카바레, 샹젤리제 극장

3. 벨 에포크의 종말
- 제1차 세계대전(1914-1918) 발발
- 낙관주의 → 전쟁으로 인해 현실의 비참함 부각

4. 벨 에포크의 유산
- 오늘날에도 영향을 주는 요소들
- 패션 & 디자인 → 아르누보 스타일, 파리 패션
- 미술 → 인상주의, 후기인상주의(고흐, 세잔)
- 건축 → 파리 지하철역(아르누보 스타일)
- 라이프스타일 → 카페 문화, 문학 살롱

벨 에포크의 본질?
- 기술과 예술이 조화를 이루며, 낙관과 창조의 시기가 절정에 달했던 시대.

이번에는 벨 에포크 시대에 대해 궁금한 것을 구체적으로 콕 집어 물어보았습니다. 그러니 챗GPT도 원하는 방향으로 정확히 답변합니다.

예제

벨 에포크 시대가 언제 시작되었고 벨 에포크 시대의 주요 예술 사조와 문화적 특징이 혁명과 어떤 역사적 연관성을 갖는지 알려 줘.

벨 에포크와 프랑스 혁명의 역사적 연관성
벨 에포크는 단순한 문화적 황금기가 아니라, 프랑스 혁명(1789)과 그 후속 혁명들(1830, 1848)의 영향을 받은 시대야.

1. 프랑스 혁명의 자유·평등·박애 정신 계승
프랑스 혁명 이후 민주주의와 시민사회 발전 → 제3공화국(1870-)에서 공교육 확대, 언론 자유 보장
여성·노동자 권리 확대 논의 → 1900년대 초 여성참정권 운동, 노동조합 강화

벨 에포크 시대의 주요 예술 사조와 문화적 특징
1. 인상주의 (Impressionism, 1870s~)
   대표작가: 모네, 르누아르, 드가, 마네
   혁명적 의미: 프랑스 혁명의 개인주의·자유 정신 반영
   기존 아카데믹 회화(역사화) 거부 → 개인의 감각과 순간 포착
   부르주아 문화(카페, 공원, 오페라 등) 반영

결론: 혁명의 유산이 벨 에포크를 만든다!
프랑스 혁명의 자유·평등·박애 정신 → 민주주의·예술 발전
산업혁명 → 기술 발전과 새로운 예술 스타일(인상주의, 아르누보) 탄생
사회 격변 → 노동자·여성 권리 강화, 문학·예술의 사회 비판적 성향 강화
낙관주의 & 기술 발전 → 벨 에포크의 문화적 황금기 창조

② Chain-of-Thought Prompting

Chain-of-Thought Prompting은 챗GPT가 문제를 단계별로 나눠서 분석하고 해결하도록 유도하는 방식입니다. 복잡한 문제도 여러 조각으로 나누면 훨씬 집중하기 쉬워진다는 개념이죠. '창의력을 기르는 방법'을 주제로 한 에세이를 요청해 보았습니다. 프롬프트에 따라 챗GPT의 답변이 어떻게 달라지는지 확인해 보세요.

예제

프롬프트 창의력을 기르는 방법에 관한 에세이를 써 줘.

GPT

창의력을 기르는 방법

창의력은 새로운 아이디어를 만들어내고, 문제를 해결하며, 세상을 다르게 보는 능력입니다. 현대 사회에서는 창의성이 중요한 경쟁력으로 여겨지며, 개인의 삶과 직업적인 성공에도 큰 영향을 미칩니다. 하지만 창의력은 타고난 재능만이 아니라, 훈련과 습관을 통해 기를 수 있는 능력입니다. 창의력을 기르는 몇 가지 방법을 소개하겠습니다.

1. 다양한 경험 쌓기
창의력은 다양한 경험에서 비롯됩니다. 일상에서 벗어나 새로운 경험을 쌓을수록 사고의 폭이 넓어집니다. 새로운 문화, 예술, 사람들과 접촉하는 것뿐만 아니라 여행, 책 읽기, 다른 분야의 지식 습득 등도 창의력을 자극하는 데 도움이 됩니다. 다양한 경험은 새로운 관점을 제공하고, 기존의 사고 패턴을 깨는 데 중요한 역할을 합니다.

2. 호기심을 키워라
호기심은 창의력의 씨앗이다. 일상적인 사물과 현상에도 '왜?'라는 질문을 던지는 습관을 들이면, 평소 무심코 지나쳤던 것들 속에서 새로운 아이디어를 발견할 수 있다. 예를 들어, 우리가 매일 사용하는 물건이 왜 그런 모양과 기능을 가지게 되었는지 탐구해 보는 것만으로도 창의적 사고를 촉진할 수 있다. 호기심을 유지하려면 편견 없이 열린 마음으로 세상을 바라보는 것이 중요하다.

7. 협업과 대화
혼자만의 사고에 갇히지 않고, 다양한 사람들과 생각을 나누는 것도 창의력을 기르는 데 큰 도움이 됩니다. 다른 사람의 관점이나 아이디어를 듣고, 이를 바탕으로 새로운 생각을 도출하는 것은 창의적인 해결책을 찾는 중요한 과정입니다. 협업과 대화를 통해 다른 사람의 지식을 나누고, 서로의 아이디어를 발전시킬 수 있습니다.

결론
창의력은 특별한 소수의 사람들만이 가진 능력이 아닙니다. 누구나 창의력을 기를 수 있으며, 다양한 경험을 쌓고, 개방적인 사고를 유지하며, 끊임없이 질문하고 도전하는 자세를 통해 발전할 수 있습니다. 실패를 두려워하지 않고, 여유를 가지며, 다른 사람들과 협력하는 과정을 통해 우리는 더 창의적이고 혁신적인 삶을 살아갈 수 있습니다.

막연하게 요청하니 분량은 확보했지만, 목적도 없고 방향성도 명확하지 않은 것이 아쉬운 느낌이 있습니다. 이번에는 단계별로 어떤 작업을 수행할지 구체적으로 프롬프트를 작성한 Chain-of-Thought prompting을 살펴볼까요?

예제

창의력을 기르는 방법에 관한 에세이를 쓰려고 해. 글의 주제를 기-승-전-결 구조로 먼저 개요부터 간략하게 제시해 주고, 구조가 탄탄하게 작성되면 각 개요에 필요한 사례를 수집해 주고 개요와 사례를 서로 연결하면서 에세이 한 편을 완벽하게 작성해 줘.

개요

1. 기(문제 제기):
   - 창의력의 중요성과 현대 사회에서의 필요성
   - 창의력이란 무엇인가?
   - 현대 사회에서 창의력이 중요한 이유는 무엇인가?
   - 창의력은 선천적인가, 후천적인가? 이 글에서 후천적으로 기를 수 있다는 주장을 전개할 예정.

2. 승(본격적 전개):
   - 창의력을 기를 수 있는 다양한 방법
     - 다양한 경험 쌓기: 여행, 다른 분야의 책 읽기, 새로운 사람과 교류하기

에세이 작성

1. 기(문제 제기):

창의력은 혁신과 발전의 근본 원동력입니다. 특히 오늘날의 급변하는 사회에서는 창의적인 사고가 그 어느 때보다 중요해졌습니다. 단순한 지식과 기술만으로는 경쟁력을 유지하기 어려운 시대에, 창의력은 문제 해결, 새로운 가치 창출, 그리고 변화에 적응하는 데 필수적인 능력으로 자리 잡고 있습니다.

그렇다면 창의력은 선천적인 능력일까요? 아니면 후천적으로 기를 수 있을까요? 많은 연구와 사례들이 창의력이 충분히 후천적인 훈련과 경험을 통해 향상될 수 있음을 보여 줍니다. 이 글에서는 창의력을 기르는 여러 방법들을 살펴보며, 일상 속에서 어떻게 창의력을 기를 수 있는지에 대해 논의하고자 합니다.

4. 결(결론):

창의력은 선천적인 재능이 아닌, 후천적인 훈련과 습관을 통해 기를 수 있는 능력입니다. 다양한 경험을 쌓고, 호기심을 가지고 질문하며, 실패를 두려워하지 않는 자세를 갖추는 것만으로도 창의력을 향상시킬 수 있습니다. 또한, 개방적 사고를 유지하고, 다른 사람과의 협업을 통해 더 나은 아이디어를 만들어 나가는 것이 중요합니다.

창의력은 누구나 노력과 실천을 통해 기를 수 있으며, 이를 통해 우리는 더 창의적이고 혁신적인 삶을 살아갈 수 있습니다.

기-승-전-결 구조로 요청하니 챗GPT가 먼저 큰 작업을 작은 조각으로 나누고, 그 작은 부분에 집중하며 작업 방향을 설정합니다.

③ Role Prompting

Role Prompting은 챗GPT에게 특별한 페르소나를 부여하는 방식입니다. 챗GPT에게 특정 역할이나 인격, 직업을 설정하면 그에 맞는 역할을 맡도록 설정할 수 있습니다. 챗GPT를 특정 분야의 전문가가 되도록 설정하는 겁니다.

예제
당신은 세계적인 작가 무라카미 하루키입니다. 당신의 작품 《밤의 거미원숭이》처럼 바나나를 주제로 독특하고 기묘한 소설을 짧게 작성해 주세요.

'바나나의 꿈'
나는 평범한 월요일 아침을 맞이했다. 커피 한 잔을 들고 부엌으로 가서 바나나를 집었다. 그냥 바나나였다. 길쭉하고 노란, 아무런 특별함도 없는 바나나. 하지만 껍질을 벗기는 순간, 무언가 이상하다는 것을 느꼈다.

바나나는 나를 쳐다보고 있었다. 말도 안 되는 일이었다. 과일이 어떻게 사람을 쳐다볼 수 있을까? 그러나 그 바나나의 속삭임에 분명히 눈동자가 있었다. 작고 검은 눈이 나를 똑바로 쳐다보고 있었다.

챗GPT는 마치 자신이 무라카미 하루키Murakami Haruki의 화신이라도 된 듯한 '포스'로 소설을 작성했습니다. 결과물이 마음에 들지는 않았지만, 결과에 관계없이 챗GPT에 페르소나를 부여하면 특정 분야의 전문가처럼 답변을 제시할 수 있다는 점이 유용합니다.

④ Template-Based Prompting

Template-Based Prompting은 챗GPT가 체계적으로 응답할 수 있도록 미리 챗GPT가 대답할 '템플릿'을 만들어 질문하는 방식입니다. 직접 보는 것이 확실하겠죠? 템플릿 형식의 프롬프트를 입력하면 챗GPT가 어떻게 답변하는지 잘 읽어 보세요.

예제

다음 지침을 사용하여 '챗GPT를 활용해서 글 쓰는 법'에 대한 블로그 글을 작성해 줘.

[지침]
1. 도입:
    - 주제 소개
    - 독자의 관심을 끌 만한 흥미로운 사실이나 질문

2. 본론:
    - 첫 번째 섹션: 글을 쓸 때 왜 챗GPT를 써야 하는가
      - 관련 통계나 연구 결과 인용
    - 두 번째 섹션: 챗GPT를 활용한 글쓰기 사례
      - 챗GPT의 다양한 모델 소개
    - 다양한 프롬프트 사례
      - 챗GPT를 활용한 글쓰기 연습 방법 소개
    - 세 번째 섹션: 챗GPT 확장
      - 챗GPT 관련 플러그인 소개

3. 결론:
    - 주요 내용 요약
    - 독자에게 실천을 권장하는 문장
    - 마무리 인사

챗GPT를 활용한 글쓰기의 새로운 지평

1. 도입

글을 쓸 때 아이디어가 막힐 때가 많습니다. 특히 일정에 쫓기거나 창의성이 고갈된 순간엔 글쓰기가 어려운 과제가 될 수 있죠. 그런데 인공지능, 특히 챗GPT 같은 도구를 활용하면 이 문제를 극복할 수 있습니다.

'챗GPT가 작가나 블로거에게 어떤 도움을 줄 수 있을까요?' 이런 질문은 이미 많은 작가와 콘텐츠 제작자들이 던지고 있는 중요한 문제입니다.

챗GPT를 활용한 글쓰기가 왜 점점 더 주목받고 있는지, 그리고 어떻게 실질적으로 사용할 수 있는지 알아봅시다.

2. 본론

첫 번째 섹션: 글을 쓸 때 왜 챗GPT를 써야 하는가?

챗GPT는 글쓰기 보조 도구로서 탁월한 잠재력을 가지고 있습니다. 여러 연구와 통계에 따르면, 인공지능을 활용한 콘텐츠 생성은 생산성 향상뿐만 아니라 창의성을 증진시키는 데에도 큰 도움이 됩니다. 실제로 2023년 Content Marketing Institute에서 발표한 자료에 따르면, AI 도구를 사용한 마케팅 콘텐츠 제작자는 전년 대비 35% 더 많은 콘텐츠를 제작할 수 있었습니다.

> 3. 결론
> 챗GPT를 활용하면 더 이상 글쓰기에서 막히는 일은 없습니다. AI가 제공하는 무한한 가능성은 단순히 문장을 생성하는 것을 넘어, 글쓰기의 창의성과 논리성을 강화하는 데 큰 도움이 됩니다. 글을 쓰는 도중에 막히거나 더 나은 문장 구성이 필요할 때 챗GPT에게 도움을 요청해 보세요.
> 오늘 바로 챗GPT를 활용해 첫 글을 작성해 보시기 바랍니다!
> 이제 여러분이 차세대 글쓰기 방식에 뛰어들 차례입니다. 도움이 필요하면 언제든 챗GPT가 함께할 준비가 되어 있습니다.

템플릿 형식의 [지침]을 사용하면 결과물 작성의 방향이 명확해져서 원하는 결과를 얻을 확률이 크게 높아집니다. 챗GPT가 템플릿에 맞춰 내용을 채워 주기 때문에 소중한 시간을 절약할 수 있다는 것이죠.

⑤ Multiple Prompting

Multiple Prompting은 하나의 작업이나 목표를 달성하기 위해 여러 개의 프롬프트를 순차적 혹은 병렬로 사용하는 방식입니다. 복잡한 작업을 더 작은 단계로 쪼개어 순서대로 접근할 수 있게 하며, 프롬프트를 완전한 문장으로 만들지 않고 개조식으로 정리해 떠오르는 질문을 간단히 나열하기만 하면 됩니다. 아래 프롬프트와 챗GPT의 답변을 읽어 보세요.

프롬프트

예제

1. 새로운 R&D 개발을 위한 인공지능 관련 비즈니스 모델을 제안해 줘.
2. 해당 비즈니스 모델에 대한 국내외 시장을 분석해 줘.
3. 세부 기술 개발 내용을 정리해 줘.
4. 국내외 학술 연구 현황을 정리해 줘.

GPT

1. **새로운 R&D 개발을 위한 인공지능 관련 비즈니스 모델을 제안해 줘.**
   - 제안: AI 기반 개인 맞춤형 헬스케어 플랫폼
   - 설명: 인공지능과 머신러닝 기술을 활용하여 개인의 건강 데이터를 분석하고 맞춤형 건강 관리 솔루션을 제공하는 플랫폼입니다. 웨어러블 디바이스와 모바일 애플리케이션을 통해 실시간으로 데이터를 수집하고, 이를 기반으로 개인별 운동 계획, 식단 추천, 생활 습관 개선 방안을 제시합니다. 또한 건강 상태를 모니터링하여 이상 징후 발생 시 조기 경고를 제공합니다.

2. 해당 비즈니스 모델에 대한 국내외 시장을 분석해 줘.

국내 시장 분석:
- 고령화 사회 진입: 한국은 고령화가 빠르게 진행되고 있어 만성 질환 관리와 예방 의료에 대한 수요가 증가하고 있습니다.
- 디지털 헬스케어 수용성: 높은 스마트폰 보급률과 IT 인프라로 인해 디지털 헬스케어 서비스에 대한 접근성이 높습니다.
- 정부 지원: 바이오헬스 산업을 육성하려는 정부의 정책 지원과 규제 완화로 시장 진입 장벽이 낮아지고 있습니다.

해외 시장 분석:
- 글로벌 헬스케어 시장 성장: 전 세계적으로 디지털 헬스케어 시장은 연평균 20% 이상의 성장률을 보이고 있습니다.
- 개인화 의료 수요 증가: 북미와 유럽을 중심으로 개인 맞춤형 의료 서비스에 대한 관심이 높아지고 있습니다.
- 신흥 시장의 기회: 아시아 태평양 지역과 중동 등 신흥 시장에서 디지털 헬스케어에 대한 수요가 급증하고 있습니다.

국내 연구 현황
대학 및 연구기관:
- 여러 대학과 연구소에서 AI를 활용한 헬스케어 기술 연구 진행
- 정부 과제를 통한 디지털 헬스케어 분야의 연구 활성화

위의 프롬프트를 입력해 본 결과입니다. 만족스럽지는 않지만 상당한 분량의 내용을 제안해 줬습니다. 물론 각 번호를 더 상세하게 작성하면 답변의 퀄리티가 달라질 것입니다. 그것은 각자 응용해서 시도해 보기 바랍니다.

지금까지 기본적인 프롬프트 몇 가지를 살펴봤습니다. 앞으로 글쓰기 연습을 하면서 더 다양한 프롬프트를 만나게 될 것입니다. 프롬프트 엔지니어링에서 가장 중요한 건 무엇일까요? 바로 프롬프트도 글쓰기의 일환이라는 점을 이해하는 것입니다. 가장 인간다운 대화를 나눌 때, 우리가 원하는 답을 이끌어 낼 수 있습니다. 글쓰기는 상대방을 설득하는 과정입니다. 단지 챗GPT에서는 상대방이 인간을 닮은 인공지능이라는 점만 다를 뿐이죠. 그 점이 바로 프롬프트 엔지니어링의 핵심입니다.

✏️ 스마트한 글쓰기 환경 만들기

그동안 글쓰기는 '아날로그'한 취미의 대명사로 여겨져 왔습니다. 하지만 이제는 아닙니다. 많은 분들이 작가라고 하면 연필과 종이를 상상하시겠지만, 이제 모든 작업을 노트북에서 완료하는 작가들이 대부분이고, 심지어 여러분은 챗GPT와 글쓰기를 시작하기 위해 이 책을 펼쳤으니까요.

이제는 글쓰기뿐만 아니라, 글쓰기와 연관된 모든 과정이 스마트해지고 있습니다. 챗GPT와 나눈 대화, 인터넷에서 찾은 정보는 이제 마우스 클릭 한 번이면 모두 노션에 기록할 수 있습니다. 언제, 어디서나 꺼내 볼 수 있으니 글쓰기 주제를 떠올리는 데도 큰 도움이 되겠죠. 자료 조사도 마찬가지입니다. 사이트를 하나하나 뒤질 필요 없이, 퍼플렉시티 AI 하나면 모든 정보를 끌어모을 수 있습니다. 이번 파트에서는 스마트한 글쓰기 환경을 만드는 방법 2가지를 소개해 드리겠습니다.

① Save to Notion 설치하기

챗GPT와 대화는 사이드바에서 확인할 수 있으나, 대화가 많아질수록 목록이 점점 길어지게 됩니다. 챗GPT를 활용하는 시간이 점차 많아질수록 '어떤 대화를 어디서 했더라?' 싶은 경우가 많죠. 저는 중요한 챗GPT 대화는 노션에 저장합니다. 이번 파트에서는 챗GPT와 노션을 효과적으로 연결하는 'Save to Notion' 플러그인을 설치해 보겠습니다. 브라우저는 구글 크롬을 이용하셔야 합니다.

제텔카스텐 페이지 접속하기

챗GPT와의 대화를 더 효과적으로 저장하기 위해 노션 '제텔카스텐 페이지'를 만들어 보았습니다. 챗GPT와의 대화를 쉽게 저장하고, 아이디어가 떠오르면 어디서나 다시 찾아볼 수 있습니다.

> **TIP** 앞으로 진행할 다양한 글쓰기 훈련을 모두 저장해 보세요. 글쓰기 훈련의 효율을 최대로 끌어올릴 수 있습니다.

01 먼저 여러분 스마트폰에서 카메라를 켜고 아래 QR코드를 스캔해 주세요. '제텔카스텐 브레인 시스템' 페이지가 나타납니다.

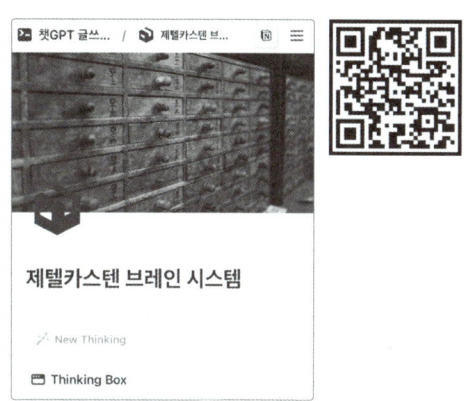

02 '제텔카스텐 브레인 시스템' 페이지에서 오른쪽 위에 있는 ❶ [설정]☰ - ❷ [복제]를 클릭하고, ❸ 여러분의 워크스페이스를 선택한 후 [개인 페이지에 추가]를 눌러 페이지를 복제합니다. 제대로 복제하였다면 이제는 노션의 모바일과 데스크톱 모든 환경에서 '제텔카스텐 브레인 시스템' 페이지를 확인하실 수 있습니다.

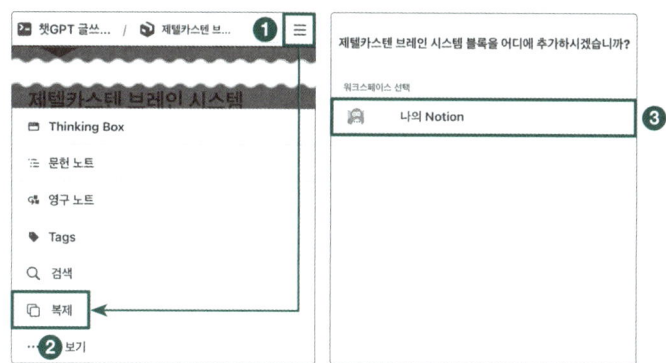

Save to Notion 플러그인 설치하기

구글 크롬의 확장 프로그램인 'Save to Notion' 플러그인을 설치하겠습니다. 플러그인을 설치하면 추후에 여러분이 챗GPT와 나눈 대화를 '제텔카스텐 브레인 시스템'에 간편하게 저장할 수 있습니다.

01 ❶ 구글 크롬을 열고 [설정]⋮-❷ [확장 프로그램]-❸ [Chrome 웹 스토어 방문하기]를 클릭합니다.

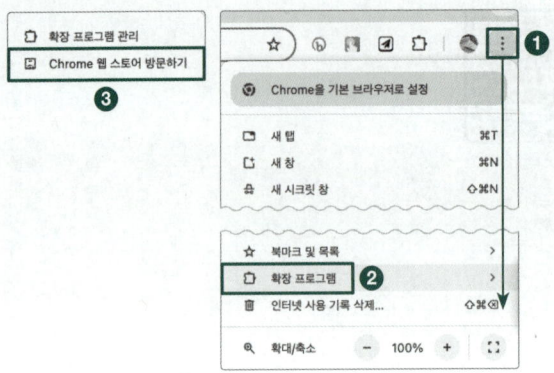

02 ❶ 검색창에 'Save to Notion'을 입력하고, Save to Notion 플러그인이 나타나면 화면 오른쪽 ❷ [Chrome에 추가]를 클릭합니다. "Save to Notion'을 추가하시겠습니까?' 창이 나타나면 ❸ [확장 프로그램 추가]를 클릭해 확장 프로그램을 설치를 완료합니다.

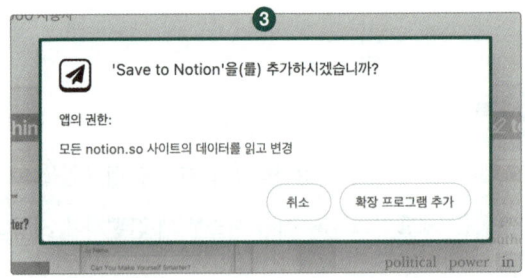

03 ① [확장 프로그램] 🧩 – ② [Save To Notion]을 선택합니다. '제텔카스텐 브레인 시스템' 페이지 데이터베이스와 연동해 보겠습니다. ③ [Add a Form]을 클릭하고 ④ [Select a Page or Database]를 클릭합니다.

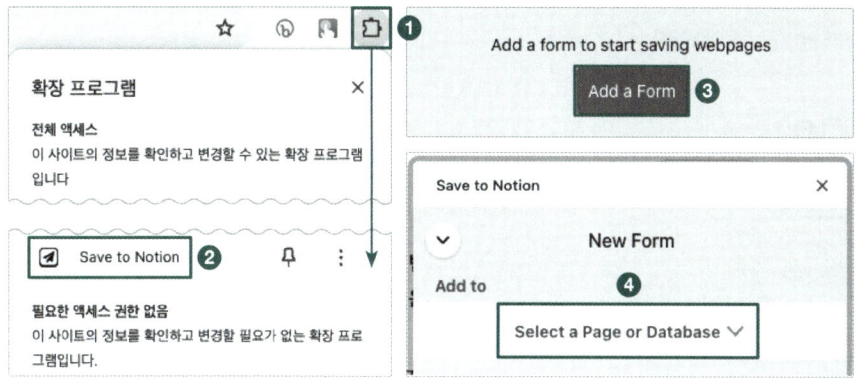

04 ① 'In Space' 탭의 오른쪽의 노션 계정을 클릭하면 여러분의 노션 계정이 보유한 워크스페이스 목록이 나타납니다. '제텔카스텐 브레인 시스템' 페이지를 복제한 워크스페이스를 선택하면 데이터베이스 목록이 나타납니다. ② 목록에서 [Thinking Box DB]를 선택합니다. 만약 [Thinking Box DB]가 목록에 없다면 검색창에 'Thinking Box DB'를 입력해서 직접 찾을 수 있습니다.

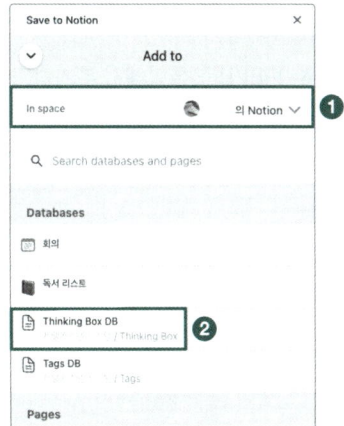

05 이제 챗GPT의 페이지를 노션 데이터베이스에 저장하기 위해 속성을 설정하겠습니다. ❶ [+ Add New Field]를 클릭하고 ❷ 목록에서 '날짜' 탭을 선택합니다.

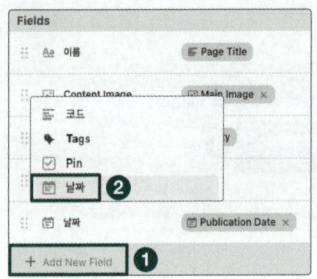

06 위와 같은 방법으로 ❶ [+ Add New Field] - ❷ 'Tags' 탭을 추가하고 ❸ [Empty] - ❹ [인공지능]을 선택합니다.

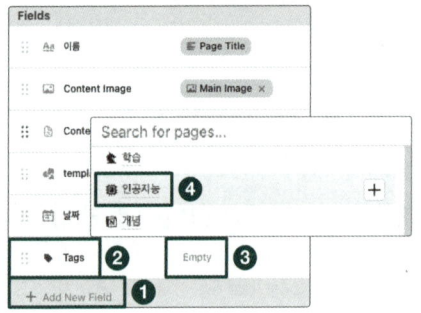

07 ❶ 나머지 'Stats', '상태', '메모 종류' 탭도 [+ Add New Field]를 클릭해서 추가하고 아래 화면처럼 설정합니다. 작업이 끝나면 ❷ [Save & Go Back]을 클릭해 폼을 생성합니다.

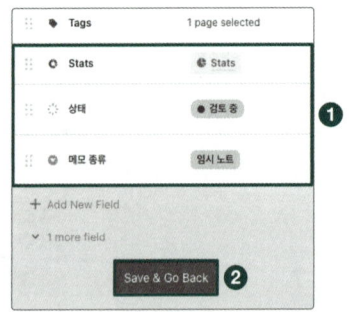

챗GPT 대화 내용 노션에 저장하기

지금까지 우리는 길지만 노션에 챗GPT 대화 내용을 저장하기 위해 폼을 하나 만들었습니다. 이제 실제 대화 내용을 저장해 보도록 하겠습니다.

01 ❶ 챗GPT의 대화를 선택하고 ❷ [Thinking Box DB]를 선택합니다. 처음에는 폼을 지정해 줘야 하지만 그다음부터는 자동으로 입력 폼이 선택됩니다.

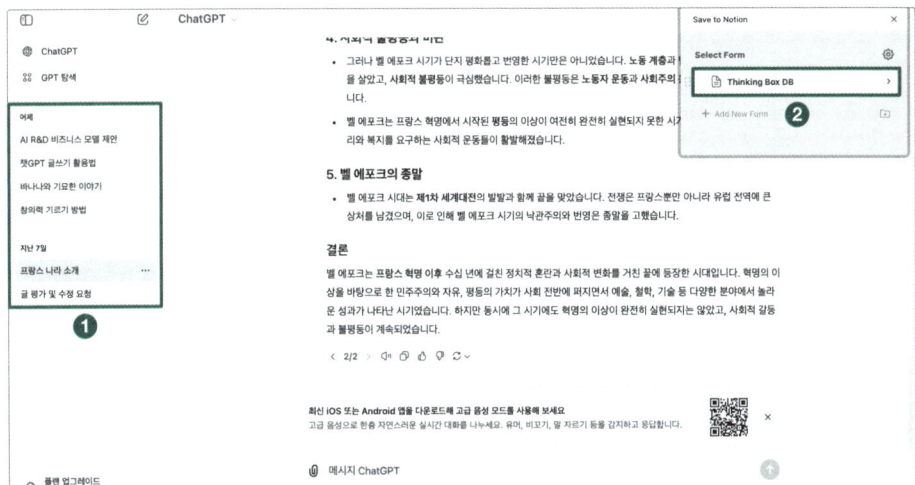

02 ❶ 제목을 작성합니다. ❷ 'Content' 탭에서 반드시 [Webpage]를 선택합니다. 채팅 텍스트를 노션 데이터베이스 그대로 복사하기 위해서입니다. ❸ 'Template' 탭은 [노트]를 선택하고 ❹ '날짜' 탭은 오늘 날짜를 선택합니다. 'Tags'와 'Stats', '상태', '메모 종류' 탭은 이미 폼의 속성을 설정할 때 기본 값을 입력했기 때문에 자동으로 입력되어 있습니다. ❺ [Save Page]를 클릭해서 마무리합니다.

CHAPTER 2 글쓰기 훈련 준비하기

03 [Open Page in Notion]을 클릭해서 노션 데이터베이스에 저장이 잘 되었는지 확인합니다.

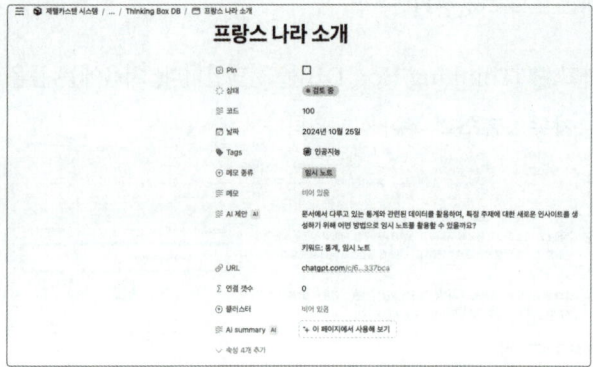

이렇게 챗GPT 대화를 노션 '제텔카스텐 브레인 시스템' 페이지에 저장해 봤습니다. 날짜, 상태, 태그도 같이 추가되어 나중에 어떤 대화였는지 쉽게 파악할 수 있습니다.

② 퍼플렉시티 AI

퍼플렉시티 AI는 검색에 특화된 AI 검색 엔진입니다. 실시간 검색은 물론이고, 출처까지 확실하게 제공하여 글을 쓰다 '팩트'를 체크하기에 정말 편리합니다. 거기에 나름의 분석과 통찰을 결합, 꽤 쓸만한 '인사이트'를 제공하죠. 검색 기능이 부족한 챗GPT의 단점을 보완하고, 스마트한 글쓰기를 위한 훌륭한 파트너입니다. 이제 퍼플렉시티 AI를 어떻게 활용할 수 있는지 알아보겠습니다.

01 먼저 구글에 접속합니다. 검색창에서 '퍼플렉시티 AI'를 입력합니다. 검색 결과에서 첫 번째 링크로 이동합니다. 직접 링크 https://www.perplexity.ai 를 입력해 접속하셔도 됩니다.

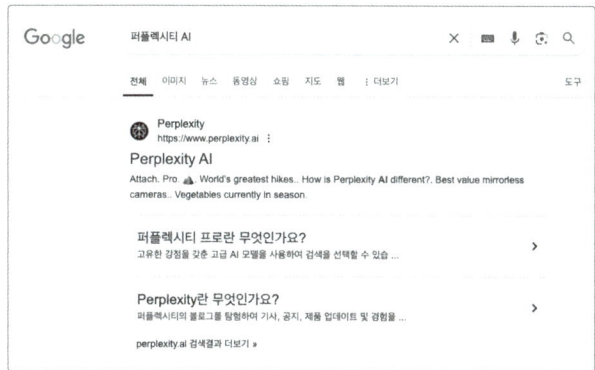

02 퍼플렉시티 AI에 접속하면 바로 아래와 같이 '회원 가입' 창이 활성화됩니다. 여러분이 자주 사용하는 구글, 애플 계정이 있다면 간편하게 '회원 가입' 할 수 있습니다. 여러분이 선택한 계정에 따라 필요한 정보를 입력해 가입을 완료합니다.

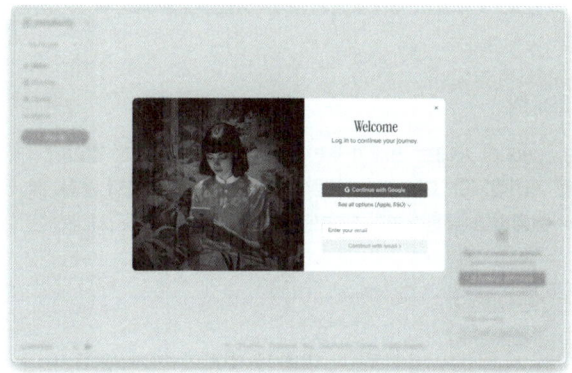

CHAPTER 2 글쓰기 훈련 준비하기 61

03 검색을 해 볼까요? 그전에 'Pro Search' 옵션을 활성화합니다. 기본 계정은 하루 세 번의 Pro 옵션을 사용하실 수 있습니다. 몇 번 사용하시다가 마음에 드시면 '전문가' 플랜을 결제하는 것을 추천합니다.

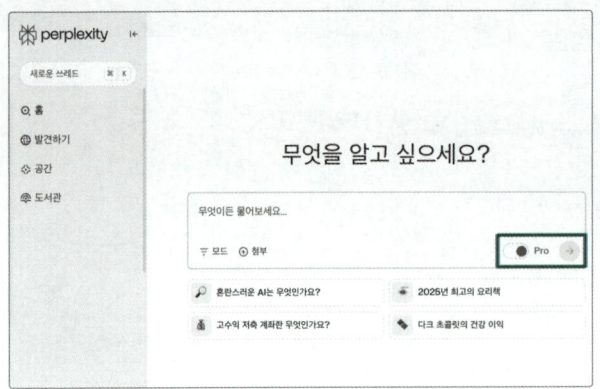

04 퍼플렉시티 프롬프트 입력 창에 이전에 챗GPT가 찾은 내용이 사실인지 물어보기 위해 벨 에포크에 대한 내용을 가져와 입력해 보았습니다.

프롬프트

예제

아래 문장이 사실인지 확인해 줘.

> 프랑스의 벨 에포크(Belle Époque) 시대는 19세기 후반에서 제1차 세계대전이 발발하기 전인 1914년까지의 시기를 가리킵니다. 이 시기는 프랑스와 유럽 전반에 걸쳐 문화, 예술, 과학, 기술, 경제 등이 번영하고 낙관주의가 만연했던 시기로, '아름다운 시대'라는 뜻을 갖고 있습니다.

퍼플렉시티 AI는 여러 출처를 검색해 신뢰성을 확인하고, 명확한 출처와 함께 요약된 내용을 제공하는 등 문장의 사실 여부를 검증하는 과정을 거칩니다. 문장마다 답변의 출처를 직접 확인할 수도 있습니다.

퍼플렉시티 AI의 가장 큰 매력은 실시간 검색과 신뢰할 수 있는 출처 제공입니다. 비용이 부담될 수 있지만, 챗GPT를 보완하는 서비스로 강력히 추천드립니다.

TIP 퍼플렉시티 AI에서 [1] 위에 마우스를 올리면 출처를 확인할 수 있습니다.

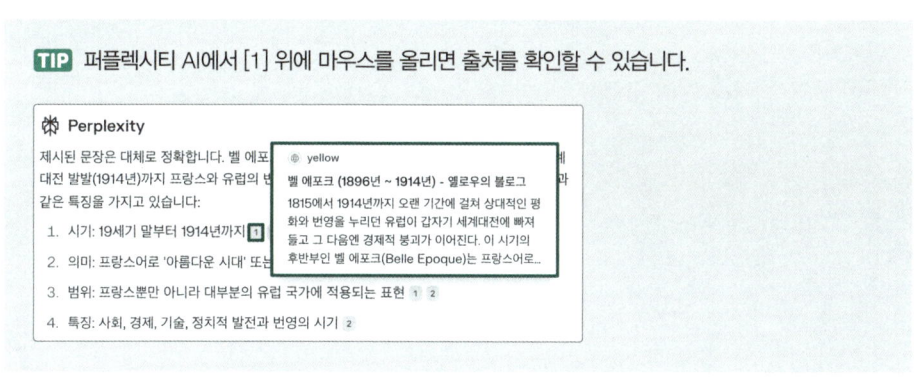

CHAPTER 2 글쓰기 훈련 준비하기 63

Memo

PART 2

단어부터 문장까지 차근차근 글쓰기 훈련 시작하기

CHAPTER 3

1단계: 챗GPT와 어휘력 끌어올리기

- 어휘력 확장을 위한 명사 훈련 프롬프트
- 생동감을 입히는 동사·형용사 훈련 프롬프트
- 글에 리듬을 더하는 의성어·의태어 훈련 프롬프트
- 한 걸음 나아가는 어휘력 성장 훈련 프롬프트
- 깊이 파고드는 어휘력 확장 훈련 프롬프트
- 걱정을 덜어 주는 맞춤법 훈련 프롬프트
- 관점을 비틀어 보는 어휘력 훈련 프롬프트

어휘력 확장을 위한 명사 훈련 프롬프트

어휘력은 글쓰기의 기본입니다. 기본이 튼튼하지 않으면 아무리 참신한 아이디어와 멋진 에피소드가 있어도 독자에게 효과적으로 전달하기 어렵죠. 어휘력이 부족하면 독자는 작가의 의도를 쉽게 이해할 수 없습니다.

어휘력을 키우는 방법은 생각보다 실천하기 쉽습니다. 책을 많이 읽고, 마음에 드는 문장을 필사하며, 틈날 때마다 짧은 글이라도 꾸준히 써 보는 것이죠. 이러한 과정을 통해 자연스럽게 문장 구성을 익히고 자신만의 표현 방식을 찾을 수 있습니다. 어휘력을 키우기 위해 챗GPT를 이용해 보겠습니다. 단순히 글을 써 달라 요청하는 것이 아닌, 위에 언급한 어휘력 확장 과정을 표방한 훈련 프롬프트를 입력해 보겠습니다.

① 레이 브래드버리의 명사 연상 연습

20세기 미국 문학계의 거장 레이 브래드버리^{Ray Bradbury}는 매일 글을 썼다고 합니다. 그리고 글을 쓰기 전 명사 연상 연습을 했다고 하죠. 저희는 챗GPT를 활용해 거장의 연습을 따라 해 보겠습니다. [새 채팅] ✎을 누르고, 아래 프롬프트를 챗GPT에 입력합니다. 챗GPT는 저에게 첫 번째 명사로 '미로'를 제안했습니다.

프롬프트

프롬프트 2-1

작가 레이 브래드버리는 글을 쓰기 시작할 때 명사들을 나열한 다음, 그 명사에서 연상되는 단어를 적는 연습을 했다고 하네. 나도 브래드버리처럼 연습해 보고 싶어. 아래 지침에 따라 생각하고 행동해 줘.

[지침]
1. 나에게 사람들이 흔히 쓰지 않는 명사를 하나 제안해 주면 내가 명사에서 연상되는 단어를 최대한 나열해 볼게.
2. 그리고 내가 새로운 단어를 너에게 제안할 테니 너도 연상되는 단어를 나열해 줘.
3. 그리고 다시 1번 작업을 수행해 줘.
4. 1~3을 반복해서 수행해 줘.

GPT

좋은 아이디어네요! 그럼 첫 번째 명사로 시작해 볼게요.
명사: '미로'
이제 이 명사에서 연상되는 단어들을 나열해 주세요.

짧은 시간 동안 '미로' 하면 떠오르는 단어를 최대한 많이 적어 보았습니다. 명사 연상 연습은 치매 예방에도 꽤 도움이 된답니다. 여러분도 예제 와 같이 연상되는 단어를 나열한 후, 챗GPT에게 새로운 명사를 제시해 보세요. 제가 챗GPT에게 제시한 명사는 '창의성'이었습니다.

예제
미로: 질척거리다, 빠지다, 헤매다, 미노스, 배신, 크레타, 미노타우르스, 테세우스, 갇히다, 계략
명사: 창의성

GPT
창의성에서 연상되는 단어들을 나열해 볼게요.
창의성: 독창성, 상상력, 영감, 번뜩임, 실험, 개척, 자유, 변화, 독립성, 예술, 혁신, 직관, 색다름, 탐구

다음 명사를 제안할게요.
명사: '풍경'
이번에도 연상되는 단어들을 나열해 주세요.

챗GPT는 '창의성' 하면 떠오르는 새로운 단어를 제시했습니다. 챗GPT는 여러분에게 어떤 단어를 제시했나요? 챗GPT가 제안한 단어들을 검토해 보세요. 이미 아는 단어인가요? 아니면 모르는 단어인가요? 처음 접하는 단어라면 그 뜻을 다시 챗GPT나 퍼플렉시티 AI에게 물어볼 수도 있습니다. 똑같은 방법으로 5회 정도 명사 연상 연습을 진행해 보세요.

② 랜덤 단어로 문장 완성하기

이번에는 챗GPT에게 랜덤으로 단어를 제안해 달라고 요청한 후, 단어를 모아 문장을 완성하는 연습을 해 볼게요. 아래 프롬프트를 챗GPT에 입력합니다.

프롬프트 2-2
사용자의 문장 완성 연습을 위해 챗GPT는 랜덤으로 단어 10개를 제안해야 돼. 그러면 사용자는 그중에서 단어 5개를 사용해서 간단한 문장을 만들어 볼게. 사용자가 문장을 전달하면 간단하게 비평을 해 주고 제안한 단어 중에서 5개 이상을 사용했는지 평가해 줘. 그리고 새로운 단어를 다시 10개 제안해 줘.

GPT 좋습니다! 먼저 첫 번째로 사용할 단어 10개를 제안해 볼게요.

단어 10개:
창문
바람
물결
기억
고요
빛
그늘
무늬
여행
계단

챗GPT가 10개의 '랜덤 단어'를 만들어 줬습니다. 여러분도 예제 와 같이 챗GPT가 제시한 단어 중에서 임의로 5개를 골라 간단한 문장을 만들어 보세요.

 프롬프트

예제
'창문'을 여니 바깥에서 '바람'이 '그늘' 밑에서 '물결'처럼 일렁인다. '여행'을 떠날 시간이 찾아온 것이다. '계단'을 내려가니 '빛'이 '고요'하게 '기억'을 감싼다.

 GPT 훌륭한 문장이네요! 각 단어가 자연스럽게 연결되면서 감각적이고 서정적인 분위기를 잘 살려주었습니다. '창문'에서 시작해 '계단'을 내려가는 장면이 눈앞에 펼쳐지는 듯하고, 여정의 시작을 암시하는 느낌이 인상적입니다. 특히 '빛이 고요하게 기억을 감싼다'는 표현이 아름다움을 더해 주고 있어요.

단어 사용 평가: 제시한 10개 단어 중 9개를 사용하셨습니다. 제시된 단어를 잘 활용하며 훌륭한 문장을 완성하셨어요!

챗GPT는 제가 만든 문장에 대한 간단한 비평과 함께 문장에 몇 개의 단어를 사용했는지 세어 줍니다. 같은 방법으로 5회 정도 반복해 주세요. 게임처럼 부담 없이 즐기시면 됩니다. 챗GPT가 제안한 단어들을 창의적으로 연결하며 문장을 완성해 보세요. 처음에는 5개 단어로 시작해 10개, 15개로 점차 단어와 분량을 늘려 가며 단어의 쓰임을 깊이 생각하고, 이를 표현하는 시간을 가져 보세요.

이런 연습이 어휘력 향상에 어떤 효과를 줄까요? 보잘것없어 보이나요? 절대 그렇지 않습니다. 단어를 억지로 외우는 것보다 단어의 쓰임새를 느끼고, 단어를 연결하며 문장을 만드는 과정에서 창의적인 사고가 촉진된답니다. 또한 자연스럽게 문장 구조도 익힐 수 있어요. 이러한 대화는 챗GPT와 무한대로 즐길 수 있습니다. 문장을 완성하는 데 만약 어려움을 느끼면 챗GPT에게 방법을 물어볼 수도 있겠죠? 챗GPT와 함께라면 여러분이 상상하는 모든 것이 가능하답니다.

> **TIP** 새로운 어휘나 문장은 'Save to Notion'을 활용해 기록해 두세요. 이렇게 문장을 쌓는 과정을 통해 자신만의 문장 사전을 만들 수 있습니다. 시간이 지나면서 문장 사전은 점점 더 풍부해지고, 여러분의 글쓰기 스타일을 확립하는 데 큰 도움이 될 겁니다.

생동감을 입히는 동사·형용사 훈련 프롬프트

어떻게 하면 독자의 마음속에 오래도록 남는 글을 쓸 수 있을까요? 독자를 사로잡으려면 강렬하고 생생한 이야기를 문장에 담아내야 합니다. 문장은 단순한 단어들의 나열이 아닌, 독자의 감정을 자극하고 깊은 인상을 남길 수 있는 요소로 가득 채워져 있어야 하죠.

이 과정에서 적절한 동사와 형용사의 선택은 필수입니다. 생동감은 정확한 동사와 형용사의 조화에서 비롯되기 때문입니다. 동사는 행위나 상태를 나타내며, 글에서 문장의 중심이 되는 행동이나 사건을 드러냅니다. 동사는 이야기를 앞으로 움직이는 차의 엔진과 같죠. 반면 형용사는 글에 감정과 색채를 더하는 자동차의 외관과 같습니다. 사물이나 사람의 성질과 상태를 꾸며 주며, 글에 세부적인 묘사와 감정을 불어넣죠. 챗GPT와 함께 동사와 형용사의 사용법을 배워 봅시다.

① 동사 활용 연습

[새 채팅] 을 누르고 '웹에서 검색' 옵션을 활성화한 후, 아래 프롬프트를 챗GPT에 입력합니다. 챗GPT가 3개의 동사를 제안해 줍니다.

프롬프트

프롬프트 2-3

나는 동사를 활용해서 글에 생동감을 더하고 싶어. 다양한 동사를 정리해 놓은 [링크]를 제공할 테니, 그 [링크]에서 랜덤으로 3개의 동사를 찾아 줘. 동사를 네가 제안해 주면 각각의 동사로 짧은 문장 3개를 만들어 볼게. 내가 문장을 만들면 그에 대한 평가를 해 주고 너도 똑같이 같은 동사로 문장 3개를 만들어 줘. 마지막에는 다른 동사 3개를 제안해 줘.

[링크]
https://ko.wiktionary.org/wiki/분류:한국어_동사

GPT

다음은 위키낱말사전의 '한국어 동사' 분류에서 무작위로 선택한 3개의 동사입니다:

1. **가다듬다**: 정신이나 마음을 차분하게 하거나, 흐트러진 것을 정리하다.
2. **가로채다**: 남의 것을 빼앗거나, 남의 말을 중간에 끊다.
3. **감추다**: 보이지 않게 숨기거나 드러나지 않게 하다.

이제 각 동사로 짧은 문장 3개를 만들어 보시겠어요? 작성하신 문장에 대해 피드백을 드리고, 저도 동일한 동사로 문장을 만들어 보겠습니다.

이제 각각의 동사로 문장을 만들어 봅니다. 챗GPT는 제가 예제 와 같이 즉석으로 만든 문장을 평가하고, 새로운 동사 3개를 제안해 주었습니다. 여러분도 다음과 같이 세 번 반복 연습을 해 봅니다. 여러분도 각자 문장을 직접 만들어 보세요.

예제

정신을 가다듬고 원고나 똑바로 쓰란 말이다!
남의 빵을 가로챌 생각 말고 네 빵이나 열심히 먹어라.
주머니 속의 빵을 감춰 봤자 다 안다고.

GPT

1. 정신을 가다듬고 원고나 똑바로 쓰란 말이다!
'가다듬다'는 정신이나 마음을 차분하게 하거나 흐트러진 것을 정리하는 의미로 사용되었습니다. 문맥상 적절하게 활용되었습니다.

2. 남의 빵을 가로챌 생각 말고 네 빵이나 열심히 먹어라.
'가로채다'는 남의 것을 빼앗거나 남의 말을 중간에 끊는다는 의미로, 여기서는 남의 빵을 빼앗는 상황에 적절하게 사용되었습니다.

3. 주머니 속의 빵을 감춰 봤자 다 안다고.
'감추다'는 보이지 않게 숨기거나 드러나지 않게 한다는 의미로, 주머니 속의 빵을 숨기는 상황에 맞게 사용되었습니다.

전반적으로 동사의 의미를 잘 파악하시고 문장에 적절하게 활용하셨습니다.

이제 새로운 동사 3개를 제안해 드리겠습니다:

1. **가늠하다**: 무게나 양, 정도 등을 어림잡아 헤아리다.
2. **가라앉다**: 물체가 물속으로 내려가거나, 감정이나 상황이 진정되다.
3. **가르다**: 무엇을 둘로 나누거나, 물체를 베거나 쪼개다.

이 동사들을 활용하여 문장을 만들어 보시겠어요?

② 형용사 활용 연습

'웹에서 검색' 옵션을 활성화한 상태에서 아래 프롬프트를 챗GPT에 입력합니다. 챗GPT가 제안한 형용사를 활용해서 감정이 느껴지도록 글을 작성해 봅시다.

프롬프트 2-4

나는 형용사를 활용해서 글에서 다양한 감정을 표현하고 싶어. 다양한 형용사를 정리해 놓은 [링크]를 제공할 테니, 그 [링크]에서 랜덤으로 3개의 형용사를 찾아 줘. 형용사를 네가 제안해 주면 각각의 형용사로 짧은 문장 3개를 만들어 볼게. 내가 문장을 만들면 그에 대한 평가를 해 주고 너도 똑같이 같은 형용사로 문장 3개를 만들어 줘. 마지막에는 다른 형용사 3개를 제안해 줘.

[링크]
https://ko.wiktionary.org/wiki/분류:한국어_형용사

위키낱말사전의 '한국어 형용사' 분류에서 무작위로 선택한 3개의 형용사는 다음과 같습니다:

1. **가냘프다**: 몸이 가늘고 연약하다.
2. **가엾다**: 마음이 아플 정도로 불쌍하다.
3. **간절하다**: 마음속에서 바라는 정도가 매우 크다.

이제 각 형용사로 짧은 문장 3개를 만들어 보시겠어요? 작성하신 문장에 대해 피드백을 드리고, 저도 동일한 형용사로 문장을 만들어 보겠습니다.

이제 각각의 형용사로 문장을 만들어 봅니다. 저도 글을 작성해 챗GPT에게 보내 보았습니다. 여러분도 직접 작성해 보시기 바랍니다. 3회 반복해 주세요.

예제

이 가냘픈 몸으로 어찌 작가가 될 수 있단 말인가요?
아 가엾은 내 인생, 나는 과연 베스트셀러 작가가 될 수 있을까?
간절하게 바랍니다. 이 책이 제발 대박나게 해 주세요.

작성하신 문장을 검토해 보겠습니다.

1. **이 가냘픈 몸으로 어찌 작가가 될 수 있단 말인가요?**
   - '가냘프다'의 의미를 잘 살려, 연약한 몸으로 작가의 길을 걱정하는 표현이 인상적입니다. 연약한 신체적 조건과 꿈에 대한 갈등이 생생하게 드러납니다.

2. **아 가엾은 내 인생, 나는 과연 베스트셀러 작가가 될 수 있을까?**
   - '가엾다'를 통해 자기 삶의 처지를 연민하는 감정을 효과적으로 표현하셨습니다. 진정성과 절실함이 느껴집니다.

3. **간절하게 바랍니다. 이 책이 제발 대박나게 해 주세요.**
   - '간절하다'의 의미를 잘 살려, 바람이 얼마나 강렬한지를 잘 표현하셨습니다. 독자의 공감을 끌어내는 절실한 소망이 돋보입니다.

훌륭하게 감정을 표현하셨습니다!

③ 동사 응용 연습

마지막으로 동사를 응용해 독자에게 강렬한 인상을 남기는 문장을 연습해 보도록 하겠습니다. 아래 프롬프트를 챗GPT에 입력합니다. 챗GPT가 여러분이 제안한 동사에 맞춰 강렬한 표현을 작성해 줍니다.

프롬프트 2-5

동사로 감정이나 상황을 강렬하게 표현해 보고 싶어. 내가 동사를 하나 제안하면 아래와 같은 표현을 3개 만들어 줘.

[예]
터지다: 하늘에서 폭죽이 터지듯 기쁨이 널리 퍼졌다.
깔리다: 땅거미가 깔린 것처럼 그의 얼굴이 흙빛으로 변했다.

[제안 동사]
맞추다

맞추다를 활용한 강렬한 표현 3개입니다.

1. **그의 말에 화살을 맞추듯 내 가슴이 아려 왔다.**
   - 상대방의 말이 날카롭게 마음에 와닿아 상처가 된 상황을 표현하며, 강렬한 감정을 드러냅니다.

2. 퍼즐 조각을 맞추듯 그의 계획이 하나둘 완성되어 갔다.
   - 마치 퍼즐을 완성하는 듯이 계획이 진행되는 모습으로, 꼼꼼하고 치밀하게 맞아떨어지는 상황을 강조합니다.

3. 정답을 맞추듯 그녀는 모든 상황을 꿰뚫어 보았다.
   - 맞추다의 의미를 활용해, 상황을 정확하게 이해하고 통찰하는 순간의 날카로움을 표현했습니다.

이제 여러분은 동사와 형용사의 무한한 가능성을 체험해 봤습니다. 단어 하나의 변화로 문장이 얼마나 달라질 수 있는지, 그 힘을 여러분의 글에서 직접 느껴 보시기 바랍니다.

글에 리듬을 더하는 의성어·의태어 훈련 프롬프트

순우리말에는 의성어와 의태어가 외래어보다 훨씬 풍부합니다. 의성어는 사람이나 사물의 소리를 흉내 낸 말로, 예를 들어 '쾅', '쨍그랑', '졸졸', '똑똑', '웅성웅성', '쿵쿵' 같은 단어들이 있습니다. 이 단어들은 소리뿐만 아니라 감정적인 상태를 나타내기도 하며, 예를 들어 '똑똑'은 집중하거나 긴장한 느낌을, '웅성웅성'은 사람들이 모여 소곤대는 분위기를 연상시킬 수 있습니다. 반면, 의태어는 사물의 움직임이나 모양을 묘사한 말로 '아장아장, 살랑살랑'과 같은 단어들이죠. 이러한 단어들은 각각 소리와 움직임을 마치 눈앞에서 직접 경험하는 것처럼 생생하게 표현해 줍니다. 마치 고화질 영상처럼 생생하게 표현하는 것이 의성어와 의태어의 역할입니다.

① 의성어 연습

먼저, 의성어의 활용법부터 배워 보도록 하겠습니다. [새 채팅]을 누르고, 아래 프롬프트를 챗GPT에 입력합니다.

프롬프트 2-6

의성어(擬聲語)는 사전에 '사람이나 사물의 소리를 흉내 낸 말. '쌕쌕', '멍멍', '땡땡', '우당탕', '퍼덕퍼덕' 따위가 있다.'라고 정의되어 있어. 의성어로 문장을 더 감각적으로 만들어 보고 싶으니 나에게 재미있는 의성어를 반드시 50개 만들어 주고, 순번, 의성어, 정의, 사용 예시 순으로 간단한 표에 작성해 줘.

의성어 표

순번	의성어	정의
1	쏴아쏴아	비나 물이 연속적으로 떨어지는 소리
2	똑똑	물이 한 방울씩 떨어지는 소리
3	쾅쾅	큰 소리로 문을 두드리거나 물체가 부딪히는 소리
4	빠끔빠끔	입을 크게 벌렸다 닫는 소리 또는 모습

의성어 표를 준비했습니다. 50개의 재미있는 의성어와 그 정의, 사용 예시를 확인해 보세요! 필요에 따라 추가 설명이나 새로운 예시를 요청하셔도 좋습니다.

표로 정리해 준 내용이 잘 보이지 않을 경우에는 표 오른쪽 대각선에서 [table 펼치기]를 클릭하시면 표를 확대해서 보실 수 있습니다.

의성어 사용 예시 공부하기

제시된 50개의 의성어의 정의와 사용 예시를 공부해 봅니다. 의성어 표를 충분히 읽고 난 후에 아래 프롬프트를 챗GPT에 입력합니다.

프롬프트

프롬프트 2-7

나는 의성어를 활용해서 문장을 더 감각적으로 만들어 보고 싶어. 아래 지침을 수행해 줘.

[지침]
1. 위에서 제시한 재미있는 의성어를 랜덤하게 하나 골라 줘.
2. 고른 의성어로 문장을 하나 만들어 줘(의성어를 사용자에게 보여 주어서는 안 돼).
3. 내가 퀴즈로 맞출 수 있도록 고른 의성어 부분을 '_____', 밑줄로 감춰 줘.
4. 내가 만약 맞추지 못하면 스무고개 하듯이 힌트를 하나씩 제공해 줘.

같은 문제를 반복해서 내지 말아 줘.
최종적으로 내가 정답을 맞히거나 포기하게 되면 다시 1~4단계를 반복해 줘.

GPT

좋습니다! 첫 번째 문제를 시작합니다.
문장: 조용한 방 안에서 작은 물방울 소리가 '_____' 들려왔다.

추측해 보세요!

챗GPT는 요청대로 의성어를 감춘 문장 하나를 제공했습니다. 바로 정답을 맞히면 좋겠지만, 틀리더라도 대화를 주고받으면서 정답을 맞혀 봅니다.

프롬프트

예제

똑똑

GPT

아쉽지만, 정답은 아닙니다. 첫 번째 힌트를 드리겠습니다!
힌트 1: 이 의성어는 비가 오는 소리와 관련이 있습니다.

다시 추측해 보세요!

예제
프롬프트 후두둑

 정답입니다! '후두둑'이 맞습니다. 비가 갑자기 쏟아지는 소리를 표현했어요. 잘 맞추셨
GPT 습니다!
그럼 다음 문제로 넘어가겠습니다.

될 수 있으면 커닝을 하지 말고 차라리 챗GPT에게 힌트를 달라고 요청하세요.

의성어 변형 연습하기

다음으로 의성어 변형 연습도 해 볼까요? 하나의 단어를 시작으로 그것을 변형하며, 다양한 상황에 의성어를 적용해 보는 것입니다. 예를 들어, '쨍그랑'은 유리가 깨지는 소리지만, '쨍쨍'은 뜨거운 여름 태양을 의미할 수도 있습니다. 이처럼 발음은 비슷하지만 뉘앙스가 다른 단어로 여러분의 상상력을 다양하게 변주할 수 있습니다. 아래 프롬프트를 챗GPT에 입력합니다.

 프롬프트 2-8
프롬프트 나는 의성어 변형 연습을 통해 상황에 따라 문장을 다양하게 표현해 보고 싶어. 아래 지침을 수행해 줘.

[지침]
1. 한글 의성어를 랜덤하게 하나 골라 줘.
2. 고른 의성어의 뜻을 간단하게 설명해 줘.
3. 고른 의성어가 변형된(발음이 비슷하거나 뉘앙스가 비슷한) 의성어를 3개 제안하고 예시 문장을 보여 줘.
4. 새로운 의성어를 퀴즈로 나에게 제안해 줘.
5. 이제 내가 그 의성어가 변형된 단어를 최대한 대답할게.

최종적으로 내가 정답을 맞히거나 포기하게 되면 다시 1~5단계를 반복해 줘.

GPT

흥미로운 연습이네요! 그럼 지침을 따라 시작해 보겠습니다.

1. **의성어**: 쨍그랑
2. **뜻**: 유리나 금속 같은 단단한 물건이 떨어지거나 부딪힐 때 나는 소리입니다.
3. **변형된 의성어 제안**:
   - 쨍쨍: 햇볕이 강하게 내리쬐는 느낌을 표현합니다.
     예시: '한낮의 태양이 쨍쨍 내리쬐었다.'
   - 쨍쨍쨍: 작은 금속들이 연속적으로 부딪히며 나는 소리입니다.
     예시: '작은 종들이 서로 부딪혀 쨍쨍쨍 소리가 났다.'
   - 짤랑짤랑: 주로 동전이나 열쇠처럼 금속 물체들이 부딪히는 소리입니다.
     예시: '열쇠가 짤랑짤랑 울렸다.'
4. **퀴즈**: 다음 의성어를 맞춰 보세요!
   문장: 작은 개울가에서 물이 흐르며 '_____' 소리가 은은하게 들렸다.
   어떤 의성어일까요?

챗GPT는 랜덤으로 의성어를 하나 골라 주고 간단하게 설명, 변형된 의성어와 예시 문장, 퀴즈를 제시해 줬습니다. 의성어가 변형된 단어를 만들어 답해 봅니다.

프롬프트

예제

정답: 졸졸

변형어:
줄줄: 눈길에 발이 줄줄 미끄러지다.
좔좔: 할아버지께서는 족보를 좔좔 외우셨다
주르륵: 거울에 비친 눈에서 눈물이 한 줄기 주르륵 흘러내렸다.
주룩주룩: 저고리에 주름이 주룩주룩 잡히다.

GPT

아주 잘하셨습니다! '졸졸'의 변형을 정확하게 제안해 주셨네요. 각 변형어에 대한 예시 문장도 아주 적절합니다. 이 연습을 통해 의성어를 상황에 맞게 유연하게 사용할 수 있는 능력이 더욱 강화될 거예요!

만약 의성어가 생각나지 않는다면 직접 링크 https://ko.wiktionary.org/wiki/분류:표준어_의성어 에서 직접 변형된 의성어를 찾아보는 것도 좋습니다.

> **TIP** '네이버 사전 https://ko.dict.naver.com/'에서 관련 의성어를 검색하고 예문을 확인하는 것도 좋은 방법입니다. 이런 과정을 반복하다 보면 새로운 의성어도 배우게 되고 활용법도 자연스럽게 익힐 수 있을 겁니다.

❷ 의태어 연습

이제, 의태어의 활용법을 의성어 연습과 동일한 방식으로 시작해 보겠습니다. 아래 프롬프트를 챗GPT에 입력합니다.

프롬프트 2-9

의태어(擬態語)는 사전에 '사람이나 사물의 모양이나 움직임을 흉내 낸 말. '아장아장', '엉금엉금', '번쩍번쩍' 따위가 있다.'라고 정의되어 있어. 의태어로 문장을 더 역동적으로 만들어 보고 싶으니 나에게 재미있는 의태어를 반드시 50개 만들어 주고, 순번, 의성어, 정의, 사용 예시순으로 간단하게 표에 작성해 줘.

의태어 활용 예시

순번	의태어	정의
1	꼬물꼬물	작은 물체가 계속해서 움직이는 모양
2	우물쭈물	결정을 내리지 못해 망설이는 모양
3	번쩍번쩍	빛이 빠르게 밝아졌다 어두워졌다 하는 모양
4	덜컹덜컹	크고 단단한 물체가 흔들릴 때 나는 소리 모양

의태어 표를 준비했습니다! 50개의 재미있고 생생한 의태어와 그 정의 및 사용 예시를 확인해 보세요. 더 많은 예시나 설명이 필요하면 언제든 요청해 주세요!

표로 정리해 준 내용이 잘 보이지 않을 경우에는 표 오른쪽 대각선에서 [table 펼치기] 를 클릭하시면 표를 확대해서 보실 수 있습니다.

의태어 사용 예시 공부하기

제시된 50개의 의태어의 정의와 사용 예시를 공부해 봅니다. 충분히 읽고 난 후에 아래 프롬프트를 챗GPT에 입력합니다.

프롬프트 2-10

나는 의태어를 활용해서 문장을 더 역동적으로 만들어 보고 싶어. 아래 지침을 수행해 줘.

[지침]
1. 제시한 50개의 의태어 중에서 랜덤하게 하나를 골라 줘.
2. 고른 의태어로 문장을 하나 만들어 줘.
3. 내가 퀴즈로 맞출 수 있도록 의태어 부분을 '_____', 밑줄로 감춰 줘.
4. 내가 만약 맞추지 못하면 스무고개하듯이 힌트를 하나씩 제공해 줘.

최종적으로 내가 정답을 맞히거나 포기하게 되면 다시 1~4단계를 반복해 줘.

좋습니다! 첫 번째 문제를 시작하겠습니다.
문장: 나뭇잎들이 바람에 '_____' 흔들리며 춤을 추는 듯했다.

추측해 보세요!

예제

살랑살랑

정답입니다! '살랑살랑'이 맞습니다. 바람에 가볍게 흔들리는 나뭇잎의 움직임을 표현한 것이었어요. 아주 잘 맞추셨습니다.

챗GPT는 요청대로 의태어를 감춘 문장 하나를 제공했습니다. 바로 정답을 맞히면 좋겠지만, 틀리더라도 대화를 주고받으면서 정답을 맞혀 봅니다.

의태어 변형 연습하기

이제, 의태어 변형 연습을 해 볼게요. 아래 프롬프트를 챗GPT에 입력합니다. 챗GPT가 의태어 변형 예시와 새로운 의태어를 제안합니다.

프롬프트 2-11

나는 의태어 변형 연습을 통해 상황에 따라 문장을 다양하게 표현해 보고 싶어. 아래 지침을 수행해 줘.

[지침]
1. 한글 의태어를 랜덤하게 하나 골라 줘.
2. 고른 의태어의 뜻을 간단하게 설명해 줘.

3. 고른 의태어가 변형된(발음이 비슷하거나 뉘앙스가 비슷한) 의태어를 3개 제안하고 예시 문장을 보여 줘.
4. 새로운 의태어를 나에게 제시해 줘. 그러면 내가 그 의태어가 변형된 단어를 최대한 대답할게.

최종적으로 내가 정답을 맞히거나 포기하게 되면 다시 1~4단계를 반복해 줘.

GPT

흥미로운 연습이네요! 지침을 따라 시작해 보겠습니다.

1. **의태어**: 꾸벅꾸벅
2. **뜻**: 고개를 숙였다가 드는 모양으로, 졸리거나 인사할 때 주로 사용됩니다.
3. **변형된 의태어 제안**:
    - 꼬박꼬박: 규칙적으로 반복하거나 꾸준히 하는 모양
      예시: '그는 하루도 빠짐없이 꼬박꼬박 출근했다.'
    - 빼끔빼끔: 입을 벌렸다 닫는 모양으로, 주로 담배를 피우거나 물고기가 숨 쉴 때 표현함.
      예시: '그는 담배를 빼끔빼끔 피웠다.'
    - 꼬물꼬물: 작은 동작으로 천천히 움직이는 모양
      예시: '애벌레가 꼬물꼬물 기어갔다.'
4. **새로운 의태어**: 두리번두리번

이제 이 의태어의 변형된 단어를 추측해 주세요!

아래와 같이 대답하니 챗GPT는 제가 변형한 의태어를 평가해 주고 새로운 의태어를 다시 제안해 줬습니다. 여러분도 몇 차례에 걸쳐 연습해 보세요. 의태어가 생각나지 않는다면 다음 링크 https://ko.wiktionary.org/wiki/분류:표준어_의태어 에서 찾아보시면 됩니다.

의성어와 의태어의 매혹적인 힘을 느껴 보셨나요? 어렵게 느껴졌다면 익숙하지 않아서 그럴 겁니다. 힘들더라도 챗GPT와 함께 연습하다 보면, 의성어와 의태어 사용법도 쉽게 익힐 수 있습니다. 다양한 과정을 거쳐 표현력을 쌓아 가다 보면, 여러분의 문장이 보다 더 선명하고 다채로워지는 순간을 맞게 될 겁니다. 그러니 도전을 즐기시기 바랍니다.

한 걸음 나아가는 어휘력 성장 훈련 프롬프트

'문해력'이란 글을 읽고 이해하는 능력입니다. 글을 제대로 읽지 못하면 작가와 소통할 수 없을 뿐만 아니라 작가의 의도를 왜곡할 수 있습니다. 그리고 작가의 글을 제대로 이해하지 못하면, 자신만의 글을 쓸 수도 없죠. 그러므로 문해력은 글쓰기의 중요한 기반이 됩니다. 무엇보다 '어휘력'은 문해력의 핵심 요소입니다. 어휘를 마음대로 부리어 쓸 수 있는 능력이 바로 어휘력이죠. 어휘력이 좋으면 글을 신속하고 깊이 있게 이해하고, 자신의 생각을 효과적으로 표현할 수 있습니다.

어휘력이 부족하다면, 글의 의미를 피상적으로밖에 파악하지 못하고, 이는 큰 오해나 잘못된 결론으로 이어질 수 있습니다. 빈약한 어휘는 빈약한 생각을 만들고, 우리의 사고와 행동반경을 좁게 가둡니다. 또한, 글의 맥락을 오해하거나 중요한 의미를 놓칠 가능성도 큽니다. 반면 풍부한 어휘를 가지면, 단어의 다양한 뉘앙스를 이해하고 글 속에 숨겨진 함축적 의미까지도 파악할 수 있습니다. 이는 더 나은 문해력으로 이어지죠.

① 짧은 글쓰기 연습

어휘력을 기르는 훈련을 진행하겠습니다. [새 채팅] 을 누르고, 아래 프롬프트를 챗GPT에 입력합니다.

프롬프트 2-12

짧은 글쓰기로 어휘력을 기르고 싶어. 글쓰기 전문 코치의 페르소나라고 생각하고 행동해 줘. 내가 글 한 편을 보내 줄 테니까, 아래의 지침대로 어휘력을 분석하고 비평해 줘. 숙지되면 OK라고 답해 줘, 그러면 분석할 글을 보내 줄게.

[지침]
1. 어휘의 다양성: 사용된 고유 단어의 수와 반복 사용 빈도를 분석해서 어휘의 다양성 평가
2. 어휘의 난이도: 사용된 단어들의 난이도 수준 분석하고, 고급 어휘나 전문 용어의 사용 빈도 평가
3. 문맥적 사용: 단어들이 문맥에 맞게 적절하게 사용되었는지 평가
4. 동의어/반의어 사용: 유사한 개념을 표현할 때 다양한 동의어를 사용했는지 평가
5. 관용구 사용: 관용적 표현의 사용 빈도와 적절성 평가

6. 형태론적 지식: 접두사, 접미사, 어근 등을 활용한 단어 형성 능력 평가
7. 어휘의 정확성: 철자, 문법적 사용, 의미의 정확성 평가
8. 어휘의 깊이: 단어의 여러 의미나 뉘앙스를 이해하고 활용하는 능력 평가
9. 문체와 톤: 사용된 어휘가 글의 목적에 적합한지 평가
10. 수식어 남발: 형용사를 용언으로 활용했는지 평가(예: 맛있는 음식 - 음식이 맛있었다)
11. 일반적인 형용사보다 특별한 형용사의 사용 여부 평가(예 : 다르다 - 남다르다. 특별하다, 별나다)

OK! 보내 주세요.

아래 프롬프트를 챗GPT에 입력합니다. 그리고 챗GPT가 평가해 준 결과를 천천히 읽어 봅니다. 사람보다 낫다는 생각이 들지 않으시나요?

프롬프트 2-13

[샘플]
우리가 사고하는 것들의 대부분은 외부에서 오는 자극들이다. 세상을 보고 감정을 느끼고 세포 속에 차곡차곡 기록한다. 말하자면 감각한 것들을 지각하는 과정을 숱하게 반복한다. 지각한다고 그것이 모두 기억으로 남지는 않는다. 억지로 기억하고 싶어도 뜻대로 되지 않는다. 어떤 원리로 기억을 만들지는 신경과학자의 최신 이론에 귀를 기울이는 게 좋겠다.

웨스 앤더슨 감독의 영화는 영국 작가 로알드 달의 원작인《기상천외한 헨리 슈거 이야기》,《독》,《쥐잡이 사내》를 통해서 처음 접했다. 독특한 시각으로 구성된 화면이 만화경을 넘기는 것처럼 전환된다. 그동안 접하지 못했던 카메라 워크와 장면 구성을 보여 준다. 카메라는 고정된 채, 회전하거나 왼쪽 오른쪽으로 그리고 아래위 쪽으로 흘러간다. 그리고 고정된 화면에서 캐릭터와 사건이 살아, 마치 만화 캐릭터처럼 움직인다. 분명 영화지만 만화를 보는 듯한 착각에 빠진다. 어색하지만 그 흐름에 빠져든다. 그게 웨스 앤더슨의 특징이다. 귀 기울여 들으면서 덤으로 진기한 장면을 보는 경험까지.

어휘력 분석 및 비평
1. **어휘의 다양성**: 사용된 고유 단어의 수는 비교적 다양하나, 일부 단어와 표현이 반복됩니다. 예를 들어, '기억', '스토리', '감상', '영화', '카메라' 등이 반복되어 어휘의 다양성은 보통 수준입니다. 동의어 사용을 통해 더 다양한 어휘를 활용할 여지가 있습니다.

2. 어휘의 난이도: 전체적으로 중간 수준의 어휘와 구체적 표현이 혼합되어 있어 가독성이 높습니다. '신경과학자', '만화경', '카메라 워크' 같은 어휘가 사용되어 글에 전문성을 더해 주고 있습니다. 그러나 '기상천외한', '종합', '착각' 등의 단어는 기본적인 어휘로, 독자의 흥미를 끌 수 있는 더 고급 어휘로 대체할 가능성이 있습니다.

3. 문맥적 사용: 단어들이 문맥에 맞게 잘 사용되었으며, 감정적이고 구체적인 장면 설명이 적절히 표현되었습니다. 특히, 영화적 표현을 설명하는 문장에서 글의 주제와 일치하는 어휘가 잘 선택되어 있습니다.

4. 동의어/반의어 사용: 유사한 개념을 표현할 때 동의어나 변형된 어휘를 다양하게 사용하지 않았습니다. 예를 들어, '기억'이라는 단어를 반복하는 대신 '회상', '추억' 등의 동의어를 활용할 수 있습니다. 이는 독자의 흥미를 유지하는 데 도움이 될 것입니다.

5. 관용구 사용: 관용구의 사용 빈도는 거의 없으나, 이는 글의 성격상 부적절할 수 있습니다. 필요한 경우 영화나 경험에 대한 관용적 표현을 사용하여 글에 생동감을 더할 수 있습니다.

6. 형태론적 지식: 글 속에서 접두사와 접미사를 활용한 다양한 어휘 구성이 나타납니다. 그러나, 일부 단어들은 어근을 바탕으로 형성된 파생어를 더 활용하면 더욱 세련된 표현이 가능할 것입니다.

7. 어휘의 정확성: 어휘의 철자, 문법적 사용, 의미 전달 모두 정확하며 문장 구성에도 큰 문제가 없습니다. 단, 일부 문장에서 문장이 길어 의미가 흐려질 수 있어 더 명확하게 쪼개면 좋을 듯합니다.

8. 어휘의 깊이: 단어의 여러 의미나 뉘앙스를 활용하여 글에 깊이를 더하고자 하는 노력이 엿보입니다. 예를 들어 '감상하다', '몰입하다' 같은 표현이 영화 관람과 감상의 깊이를 강조합니다. 다만, 더 다양한 뉘앙스를 활용하여 독자에게 감정적 여운을 남길 수 있습니다.

9. 문체와 톤: 문체와 톤이 글의 주제와 목적에 적합합니다. 영화 감상 및 분석이라는 주제에 걸맞게 감상적이고 분석적인 톤을 유지하고 있으며, 독자에게 필요한 정보를 감정적으로 전달합니다.

10. 수식어 남발 및 특별한 형용사: 수식어의 남발은 보이지 않으며, 대부분 적절히 사용되었습니다. 다만 '독특한', '진기한', '기상천외한' 등의 형용사가 자주 사용되며, 좀 더 구체적이고 상상력을 자극할 수 있는 형용사로 대체하면 좋을 것입니다.

종합 평가 이 글은 독자가 영화 감상 경험을 구체적으로 느낄 수 있도록 적절한 어휘를 사용하고 있습니다.

챗GPT는 동일한 예제라도 맥락과 상황에 따라 답변이 달라집니다. 저의 답변과 다르다고 놀라지 마시고 오히려 그것이 강점이 된다고 생각하시면 됩니다. 다양한 답변이 우리에게 더 많은 아이디어를 제공해 줄 테니까요.

❷ 새로운 어휘로 다시 써 보기

앞의 글을 새로운 어휘로 다시 써 봅시다. 만약 어떻게 고쳐야 할지 감이 잡히지 않는다면 대체할 만한 새로운 어휘를 챗GPT에게 제안받아 봅시다. 아래 프롬프트를 챗GPT에 입력합니다. 챗GPT는 다양한 관점으로 어휘력을 향상시킬 방법을 제안해 줄 겁니다. 여러분이 몰랐던 새로운 어휘를 발견할 수도 있겠죠.

프롬프트 2-14

어휘를 더 다양하게 표현하고 동의어를 더 다채롭게 사용하기 위해 유사한 의미를 가진 더 세련되고 고급스러운 어휘를 제안해 줘. 특히 관용구나 특별한 형용사를 제안해 줘.

GPT

1. '기억' 관련
   - 동의어: 회상, 추억, 각인, 심상, 상기
   - 관용구: '머릿속에 새겨지다', '마음속에 아로새기다', '기억의 서랍을 열다'
   - 예시 표현:
     - '오래도록 마음에 각인되었다.'

9. '의미' 관련
   - 동의어: 함축, 깊이, 내포, 의의, 상징성
   - 관용구: '뜻깊은 함축을 지니다', '깊은 내포를 담다.'
   - 예시 표현:
     - '영화는 인생의 깊은 내포를 담고 있었다.'
     - '감독이 표현하려는 상징성이 곳곳에 드러났다.'

이러한 어휘를 활용하여 표현의 다양성과 깊이를 더하고, 더 풍부하고 세련된 문체를 형성할 수 있을 것입니다.

❸ 챗GPT에게 피드백받기

챗GPT의 어휘 제안에 따라 어휘를 교정해 봅니다. 여러분도 **프롬프트 2-13** 의 글 [샘플]을 위의 제안에 따라 고쳐 보세요. 같은 뜻이더라도 표현은 얼마든지 다르게 변주할 수 있습니다. 수정한 문장과 함께 다음 프롬프트를 챗GPT에 입력합니다.

프롬프트 2-15

너의 조언대로 어휘를 다듬어 봤어. 다시 읽고 분석해 줘. 아래는 고친 글이야.

예제

우리가 사고하는 것들의 대부분은 외부에서 오는 자극들이다. 세상을 보고 감정을 느끼고 세포 속에 차곡차곡 기록한다. 말하자면 감각한 것들을 지각하는 과정을 숱하게 반복한다. **인지한다고 그것이 모두 머릿속에 각인되지는 않는다.** 억지로 **기억을 채집하고 싶어도** 뜻대로 되지 않는다. 어떤 원리 때문에 **추억에 새겨질지는** 신경과학자의 최신 이론에 귀를 기울이는 게 좋겠다

《그랜드 부다페스트 호텔》의 첫 장면의 대사처럼, **에피소드는 주변 사람들이 주도한다.** 내가 상상해서 만들어 낸 것이 아니라 내가 생생하게 보고 느낀 것들의 **총체다.** 그렇다면 《그랜드 부다페스트 호텔》를 잠자코 음미하는 것도 귀 기울여, 아니 **오감을 활짝 열고 몰입할 필요가 있다.** 에피소드를 만들어내야 할 테니까. 그 안에 삶이 기거하니까.

웨스 앤더슨 감독의 작품은 영국 작가 로알드 달의 원작인 《기상천외한 헨리 슈거 이야기》, 《독》, 《쥐잡이 사내》를 통해서 처음 접했다. 독특한 시각으로 구성된 화면이 마치 만화경을 넘기는 것처럼 전환된다. 그동안 접하지 못했던 카메라 워크와 장면 구성을 보여 준다. 카메라는 고정된 채, 회전하거나 왼쪽 오른쪽으로 그리고 위아래로 흘러간다. 그리고 고정된 화면에서 캐릭터와 사건이 살아, 마치 만화 캐릭터처럼 분주하게 움직인다. 분명 영화지만 만화를 보는 듯한 **시각적 혼돈에 빠진다.** 어색하지만 **그 열기에 나도 모르게 편승한다.** 그게 웨스 앤더슨의 **개성이다.** 귀 기울여 들으면서 덤으로 진기한 장면을 보는 경험까지.

다듬어진 글을 읽고 지침에 따라 어휘력 분석과 비평을 진행하겠습니다.

1. 어휘의 다양성
고유 단어와 표현이 더 다양해졌습니다. '각인되다', '채집하다', '기거하다', '편승하다' 등 이전에는 없던 어휘들이 추가되면서, 단어의 반복성이 줄고 표현이 풍성해졌습니다. 동의어와 표현의 폭이 넓어져 어휘의 다양성이 크게 향상되었습니다.

2. 어휘의 난이도
고급 어휘가 추가되어 글이 한층 깊어졌습니다. 예를 들어, '채집하다', '기거하다' 같은 어휘가 사용되어 감정과 사고를 좀 더 세련되게 표현합니다. 어휘 난이도는 중상급으로 독자에게 깊이 있는 인상을 남길 수 있습니다.

3. 문맥적 사용
단어들이 문맥에 맞게 적절히 사용되었습니다. 특히 '추억에 새겨지다'와 같은 표현은 감정과 기억을 표현하는 맥락에서 매우 자연스럽습니다. 영화나 예술 작품을 음미하고 몰입하는 과정이 잘 전달되고 있습니다.

4. 동의어/반의어 사용
동의어 활용이 눈에 띄게 증가했습니다. '총합' 대신 '총체', '기억' 대신 '각인', '스토리' 대신 '에피소드'와 같은 변형이 적절히 이루어져 읽는 재미가 더해졌습니다. 다만, 더 다양한 동의어나 표현을 활용해 글의 몰입감을 높일 수 있는 부분이 여전히 존재합니다. 예를 들어, '감각한 것들을 지각하는 과정' 대신 '경험을 재인식하는 과정'과 같은 표현으로 조금 더 문체를 다듬을 수 있습니다.

5. 관용구 사용
관용구 사용이 여전히 적습니다. 일부 구문에 관용적인 표현을 넣으면 글에 더 따뜻한 감정이 담길 수 있습니다. 예를 들어, '그 열기에 편승한다'는 표현을 '그 열기에 불쑥 동참하게 된다' 등으로 바꿀 수 있습니다.

6. 형태론적 지식
형태론적 지식이 잘 활용되었습니다. '각인되다', '채집하다', '기거하다' 같은 단어에서 파생된 어휘의 자연스러운 사용이 돋보입니다. 더욱이 '총체' 같은 어휘는 글의 주제를 더욱 명확하게 전달하는 데 기여합니다.

9. 문체와 톤
글의 톤이 한층 더 성숙하고, 영화 감상과 분석이라는 주제에 적합한 문체로 진화했습니다. 감상적인 톤과 분석적인 톤이 조화를 이루어 독자의 몰입을 유도합니다.

10. 수식어 남발 및 특별한 형용사
수식어 사용이 절제되었으며, '기거하다', '진기한' 등 특별한 어휘들이 적절히 사용되었습니다. '독특한 시각' 등과 같은 표현도 적절히 활용되어 구체적이면서 감각적인 느낌을 잘 살리고 있습니다.

종합 평가
어휘와 표현의 다양성이 크게 향상되었으며, 글의 깊이와 세련됨이 한층 돋보입니다. 문체는 성숙하고 감성적이며, 영화 감상이라는 주제에 잘 맞는 어휘가 활용되었습니다. 다만, 관용적 표현을 조금 더 추가하거나 일부 문구를 다듬어 자연스러운 흐름을 유지한다면 더욱 인상적인 글이 될 것입니다.

결국 중요한 것은 완벽하게 하는 것이 아니라, 시작하고 반복하는 것입니다. 어휘력을 향상시키는 과정도 그렇습니다. 지금까지 해 왔던 것처럼 계속 시도하다 보면, 어느 순간 더 깊이 있고 멋진 글을 쓰는 자신을 발견하게 될 것입니다.

깊이 파고드는 어휘력 확장 훈련 프롬프트

이번 파트에서는 더 심화된 어휘력 훈련을 진행해 보겠습니다.

① 어휘 확장하기

[새 채팅] 을 누르고, 아래 프롬프트를 챗GPT에 입력합니다. 챗GPT가 게임 시작을 위해 첫 단어를 요청해서, 저는 **프롬프트 2-17** 처럼 '비유'를 선택했어요. 여러분도 첫 훈련은 '비유'로 시작해 보시기 바랍니다.

프롬프트

프롬프트 2-16

어휘력을 기르기 위한 훈련으로 어휘 진화 게임을 진행하려고 해. 아래의 [지침]을 수행해 줘.

[지침]
1. 내가 간단한 단어를 먼저 제시할게.
2. 내가 제시한 단어보다 더 복잡하거나 심오한 의미의 동의어 단어 하나를 제시해 줘.
3. 내가 그 단어로 문장을 최대한 만들어 볼게.
4. 내가 문장을 제시하면 다시 그 단어보다 더 높은 수준의 동의어 단어를 제시해 줘.

GPT

좋은 어휘력 훈련법입니다! 어휘 진화 게임을 통해 점점 더 심오하고 풍부한 표현력을 기르는 데 도움이 될 거예요. 시작해 보시죠.

먼저, 첫 단어를 제시해 주시겠어요?

프롬프트

프롬프트 2-17

비유

GPT

좋은 시작입니다. '비유'보다 더 복잡한 의미를 담은 단어로 '은유'를 제시하겠습니다. 이제 '은유'를 사용해 문장을 만들어 보세요.

챗GPT는 응답으로 '비유'와 비슷한 '은유'를 제시했고, 저는 '은유'를 사용해서 아래처럼 문장을 만들었습니다. 반드시 문장에 챗GPT가 제시한 단어가 포함되어야 합니다. 저는 다음 장의 **예제** 와 같이 문장을 구성해 보았습니다. 여러분도 챗GPT가 제시한 단어를 이용해 문장을 만들어 보세요.

예제
시는 압축된 은유를 사용한다.
인간에게 은유가 시작된 것은 시각적 작용 때문이다.
은유는 유추와 맥락이 닿아 있다.
인간이 은유를 시도하면 뇌의 신경 세포들이 서로 연결된다.
은유는 영어로 메타포다.
문장의 힘은 은유에서 태동한다.

아주 훌륭한 문장들이네요! 다음 단계로 더 깊이 있는 단어로 '상징'을 제시합니다.
이제 '상징'이라는 단어를 활용해 문장을 만들어 보세요.

챗GPT는 응답으로 '상징'을 제시했습니다. '상징'도 은유 못지않게 글쓰기에서 자주 언급되는 단어죠. '상징'으로 아래 문장을 만들었습니다. 이런 식으로 챗GPT와 어휘 심화 훈련을 진행해 보세요.

예제
K 팝의 상징은 로제의 아파트다.
K 팝의 성공은 우리 문화가 일궈 온 문화적 상징을 일컫는다.
문자는 인간의 생각을 상징으로 만든 사례다.

멋진 문장들입니다! 이제 한 단계 더 나아가서 '표상'이라는 단어를 제시합니다.
'표상'이라는 단어로 문장을 만들어 보시겠어요?

② 어원 찾기

이런 방식으로 같은 의미의 단어도 미묘한 뉘앙스에 따라 문장에서 다르게 활용할 수 있다는 점을 배웠어요. 멈추지 않고 계속 반복해서 연습하시기 바랍니다. 챗GPT가 제시한 '표상'이라는 단어가 조금 어렵게 느껴지시나요? 이럴 때는 챗GPT에게 뜻을 해석해 달라고 요청할 수도 있습니다. 단순하게 뜻만 해석하는 것이 아닌 '표상'의 기원, 어원 등을 다각도로 찾아보겠습니다. 여러분도 챗GPT가 제시한 단어 중 하나를 골라, 다음 프롬프트를 챗GPT에 입력합니다.

프롬프트 2-18

[표상]이라는 단어의 어원을 깊이 분석하고 싶어. [표상]은 어느 나라에서 기원했는지 알고 싶어. 단어의 어원을 찾아 줘.

'표상'은 한자어로, 한국과 중국, 일본 등 동아시아권에서 주로 사용되는 개념입니다. 이 단어는 '겉 표(表)'와 '모양 상(象)'이 결합된 형태로, 어떤 것을 겉으로 드러내어 보여주는 형상이나 이미지라는 뜻을 지니고 있습니다. 표(表)는 '겉으로 드러내다'라는 의미를 포함하고 있으며, 상(象)은 사물의 양이나 형태를 나타내기도 하지만, 더 추상적으로는 '이미지'나 '상징'의 개념으로도 쓰입니다.

어원 분석:

1. **겉 표(表):**
   이 한자는 무엇인가를 겉으로 나타내거나 드러낸다는 뜻을 포함하며, 여러 사물의 외적 특징이나 형태를 나타내기도 합니다. '표현'이나 '표출' 같은 단어에서도 볼 수 있는 것처럼, 마음 속에 있는 것을 겉으로 드러내는 의미로 사용됩니다.

2. **모양 상(象):**
   이 한자는 본래 '코끼리'를 뜻하지만, 상징적 의미로 '모양', '형태' 혹은 '이미지'를 표현하는 데 쓰입니다. 이런 추상적 의미는 '상징(象徵)', '형상(形象)'과 같이 구체적이든 추상적이든 어떤 사물의 모습을 나타내는 단어에 주로 사용됩니다.

이런 맥락에서 '표상'은 단순한 외형적인 모양이 아니라, 마음속에서 나타나는 이미지, 상징, 혹은 추상적인 개념의 형상화를 의미하게 되었죠.

챗GPT는 한자어인 '표상'의 기원에 대해 분석해 줬어요. '표상'은 사물의 형태를 나타낼 뿐 아니라, 추상적인 의미로 이미지나 상징을 뜻하기도 합니다. 이렇게 구체적인 의미와 추상적인 의미가 결합되어 있는 점이 흥미롭네요. 여러분도 챗GPT가 제안한 단어 중 하나를 골라 위 프롬프트의 [표상] 대신 작성해 보세요.

③ 어원 깊이 파헤치기

이제 단어의 어원을 더 깊이 파헤쳐 보겠습니다. 앞서 '표상'의 한자어 기원을 알아봤으니, 이제 영어권으로 분석을 시도해 봅니다. 위에서 찾아본 단어를 그대로 이용해 보겠습니다. 아래 프롬프트를 챗GPT에 입력합니다.

> **TIP** [표상] 대신 입력한 단어가 있다면 그 단어를 프롬프트에 대신 입력해 주세요.

프롬프트

프롬프트 2-19

한자 문화권분만 아니라 실제 [표상]이라는 단어를 가진 영미권이나 라틴어 혹은 그리스의 역사까지 훑어서 기원을 추적하고 싶어. 영어로 [표상]은 무엇인지, 그 단어의 어원을 더 깊이 추적해 줘.

GPT

'표상'에 해당하는 영어 단어로는 'representation' 또는 'symbol'이 가장 유사한 개념을 포함하고 있습니다. 그러나 이 두 단어는 '표상'이 갖는 다양한 의미를 전부 포괄하진 못합니다. 그래도 어원과 역사적 맥락을 포함해 좀 더 깊이 살펴보겠습니다.

1. Representation(대표적인 번역어)
- 어원: 'Representation'은 라틴어 'repraesentare'에서 비롯되었습니다. 여기서 're-'는 다시, 'praesentare'는 '제시하다, 나타내다'라는 의미를 지닙니다. 그러므로 representation은 '다시 나타내다' 혹은 '보여 주다'라는 의미에서 '어떤 것을 상징적으로 나타내는 것'으로 발전했습니다.
- 의미: 이 단어는 영어에서 주로 '무엇을 대신 나타내다'라는 의미로 사용되며, 시각 예술, 철학, 심리학 등에서 상징적이거나 구체적인 이미지로 생각이나 개념을 드러내는 것을 뜻합니다. 예를 들어, 미술에서는 사물을 시각적 이미지로 그려 내는 것을 representation이라 하고, 철학에서는 의식 속에 존재하는 내적 이미지를 뜻하기도 합니다.

2. Symbol(상징적 의미의 표현)
- 어원: 'Symbol'은 그리스어에서 왔으며, 이는 '함께 던져진'이라는 뜻입니다. 고대 그리스에서는 상징이나 표시를 통해 추상적인 개념을 나타내거나, 조각난 물체들을 다시 맞춰 보는 식으로 '상징'의 역할을 했습니다. 이런 방식으로 symbol은 실제 대상이나 개념을 대표하는 물리적 형상이거나 기호를 뜻하게 되었습니다.
- 의미: Symbol은 표상과 마찬가지로 무엇을 통해 다른 것을 나타내는 것을 의미하지만, 구체적인 사물뿐만 아니라 내포된 깊은 의미나 관념을 상징적으로 표현하는 방식으로 확장되었습니다.

3. Philosophical Concept of 'Idea'(철학에서의 개념)
- 철학에서는 '표상'에 해당하는 개념을 그리스 철학자 플라톤의 '이데아(Idea)' 개념에서 찾을 수 있습니다. 이데아는 실제 세계의 사물들이 갖고 있는 본질적이고 완전한 형상을 의미하며, 표상보다 더 근원적인 본질에 가깝지만 인간의 생각 속에서 형상화되는 모든 개념의 원형이라는 점에서 표상과 비슷한 성격을 가집니다.
- 중세 철학에서도 'species'라는 라틴어 개념이 있었으며, 이는 외부 사물이 인간 인식 속에서 형성된 감각적 이미지나 표상으로 들어오는 과정을 설명하는 용어였습니다.

> • 요약: '표상'에 해당하는 개념을 representation, symbol, idea라는 단어들로 찾아
> 볼 수 있으며, 각각은 라틴어 및 그리스어 기원에서 '어떤 대상을 나타내거나 상징하
> 는 것'을 의미합니다. 이는 시각적이든, 추상적이든 인간 인식 속에서 대상이 재구성
> 되는 모든 과정을 포함한다고 볼 수 있죠.
>
> 이런 단어들은 오늘날 '표상'이라는 개념과 결합되어, 감각적, 상징적, 혹은 추상적으로
> 인식된 것을 나타내는 모든 과정을 포괄하게 되었습니다.

챗GPT는 '표상'이라는 단어를 'Representation'의 의미로서 '무엇을 대신 나타내다'라는 뜻으로 사용했다는 역사적 사실을 말해 줍니다. 또한 상징적 의미로서 'Symbol'을 소개하며 이 단어는 그리스어에서 파생됐다 하고, 나아가 철학자 플라톤의 이데아 사상까지 의미를 확장해 주네요.

단어 하나로 시작된 어휘 게임은 '비유-은유-상징-표상'까지 이어졌고 '표상'의 한자, 그리스어, 라틴어, 영어까지 범위를 넓혀 가며 '표상'이라는 단어가 가진 의미까지 어휘를 개념적으로 확장해 보았습니다. 어휘를 깊이 파고들며 여러 단계로 동의어를 공부하고, 궁금하다면 어원까지 탐구해 보세요. 그것이야말로 언어의 본질을 탐구하는 길이니까요. 비록 실제 게임은 아니지만, 지적인 놀이는 될 수 있을 겁니다.

④ 반의어 찾기

마지막으로 동의어뿐만 아니라 반의어를 찾아볼 수도 있습니다. 여러분도 [비유-은유-상징-표상] 대신 공부한 단어를 모아서 아래 프롬프트를 챗GPT에 입력합니다.

프롬프트 2-20

지금까지 **[비유-은유-상징-표상]**까지 다양한 어휘를 분석했고 단어의 어원까지 분석해 봤어. 이제 이 단어와 반대의 의미를 가진 반의어가 궁금해졌어. 반의어 몇 가지를 보여 줘. 그리고 그 단어의 뜻도 간단하게 해석해 줘.

이제 '표상'의 반대 의미를 가진 단어들을 찾아보겠습니다. 표상은 무언가를 나타내고 상징하는 개념이므로, 그 반대는 '구체적이고 직접적으로 존재하는 실체'나 '무언가를 표현하지 않는' 것을 의미할 수 있습니다. 이런 맥락에서 반의어 몇 가지를 살펴보겠습니다.

1. 실체(Substance/Reality)
   - 의미: 실체는 구체적이고 물리적으로 존재하는 것, 또는 본질적으로 존재하는 것을 의미합니다. '표상'이 상징이나 이미지라면, 실체는 그 상징이 나타내는 진짜 존재나 물질적인 본질입니다. 즉, 생각이나 상징의 개념에서 벗어나 실제 세계에 존재하는 사물을 나타냅니다.

2. 사실(Fact)
   - 의미: 사실은 논쟁의 여지가 없는 실제 상황이나 정보를 뜻합니다. 표상이 해석과 관념의 영역에 가까운 반면, 사실은 객관적으로 존재하며 관찰이나 증거로 확증 가능한 것이라는 점에서 반대의 성격을 띱니다.

3. 현실(Reality)
   - 의미: 현실은 인간의 주관적 인식이나 상징을 벗어나 실제로 존재하는 객관적 세계를 뜻합니다. 표상이 머릿속에 떠오른 개념적 형상이라면, 현실은 그러한 개념들이 반영되고 존재하는 실제 상황이나 환경을 의미합니다.

4. 객관(Objectivity)
   - 의미: 객관은 주관적인 해석이 들어가지 않은 상태로, 개인의 해석이나 상징이 아닌 순수한 사물 그 자체의 특성을 가리킵니다. 표상이 인간의 인식과 해석을 거친 것이라면, 객관은 인식 주체의 영향을 받지 않은 상태를 뜻합니다.

5. 구체(Concreteness)
   - 의미: 구체는 형태가 있고 실제로 존재하는 상태를 의미합니다. 표상이 추상적인 상징이나 개념으로 존재한다면, 구체는 그와 반대로 직접적인 물질적 형상을 뜻합니다.
   - 이 단어들은 표상이 인간의 상상력과 추상적 사고를 통해 만들어진 것이라면, 실제 존재하거나 객관적인 본질을 가리킨다는 점에서 대조적입니다.

챗GPT는 표상과 반대의 뜻을 가진 단어를 추천했습니다. 만약 모르는 단어가 있다면 그 단어에 대해 심층적인 분석을 요청하거나 이전에 진행한 것처럼 어휘 게임을 진행해 볼 수도 있겠습니다.

⑤ 챗GPT에게 피드백받기

마지막으로 어휘력 훈련을 위해 이전 주제에서 사용한 짧은 글을 챗GPT에게 보내고 모호한 어휘를 쓴 부분이 있다면 지적해 달라고 요청하겠습니다. 여러분도 [샘플]과 다음 프롬프트를 챗GPT에 입력합니다.

프롬프트 2-21

아래는 이전에 퇴고한 문장이야. 혹시 모호하거나 추상적인 부분이 있다면 냉철하게 지적해 줘.

[샘플]
우리가 사고하는 것들의 대부분은 외부에서 오는 자극들이다. 세상을 보고 감정을 느끼고 세포 속에 차곡차곡 기록한다. 말하자면 감각한 것들을 지각하는 과정을 숱하게 반복한다. 지각한다고 그것이 모두 기억으로 남지는 않는다. 억지로 기억하고 싶어도 뜻대로 되지 않는다. 어떤 원리로 기억을 만들지는 신경과학자의 최신 이론에 귀를 기울이는 게 좋겠다.

GPT

문장이 전반적으로 풍부하고, 감각적인 묘사가 돋보입니다. 몇 가지 모호하거나 추상적인 부분을 보다 명확하게 다듬어 볼 수 있는 제안은 다음과 같습니다.

1. **'우리가 사고하는 것들의 대부분은 외부에서 오는 자극들이다.'**
   - 지적: '사고하는 것들'이라는 표현이 다소 모호하게 느껴질 수 있습니다. '사고'가 정확히 '생각'을 의미하는지, 아니면 '감정적 반응'까지 포함하는지 명확하지 않아 다소 추상적으로 다가옵니다.
   - 제안: '우리의 대부분의 생각과 감정은 외부 자극에 의해 촉발된다.'와 같이 수정하면 더 구체적으로 다가옵니다.

2. **'말하자면 감각한 것들을 지각하는 과정을 숱하게 반복한다.'**
   - 지적: '감각한 것들을 지각한다'는 부분이 중복 표현처럼 느껴질 수 있습니다. '감각'과 '지각'이 모두 외부 자극을 인식하는 것을 의미하기 때문에, 둘을 한 문장 안에서 병치하는 것이 오히려 불필요하게 보일 수 있습니다.
   - 제안: '우리는 외부에서 받은 자극을 무수히 받아들이고 인지해 나간다.'처럼 좀 더 간결하게 다듬어 보는 것도 좋겠습니다.

3. **'인지한다고 그것이 모두 머릿속에 각인되지는 않는다.'**
   - 지적: '인지한다'와 '각인된다'는 표현이 정확히 어떤 과정을 나타내는지 모호할 수 있습니다. 특히 '각인'이라는 표현이 강렬한 기억과 관련된 것인지, 일반적인 기억을 의미하는 것인지 불분명할 수 있습니다.
   - 제안: '인지한다고 해서 모든 자극이 기억에 깊이 새겨지지는 않는다.'처럼 좀 더 직관적으로 표현해 보세요.

4. **'귀 기울여, 아니 오감을 활짝 열고 몰입할 필요가 있다.'**
   - 지적: '귀 기울여'와 '오감을 열고 몰입하다'가 중복적으로 느껴질 수 있습니다. 특히 '귀 기울여'는 청각에 한정된 표현으로, 오감이라는 표현과 함께 쓰기엔 다소 충돌이 느껴질 수 있습니다.
   - 제안: '오감을 활짝 열어 몰입할 필요가 있다.'로 다듬으면 좀 더 간결해집니다.

> 5. '고정된 화면에서 캐릭터와 사건이 살아서, 마치 만화 캐릭터처럼 분주하게 움직인다.'
>   - 지적: '캐릭터와 사건이 살아서'라는 표현은 다소 모호하게 느껴집니다. '살아있다'라는 표현이 실제 생명감을 의미하는지, 아니면 단순히 활기 넘치는 상태를 말하는 것인지 명확히 할 필요가 있습니다.
>   - 제안: '고정된 화면에서 캐릭터와 사건이 활기 넘치게 움직여, 마치 만화처럼 역동적인 시각 효과를 준다.'처럼 구체화해 보면 더 명확해집니다.
>
> 6. '어색하지만 그 열기에 나도 모르게 편승한다.'
>   - 지적: '열기에 편승한다'는 표현이 다소 추상적으로 느껴질 수 있습니다. 열기라는 표현은 웨스 앤더슨의 작품 스타일에 대한 감탄을 나타내는 듯하지만, 열기가 어떤 감정인지 좀 더 구체적으로 드러나면 좋을 듯합니다.
>   - 제안: '처음엔 어색하게 느껴지지만, 그의 독특한 스타일에 이끌려 점차 빠져들게 된다.'처럼 구체적으로 표현해 보세요.
>
> 이와 같은 방식으로 약간의 다듬기를 한다면, 전체적으로 더욱 명확하고, 독자가 쉽게 따라갈 수 있는 문장이 될 것입니다.

챗GPT는 아래와 같이 모호한 부분을 지적해 주었습니다. 다만, 이를 수용할지 말지는 여러분의 판단에 달려 있어요. 스스로 판단하려면 꾸준히 글을 쓰고, 챗GPT에게 피드백을 받는 과정을 반복해 보세요. 이 과정을 통해 더 정확하고 감각적인 표현을 구사함으로써 조금씩 어휘력이 늘어 가는 자신을 발견하게 될 겁니다.

> **TIP** 노션 '프롬프트 정리' 페이지 [프롬프트 2-21]에서 샘플 전문을 확인해 보실 수 있습니다.

걱정을 덜어 주는 맞춤법 훈련 프롬프트

맞춤법은 글의 품격을 높이는 중요한 요소입니다. 맞춤법은 글을 보기 좋게 만들기 위한 기술이 아니라, 의미를 정확하게 전달하는 수단이죠. 마치 미슐랭 3스타급 셰프라도 어울리는 재료를 정확히 써야 맛있는 요리가 탄생하는 것처럼요. 또한 맞춤법은 독자와의 원활한 소통을 위한 필수 도구이기도 합니다. 맞춤법이 정확하지 않으면 독자는 글쓴이의 의도를 정확히 이해하지 못할 확률이 높죠. 맞춤법을 잘 지키면 글쓴이에 대한 신뢰도도 올라가고, 독자와의 공감대를 형성하는 데 큰 도움이 됩니다.

하지만 맞춤법은 수많은 예외뿐만 아니라, 시대의 흐름에 따라 계속 변화하는 성질을 갖고 있어서 학습하기 쉽지 않습니다. 그렇기 때문에 올바르게 쓰도록 꾸준히 연습하고 점검하는 노력이 필요합니다. 이 부분에서 챗GPT가 큰 도움이 될 수 있습니다. 이제 챗GPT와 함께 맞춤법을 효과적으로 배우는 방법을 살펴보겠습니다.

① 맞춤법 연습

맞춤법 연습에 앞서 맞춤법을 향상하는 방법에는 무엇이 있을까요? 이에 대해 챗GPT에게 물어보았습니다. 챗GPT의 조언을 천천히 읽어 보세요.

예제
프롬프트   맞춤법을 기르려면 어떤 노력을 펼치는 게 좋을지 구체적인 방법을 제안해 줘.

GPT

맞춤법 실력을 기르기 위해 다음과 같은 구체적인 방법들을 제안드립니다.

1. **자주 틀리는 맞춤법 목록 만들기**
   - 학습 중 자주 틀리는 맞춤법을 메모하거나 별도의 노트에 정리해 두세요. 각 항목마다 틀렸던 이유와 올바른 표현을 기록하여 복습하는 것이 좋습니다.
   - 틀린 표현과 올바른 표현을 한눈에 볼 수 있도록 정리하여 가끔씩 꺼내어 확인해 보세요.

2. **맞춤법 퀴즈 습관화**
   - 매일 또는 주기적으로 맞춤법 퀴즈를 푸는 습관을 길러 보세요. 맞춤법 앱이나 온라인 퀴즈를 활용하면 꾸준히 학습하는 데 큰 도움이 됩니다.

3. 교정된 글로 학습하기
- 신문이나 책처럼 교정된 글을 꾸준히 읽는 것이 중요합니다. 특히, 뉴스 기사나 문학 작품은 맞춤법과 문장 구조가 올바르게 편집되어 있으므로 교정된 글을 많이 접하는 것이 좋습니다.
- 틀리기 쉬운 표현에 유의하면서 읽으면 더욱 효과적입니다.

4. 직접 써 보고 교정하기
- 자신이 작성한 글을 맞춤법 검사기(예: 네이버 맞춤법 검사기)를 통해 교정하며 학습하는 방법도 유용합니다. 스스로 틀린 부분을 찾아내는 연습을 병행하면 더욱 기억에 남습니다.
- 맞춤법 오류가 발견되면 틀린 이유와 올바른 표현을 노트에 추가로 정리해 두세요.

5. 틀리기 쉬운 맞춤법 패턴 집중 학습
- 자주 틀리는 유형별로 집중 학습합니다. 예를 들어, 띄어쓰기나 받침 오류, 유사한 발음의 단어 등으로 나눠 복습해 보세요.
- 예문을 만들어서 직접 사용해 보는 것도 맞춤법에 익숙해지는 좋은 방법입니다.

6. 기억에 남는 맞춤법 게임 활용
- 맞춤법과 관련된 게임을 통해 자연스럽게 학습할 수 있습니다. 맞춤법 퀴즈, 카드 맞추기 등의 활동을 통해 재미와 학습을 함께 누릴 수 있습니다.

이와 같은 방법을 실천하면서 꾸준히 복습한다면 맞춤법 실력을 차근차근 쌓아 갈 수 있습니다.

챗GPT가 제안해 준 다양한 방법을 연습해 보시기 바랍니다. 가장 좋은 방법은 직접 자신의 손으로 글을 쓰는 일입니다. 자주 쓰다 보면 저절로 손에 익기 마련이니까요.

이제 그러면 맞춤법 연습을 시작해 보겠습니다. [새 채팅]을 누르고, 아래 프롬프트를 챗GPT에 입력합니다. 챗GPT가 낸 문제에 여러분이 답하면, 챗GPT가 그 부분에 대해 더 자세하게 설명을 해 줍니다.

프롬프트 2-22

한글 맞춤법(띄어쓰기 포함) 학습을 진행하고 싶어. 아래 [지침]을 수행해 줘.

[지침]
1. 챗GPT는 한국 사람이 자주 틀리는 맞춤법을 찾아서 틀린 맞춤법이 반드시 포함된 문장을 퀴즈로 내 줘(중복은 피해 줘).

2. 사용자가 정답을 제시하면 정답 유무와 맞춤법 규칙에 대해 설명해 줘.
3. 1~2를 사용자가 'Stop'이라고 말할 때까지 반복한다. 사용자의 요청으로 학습이 중단되면 자주 틀리는 맞춤법 패턴을 분석하여 집중적으로 학습할 영역을 제안해 줘.

[주의사항]
틀린 부분을 특별하게 표시하지 말아 줘.

GPT

알겠습니다. 맞춤법 학습을 위한 첫 번째 퀴즈 문장을 드리겠습니다.

문제 1:
친구랑 같이 영화를 보러 갔는데 재미있어서 한참동안 웃었어.

이 문장에서 맞춤법에 맞지 않는 부분을 찾아 올바르게 수정해 주세요.

프롬프트

예제
한참동안 > 한참 동안

GPT

정답입니다!

설명:
'한참'과 '동안'은 각각 독립적인 명사로, '한참 동안'처럼 띄어 써야 올바른 표현입니다. 이처럼 시간의 길이를 나타내는 표현에서는 자주 붙여 쓰는 실수가 발생하곤 합니다.

다음 문제로 넘어가겠습니다.

혹시 챗GPT가 맞춤법 학습을 중단한다면, '계속해 줘'라고 하시면 됩니다. 5회 이상 맞춤법 퀴즈를 진행해 보세요. 연습을 마무리할 때 'Stop'을 입력하면 챗GPT는 지금까지 학습한 내용을 바탕으로 자주 틀리는 맞춤법 패턴을 분석해 줍니다.

프롬프트

프롬프트 2-23
Stop

GPT

학습을 종료하겠습니다. 지금까지 학습한 내용을 바탕으로 자주 틀리는 맞춤법 패턴을 분석하여, 집중적으로 학습할 영역을 제안드립니다.

집중 학습이 필요한 맞춤법 패턴
1. 띄어쓰기 오류:
    관형사와 명사, 단위 및 시간 표현 등에서의 띄어쓰기 실수가 빈번합니다. 예를 들어, '한참 동안', '세 시 삼십 분'과 같이 구체적인 표현에서 자주 발생합니다.

2. 의도나 목적을 나타내는 표현:
'하려고'와 같은 목적을 나타내는 표현에서 '할려고'처럼 잘못된 표현을 쓰는 경우가 많습니다.

3. 단어 의미의 혼동:
예를 들어, '날짜'를 '날자'로 쓰는 경우처럼, 비슷한 발음을 가지지만 의미가 다른 단어는 주의하는 것이 필요합니다.

5. 틀리기 쉬운 맞춤법 패턴 집중 학습
- 자주 틀리는 유형별로 집중 학습합니다. 예를 들어, 띄어쓰기나 받침 오류, 유사한 발음의 단어 등으로 나눠 복습해 보세요.
- 예문을 만들어서 직접 사용해 보는 것도 맞춤법에 익숙해지는 좋은 방법입니다.

6. 기억에 남는 맞춤법 게임 활용
- 맞춤법과 관련된 게임을 통해 자연스럽게 학습할 수 있습니다. 맞춤법 퀴즈, 카드 맞추기 등의 활동을 통해 재미와 학습을 함께 누릴 수 있습니다.

이와 같은 방법을 실천하면서 꾸준히 복습한다면 맞춤법 실력을 차근차근 쌓아 갈 수 있습니다.

② 챗GPT와 맞춤법 배틀하기

이번에는 사용자와 챗GPT가 일부러 틀린 맞춤법을 제공하고 어디가 틀렸는지 맞히는 배틀을 해 보도록 하겠습니다. 아래 프롬프트를 챗GPT에 입력합니다.

프롬프트 2-24

사용자와 챗GPT가 서로 맞춤법 퀴즈 배틀을 펼칠 거야. 서로 틀린 맞춤법을 제공하고 어디가 틀렸는지 맞추는 게임이야. 그러면 내가 먼저 틀린 맞춤법을 제시할게.

그 일은 내일까지 끝내도 되요.

'되요' 대신 '돼요'가 맞는 표현입니다.

설명:
'되다'가 '되어요'로 활용될 때 줄여서 '돼요'라고 씁니다. '되어요'가 줄어들면서 '되요'로 잘못 쓰는 경우가 많으니 주의가 필요합니다.

이제 제 차례입니다.

> **문제:**
> 이번 프로젝트는 다음주 월요일에 시작할 예정이야.

먼저 틀린 문장을 제시했더니 챗GPT가 틀린 단어를 찾아 고치고, 새로운 틀린 문장을 제시했습니다. 이렇게 맞춤법을 교정하는 과정이 게임처럼 진행되니 학습도 즐겁습니다. 가끔 맞는데 틀리다고 하거나 어이없는 문장을 제시하기도 하니까 그럴 때는 혼쭐을 내 주세요. 위와 같은 방법으로 5회 이상 배틀을 진행해 보시기 바랍니다. 챗GPT와의 대결이 단순한 공부가 아니라, 잘못된 코드를 잡아내는 디버깅처럼 재미있게 느껴질 거예요.

맞춤법은 글의 품질을 높이고, 독자와의 공감대를 강화하는 중요한 요소입니다. 챗GPT와 함께 맞춤법을 게임처럼 배우며, 마치 프로그래머가 버그를 수정하는 것처럼 즐겨 보세요. 꾸준히 학습하고 맞춤법을 분석하다 보면 점점 글쓰기 실력이 늘어 가는 여러분의 모습을 발견할 수 있을 겁니다.

✎ 관점을 비틀어 보는 어휘력 훈련 프롬프트

관점을 비틀어 보기란 기존의 표현을 새로운 시각으로 재해석하는 훈련입니다. 단어에서 연상되는 고정된 사고의 틀을 벗어나 창의적인 어휘력을 구사하는 연습이죠. 마치 오래된 아파트를 리모델링하듯, 우리의 사고방식을 최적화하고 업그레이드하는 개념입니다.

① 진부한 표현에서 벗어나기

[새 채팅] 을 누르고, 아래 프롬프트를 챗GPT에 입력합니다. 챗GPT가 그려 주는 그림을 보고 떠오르는 명사와 동사를 생각해 대답하시면 됩니다.

프롬프트

프롬프트 2-25

어휘력을 기르기 위해 기존의 관점을 비틀어 보는 훈련을 하고 싶어. 아래 [지침]을 수행해 줘.

[지침]
1. 익숙하고 진부한 표현에서 벗어나 신선하고 창의적인 표현을 기르고 싶어. 먼저 그림을 한 장 그려 줘.
2. 내가 그림을 보고 연상되는 명사를 하나 고르고 명사와 어울리는 동사를 3가지 찾아서 제안할게.
3. 내가 제안한 명사와 동사가 얼마나 신선한지 객관적으로 평가해 줘.

GPT

이 그림을 보고 연상되는 명사를 하나 골라 주세요. 그 명사에 어울리는 동사 3가지도 제안해 주시면 평가해 드리겠습니다.

예제

명사: 해 질 녘
동사: 머물다, 바라보다, 저물다

제안하신 명사와 동사 조합은 감각적이고 시적인 느낌이 있습니다. 아래와 같이 평가해 보았습니다.

1. **해 질 녘이 머물다**
   - 신선함: ★★★★☆
   - 설명: '머물다'는 해가 지기 전의 순간을 고요하게 잡아 두려는 의도가 느껴지며, 시간이 잠시 정지한 듯한 이미지가 연상됩니다. 흔하지 않으면서도 해 질 녘의 분위기를 잘 살려 줍니다.

2. **해 질 녘을 바라보다**
   - 신선함: ★★☆☆☆
   - 설명: '바라보다'는 해 질 녘의 아름다움을 묘사할 때 자주 쓰이는 동사로, 익숙한 표현입니다. 자연스러운 감정 표현이지만, 창의적 측면에서는 약간 진부하게 느껴질 수 있습니다.

3. **해 질 녘이 저물다**
   - 신선함: ★★★☆☆
   - 설명: '저물다'는 해가 사라지는 상황을 직접적으로 표현하여 직관적이고 감성적입니다. 다만 해 질 녘과 저물다는 의미가 유사해 신선함보다는 안정감을 주는 표현으로 느껴질 수 있습니다.

전체적으로 표현이 감성적이며 해 질 녘의 고요한 정취를 잘 담아내셨습니다. 앞으로 더 독창적인 표현을 시도해 보시려면 '해 질 녘이 속삭이다'와 같이 예상하지 못한 동사를 조합해 보는 것도 좋겠습니다.

만약 그림에 어울리는 명사를 찾았지만 동사가 떠오르지 않는다면 사전에서 다양한 동사의 활용을 참고해 보세요.

② 생동감 있는 표현 생각해 보기

이제 흔히 떠오르는 동사에서 벗어나, 약간 모순된 의미를 가진 동사를 사용해 보는 연습을 해 보겠습니다. 명사와 동사는 각각 뇌의 다른 부위에서 처리됩니다. 특히, 명사는 주로 좌측 후두엽과 측두엽의 영역에서 처리되고, 동사는 운동 피질과 관련된 영역에서 활성화됩니다. 이런 연습은 뇌의 다양한 부위를 자극하며 새로운 신경 연결을 촉진합니다. 이 과정에서 뇌가 활발히 작용하면서, 더 창의적인 아이디어가 떠오르게 됩니다.

이번 프롬프트에 저는 '해 질 녘'이라는 명사를 입력했습니다. 여러분도 여러분이 입력한 명사를 아래 프롬프트를 챗GPT에 입력합니다.

프롬프트 2-26

내가 제안한 명사인 [해 질 녘]과 서로 모순적 의미를 가진 동사 몇 가지를 제안해 줘.

'해 질 녘'과 모순적인 의미를 가진 동사로는 아래와 같은 표현을 생각해 볼 수 있습니다. 이러한 동사들은 해가 지는 시간의 이미지와 대비되는 느낌을 주어 흥미롭고 신선한 표현을 만들어 낼 수 있습니다.

1. **해 질 녘이 솟아오르다**
   - 해 질 녘은 해가 저무는 시간대이므로, '솟아오르다'와 같은 동사는 모순적이면서 역동적인 이미지를 불러일으킵니다. 이 조합은 시간의 역전이나 이중적 감정을 상징할 수 있습니다.

2. **해 질 녘이 피어나다**
   - 해가 질 때는 어둠이 다가오는 시간대이지만, '피어나다'는 생명과 새로움을 상징하여 아이러니한 느낌을 줍니다. 마치 어둠 속에서 새로운 생명이 피어나는 것 같은 상상력을 자극할 수 있습니다.

3. **해 질 녘이 시작되다**
   - 일반적으로 해 질 녘은 하루의 마무리이지만, '시작되다'라는 동사와 결합하면 마치 어둠 속에서 무언가 새로운 여정이 시작되는 듯한 느낌을 줍니다.

챗GPT는 '해 질 녘'이라는 명사와 상반된 뜻을 가진 동사 '솟아오르다', '피어나다', '시작되다'를 제안했습니다. 챗GPT가 제안한 동사를 이용해서 짧은 문장을 만들어 봅시다. **예제** 와 같이 여러분이 작성한 문장과 함께 아래 프롬프트를 챗GPT에 입력합니다.

프롬프트 2-27

모순된 뜻을 가진 동사로 문장을 만들어 봤어.

예제

'해 질 녘'은 하루가 끝나는 게 아니다. 곧 내일이 새롭게 솟아오름을 우린 기대할 수 있다. 우리 마음속에서 희망이 고요히 피어나기 시작하는 것이다.

GPT

아주 감성적이면서도 아름다운 문장이에요. '해 질 녘'이 단순한 하루의 끝이 아닌, 새로운 시작과 희망을 상징하도록 표현한 점이 인상적입니다.

특히 '내일이 새롭게 솟아오름을 우린 기대할 수 있다'라는 부분은 해 질 녘이라는 시간적 배경과 대비되며, 내일의 시작을 은은한 희망으로 그려 내고 있습니다. 또 '우리 마음 속에서 희망이 고요히 피어나기 시작하는 것이다'라는 구절은 일상의 어둠 속에서도 희망을 놓지 않는 마음의 성장을 은유적으로 잘 표현했네요.

이런 방식으로 모순된 동사를 활용하면, 생각의 틀을 비틀고 감성적인 깊이를 더해 표현의 폭을 넓힐 수 있습니다.

챗GPT의 평가를 확인합니다. 여러분도 저처럼 직접 문장을 만들어 보세요.

③ 의인화된 단어로 시적인 문장 만들기

이번에는 의인화된 동사나 형용사를 챗GPT에게 제안받고, 그 단어를 통해 시적인 느낌의 문장을 만들어 보겠습니다. 서로 어울리지 않는 명사와 의인화된 동사나 형용사가 만나면, 신선한 은유가 탄생합니다. 아래 프롬프트를 챗GPT에 입력합니다. 챗GPT가 의인화된 동사와 형용사를 제안해 줍니다.

프롬프트
프롬프트 2-28
이번에는 의인화된 동사나 형용사를 몇 가지 제안해 줘. 내가 고른 명사와 네가 제안해 준, 의인화된 단어를 연결해서 시적인 문장을 만들어 보는 연습을 하고 싶어. 내가 시적인 문장을 만들면 평가해 줘.

GPT

의인화된 동사

1. 속삭이다
은밀하게 자신만의 이야기를 전하는 듯한 느낌을 줍니다.

2. 숨을 쉬다
마치 생명체처럼 호흡하는 모습으로, 자연의 요소나 사물에 활기를 불어넣습니다.

3. 기다리다
시간이 지남에 따라 일어나는 변화를 은근히 기다리는 느낌으로 사용할 수 있습니다.

4. 춤추다
바람에 나뭇잎이 흔들리거나 파도가 부딪히는 장면을 생생하게 묘사할 때 사용하기 좋습니다.

의인화된 형용사

1. 고요한
단순히 소리가 없는 상태를 넘어, 스스로 침묵을 선택한 것 같은 느낌을 줍니다.

2. 슬며시 다가오는
시간을 초월해 무언가가 조용히 다가오는 장면을 그리기 좋습니다.

3. 설레는
기대감과 감정을 가지고 있는 대상처럼 느껴지게 하는 형용사입니다.

4. 안식에 잠긴
피곤함을 내려놓고 편안히 쉬고 있는 모습으로, 평화로운 정서를 더합니다.

챗GPT의 제안을 보고 이번에는 명사와 의인화된 동사나 형용사를 조합해서 최대한 시적인 표현을 만들어 보세요. 저는 아래처럼 '명사+동사', '명사+형용사'를 조합해 보았습니다. 여러분도 예제 와 같이 작성해 보세요. 여러분의 문장을 챗GPT가 평가해 줍니다.

프롬프트

예제
해 질 녘이 귓속에 대고 몰래 속삭였습니다.
해 질 녘이 사람처럼 커다랗게 숨을 쉬었습니다.
누군가를 기다리는 외롭고 붉은 해 질 녘.
춤추듯 저 멀리 사라지는 해 질 녘.
해 질 녘이 슬며시 당신에게 다가올까요?
헤 질 녘에는 고요하게 숨을 삼켜야 합니다.
해 질 녘은 산기슭에서 영원히 안식에 잠겼습니다.

GPT

모든 문장이 의인화된 표현을 통해 해 질 녘에 새로운 생명력을 부여하며 시적인 깊이를 잘 표현하고 있습니다. 각각의 문장이 해 질 녘이라는 자연의 순간을 다양한 감정과 동작으로 묘사하여, 독자에게 풍부한 상상과 감정을 불러일으킵니다. 몇 가지 감상을 드리자면

1. '해 질 녘이 귓속에 대고 몰래 속삭였습니다.'
마치 해 질 녘이 비밀스러운 이야기를 나누는 듯하여 신비롭고 친밀한 느낌이 드는 표현입니다. 단순히 시간의 흐름이 아닌, 고요한 순간이 자신의 이야기를 나누는 듯한 느낌이 좋습니다.

2. '해 질 녘이 사람처럼 커다랗게 숨을 쉬었습니다.'
해 질 녘이 생명체가 되어 잠시 깊은숨을 쉬는 모습이 인상적입니다. 이 문장은 자연을 의식적인 존재로 표현하여 순간의 엄숙함을 느끼게 합니다.

3. '누군가를 기다리는 외롭고 붉은 해 질 녘.'
기다림과 외로움을 해 질 녘의 붉은 색감에 녹여 내어, 시간과 감정이 맞닿아 있는 듯한 인상을 줍니다. 외로운 분위기가 강렬하게 전달됩니다.

4. '춤추듯 저 멀리 사라지는 해 질 녘.'
해 질 녘이 춤추며 사라진다는 표현은 순간의 찬란함과 덧없음을 동시에 느끼게 합니다. 해 질 녘이 마치 고별 인사를 하듯 물러나는 모습이 생생히 그려집니다.

5. '해 질 녘이 슬며시 당신에게 다가올까요?'
은밀하고도 다정한 느낌을 주며, 해 질 녘과 독자 간의 거리를 가깝게 좁히는 역할을 합니다. 마치 해 질 녘이 당신에게 말을 거는 것 같은 친밀감이 있습니다.

6. '해 질 녘에는 고요하게 숨을 삼켜야 합니다.'
해 질 녘의 고요함을 인간이 숨을 죽이고 느껴야 한다는 표현이 인상적입니다. 순간의 경외감이 잘 드러나 있으며, 해 질 녘의 장엄함을 고스란히 전달합니다.

7. '해 질 녘은 산기슭에서 영원히 안식에 잠겼습니다.'
끝내 산기슭에 내려앉아 안식에 잠긴 해 질 녘의 모습이 평화롭고 영원한 정적을 느끼게 합니다. 마치 마지막으로 사라지는 해 질 녘의 고요한 이별을 연상케 합니다.

전체적으로 문장들이 해 질 녘의 다양한 면모와 감정을 각기 다른 색채로 잘 표현하여 풍성한 시적 이미지를 전달하고 있습니다. 각 문장이 다채롭고 감각적이면서도 고유한 울림을 갖고 있어 매우 인상적입니다.

어떻습니까? 마치 시인이 된 것 같은 기분이 들지 않나요? 시를 쓰는 일이 그리 어렵지 않다는 사실을 느끼실 수 있을 겁니다. 세상을 약간 다르게 보고, 남들이 보지 못하는 세계를 감각하는 것, 그것이 시 쓰기 아닐까요? 챗GPT의 조언 덕분에 낯선 동사와 형용사를 배우며 시적인 문장을 만들 수 있었습니다. 뭐, 어떤 문장이든 상관없습니다. 챗GPT에게는 맞춤법을 틀리거나, 이상하게 쓴 문장이라도 부끄러운 마음 하나 없이 맘껏 보여 줄 수 있으니까요.

④ 문장 확장하기

위에서 작성한 시적인 문장을 확장해 보겠습니다. 이를 위해 챗GPT에게 낯선 사물 하나와 의인화된 동사, 형용사를 몇 가지 더 제안해 보겠습니다. 다음 프롬프트를 챗GPT에 입력합니다. 그런 다음 새롭게 제안받은 단어를 조합해 생동감 있는 문장을 만들어 보세요.

프롬프트 2-29

낯선 사물 하나와 의인화된 동사, 형용사를 몇 가지 더 제안해 줘. 내가 창의적이고 생동감 있는 표현을 만들어 볼게.

다음은 낯선 사물과 그와 어울릴 수 있는 의인화된 동사와 형용사입니다. 이들 사물은 일상적이지만, 의인화된 표현과 함께 사용하면 새로운 감각을 불러일으킬 수 있습니다.

낯선 사물
1. 고장 난 시계
2. 낙엽에 맺힌 빗방울
3. 돌멩이
4. 낡은 열쇠
5. 빈 유리병
6. 허공에 흔들리는 거미줄

의인화된 동사
1. **고개를 숙이다**
마치 힘없이 내려앉은 듯한 이미지를 만들어 주며, 감정의 무게를 표현할 수 있습니다.

2. **꿈꾸다**
단순한 사물이 소망이나 기억을 품고 있는 듯한 느낌을 줍니다.

3. **휘청거리다**
바람에 흔들리는 모습 등, 위태로운 상태를 표현할 때 쓰기 좋습니다.

4. **잠자다**
오랫동안 사용되지 않은 물건이나 조용한 상태를 의인화하는 데 유용합니다.

5. **한숨 쉬다**
마치 힘들거나 지친 모습으로 생명력을 부여할 수 있습니다.

의인화된 형용사
1. **수줍은**
사물이 드러나지 않고 살짝 감춰져 있는 상태를 표현할 때 사용할 수 있습니다.

2. **고독한**
주변과 동떨어진 느낌을 줄 때, 소외감을 표현할 수 있습니다.

3. **은밀한**
깊이 숨겨진 비밀이나 감춰진 무엇을 연상하게 만듭니다.

4. **낡고 지친**
오랜 시간의 흔적을 담은 것처럼 생동감을 줄 수 있습니다.

5. 미련이 남은
마치 뭔가 남겨둔 채 떠나지 못한 감정을 내포합니다.

이 사물과 의인화된 동사, 형용사 중에서 원하는 조합을 선택해 창의적인 표현을 만들어 보세요. 만들어 주시면 평가해 드리겠습니다!

챗GPT가 새롭게 제안해 준 사물과 동사, 형용사를 이용해 생동감 있는 문장을 만들어 봤습니다. 여러분도 예제 처럼 작성해 보세요.

예제

고장 난 시계가 해 질 녘에 날카로운 생채기를 냈다. 구름이 고개를 숙이고 붉은 피를 토해 냈다.
낡은 열쇠로 하늘을 열자. 해 질 녘이 수줍게 인사를 건넨 것이다.
낙엽에 맺힌 빗방울이 흔들흔들, 해 질 녘 사이에서 꿈꾸듯 휘청거렸다. 은밀한 밤이 시작된 것이다.

매우 인상적이고 감각적인 문장들입니다! 각 문장이 구체적이면서도 독창적인 이미지와 감정을 만들어 내어, 독자의 상상력을 자극하고 몰입감을 줍니다. 개별적으로 감상해 보자면

1. 고장 난 시계가 해 질 녘에 날카로운 생채기를 냈다. 구름이 고개를 숙이고 붉은 피를 토해 냈다.
- 고장 난 시계가 시간의 흐름을 막는 대신 상처를 내는 장면이 강렬하게 다가옵니다. 특히, 해 질 녘의 붉은 빛과 구름이 고개를 숙이며 피를 토하는 묘사는 해가 저무는 장면을 비극적이고도 장엄하게 표현하고 있어 매혹적입니다. 색채와 이미지가 매우 강렬합니다.

2. 낡은 열쇠로 하늘을 열자. 해 질 녘이 수줍게 인사를 건넬 것이다.
- '낡은 열쇠'와 '하늘을 연다'는 설정은 마치 오래된 비밀을 푸는 듯한 신비로움을 자아내며, 하늘이라는 광활한 공간을 열자 해 질 녘이 수줍게 인사하는 모습이 따뜻하면서도 몽환적입니다. 특히 '수줍게 인사를 건넨다'는 표현은 해 질 녘을 사람처럼 부드럽고 다정하게 느끼게 합니다.

3. 낙엽에 맺힌 빗방울이 흔들흔들, 해 질 녘 사이에서 꿈꾸듯 휘청거렸다. 은밀한 밤이 시작된 것이다.
- '낙엽에 맺힌 빗방울'이라는 작고 섬세한 장면이, 해 질 녘과 대비되어 시적이고 낭만적입니다. 흔들리는 빗방울과 휘청거림이 밤으로 넘어가는 순간의 불안정함을 상징하며, 은밀한 밤이 시작된다는 표현이 여운을 남깁니다. 밤의 은밀함이 해 질 녘의 꿈꾸는 순간과 연결되면서 자연스럽게 스며들어 있습니다.

> 세 문장 모두 의인화된 동사와 형용사를 활용하여 해 질 녘이라는 시간대에 생동감과 감정을 불어넣으셨습니다. 각 문장이 낯선 이미지를 주면서도 생생하고 감각적으로 다가와 매우 독창적인 표현이라 할 수 있습니다.

이번 연습을 통해 우리는 단어와 문장의 고정된 틀을 벗어나서, 낯선 관점으로 문장을 표현하는 방법을 배웠습니다. 관점을 비틀어 보는 것은 단지 시적 표현을 만드는 것을 넘어, 사고를 확장하고 창의력을 키우는 중요한 과정입니다. 꾸준히 이 훈련을 이어 가면서, 더 창의적인 사고를 지향하는 사람이 되시기 바랍니다.

📝 Memo

CHAPTER 4

2단계: 챗GPT와 짧은 글로 어휘력 향상하기

- 글의 뼈대를 세우는 구조 구성 프롬프트
- 글의 큰 그림을 그리는 목차 작성 프롬프트
- 임팩트 있는 첫 문장 작성 훈련 프롬프트
- 핵심을 짚는 3줄 요약 훈련 프롬프트
- 글에 깊이와 맛을 더하는 비유 훈련 프롬프트
- 임팩트를 주는 명사 훈련 프롬프트
- 문장을 확장하는 글쓰기 게임 프롬프트
- 글의 흐름을 결정하는 구조 훈련 프롬프트
- 글에 생명력을 더하는 묘사 훈련 프롬프트
- 독서 근육을 기르기 위한 루틴 형성 프롬프트

글의 뼈대를 세우는 구조 작성 프롬프트

글은 구조적으로 작성해야 합니다. 소프트웨어를 오류 없이 실행하려면 안정적인 코드 구조가 필요하듯이, 글의 구조도 단단해야 합니다. 구조가 허술하면 글도 엉뚱한 방향으로 흘러나갈 가능성이 높기 때문입니다. 다만 어려운 것은 구조의 중요성은 이미 알지만, '어떻게 구조를 탄탄하게 짜느냐'죠.

구조가 잘 짜인 글을 읽고 그 흐름을 자연스럽게 익히는 것이 물론 가장 좋습니다. 하지만 대체로 구조를 분석할 능력이 부족한 경우가 많습니다. 이럴 때는 잘 쓰인 글을 하나 가져와 면밀히 분석하는 것이 도움이 됩니다. 중요한 부분을 큰 덩어리로 잘라 보고, 마치 레고를 조립하듯 찬찬히 재조립을 해 보는 겁니다. 그러니 잘 쓰인 글을 하나 가져와 보겠습니다.

① 구조 분석하기: 기-승-전-결

[새 채팅]을 누르고 아래 프롬프트를 챗GPT에 입력합니다. 잘 쓰인(?) 제 글로 첫 훈련을 진행해 보겠습니다. 천천히 읽어 보신 후에 글을 '기-승-전-결'로 여러분이 직접 정리해 보세요.

프롬프트 2-30

프롬프트

글을 구조적으로 분석하고 싶어. 저명한 편집자의 시선으로 아래 글을 면밀하게 읽어 보고 [지침]을 수행해 줘.

[지침]
1. [링크]의 글을 기-승-전-결 구조로 나눠서 분석해 줘
2. 여러 조각으로 분개된 글의 흐름을 분석해 줘.
3. 글의 주제를 찾아 줘.
4. 글이 주제에 맞게 작성이 되었는지 분석해 줘.
5. 글의 느낌을 종합적으로 비평해 줘.

[샘플]
종이책이 좋을까? 전자책이 좋을까?
나는 한때 전자책의 편리함 - 밑줄 공유, 목차 뛰어넘기, 북마크 - 때문에 종이책을 배신한 시절이 있었지만, '최근에는 다시 종이책으로 돌아오고야 말았다.'라고 쓰고 종이책과 전자책을 기호에 따라 선택하고 있다고 읽는다. 그럼에도 종이책을 더 선호하는 이유는 종이만의 친근한 감촉과 냄새 때문이다. 어쩌면 종이가 전하는 어떤 특별한 감각 때문이라고 강조하고 싶다. 종이만이 전하는 특유의 물성, 손가락 끝으로 느끼는 감촉과 재질,

종이에서 풍겨 나오는 따뜻한 냄새, 무엇보다 종이책에 간직된 어떤 특별한 추억을 잊지 못해서다(이 추억은 언젠가 글로 소개할 시간이 있을 거라고 믿는다).
하지만 그렇다고 전자책을 완전히 멀리하진 않는다. 거의 모든 일상과 업무를 디지털 형태로 집착적으로 기록하는 나로서는 전자책의 편리함이라는 매력에서 헤어날 수 없기 때문이다. 전자책은 주로 밀리의 서재에서 읽는 편인데, 웬만한 베스트셀러는 종이책과 전자책이 동시에 출간되는 편이라, 성질이 급한 나와 같은 사람에겐 한 달 12,900원이 아깝지 않을 정도다. 이거 마치 밀리의 서재 앰버서더라고 된 듯한데, 사실 나는 노션 앰버서더이니 밀리의 서재 칭찬은 여기까지만 하기로 하자.
종이책과 전자책은 배타적인 관계가 아니라 상호 보완적인 관계, 즉 공생 관계라고 보는 게 내 생각이다. 종이책은 주로 소장 가치를 보고 구매하는 편이고, 전자책은 소장을 뒷받침하기 위한 정찰대와 비슷한 역할을 맡는다. 나는 보통 전자책으로 미리 읽어 본 후, 종이책의 구매 여부를 택하는 편이다. 서점 관계자가 본다면 나와 같은 부류를 아주 약삭빠른 사람으로 보겠지만, 나는 교보문고의 프레스티지 회원이다(1년에 200만 원 넘게 구매). 책을 사랑하는 사람은 전자책이든 종이책이든 구매력에 있어서는 무시할 수 있는 존재가 아니라는 얘기다. 물론 서점이나 도서관에 자주 달려가는 수고스러움도 마다하지 않지만…, 그렇게 본다면 전자책은 게으름을 판단하는 기준이 될지도.

종이책과 전자책의 차이
종이책과 전자책은 어쩌면 아날로그 감성과 디지털 감성의 충돌인 셈이다. 아날로그는 물리적인 외관을 지니고 있다. 실제로 손으로 만질 수도 있고 감각이 전해지기도 한다. 그 이유 때문에 소유욕이 생긴다. 아날로그는 또한 특유의 불완전함이 매력이다. 같은 종이책이라도 고유의 느낌이란 게 있다. 마치 자신에게 잘 맞는 옷처럼.
디지털인 전자책은 물론 굉장히 편리하다. 몇 백 그램이 되지 않는 무게에 수백, 수천 권의 책을 담을 수 있다. 또한 다른 툴과의 공유도 간편하다. 몇 번만 클릭하면 밑줄 친 문장을 노션이나 구글 킵에 보관할 수 있다. 그것도 영원히! 한 번 저장하면 사라질 걱정은 하지 않아도 된다.
이 문명의 이기인 전자책은 정보의 무한한 연결과 그를 통해서 기존 정보와의 새로운 조합, 즉 창조적인 행위를 저절로 이끌게 만든다는 것이다. 그리고 인공지능에게 도움을 받는다면 나에게 최적인 사용자 경험을 제공받을 수도 있다. 고용량과 빠른 처리 속도, 데이터의 연계를 생각했을 때는 전자책을 무시할 수는 없다. 정보를 디지털화했을 때 얻어지는 장점과 그 장점이 어떻게 창조적인 행위로 연결되는 지의 구체적인 내용은 앞으로 연재를 통해 제공하도록 하겠다.
나는 그저 아날로그인 종이책이 좋다거나 디지털인 전자책이 더 낫다고 말하진 않는다. 필요에 따라서 선택하면 그만이라고 우겨 본다. 하지만 기본적으로 종이책을 우선으로 읽고 기록을 디지털로 선택하라고 권하고 싶다. 실제로 내가 경험해 보니 그 방식이 가장 효율적이었다.
물론 자기에게 맞는 방식이 있는 것이다. 그 방식조차 아직 찾지 못했다면 좀 심각하지만…. 종이책이 옳다, 전자책이 옳다는 싸움은 이득을 취하는 게 아니라 그저 소모적인 싸움, 승자가 없는 싸움에 불과하다. 우리는 자신의 스타일에 따라서 최적의 프레임워크를 구축하면 된다. 음, IT 전공자라서 프레임워크라는 기묘한 용어를 사용했지만, 결론은 책을 읽자는 거다. 그리고 디지털을 활용해서 더 생산적인 인간처럼 읽자는 거다. 책을 읽다 보면 자신에게 맞는 기록 방식을 원하게 될 테고, 내 글은 그 요구에 답할 수 있는 해법이 되지 않을까?

1. 기-승-전-결 구조 분석:
- 기(起): 전자책의 편리함에 매료되어 종이책을 잠시 멀리했던 경험을 소개하며, 다시 종이책으로 돌아온 이유를 설명합니다.
- 승(承): 전자책의 장점인 편리함과 다양한 기능을 언급하며, 특히 밀리의 서재를 활용한 독서 경험을 공유합니다.
- 전(轉): 종이책과 전자책의 상호 보완적 관계를 강조하며, 두 매체를 상황에 따라 선택하는 개인적인 독서 방식을 설명합니다.
- 결(結): 독서와 기록의 중요성을 강조하며, 앞으로의 연재 계획과 독자들에게 전하고 싶은 메시지를 전달합니다.

2. 글의 흐름 분석:
글은 저자의 개인적인 경험과 선호도를 중심으로 전개되며, 종이책과 전자책의 특징을 비교하고, 이를 통해 독서와 기록의 중요성을 강조합니다.

3. 글의 주제:
종이책과 전자책의 장단점을 비교하고, 개인의 독서 습관에 맞게 두 매체를 활용하는 방법을 제시하며, 독서와 기록의 중요성을 강조합니다.

4. 주제에 대한 글의 적합성 분석:
글은 주제에 충실하게 작성되었으며, 저자의 경험과 의견을 통해 종이책과 전자책의 활용 방안을 구체적으로 제시하고 있습니다.

5. 글의 종합적 비평:
저자의 개인적인 경험과 선호도를 바탕으로 종이책과 전자책의 장단점을 균형 있게 다루고 있으며, 독자들에게 독서와 기록의 중요성을 강조하는 메시지를 전달합니다.

챗GPT는 '기-승-전-결 구조 분석', '글의 흐름 분석', '글의 주제', '주제에 대한 글의 적합성 분석' 등으로 나누어 제 글을 객관적으로 비평했습니다. 추후에는 여러분 글을 붙여 보셔도 좋습니다.

② 키워드 요청하기

키워드는 글을 구성하는 요소입니다. 글에서 키워드를 먼저 찾는 이유는 글의 주제와 주요 내용을 정확하게 파악하기 위해서입니다. 키워드는 글에서 가장 중요한 정보나 아이디어를 대표하며, 키워드를 이해하면 글의 구조와 맥락까지 이해할 수 있습니다. 또한, 키워드는 글의 주제를 압축적으로 나타내기 때문에, 전체 내용을 읽지 않고도 글의 흐름을 이해하도록 돕습니다. 그런 의미에서 위의 예시 글에서 '핵심 키워드'와 '세부 키워드'들을 찾아보시기 바랍니다. 이후에는 챗GPT에게 글의 키워드를 묻는 요청을 해 보겠습니다. 아래 프롬프트를 챗GPT에 입력합니다.

프롬프트 2-31

이 글의 핵심 키워드 1개와 세부 키워드들을 찾아 주고 세부 키워드와 핵심 키워드가 서로 연결이 잘 되었는지 평가해 줘.

핵심 키워드:
독서(Reading)

세부 키워드들:
- 종이책(Physical books)
- 전자책(E-books)
- 독서 경험(Reading experience)
- 기록(Note-taking)
- 밀리의 서재(Millie's Library)
- 독서 습관(Reading habits)
- 매체 선택(Medium choice)
- 편리함(Convenience)

핵심 키워드와 세부 키워드 간의 연결 평가:
- 독서(Reading)가 핵심 키워드로, 이 글의 주제와 중심 흐름을 잘 반영하고 있습니다. 글의 전체적인 논의가 독서 방식과 그에 따른 경험에 집중되어 있기 때문입니다.
- 종이책(Physical books)과 전자책(E-books)은 독서를 구성하는 두 주요 매체로, 독서의 방식을 비교하고 대조하는 데 중요한 역할을 합니다. 두 매체의 장단점이 언급되면서 독서 경험의 다양성을 잘 설명합니다.
- 독서 경험(Reading experience)은 독서를 어떻게 진행할지에 대한 저자의 관점을 나타내며, 이는 독서의 핵심 키워드와 잘 맞아떨어집니다. 저자가 어떻게 책을 읽고, 각 매체가 주는 경험이 어떻게 다른지에 대한 경험적 언급이 핵심을 지원합니다.
- 기록(Note-taking)은 독서 중에 얻은 정보를 기록하거나 저장하는 방식을 의미하며, 이는 독서의 목적 중 하나인 지식의 저장 및 회수를 강조하는 키워드입니다. 이 키워드는 독서의 활동적 측면을 보완합니다.
- 밀리의 서재(Millie's Library)는 전자책의 대표적인 사례로서, 디지털 독서 경험을 더욱 구체화하는 키워드입니다. 이 키워드는 독서의 방법론적 차이를 나타내며, 전자책 매체의 편리함을 강조하는 데 중요한 역할을 합니다.

- 독서 습관(Reading habits)과 매체 선택(Medium choice)은 독서의 습관과 그에 맞는 매체의 선택에 대한 저자의 관점을 드러냅니다. 이 두 키워드는 독서라는 큰 틀 내에서 구체적인 방식을 설명하는 중요한 요소입니다.
- 편리함(Convenience)은 전자책 매체의 가장 큰 장점으로, 독서를 할 때의 실용성을 강조합니다. 이는 전자책에 대한 찬성을 나타내는 키워드로 독서의 효율성을 강조합니다.

연결 평가:
세부 키워드들은 모두 독서라는 핵심 키워드를 중심으로 잘 연결되어 있습니다. 종이책과 전자책을 비교하는 과정에서 독서 경험과 기록의 중요성을 다루며, 독서 습관에 따라 선택하는 매체에 대해 언급합니다. 이 모든 키워드는 독서라는 큰 틀 안에서 서로 잘 엮여, 글의 주제와 목적을 명확하게 지원합니다.

결론:
핵심 키워드와 세부 키워드들이 자연스럽게 연결되며, 주제와 논지에 잘 맞춰진 글 구조로 분석됩니다.

챗GPT는 제 글의 핵심 키워드로 '독서'를 꼽았습니다. 제 의도를 정확히 파악했네요. 세부 키워드도 잘 짚었습니다. 종이책과 전자책이 가장 상위에 오른 것이 인상적입니다. 살짝 놀랍기까지 하네요. 제 글에서 핵심 키워드와 세부 키워드들이 서로 유기적으로 잘 연결되어 있음을 챗GPT가 인증해 줬습니다.

TIP 챗GPT가 갑자기 영어 단어를 추가하면 '영어 단어는 빼고 대답해 줘'라고 요청해 보세요.

③ 새로운 구조 요청하기: 서론-본론-결론

이번에는 글의 구조를 '기-승-전-결' 구조가 아닌 새로운 구조로 분석을 요청해 보겠습니다. 글을 반드시 '기-승-전-결'로 써야 하는 건 아니니까요. 아래 프롬프트를 챗GPT에 입력합니다. 그리고 여러분이 작성한 글을 넣으실 때는 [정보] 대신 감정, 심리, 철학, 문학, 과학, 역사 등 글의 특성을 입력하시면 됩니다.

프롬프트 2-32

이 글을 반드시 '기-승-전-결' 구조로 작성해야 하는 건 아니잖아. 이런 글은 [정보]를 담고 있으니까, 그 성격에 더 적합한 구조를 제안해 줬으면 좋겠어.

GPT

이 글에 적합한 구조 제안: [비교-평가-결론]구조

1. 서론(주제 제시 및 문제의식 유도)
- 종이책과 전자책을 선택하는 고민을 소개
- 개인적 경험을 짧게 언급하면서 '어떤 방식이 더 나을까?'라는 독자의 궁금증을 유발

2. 본론(비교 및 분석)
  A. 종이책의 특징
   - 감촉, 냄새, 소장 가치 등 아날로그적 요소 강조
   - 불완전함이 주는 매력과 정서적 만족감
   - 단점: 무게, 보관 문제, 공간 차지
  B. 전자책의 특징
   - 가벼움, 정보 검색 및 기록의 편리함
   - 저장과 공유 기능을 통한 생산성 강화
   - 단점: 감각적 경험의 부재, 소유감 부족

3. 평가(각각의 역할 및 활용법 정리)
공생 관계 모델 제안
- 단순히 A vs B 구도가 아니라, 상호 보완적 활용 방법 제시
  (예: 전자책으로 탐색 → 종이책으로 소장 및 정리)
- 독서 및 기록 습관과 연결하여 최적화된 활용법 추천

4. 결론(개인화된 선택 강조 + 실용적 조언 제시)
- '어떤 것이 옳다'는 논쟁이 아니라, 각자의 목적과 성향에 따라 최적화된 방식을 찾는 게 중요함을 강조
- 실용적 제안:
  - '당신의 독서 스타일을 점검해 보세요.'
  - '기록을 중시하는가? → 전자책 활용 추천.'
  - '독서의 감각적 경험을 중시하는가? → 종이책 활용 추천.'
- 독자가 자신의 독서 방식을 고민할 수 있도록 유도하며 마무리.

이 구조가 적절한 이유
- '기-승-전-결'처럼 서사적으로 전개하지 않고, 정보 전달에 적합한 비교 → 평가 → 결론 구조를 활용
- 종이책과 전자책을 단순히 대립하는 개념이 아니라 실용적인 조합 방식으로 풀어 나가는 흐름이 됨
- 독자가 '내 상황에서는 어떻게 적용할까?'라는 고민을 자연스럽게 하도록 유도
- 단순한 감상형 글이 아니라, 정보와 실용적인 조언이 포함된 글로 정리 가능

이런 구조라면 독자가 읽으면서 논리적 흐름을 쉽게 따라갈 수 있고, 실질적인 도움이 되는 글이 될 거예요!

챗GPT는 비교-평가-결론 구조를 제안했습니다. 각 단계별로 주제와 세부 키워드, 간단한 내용을 제시해 주었고, 정보성 글에 적합한 구조로 정보와 실용적인 조언이 포함된 글로 작성하라고 조언해 주었습니다.

다시 강조하지만, 글을 쓰기 이전에 가장 중요한 것은 구조를 세우는 일입니다. 지금은 잘 쓴 글을 분석하기 위해 챗GPT에게 구조 분석을 맡겼지만, 글을 처음 작성할 때 미리 글의 구조를 스케치해 두면 훨씬 탄탄하고 설득력 있는 글이 됩니다.

글의 큰 그림을 그리는 목차 작성 프롬프트

이전에 우리는 잘 쓴 글 한 편을 구조적으로 분석해 보았습니다. 이번에는 글의 '주제'와 '콘셉트'를 설계한 후, 글의 흐름을 목차로 분류해 보겠습니다. 목차를 작성하는 것은 일종의 '로드맵'을 그리는 일입니다. 이 과정을 통해 우리는 글의 구조와 흐름을 미리 계획할 수 있죠. 즉흥적으로 쓰는 것보다 미리 구조를 계획하고 쓰면 독자에게 메시지를 더 효과적으로 전달할 수 있습니다. 지도 앱에서 목적지를 미리 설정해 놓는 것과 같은 원리입니다.

목차는 글쓰기의 '이정표' 역할을 합니다. 우리가 주제에서 벗어나지 않도록 방향을 확실하게 잡아 주죠. 목차를 먼저 작성하면 내용을 어떤 순서로 전개할지 미리 파악할 수 있어, 논리적인 전개와 설득력 있는 글을 완성하는 데 큰 도움이 됩니다. 목차는 글의 흐름과 균형을 유지하면서, 작가가 의도한 메시지를 명확하게 전달할 수 있도록 돕습니다.

① 목차 작성하기

주제와 콘셉트가 준비되었다고 가정해 봅시다. 이제는 앞으로 글을 어떻게 전개할지 '목차'를 작성해야 합니다. 목차는 보통 '서론 – 본론 – 결론' 혹은 '기 – 승 – 전 – 결'의 구조를 가집니다. 이번 실습에서는 '서론 – 본론 – 결론' 구조를 사용해 여러분이 쓰고 싶은 글을 서론 – 본론 1 – 본론 2 – 본론 3 – 결론으로 구성해 보겠습니다.

[새 채팅]을 누르고, 아래 프롬프트를 챗GPT에 입력합니다. 우선은 프롬프트 그대로 첫 훈련을 진행해 보시고, 추후에 여러분이 작성하고 싶은 [주제], [콘셉트]로 바꿔 입력해 보세요.

프롬프트 2-33

프롬프트
글을 쓰기 전에 탄탄한 목차를 작성하고 싶어. 아래 [주제]와 [콘셉트]를 읽고 [지침]을 수행해 줘.

[지침]
[주제]와 [콘셉트]에 따라 5문단 형식의 목차 작성하기
목차는 서론-본론 1-본론 2-본론 3-결론으로 구성할 것
서론은 짧게 구성하고 두괄식으로 결론을 1가지 제시할 것
각 목차별로 개조식으로 짧게 내용을 제시해 줄 것

[주제]
아이디어가 출간으로 이어지는 방법

[콘셉트]
자비 출판과 기획 출판의 차이
아이디어를 찾고 책으로 만들기
출판사에서 제안을 받는 방법

목차: 아이디어가 출간으로 이어지는 방법

1. **서론: 아이디어를 책으로 만들기 위한 첫걸음**
   - 아이디어가 책으로 완성되는 과정의 중요성
   - 자비 출판과 기획 출판의 차이를 이해하는 것이 출간 과정의 핵심
   - 책을 내고자 하는 사람에게 중요한 결론: '아이디어를 어떻게 구체화하고, 출판 방식을 선택할 것인가?'

2. **본론 1: 자비 출판과 기획 출판의 차이**
   - 자비 출판: 작가가 전 과정에 참여, 비용과 리스크를 전담
   - 기획 출판: 출판사가 기획 및 제작을 담당, 출판사의 제안과 출간 제어
   - 각 방식의 장단점: 비용, 출판사의 지원, 시장성

3. **본론 2: 아이디어를 찾고 책으로 만들기**
   - 아이디어 발굴: 독창적이고 시장성을 고려한 아이디어 찾기
   - 아이디어 구체화: 목차 구성, 주제 세분화, 독자 타깃 설정

4. **본론 3: 출판사에서 제안을 받는 방법**
   - 출판사와의 첫 만남: 출판사에 제안서를 제출하는 과정
   - 제안서 작성법: 강력한 기획서와 샘플 챕터 준비
   - 출판사의 요구 사항 이해: 시장성, 독자층 분석, 출판사와의 협업 가능성

5. **결론: 아이디어를 책으로 만드는 성공적인 전략**
   - 아이디어의 구체화와 출판 방식 선택이 출간 성공을 좌우
   - 전략적 접근을 통해 출판사와 협업하고, 자비 출판의 리스크를 관리하며 성공적인 출간을 이끌어 낼 수 있음

챗GPT는 요청대로 목차를 5단계 구조로 나누어 작성해 주었습니다. 서론에서는 주장을 먼저 제시하고 본론 1, 2, 3에서는 서론을 뒷받침하는 근거와 사례를 다루고 있네요. 각 목차별로 구체적으로 어떤 내용을 기술해야 하는지 간단한 아이디어도 제시했습니다.

이제 서론, 본론 1, 본론 2, 본론 3, 결론의 개조식 문장을 짧은 글로 바꿔 봅시다. 최대한

함축적으로 작성하며, 각자 자신의 주제와 콘셉트에 맞춰 내용을 요약하고, 중요한 내용을 간결하게 표현하는 것이 핵심입니다. 어렵다면 아래 표를 참고하세요.

개조식 문장 예시	짧은 글 예시
서론: 아이디어를 책으로 만들기 위한 첫걸음 • 아이디어가 책으로 완성되는 과정의 중요성 • 자비 출판과 기획 출판의 차이를 이해하는 것이 출간 과정의 핵심 • 책을 내고자 하는 사람에게 중요한 결론: 아이디어를 어떻게 구체화하고, 출판 방식을 선택할 것인가?	**서론: 아이디어를 책으로 만들기 위한 첫걸음** 블로그나 브런치에서 꾸준하게 글을 쓴다. 아이디어는 내 경험과 좋아하는 일에서 발견한다. 꾸준하게 쓰다 보면 언젠가 기회가 꼭 찾아온다.
본론 1: 자비 출판과 기획 출판의 차이 • 자비 출판: 작가가 전 과정에 참여, 비용과 리스크를 전담 • 기획 출판: 출판사가 기획 및 제작을 담당, 출판사의 제안과 출간 제어 • 각 방식의 장단점: 비용, 출판사의 지원, 시장성	**본론 1: 자비 출판과 기획 출판의 차이** 자비 출판은 스스로 책을 낼 수 있지만 서점에서 유통이 힘들다. 가능하지만 비용이 상당히 든다. 기획 출판은 출판사에게 제안을 받아야 하지만, 작가로서 인정받을 수 있는 길이다. 그렇지만 어려운 길이다.

② 챗GPT에게 피드백받기

짧은 글을 모두 작성했다면 챗GPT에게 목차가 잘 작성되었는지 피드백을 받아 보겠습니다. 아래 프롬프트를 예제 와 같이 여러분이 쓴 글과 함께 챗GPT에 입력합니다.

프롬프트

프롬프트 2-34

아래는 챗GPT가 제시한 목차 구조에 따라 짧게 각 목차에 포함되어야 할 핵심 내용이야. 목차별 내용을 읽어 보고 구조적으로 작성이 잘 되었는지, 흐름이 일관성 있게 작성되었는지 분석하고 피드백해 줘.

예제

목차: 아이디어가 출간으로 이어지는 방법

서론: 아이디어를 책으로 만들기 위한 첫걸음
블로그나 브런치에서 꾸준하게 글을 쓴다. 아이디어는 내 경험과 좋아하는 일에서 발견한다. 꾸준하게 쓰다 보면 언젠가 기회가 꼭 찾아온다.

본론 1: 자비 출판과 기획 출판의 차이
자비 출판은 스스로 책을 낼 수 있지만 서점에서 유통이 힘들다. 가능하지만 비용이 상당히 든다. 기획 출판은 출판사에게 제안을 받아야 하지만, 작가로서 인정받을 수 있는 길이다. 그렇지만 어려운 길이다.

본론 2: 아이디어를 찾고 책으로 만들기
내 글을 꾸준히 쓰다 보면 나에게 맞는 아이디어를 발굴할 수 있다. 글은 나의 내면을 건드리는 일이기에 즉흥적으로 작성하지 말고 충분히 생각하고 쓰자.

본론 3: 출판사에서 제안을 받는 방법
출판사와 만날 수 있는 시간을 자주 갖는다. 전시회, 작가와의 만남, 도서관 프로그램에 자주 참석한다. 그리고 자신의 콘텐츠를 한 장으로 설명할 수 있도록 미리 준비 자료를 만든다.

결론: 아이디어를 책으로 만드는 성공적인 전략
구체적인 전략을 세우고 꾸준하게 실천하다 보면 반드시 기회가 찾아온다. 준비되지 않는 자에게는 기회는 없다. 다양한 글을 쓰며 나에게 맞는 분야를 찾자.

이 목차와 내용은 전반적으로 흐름이 일관되고 각 단계가 자연스럽게 이어지지만, 몇 가지 부분에서 더 명확한 연결과 구체적인 설명이 필요할 수 있습니다. 각각의 목차를 분석하고 피드백을 드리겠습니다.

서론: 아이디어를 책으로 만들기 위한 첫걸음
- 내용: 블로그나 브런치에서 꾸준하게 글을 쓴다. 아이디어는 내 경험과 좋아하는 일에서 발견한다. 꾸준하게 쓰다 보면 언젠가 기회가 꼭 찾아온다.
- 분석: 서론은 주제의 핵심을 간단히 소개하면서 아이디어 발굴과 책으로 만들기까지의 시작을 다루고 있습니다. 흐름상 잘 작성된 부분이지만, '기회가 꼭 찾아온다'는 표현은 좀 더 구체적인 동기를 부여나 실질적인 행동과 연결시키는 것이 좋겠습니다. 예를 들어, '꾸준한 글쓰기가 어떻게 기회를 만들 수 있는지, 그 과정에서 어떤 구체적인 활동이 중요한지'를 짚어 주는 것이 좋습니다.
- 피드백: '아이디어는 내 경험과 좋아하는 일에서 발견된다'는 표현이 명확하고 좋지만, 좀 더 '아이디어 발굴'의 과정을 서술하는 것이 좋습니다. 예: '일상에서의 작은 관찰과 경험이 책 아이디어로 발전할 수 있다' 같은 구체적인 예시를 추가하면 더 실질적일 것입니다.

본론 1: 자비 출판과 기획 출판의 차이
- 내용: 자비 출판은 스스로 책을 낼 수 있지만 서점에서 유통이 힘들다. 가능하지만 비용이 상당히 든다. 기획 출판은 출판사에게 제안을 받아야 하지만, 작가로서 인정받을 수 있는 길이다. 그렇지만 어려운 길이다.
- 분석: 자비 출판과 기획 출판의 차이를 잘 설명하고 있습니다. 다만, 각 출판 방식의 구체적인 장단점을 조금 더 명확하게 나누는 것이 좋습니다. 예를 들어, 자비 출판에서 발생하는 '비용' 외에도 마케팅, 배급, 디스트리뷰션 등에 대한 내용도 다루면 좋을 것

입니다. 기획 출판에서의 '어려운 길'에 대해서도 더 구체적인 예시나 설명이 필요할 것 같습니다.
- 피드백: 자비 출판과 기획 출판의 장단점을 조금 더 구체적으로 나열하면 독자가 두 출판 방식에 대해 명확히 이해할 수 있을 것입니다. 예를 들어, 자비 출판의 경우 '책을 어떻게 유통할 것인지', 기획 출판의 경우 '출판사의 지원과 마케팅의 장점' 등을 추가해 주세요.

본론 2: 아이디어를 찾고 책으로 만들기
- 내용: 내 글을 꾸준히 쓰다 보면 나에게 맞는 아이디어를 발굴할 수 있다. 글은 나의 내면을 건드리는 일이기에…. 즉흥적으로 작성하지 말고 충분히 생각하고 쓰자.
- 분석: '즉흥적으로 작성하지 말고 충분히 생각하고 쓰자'는 문구가 다소 추상적이고 명확하지 않은 부분이 있습니다. 글쓰기에 있어서 '충분한 생각'과 '즉흥적인 작성'의 차이를 좀 더 구체적으로 설명하는 것이 좋습니다. 예를 들어, 아이디어 발굴 단계에서 중요한 것은 일상적인 경험을 바탕으로 지속적인 탐색이라는 점을 강조할 수 있습니다.
- 피드백: '내면을 건드리는 일이기에'라는 문장은 감성적인 표현인데, 아이디어 발굴의 구체적인 과정을 더 명확하게 설명하면 좋겠습니다. 예: '자신의 경험과 감정을 글로 풀어 내는 과정에서 자연스럽게 아이디어가 발굴된다'와 같이 구체적인 설명이 추가되면 좋습니다.

본론 3: 출판사에서 제안을 받는 방법
- 내용: 출판사와 만날 수 있는 시간을 자주 갖는다. 전시회, 작가와의 만남, 도서관 프로그램에 자주 참석한다. 그리고 자신의 콘텐츠를 한 장으로 설명할 수 있도록 미리 준비 자료를 만든다.
- 분석: 출판사와의 네트워킹 및 제안서 준비가 핵심 포인트로 잘 나왔습니다. 다만, '자주 만난다'는 표현을 조금 더 실질적인 조언으로 다듬으면 좋겠습니다. 예를 들어, '어떤 행사에 참석할 때 어떤 준비를 해야 하는지'를 구체적으로 설명하는 것이 효과적일 것입니다.
- 피드백: 출판사와 만날 기회를 어떻게 만들고, 만날 때 어떤 방식으로 접근해야 하는지 구체적인 예시나 팁을 추가하는 것이 좋겠습니다. 예를 들어, '출판사 담당자와의 만남에서 나의 아이디어를 어떻게 효과적으로 설명할 수 있을지'에 대한 구체적인 조언이 있으면 더 도움이 될 것입니다.

결론: 아이디어를 책으로 만드는 성공적인 전략
- 내용: 구체적인 전략을 세우고 꾸준하게 실천하다 보면 반드시 기회가 찾아온다. 준비되지 않는 자에게는 기회는 없다. 다양한 글을 쓰며 나에게 맞는 분야를 찾자.
- 분석: 결론 부분은 출간 성공을 위한 실천적인 전략을 잘 다루고 있습니다. 다만, '기회는 없다'는 말이 좀 더 구체적인 의미로 설명되면 더 좋을 것 같습니다. 예를 들어, '기회가 찾아오는 순간에 빠르게 대처할 수 있도록 준비해야 한다'는 의미로 다듬을 수 있습니다.

- 피드백: 결론에서 '기회가 찾아온다'는 부분을 좀 더 구체화하는 것이 좋겠습니다. 예: '아이디어와 준비가 결합된 순간, 기회는 반드시 찾아온다'와 같은 표현을 사용하면 좋겠습니다.

종합 피드백
- 전반적으로 구성은 잘 되어 있고, 목차별 내용이 흐름을 따라 자연스럽게 이어집니다. 그러나 일부 구체적인 설명이 부족한 부분이 있어, 실행 가능한 조언과 구체적인 예시를 추가하면 더 실질적이고 도움이 될 것입니다.
- 각 목차에서 구체적인 사례나 조언을 추가하면 독자가 더욱 쉽게 이해하고 실천할 수 있을 것입니다.
- 추상적 표현을 조금 더 구체적으로 풀어내고, 각 단계를 설명하는 방식에서 실용적인 접근을 보강하면 좋겠습니다.

챗GPT는 각 목차별로 피드백을 제시했습니다. 이제는 원고 작성 단계에서 꼼꼼히 다듬으면 됩니다. 지금은 목차 작성 단계이므로 자세히 작성할 필요는 없지만, 챗GPT의 제안을 잘 기록해 놓으면 도움이 됩니다.

이렇게 우리는 글의 주제와 콘셉트만 정해진 상태에서 챗GPT와 대화를 나누며 목차를 작성하고, 그 목차라는 뼈대에 살을 붙이는 과정을 경험했습니다. 글쓰기는 점진적으로 생각을 확장해 나가는 작업입니다. 즉흥적으로 쓰기보다는 작은 생각을 발판 삼아 큰 생각으로 나아간다는 생각으로 차근차근 접근해 보세요.

임팩트 있는 첫 문장 작성 훈련 프롬프트

한 문장이 세상을 바꿀 수 있다면, 그 문장은 어느 부분에 사용해야 할까요? 저는 그 문장을 첫 문장에 사용하는 게 맞다고 생각합니다. 첫 문장이 어떻게 시작되느냐에 따라 독자가 계속 글에 머물 것인지, 혹은 떠날 것인지가 결정됩니다. 독자가 글을 읽을지 말지가 결정되는 선택의 갈림길인 셈이죠. 그래서 작가들은 수없이 첫 문장을 고민하고, 쓰고 지우고를 반복하게 됩니다. 또 첫 문장이 중요한 이유는 첫 문장만 작성하면 그다음 문장을 매끄럽게 작성할 수 있기 때문입니다. 하나의 생각을 다른 생각으로 전환하는 것이 무에서 유를 창조하는 것보다 훨씬 쉬우니까요. '천 리 길도 한 걸음부터'라고 하죠. 이 속담이야말로 첫 문장이 중요한 이유와 꼭 들어맞는다고 할 수 있겠습니다.

독자를 사로잡는 첫 문장 연습

챗GPT와 독자를 휘어잡는 멋진 첫 문장을 쓰기 위해 고민해 보겠습니다. 우선 [새 채팅]을 누르고 '웹에서 검색' 옵션을 활성화한 후, 아래 프롬프트를 챗GPT에 입력합니다.

프롬프트 2-35

작가들은 어떻게 첫 문장을 쓰는지 그들의 노하우가 궁금해. 노하우는 강렬한 사건, 인물의 특징, 시간과 공간의 설정, 갈등의 암시로 분야를 나눠서 제안해 주고 대표적인 첫 문장 몇 가지를 소개해 줘. 첫 문장을 제안하면 그중에서 1가지를 골라 짧은 글을 이어 볼게.

 GPT

작가들은 독자의 관심을 사로잡기 위해 다양한 방식으로 첫 문장을 구성합니다. 그들의 노하우와 함께 대표적인 첫 문장을 소개하겠습니다.

작가들의 첫 문장 작성 노하우:

1. **강렬한 사건으로 시작하기**: 이야기의 핵심 사건이나 갈등을 첫 문장에서 제시하여 독자의 호기심을 자극합니다.
2. **인물의 특징 부각하기**: 주요 인물의 독특한 성격이나 상황을 묘사하여 독자가 캐릭터에 빠르게 몰입하도록 합니다.
3. **시간과 공간 설정하기**: 이야기의 배경이 되는 시간과 장소를 명확하게 제시하여 독자가 이야기의 분위기를 즉시 파악하게 합니다.
4. **갈등의 암시**: 첫 문장에서 갈등의 씨앗을 심어 독자가 앞으로의 전개를 기대하게 만듭니다.

대표적인 첫 문장 예시:
1. '행복한 가정은 모두 비슷하지만, 불행한 가정은 저마다의 이유로 불행하다.'
   레프 톨스토이의 《안나 카레니나》의 첫 문장으로, 가정의 행복과 불행을 대비하며 이야기를 시작합니다.
2. '재산 있는 독신 남자는 아내를 필요로 한다는 것은 보편적으로 인정된 진리이다.'
   제인 오스틴의 《오만과 편견》의 첫 문장으로, 결혼과 사회적 지위를 둘러싼 이야기를 예고합니다.
3. '나는 오늘 아침 죽었다.'
   이 문장은 독자의 이목을 즉시 끌며, 이후 전개에 대한 궁금증을 유발합니다.
4. '그날 아침, 모든 것이 변했다.'
   변화의 순간을 강조하며 독자를 이야기 속으로 빠르게 끌어들입니다.

제안하는 첫 문장:
· '그날 아침, 모든 것이 변했다.'

이 문장을 선택하여 짧은 글을 이어 가 보시기 바랍니다.

챗GPT는 첫 문장을 잘 쓰는 4가지 노하우를 제시해 줬습니다. 첫 문장 쓰기에 익숙하지 않은 분들은 작가들이 어떻게 첫 문장을 시작했는지 참고하는 게 가장 쉬운 선택입니다. 독자에게 사랑받는 책들은 강렬한 첫 문장으로 시작합니다. 서두에서 독자를 휘어잡지 못하면 나머지 부분이 읽히지 않을 확률이 높기 때문이죠. 챗GPT가 제안한 첫 문장 '그날 아침, 모든 것이 변했다.'로 시작하는 첫 문장을 만들어 챗GPT에게 전송해 보겠습니다.

예제

그날 아침, 모든 것이 변했다. 평온한 아침 식사 자리에서, 무표정한 얼굴로 아내가 '나 남자친구가 생겼어'라고 고백했던 것이다.

GPT

그날 아침, 모든 것이 변했다. 평소와 다를 바 없는 아침 식탁에선 따뜻한 커피와 신문지가 펼쳐져 있었고, 빵을 반쯤 먹던 나는 불현듯 멈췄다. 아내의 차분한 목소리는 너무나도 일상적이어서 그 말의 무게를 잠시나마 인식하지 못했다. 그러나 그녀의 시선은 흔들림 없었고, 그 무표정한 얼굴은 마치 더 이상 감출 수 없는 사실을 전달하는 사람처럼 단단했다.
식탁 위에 있는 작은 물병이 미세하게 흔들렸다. 그녀의 말 한마디에 온 방의 공기가 갑작스레 가라앉는 것 같았다. 몇 초가 지난 후에야 '왜?'라는 짧은 질문이 겨우 나왔다. 대답을 기다리면서 나의 머릿속은 어제와 그제, 그리고 지난 몇 달간의 기억을 빠르게 되짚

> 어 보기 시작했다. 언제부터였을까? 언제부터 그녀의 마음이 멀어진 걸까?
> 아내는 침묵 속에서 차분히 나를 바라보다가 천천히 입을 열었다. '우린 서로에게서 점점 멀어져 갔잖아. 나는 그저 이대로는 안 되겠다고 생각했어.'
> 그 순간, 평온했던 우리의 일상이 깨지는 소리가 아침의 고요함 속에서 울려 퍼지는 듯했다.

챗GPT는 이에 대해 자신의 소설 작문 연습을 하듯 직접 이야기를 써 주었습니다. 챗GPT가 작성한 글이 평범하다면 '다시 한 번 작성해 줘'라는 프롬프트를 작성해도 좋습니다. 임팩트 있는 첫 문장이 쉬운 게 아니니까요.

② 분위기를 바꾸는 문장 연결 연습

저는 다른 관점으로 접근해 보기로 했습니다. 첫 문장 이후 글의 분위기를 바꿔 보는 거죠. 평화로운 분위기에서 갑자기 분위기를 험악하게 반전시키는 방식도 좋습니다. 아래 프롬프트를 챗GPT에 입력합니다. 저는 마지막 문장에 '나 남자 친구가 생겼어. 이혼해 줘'라는 문장을 추가해 보았습니다. 여러분도 와 같이 챗GPT 문장에 분위기를 바꾸는 한 문장을 추가해 보세요.

프롬프트

프롬프트 2-36

챗GPT가 제시한 첫 문장에 아래처럼 짧게 문장을 이어 봤어. 내가 만든 문장에 짧게 피드백을 해 주고 첫 문장에서 다음 문장을 매끄럽게 잇는 기술에 대해 아이디어를 부탁해.

예제

그날 아침, 모든 것이 변했다. 사실 나는 왠지 나쁜 일이 곧 벌어질 것이라는 불길한 예감이 들었다. 왜 그랬는지 이유는 알 수 없다. 단지 하늘이 너무나 청명했고 공기도 깨끗했으며 모든 일이 정상적으로 굴러간 것이 전부였다. 그런데 그 평화로운 주말 아침 식사, 아내가 끔찍한 발언을 터뜨린 것이다. 아내는 무표정한 얼굴로 이렇게 말했다. '나 남자 친구 생겼어. 이혼해 줘.'라고.

 작성하신 문장은 첫 문장의 긴장감을 효과적으로 이어 가며 독자의 몰입을 이끌어 냅니다. 평화로운 풍경과 불길한 예감을 대비시키는 기법이 잘 적용되어, 독자로 하여금 '무엇이 잘못되었는가?'를 궁금하게 만듭니다. 마지막 아내의 발언은 불안감을 극적으로 증폭시키며 충격적인 전환을 이룹니다.

첫 문장에서 다음 문장을 매끄럽게 잇는 몇 가지 기술을 소개해드리겠습니다:

1. **예감에서 사건으로의 흐름 강화**: 불길한 예감이 단순한 느낌을 넘어 독자가 긴장을 느낄 수 있도록 좀 더 강렬한 단서를 추가하는 것도 좋습니다. 예를 들어, '하지만 그 청명한 하늘 아래에는 무언가 숨 막히는 기운이 감돌았다.'와 같이 분위기를 한층 강조할 수 있습니다.
2. **서서히 다가오는 충격의 요소**: 아내의 말을 직설적으로 표현하기보다는, 아내가 무언가 말을 꺼내기 전의 짧은 망설임이나 표정 변화를 넣어 긴장감을 고조시킬 수 있습니다. 예를 들어, '아내는 한참을 망설인 듯 보였지만, 결국 무표정한 얼굴로 입을 열었다.'는 식으로 독자가 예상하지 못한 순간에 충격을 주는 방식입니다.
3. **비교와 대비를 통한 충격 극대화**: 평화로운 일상과 갑작스러운 충격을 대비시키면 첫 문장과 그다음 장면이 더 극명하게 느껴집니다. 이를 위해 '평화로운 공기는 갑자기 묵직하게 가라앉았다' 같은 문장을 추가해 일상적인 평화와 충격적인 상황을 극대화할 수 있습니다.

이러한 기법을 통해 첫 문장과 다음 문장을 좀 더 자연스럽고 임팩트 있게 연결해 보시길 바랍니다.

챗GPT는 이에 대해 긴장감을 높이는 강렬한 단서 추가하기, 서서히 충격적인 요소를 드러내는 방식, 비교와 대비를 통해 충격을 극대화하는 기법 등 몇 가지 기술적인 조언을 주었습니다. 챗GPT의 충고를 그냥 넘기지 않고, 천천히 읽어 보면서 여러분 글에 반영해 보세요.

③ 전사 반복 연습

글쓰기는 문장과 문장을 자연스럽게 이어주는 기술입니다. 말하자면 문장과 문장 사이에 다리를 놓는 것과 마찬가지죠. 그냥 분위기만 바꾼다고 능사가 아닙니다. 문장과 문장의 연결이 자연스러워야 하죠. 이때 필요한 것이 '전사 반복'입니다. 챗GPT에게 '전사 반복'이 무엇인지 그 사례를 요청해 보았습니다. 아래 프롬프트를 챗GPT에 입력합니다.

프롬프트 2-37

문장과 문장 사이를 연결하는 기술 중에 '전사 반복'이라는 것이 있던데, 이 기법이 무엇인지 설명해 주고 사례를 몇 가지 보여 줘.

'전사 반복'은 한 문장에서 사용된 중요한 단어나 구절을 다음 문장에서 그대로, 혹은 변형하여 반복함으로써 흐름을 연결하고 강조를 더하는 기법입니다. 이렇게 반복된 표현은 자연스럽게 문장 간의 유기성을 높이고, 독자가 특정 단어나 주제에 주목하도록 유도하는 효과가 있습니다. 특히 감정의 고조를 이루거나 서사에 강렬한 인상을 남길 때 유용합니다.

예시:
1. 예시 1
   '그날 아침, 모든 것이 변했다.'
   모든 것이 변한 아침, 나는 평소처럼 아침 식탁에 앉았다.
   여기서 '모든 것이 변했다'는 표현을 다음 문장에서 '변한 아침'으로 이어 반복하여 그날의 분위기를 강조합니다.

2. 예시 2
   '그는 아주 슬픈 얼굴로 고개를 돌렸다.'
   그 슬픈 얼굴은 말보다 더 많은 이야기를 하고 있었다.
   첫 문장의 '슬픈 얼굴'을 다음 문장에서 다시 언급함으로써 감정의 여운을 이어 가고 있습니다.

3. 예시 3
   '그녀는 떠났다. 아무런 말도 남기지 않고 떠났다.'
   '떠났다'라는 동사를 반복하여 이별의 충격과 아쉬움을 강조하고, 감정의 깊이를 더합니다.

전사 반복의 장점과 활용법
- 강조 효과: 특정 단어나 표현을 다시 등장시켜 독자의 관심을 집중시키고 의미를 강조할 수 있습니다.
- 감정 고조: 반복을 통해 감정의 강도를 높이고 독자에게 더 큰 여운을 남깁니다.
- 자연스러운 연결: 비슷한 표현을 반복하면서도 다른 뉘앙스를 더해 문장을 자연스럽게 잇고, 이야기의 리듬감을 조성합니다.

이런 방식으로 전사 반복을 활용하면 독자에게 자연스럽고도 강렬한 흐름을 만들어 줄 수 있습니다.

'전사 반복'이란 한 문장의 마지막 단어를 다음 문장의 첫 단어로 사용하는 기술입니다. 단순하지만 매우 효과적입니다. 첫 문장과 다음 문장을 전사 반복을 통해 자연스럽게 잇는 것이죠. 이렇게 문장을 유기적으로 연결할 수 있다는 것이 가장 큰 장점입니다. 오늘도 챗GPT 덕분에 이렇게 유용한 기술을 하나 더 배웠네요. 마지막으로 여러분의 첫 문장을 강화하는 연습을 해 볼까요? 다음 프롬프트를 챗GPT에 입력합니다.

프롬프트 2-38

임팩트 있는 첫 문장 쓰기 훈련을 위해서 첫 문장을 몇 가지 소개해 주고 핵심적인 단어를 ( ) 안에 숨겨 줘. 그러면 내가 ( ) 안에 임팩트 있는 단어를 써 볼게. 내가 답하면 챗GPT는 내가 사용한 단어가 임팩트가 있는지 객관적으로 판단해 주고 챗GPT도 똑같이 미션을 수행해 줘.

좋은 훈련 방법입니다! 먼저 몇 가지 첫 문장을 소개하겠습니다. 각 문장에서 핵심적인 단어를 ( ) 안에 숨겨 두었으니, 그 안에 임팩트 있는 단어를 채워 보세요.

첫 문장 예시:
1. ( ) 속에서 나는 더 이상 자신이 누구인지 알 수 없었다.
2. 그 순간, 모든 것이 ( )처럼 사라졌다.
3. ( ) 소리가 귓가에 울려 퍼질 때, 나는 이미 돌이킬 수 없는 길을 걷고 있었다.
4. 마침내 ( )을/를 넘어서자, 전혀 다른 세계가 펼쳐져 있었다.
5. 새벽 공기가 ( )을/를 닮아 차갑고 무거웠다.

각 문장에 어울리는 단어를 채워 주세요. 답변 후, 제가 사용하신 단어가 충분히 임팩트 있는지 피드백해드리고, 제가 다시 단어를 채워 보겠습니다.

챗GPT의 답변에서 몇 가지를 골라 챗GPT에게 저처럼 답변하시기 바랍니다. 정답이 있다고 가정하지 말고 상상하면서 단어를 자유롭게 채워 보세요. 챗GPT는 아래처럼 제가 만든 문장을 평가해 주고 미션도 충실히 수행했습니다.

예제

1. (암흑) 속에서 나는 더 이상 자신이 누구인지 알 수 없었다.
2. 그 순간, 모든 것이 (유령)처럼 사라졌다.
3. 새벽 공기가 (습한 안개 바람)을/를 닮아 차갑고 무거웠다.

훌륭한 시도입니다! 각 문장에 사용하신 단어들이 임팩트를 잘 살리고 있는지 피드백을 드리겠습니다.

1. '암흑'
- 피드백: '암흑'은 정체성의 상실이나 혼란을 극적으로 표현하기에 적절한 선택입니다. 어둠 속에서 자신을 잃어 가는 불안감이 잘 드러납니다. 충분히 강렬한 단어입니다.

> 2. '유령'
>   - 피드백: '유령'은 사라짐과 허무함을 강렬하게 전달하는 단어로, 문장의 분위기와 매우 잘 어울립니다. 다만, 더 극적인 상황을 강조하고자 할 경우 '환영'이나 '신기루' 같은 단어도 고려할 수 있습니다.
>
> 3. '습한 안개 바람'
>   - 피드백: '습한 안개 바람'은 새벽 공기의 차갑고 무거운 느낌을 효과적으로 전달합니다. 특히 '습한'과 '안개'의 조합이 물기를 머금은 공기의 냉기를 더욱 잘 표현합니다. 다만 좀 더 단순하고 강렬하게 만들기 위해 '안개의 숨결' 등으로도 변형해 볼 수 있습니다.
>
> 제가 미션을 수행하자면, 다음과 같이 해 보겠습니다:
>
> 1. '망각' 속에서 나는 더 이상 자신이 누구인지 알 수 없었다.
> 2. 그 순간, 모든 것이 '환영'처럼 사라졌다.
> 3. 새벽 공기가 '고독'을 닮아 차갑고 무거웠다.
>
> 제 문장과 비교하며 생각해 보신다면 더욱 다양한 단어 선택을 연습하실 수 있을 겁니다.

이제 우리는 첫 문장을 어떻게 써야 할지 조금 더 명확히 알 수 있게 되었습니다. 첫 문장은 단순한 시작이 아니라, 독자가 마음의 문을 열고, 여러분 글을 온전히 받아들이도록 만드는 글의 첫인상입니다. 첫 문장은 그런 면에서 기술이면서 동시에 예술이 되죠. 첫 문장부터 독자를 사로잡고 긴장감을 유지하며 이야기를 전개하는 것은 끊임없는 연습을 통해 나아질 수 있는 영역입니다. 이번 여정을 통해 첫 문장에 대한 두려움이 조금은 덜어졌기를 바랍니다.

핵심을 짚는 3줄 요약 훈련 프롬프트

요약은 글을 직접 새롭게 쓰는 것은 아니지만, 복잡하고 긴 글 속에서 핵심을 빠르게 캐치하는 능력입니다. 이 능력이 있어야 독자에게 명확하고 강력한 메시지를 전달할 수 있습니다. 더불어 이러한 능력은 정보를 신속하게 이해하고, 의사결정을 내릴 때 중요한 요점을 파악하는 데도 큰 도움이 됩니다. 글쓴이가 자신의 사고를 구조화하고 핵심에 집중하게 만드는 도구가 바로 요약이니까요. 요약을 잘한다는 것은 복잡한 생각을 간결하게 표현할 수 있다는 뜻으로, 독자가 여러분 글에 더욱 더 집중하게 만들 수 있다는 뜻입니다.

챗GPT가 잘하는 일 중 하나가 '요약'이죠. 수만 자의 글을 보내도 놀라울 정도로 핵심을 정확히 찾아냅니다. 엄청난 능력이긴 하지만, 매번 챗GPT에만 의지해서는 곤란하겠죠. 나만의 글을 쓰기 위해서는 핵심을 짚고, 긴 글을 요약할 줄 알아야 합니다. 요약을 제대로 할 줄 알아야, 더 가독성 좋은 글을 쓸 수 있습니다.

① 일기를 3줄로 요약하기

하루를 보내며 우리는 많은 사건을 겪고 다양한 감정을 느낍니다. 그러나 모든 경험을 단 3줄로 요약하려면, 그중 중요한 것만 남겨야 하겠죠? 아마 하루의 경험을 3줄로 요약하려면 먼저 생각부터 정리해야 할 겁니다. 하루 동안의 경험을 짧게 일기로 쓰고 3줄로 요약해 보겠습니다.

[새 채팅] 을 누르고, 아래 프롬프트를 챗GPT에 입력합니다. [일기]를 보고 **예제** 처럼 3줄 요약을 작성해 보세요. 첫 훈련 후에 [일기]는 여러분의 일기로 대체하셔도 됩니다.

프롬프트

프롬프트 2-39

오늘의 일기를 쓰고 내용을 3줄로 요약해 봤어. 나는 긴 글에서 핵심을 빠르게 파악하는 능력을 기르고 싶어. 내가 정리한 3줄 요약이 일기의 내용에 잘 부합하는지 피드백해 주고, 너라면 어떻게 내용을 3줄로 요약할지 제시해 줘.

[일기]
애플 뮤직은 일단 신선하다. 특유의 절제미가 있다. 적어도 겉으로 보이는 모습만으로는 심플한 인상을 준다. 수면 아래에 뭔가 거대한 스토리가 숨어 있을 것 같은 느낌이다. 스

포티파이를 맥도날드라고 한다면 애플 뮤직은 미슐랭 3스타 레스토랑이랄까.

애플 뮤직에서 처음으로 찾아본 아티스트는 배리 해리스(Barry Harris)였다. 그는 이렇게 말했다. '너희는 전혀 스윙하고 있지 않아'.

음, 나에게 하는 소린가? 나는 지금 스윙을 하고 있지 않다. 대체 감을 잡지 못하겠다. 나는 스윙에 떠오르는 온갖 단어를 대입해 본다. 굳이 그 단어를 언급하지는 않겠다. 삶이 유치해지고 구차해지는 기분이 드니까. 스윙은 은유의 영역으로 남겨 두자.

예제
1. 스포티파이를 버리고 애플 뮤직으로 갈아탔다
2. 배리 해리스의 음악을 들었다
3. 나는 스윙을 전혀 못하고 있다.

사용자가 작성한 3줄 요약은 일기의 흐름을 간결하게 정리했지만, 약간의 수정으로 핵심을 더 뚜렷이 할 수 있을 것 같습니다. 지금의 요약은 첫 문장에서 주제를 제시하고 두 번째와 세 번째 문장에서 경험과 생각을 나누는 방식인데, 조금 더 구체적으로 연결감을 살려 보면 좋겠습니다.

사용자의 요약 피드백:
1. '스포티파이를 버리고 애플 뮤직으로 갈아탔다': 일기의 도입부와 잘 연결되어 있지만, 애플 뮤직의 매력이나 특징을 언급하면 더 풍성할 것 같습니다.
2. '배리 해리스(Barry Harris)의 음악을 들었다': 일기에서 배리 해리스의 말과 음악에 대한 반응이 핵심이므로, 그의 메시지가 포함되면 더 좋을 것 같습니다.
3. '나는 스윙을 전혀 못하고 있다': 일기의 마무리를 잘 반영하지만, 스윙이란 단어의 은유적 의미를 간략히 추가하면 더 인상적일 것 같습니다.

제가 작성한 3줄 요약:
1. 스포티파이에서 애플 뮤직으로 갈아탔고, 그 절제미와 깊이에 매료되었다.
2. 첫 아티스트로 배리 해리스를 선택했는데, 그의 '너희는 전혀 스윙하고 있지 않아'라는 말이 남았다.
3. 나는 스윙의 의미를 떠올리며, 내 삶의 리듬을 다시 찾고자 고민 중이다.

이 요약은 각 문장을 연결해 일기의 주제를 한층 더 통일감 있게 보여 줍니다.

챗GPT는 먼저 저의 3줄 요약을 피드백해 줬습니다. 여러분도 3줄 요약을 진행한 후 챗GPT의 피드백을 받아 보시기 바랍니다.

② 실전 요약 연습

요약을 어떻게 해야 잘할 수 있을까요? 먼저 챗GPT에게 한 번 물어보았습니다. 챗GPT의 답변이 조금 길긴 하지만, 충분히 읽어 볼 만한 가치가 있는 답변을 해 주었네요. 챗GPT의 답변을 잘 읽어 보시기 바랍니다.

예제

복잡한 글에서 주제를 찾아서 빠르게 요약하려면 어떤 요령이 있는지 그 노하우를 각 단계별로 설명해 줘.

복잡한 글에서 주제를 빠르게 파악하고 요약하려면 체계적인 접근이 필요합니다. 아래는 단계별로 정리한 요약의 노하우입니다.

1단계: 초벌 읽기
- 목적: 글의 전체적인 흐름과 구조를 파악.
- 방법:
  - 제목: 글의 주제를 압축적으로 드러냄. 먼저 제목을 주의 깊게 읽습니다.
  - 첫 문장과 마지막 문장: 문단의 도입부와 마무리는 주제를 암시하거나 명확히 제시하는 경우가 많습니다.
  - 강조된 표현: 굵은 글씨, 밑줄, 인용문 등은 핵심 내용일 가능성이 높습니다.
  - 목차/구조: 목차나 글의 흐름을 보고 큰 주제와 하위 주제를 나눕니다.
- 결과: 글의 '큰 그림'과 주요 논점의 위치를 파악합니다.

2단계: 세부 읽기
- 목적: 세부적인 정보를 선별.
- 방법:
  - 질문하며 읽기: '이 문단에서 핵심 주장은 무엇인가?' 또는 '저자가 무엇을 강조하려는가?'를 질문하며 읽습니다.
  - 키워드 추출: 각 문단에서 가장 중요한 단어를 1~2개씩 뽑습니다.
    예) '효율성', '혁신'과 같은 반복 등장하는 단어나 동의어에 주목합니다.
  - 전환 구문 확인: 그러나, 따라서, 하지만 등의 접속사를 주목하면 저자의 논점이나 글의 방향이 보입니다.
- 결과: 각 문단에서 주요 메시지를 도출합니다.

3단계: 구조화하기
- 목적: 정보를 체계적으로 정리.
- 방법:
  1. 글의 구조 파악: 아래 질문을 통해 글을 분해합니다.
     - 배경/문제 제기: '왜 이 글을 썼는가?'

- 핵심 주장: '이 글의 가장 중요한 메시지는 무엇인가?'
- 결론/대안: '어떤 결론을 내렸는가?'
2. 하위 주제 정리: 글의 큰 주제를 중심으로, 문단별로 하위 주제를 요약합니다.
  예) '도입 - 애플 뮤직 소개', '본문 - 배리 해리스 이야기', '결론 - 스윙과 삶의 리듬'
3. 군더더기 제거: 반복적이거나 부차적인 정보는 과감히 생략합니다.
- 결과: 간결한 형태로 글의 구조와 내용을 재구성합니다.

4단계: 요약 작성
- 목적: 글의 주요 메시지를 간결하게 표현.
- 방법:
  - 전체를 한 문장으로 요약: 글의 핵심 메시지를 하나의 문장으로 압축합니다.
    예) '애플 뮤직과 배리 해리스의 메시지를 통해 삶의 리듬을 돌아본다.'
  - 세 문장 ~ 다섯 문장으로 요약: 도입-중간-결론의 구조로 내용을 구성합니다.
    예) '애플 뮤직의 심플함과 깊이에 매료되었다. 배리 해리스의 음악과 그의 '스윙' 철학이 인상적이었다. 스윙을 통해 삶의 리듬을 고민하게 되었다.'
  - 읽는 사람을 고려: 독자가 이해하기 쉽게, 불필요한 전문 용어를 피하고 간결한 문장으로 작성합니다.
- 결과: 독자가 내용을 빠르게 이해할 수 있는 핵심 요약문 완성.

5단계: 검토와 개선
- 목적: 요약의 정확성과 효율성을 높임.
- 방법:
  - 원문과 비교: 요약에서 원문의 핵심 메시지가 빠지지 않았는지 확인합니다.
  - 불필요한 정보 제거: 요약문을 다시 읽으며 과한 수식어나 세부 정보를 삭제합니다.
  - 다른 시각으로 검토: 질문을 통해 요약이 명확한지 확인합니다.
    - '이 요약이 글 전체를 대변할 수 있는가?'
    - '독자가 글을 읽지 않고도 이 요약으로 주요 내용을 이해할 수 있는가?'
- 결과: 완성된 요약문을 간결하고 명확하게 다듬습니다.

요약 능력을 기르기 위한 추가 팁:
- 연습: 다양한 글을 대상으로 꾸준히 요약 연습을 합니다.
- 단계 줄이기: 숙련되면 1~2단계만으로도 빠르게 핵심을 파악할 수 있습니다.
- 도구 활용: 키워드 하이라이터나 마인드맵 같은 도구를 활용해 시각적으로 요약합니다.

이 과정을 반복하면 복잡한 글에서도 주요 메시지를 빠르게 파악하고 요약할 수 있는 능력이 길러질 것입니다!

자, 그러면 마지막으로 이제 요약하기 실전 훈련에 돌입하겠습니다. 다음 프롬프트를 챗GPT에 입력합니다. 3줄로 요약할 샘플 글을 챗GPT가 작성해 줍니다. 여러분도 저처럼 꼭 연습해 보세요.

프롬프트 2-40

프롬프트 　복잡한 주제가 담긴 두 문단의 글을 샘플로 제시해 줘. 그러면 내가 3줄로 요약해 볼 테니, 객관적인 피드백을 해 줘.

GPT

문단 1:
기후 변화는 단순히 온도가 상승하는 문제가 아니다. 이는 생태계와 인간 사회 전반에 걸친 복합적인 위협이다. 예를 들어, 해수면 상승으로 인해 저지대 지역은 홍수의 위험에 직면하고 있으며, 이는 수백만 명의 삶에 직접적인 영향을 미친다. 동시에, 극심한 가뭄은 농업 생산성을 감소시켜 식량 안보 문제를 악화시킨다. 이러한 문제는 경제적, 정치적 불안정을 초래하며, 결국 전 세계적인 협력이 요구된다.

문단 2:
그러나 기후 변화 문제는 해결 가능하다. 재생 가능 에너지를 확대하고, 탄소 배출량을 줄이는 기술을 도입하며, 국제 협약을 강화하는 등의 노력이 필요하다. 특히 선진국의 역할이 중요하다. 선진국은 역사적으로 가장 많은 탄소를 배출했기 때문에, 기술과 자금을 통해 개발도상국을 지원할 책임이 있다. 또한, 개인의 행동 변화 역시 필요하다. 일상에서의 작은 실천들이 모여 큰 변화를 만들 수 있음을 인식해야 한다.

예제 와 같이 전달하니 챗GPT는 저의 3줄 요약을 좋은 점과 개선점으로 나눠 피드백해 줬습니다. 세부 사항을 언급하기를 바라네요. 하지만 저는 요약이 너무 장황해질 것 같아서 생략했습니다. 챗GPT는 제 3줄 요약을 피드백한 후, 자신의 3줄 요약을 제안했습니다. 가히 모범답안이라고 할 수 있겠네요. 구체적인 내용을 챙기면서도 분량을 길지 않게 조정한 면이 돋보였습니다.

예제

프롬프트
1. 기후 변화가 이어지며 지구의 생태계에 다양한 위협을 일으키고 있다.
2. 기후 변화를 해결하려면 국제 협약을 강화해야 한다.
3. 개인의 작은 실천이 모여 큰 변화를 일으켜야 한다.

GPT
사용자의 요약 피드백
1. '기후 변화가 이어지며 지구의 생태계에 다양한 위협을 일으키고 있다.'
   - 좋은 점: 첫 문단의 핵심인 기후 변화의 다각적인 영향을 잘 요약했습니다.
   - 개선점: '다양한 위협' 대신 구체적으로 '홍수, 가뭄, 식량 안보 문제'와 같은 세부 사항을 간략히 언급하면 더 명확할 수 있습니다.

> 2. '기후 변화를 해결하려면 국제 협약을 강화해야 한다.'
>   - 좋은 점: 두 번째 문단의 국제 협력 강조를 잘 반영했습니다.
>   - 개선점: 선진국의 책임이나 재생 에너지 도입 같은 구체적 해결책을 포함하면 더 풍성해질 수 있습니다.
>
> 3. '개인의 작은 실천이 모여 큰 변화를 일으켜야 한다.'
>   - 좋은 점: 개인의 역할을 강조한 부분은 적절하며, 메시지가 명확합니다.
>   - 개선점: 개인의 실천이 전체 해결책의 일부라는 점을 연결해 주면 글 전체와 더 조화를 이룰 수 있습니다.
>
> **수정된 3줄 요약(제안)**
> 1. 기후 변화는 홍수, 가뭄 등으로 생태계와 인간 사회에 심각한 위협을 가하고 있다.
> 2. 이를 해결하기 위해 국제 협약 강화와 재생 가능 에너지 확대, 선진국의 지원이 필수적이다.
> 3. 개인의 작은 실천 또한 기후 변화 해결의 중요한 일부가 될 수 있다.
>
> 이 버전은 구체적인 세부 사항을 포함하면서 원문과 더 밀접하게 연결된 요약입니다. 하지만 사용자의 요약도 전체 흐름을 잘 반영하고 있습니다.

이제 여러분도 챗GPT와 함께 요약 훈련을 해 보세요. 요약은 단순한 압축이 아니라, 복잡한 정보를 명료하게 정리하는 힘을 키우는 훈련입니다. 꾸준히 연습하다 보면, 글쓰기뿐만 아니라 자신의 생각을 정리하고 전달하는 능력도 한층 발전할 것입니다.

글에 깊이와 맛을 더하는 비유 훈련 프롬프트

비유는 사물이나 개념을 더 쉽게 설명하고 그 의미를 생생하게 전달하는 도구입니다. 비유는 우리의 생각과 감정을 타인에게 빗대어서 전달하지만 그래서 의미를 더 명확하게 각인시킬 수 있습니다. 뿐만 아니라 글쓴이와 독자 사이에 공감대를 형성하는 것이 비유입니다. 비유에는 머리가 아닌 가슴으로 느끼게 만들어 주는 힘이 있죠. 비유는 글에 깊이와 맛을 더해줍니다.

그럼 비유를 사용한 글과 그렇지 않은 글의 차이점을 비교해 볼까요? 챗GPT에게 비유를 쓴 글과 비유를 쓰지 않은 글을 써 달라고 요청해 보았습니다. 챗GPT의 답변을 읽어 보세요.

프롬프트

예제

리처드 파인먼은 특정 개념을 설명할 때, 비유를 써서 쉽게 설명하라고 했잖아. 비유를 쓰지 못한다면 개념을 이해하지 못한 거라고 말했어. 그래서 비유를 쓰는 것과 쓰지 않은 것의 차이를 느끼고 싶어. 같은 글을 비유를 쓰지 않은 것과 비유를 써서 쉽게 설명한 글로 나눠서 비교해 줘. 주제는 내가 전달할게.

[주제]
창의성

GPT

아래는 주제 '창의성'에 대해 비유를 쓰지 않은 설명과 비유를 활용한 설명을 나눠 작성한 예시입니다.

비유를 쓰지 않은 설명
창의성은 새로운 아이디어를 떠올리거나 기존의 아이디어를 독특한 방식으로 결합하는 능력입니다. 이는 문제 해결, 예술적 표현, 또는 혁신적인 사고 과정에서 중요한 역할을 합니다. 창의성은 종종 호기심, 관찰력, 그리고 기존 규칙에 얽매이지 않는 사고방식에서 비롯됩니다. 또한 창의성은 학습과 경험을 통해 발전할 수 있으며, 환경적 요인과 개인적 동기 역시 창의성의 수준에 영향을 미칩니다.

비유를 활용한 설명
창의성은 정원사의 손길과도 같습니다. 생각의 씨앗을 심고, 아이디어의 뿌리를 내리게 하며, 상상력의 물을 주어 무성하게 자라나도록 돕습니다. 잡초처럼 무질서한 생각들 속에서도 주의 깊게 관찰하면, 독특한 꽃이 피어나는 순간을 발견할 수 있습니다. 창의성은 또한 땅의 상태를 바꾸는 과정과 같아서, 고정된 규칙이라는 단단한 흙을 부드럽게 갈아엎고 새로운 생각이 뿌리내릴 수 있는 환경을 만들어 줍니다.

> 비교
> 1. 명료성
>   - 비유를 쓰지 않은 설명은 명확하고 논리적이지만 다소 딱딱한 느낌이 있습니다. 정보를 전달하는 데 초점을 맞추며 직접적입니다.
>   - 비유를 사용한 설명은 감각적이고 생동감이 있어 독자의 상상력을 자극합니다. 추상적인 개념이 시각적 이미지로 변환되어 더 쉽게 이해될 수 있습니다.
> 2. 흥미 유발
>   - 비유를 사용한 설명은 독자의 흥미를 끌고, 창의성에 대한 친근한 이미지를 전달하며 공감을 불러일으킬 가능성이 높습니다.
> 3. 응용성
>   - 비유를 쓰지 않은 설명은 학술적 글이나 매뉴얼 같은 형식적인 문맥에서 유용합니다.
>   - 비유를 활용한 설명은 에세이, 강연, 또는 대중적인 콘텐츠에서 더 효과적입니다.

챗GPT는 비유를 쓰지 않은 설명과 비유를 활용한 설명으로 '창의성'이 무엇인지 설명했습니다. 천천히 읽어 보시면 충분히 그 차이를 느끼실 수 있을 겁니다.

비유 없이 쓰면 문장이 마치 설명서처럼 재미없게 느껴지죠. 하지만 비유를 활용하면 문장에 생동감이 생기고, 소설처럼 독자의 흥미를 자극합니다. 리처드 파인먼Richard Feynman은 어떤 개념을 명확하게 이해하려면 타인에게 비유를 사용해서 설명해 보라고 권유했습니다. 어떤 개념을 설명할 때 비유를 사용하면 이해의 폭을 훨씬 넓혀 주기 때문입니다.

① 비유 연습

그럼 비유 능력은 어떻게 기를 수 있을까요? 참신한 비유를 찾아서 비유 사전에 등록하고 모아 둔 비유를 내 글에 응용해 보는 것도 좋은 방법이겠죠. 예를 들어 삶의 고비를 분수령(分水嶺)에 비유하는 것처럼, 비유를 구체적으로 적용해 볼 수 있습니다. 중요한 것은 좋은 비유를 알아보고, 서로 다른 개념을 창의적으로 연결하는 능력입니다.

비유를 기르는 훈련을 해 보겠습니다. [새 채팅]을 누르고, 다음 프롬프트를 챗GPT에 입력합니다. 첫 훈련이니 [대상]은 똑같이 작성해 주세요. 이후에는 여러분이 원하는 대상으로 바꾸셔도 좋습니다.

프롬프트 2-41

비유 표현을 위해 나에게 감정이나 개념을 하나 제안해 줘. 그럼 내가 [대상]에 비유해서 대답할게. 내가 표현한 비유가 적절한지 평가해 주고, 챗GPT도 내 답변에 따라 아래 [대상]에 따라 3가지 비유를 만들어 줘.

[대상]
1. 자연현상
2. 도시의 일상적 모습
3. 어린 시절의 경험

GPT

'호기심'이라는 개념을 제안합니다.
'호기심'을 [대상]에 비유해 표현해 주세요.
제가 평가를 통해 적절성을 피드백하고, 같은 [대상]에 따라 3가지 비유를 추가로 제안하겠습니다!

여러분은 어떤 단어를 제안 받았나요? 챗GPT는 '호기심'이라는 개념을 저에게 제안했습니다. 그리고 저는 아래처럼 챗GPT가 제안한 '호기심'이라는 단어로 비유를 만들어 예제 와 같이 챗GPT에게 답변했습니다. 여러분도 챗GPT가 제안한 단어에 맞춰 여러분만의 비유를 만들어 답변해 보시기 바랍니다. 챗GPT가 각각의 문장을 평가하고, 추가적으로 추가 비유를 만들어 줄 것입니다.

예제

- 자연현상: 호기심은 무서운 회오리 같다. 자신이 미치지 않은 곳이라면 어디라도 자비 없이 휘몰아치고 파괴한다.
- 도시의 일상적 모습: 호기심은 도시의 가로등 같다. 어둠이 깃들기 시작하면 후미진 구석에 잔잔한 기운을 선물한다.
- 어린 시절의 경험: 호기심은 처음 초등학교에 입학한 시절, 짝꿍을 처음 만나는 시간 같다. 그 시절로 다시 돌아갈 수만 있다면….

GPT

1. 자연현상 - 회오리

- 평가: '무서운 회오리'라는 표현은 호기심의 강렬하고 통제되지 않는 힘을 효과적으로 전달합니다. 특히 '자비 없이 휘몰아치고 파괴한다' 부분은 호기심의 파괴적이거나 예측 불가능한 측면을 잘 나타냅니다. 다만, 회오리의 부정적 이미지가 강하므로, 긍정적인 측면을 강조하고 싶다면 약간의 균형을 추가할 수도 있습니다.

• 개선 제안: '호기심은 회오리 같다. 닿는 곳마다 모든 것을 휘저으며 새로운 지형을 만들어 낸다.' (파괴적이면서 창조적인 이미지 추가)

챗GPT의 추가 비유

[대상 1] 자연현상
1. 호기심은 새벽의 안개 같다. 모든 것을 가리면서도 새로운 것에 다가가도록 길을 안내한다.
2. 호기심은 끝없이 번개가 내리치는 하늘 같다. 순간의 번뜩임으로 어둠을 찢으며 새로운 가능성을 비춘다.
3. 호기심은 폭풍이 지나간 뒤의 바람 같다. 모든 것을 흔들어 놓고 나서야 시야가 트인다.

[대상 2] 도시의 일상적 모습
1. 호기심은 지하철 역에 붙어 있는 광고 같다. 무심코 지나치지만, 문득 눈길을 끌며 새로운 세상을 열어 준다.
2. 호기심은 푸드 트럭의 메뉴판 같다. 낯선 조합에 손을 멈추게 하며 예상 밖의 맛을 상상하게 만든다.
3. 호기심은 출퇴근 시간마다 열리는 빌딩의 문 같다. 안에 무엇이 있는지 궁금증이 밀려들어 새로운 도전을 부른다.

[대상 3] 어린 시절의 경험
1. 호기심은 동네 놀이터에서 처음 미끄럼틀을 타던 순간 같다. 겁이 나면서도 끝없이 반복하고 싶어진다.
2. 호기심은 처음으로 학급에서 질문을 던지던 날 같다. 긴장감 속에서도 답을 찾으려는 마음이 두근거린다.
3. 호기심은 새로운 동네에서 친구를 찾아 나섰던 어린 날 같다. 모험과 발견의 설렘이 가슴을 뛰게 만든다.

이 비유들이 마음에 드는지, 추가적으로 발전시키고 싶은 부분이 있다면 말씀해 주세요!

챗GPT의 비유를 보니 비유를 어떻게 만드는지 대충 감이 왔죠? 챗GPT가 만든 비유를 읽다 보면 아이디어가 떠오를 수 있습니다.

② 연상을 통한 단어 확장 연습

단어 확장 연습은 어휘력을 키우는 과정으로, 마치 단어라는 씨앗으로 어휘라는 숲을 키우는 일과 같습니다. 한 단어에서 연관된 단어를 떠올리며 표현을 확장하면 어휘력이 저절로 풍부해집니다. 챗GPT와 단어 확장 연습을 진행해 보겠습니다. 아래 프롬프트를 챗GPT에 입력합니다. [시작 단어]는 여러분 입맛에 맞게 바꾸셔도 좋습니다. 저는 '사랑'을 입력했습니다.

프롬프트 2-42

비유 연습을 위해 내가 먼저 단어를 제시할게. 그럼 챗GPT는 내가 제시한 단어와 연관되는 단어를 하나 제안해 줘. 서로 연쇄적으로 이미지를 확장하는 연습해 보는 거야.

[시작 단어]
사랑

시작 단어 '사랑'에서 연관된 단어로 '불꽃'을 제안합니다.
이제 '불꽃'을 바탕으로 다음 이미지를 확장해 보세요!

예제

프로메테우스

'프로메테우스'에서 연관된 단어로 '희생'을 제안합니다.
이제 '희생'을 바탕으로 이미지를 확장해 보세요!

챗GPT가 제가 제시한 '사랑'에 연상되는 단어로 '불꽃'을 제시했네요. 저는 챗GPT가 제시한 '불꽃'을 보고 '프로메테우스'를 제안했습니다. 이런 방법으로 단어를 연상하며 이미지를 확장할 수 있습니다. '사랑은 프로메테우스의 불꽃 같고, 아침은 허무한 우주 같고' 등 무수한 비유 문장을 만들 수 있겠네요. 챗GPT와 충분히 단어를 주고받았다면 다음 훈련으로 넘어가 보겠습니다.

③ 확장한 단어 조합해서 비유 만들기 연습

이번에는 여러분과 챗GPT가 연상한 단어를 조합해 비유를 만들어 보겠습니다. 프롬프트를 입력하기 전 여러분이 직접 단어들을 활용해 다음의 표와 같은 문장을 만들어 보세요.

| 사랑, 불꽃, 프로메테우스, 희생 | 그의 **사랑**은 **프로메테우스**가 **불꽃**을 전해 주듯, 자신을 태워가며 끝내 **희생**으로 완성된 찬란한 빛이었다. |

직접 문장을 만들어 보셨나요? 비유 훈련은 단어들을 엮어 독창적인 세계를 창조하는 작업입니다. 아래 프롬프트를 챗GPT에 입력해 챗GPT는 어떻게 비유를 만들었는지 확인해 봅니다.

프롬프트 2-43

프롬프트 지금까지 확장한 단어를 조합해서 다양한 비유를 만들어 줘.

GPT 아래는 주어진 단어들을 조합한 다양한 비유 표현입니다.

사랑과 불꽃의 비유
1 사랑은 프로메테우스의 불꽃과 같다.
→ 인간에게 빛을 주지만, 그 대가로 희생이 따르는 감정
2 사랑은 불꽃처럼 타오르지만, 프로메테우스처럼 영원한 고통을 동반한다.
→ 사랑의 열정이 뜨거울수록 그 상처도 깊어지는 것을 의미
3 사랑은 프로메테우스가 훔쳐 온 불꽃이다.
→ 신들의 영역에서 가져온 것처럼, 특별하고 신비롭지만 그만큼 위험할 수도 있는 감정

희생과 사랑의 비유
4 사랑은 프로메테우스의 희생이다.
→ 사랑을 위해 한 사람이 모든 것을 바치는 헌신적인 모습을 강조
5 불꽃처럼 타오르는 사랑은 희생을 먹고 자란다.
→ 진정한 사랑은 헌신과 인내로 유지된다는 의미
6 프로메테우스가 인류를 위해 불을 훔쳤듯, 사랑은 누군가의 희생으로 피어난다.
→ 사랑이 한 사람의 노력과 헌신 위에서 꽃피운다는 뜻

강렬한 사랑의 비유
7 불꽃 없는 사랑은 심장 없는 프로메테우스와 같다.
→ 열정 없는 사랑은 의미가 없다는 뜻
8 사랑은 프로메테우스의 불처럼 꺼지지 않는 운명이다.
→ 어떤 어려움 속에서도 지속되는 사랑을 표현
9 불꽃처럼 뜨겁고, 프로메테우스처럼 거부할 수 없는 것이 사랑이다.
→ 사랑이 불가항력적인 힘을 지닌다는 의미

이 외에도 원하는 느낌이 있다면 더 변형해서 만들어 볼 수도 있습니다!

챗GPT가 확장한 단어들을 새로운 비유를 만들어 주었습니다. 어떤가요? 정말 독창적인 비유가 만들어지지 않았나요? 이런 이미지 확장 연습도 혼자 했으면 재미가 없었을 거예요. 누군가와 함께하니 연습도 게임처럼 할 수 있는 겁니다. 비유를 만드는 게 자신 없다면 챗GPT를 적극 이용해 보시기 바랍니다. 비유를 활용하는 문장의 수준이 저절로 올라가게 될 겁니다.

비유는 단순히 글을 아름답게 꾸미는 장식이 아닙니다. 우리가 일상에서 느끼는 감정을 더욱 깊이 있게 전달하는 강력한 도구입니다. 비유를 익히고 활용한다면, 어떤 메시지든 더 강렬하고, 더 감성적으로 전달할 수 있습니다. 비유를 통해 여러분의 글은 더 강한 임팩트를 가지게 될 것입니다.

✎ 임팩트를 주는 명사 훈련 프롬프트

명사는 글의 중심을 잡아 주는 뼈대 역할을 합니다. 짧은 글에서도 명사를 용도에 맞게 잘 쓰면 전달하려는 메시지가 더 분명해지죠. 다만, 독자의 관심을 끌기 위해서는 명사의 역할과 사용법을 제대로 이해하는 게 중요합니다. 명사는 문법적으로 주어와 목적어로 활용하고 의미적으로는 사물과 개념을 지칭하죠. 추상적 개념을 구체화하는 역할도 수행합니다.

① 글의 구체성과 선명도를 높이는 명사 연습

명사는 글의 품격을 살립니다. 그만큼이나 중요하죠. 명사가 왜 중요한지 실습을 통해서 살펴보도록 하겠습니다. [새 채팅]을 누르고, 아래 프롬프트를 챗GPT에 입력합니다.

프롬프트 2-44

프롬프트

글의 구체성과 선명도를 높이기 위해 명사를 어떻게 사용해야 하는지, 추상적이고 모호한 문장과 구체적이고 선명한 문장을 비교해서 줘. 아래 [단어]를 사용해서 만들어 줘.

[단어]
책상, 물건

GPT

명사를 효과적으로 사용하면 글의 구체성과 선명도가 크게 향상됩니다. 이를 설명하기 위해 두 문장을 비교하겠습니다.

예시 1: 추상적이고 모호한 문장

그는 책상 위에 물건을 올려 두었다.

- 분석: 여기서 '물건'이라는 명사는 매우 일반적이고 모호합니다. 독자는 이 문장을 읽고 어떤 '물건'인지 상상하기 어렵습니다. 따라서 문장의 이미지는 흐릿하고 구체성이 부족합니다.

예시 2: 구체적이고 선명한 문장

그는 책상 위에 낡은 가죽 공책과 흰 도자기 컵을 올려 두었다.

- 분석: 여기서는 '물건' 대신 '낡은 가죽 공책'과 '흰 도자기 컵'이라는 구체적인 명사를 사용했습니다. 이로 인해 독자는 책상 위 상황을 보다 생생하고 선명하게 떠올릴 수 있습니다. 또한, '낡은', '흰'이라는 형용사까지 결합해 명사의 디테일을 강조했습니다.

요약: 명사를 구체적으로 사용하는 방법
1. 일반 명사를 구체적인 명사로 대체: '물건' → '가죽 공책'
2. 형용사로 추가 정보를 제공: '공책' → '낡은 가죽 공책'
3. 맥락에 어울리는 세부 사항 추가: 독자가 문장을 읽으며 장면을 상상할 수 있도록 세부적인 정보를 담는다.

연습:
아래의 추상적인 문장을 구체적으로 바꿔 보세요.

그는 상자에서 무언가를 꺼냈다.

선명한 이미지가 담긴 명사로 바꿔 보면 글이 훨씬 생동감 있게 변할 것입니다!

어떤 명사를 사용할 것인지 선택에 따라 의미가 더 선명해집니다. '물건'이라고 모호하게 표현하는 것보다, '낡은 가죽 공책', '흰 도자기 컵'이라고 명사를 사용하는 방식이 훨씬 구체적이지 않나요? 명사의 디테일이 문장의 힘을 불어넣는 것입니다.

챗GPT는 저에게 연습 문장으로 '그는 상자에서 무언가를 꺼냈다'를 제시하였습니다. 여러분도 챗GPT가 제시한 문장을 추상적이고 모호한 단어 대신에 더 구체적인 명사로 수정해 작성해 보세요. 저는 아래처럼 '무언가'를 더 구체적인 명사로 바꿨습니다.

예제
그는 상자에서 레고 '자연사 박물관' 조립 세트를 꺼냈다.
그는 상자에서 이윤기 선생이 번역한 《그리스인 조르바》 초판본을 꺼냈다.
그는 상자에서 어린 시절 엄마가 사 준 세계문학 전집을 꺼냈다.

아주 훌륭합니다! 세 문장 모두 구체적이고 선명하며, 각각의 상자가 담고 있는 이야기가 생생하게 전달됩니다. 아래에 각 문장의 효과와 특징을 간단히 분석해 보겠습니다.

1. 레고 '자연사 박물관' 조립 세트를 꺼냈다.
- 구체성: '레고'와 특정 모델명인 '자연사 박물관'이 명확하게 제시되어 독자가 바로 이미지를 떠올릴 수 있습니다.
- 선명도: 독자는 이 상자를 통해 조립 과정이나 레고에 대한 열정을 상상할 수 있습니다. 이는 상자 속에 담긴 취미나 취향을 암시하기도 합니다.

2. 이윤기 선생이 번역한 《그리스인 조르바》 초판본을 꺼냈다.
- 구체성: 책의 제목, 번역가, 심지어 '초판본'이라는 세부 정보가 더해져 문장이 깊이를 얻었습니다.

- 맥락: 단순한 책이 아니라, 희귀한 초판본이라는 점이 독자에게 특별한 가치를 느끼게 합니다. 이는 주인공의 관심사나 성격에 대한 단서를 제공할 수 있습니다.

3. 어린 시절 엄마가 사 준 세계문학 전집을 꺼냈다.
   - 감정적 울림: '어린 시절', '엄마가 사 준'이라는 표현이 추억과 감정적 배경을 만들어 냅니다.
   - 구체성과 이야기성: '세계문학 전집'이라는 구체적인 명사가 상자 속 물건의 성격을 명확히 드러냅니다. 동시에, 독자는 이 전집에 얽힌 이야기를 상상할 수 있습니다.

전반적인 피드백
- 세 문장 모두 상자라는 공통 배경을 유지하면서도 각기 다른 구체적인 명사를 통해 독자에게 다양한 이미지와 감정을 전달하고 있습니다.
- 특히, 각 문장이 맥락적 스토리를 포함하고 있어 단순한 정보 전달을 넘어 독자의 상상력을 자극합니다.

추가 팁
- 명사에 더 세부적인 묘사를 추가하면 더욱 생생해질 수 있습니다. 예를 들어:
  - '어린 시절 엄마가 사 준 세계문학 전집을 꺼냈다' → '어린 시절 엄마가 사 준, 낡고 바랜 표지가 인상적인 세계문학 전집을 꺼냈다.'
  - 이렇게 하면 대상의 구체적인 상태나 느낌까지 전달할 수 있습니다.

작품에 잘 녹여 내신다면 독자의 몰입을 크게 높일 수 있을 것입니다!

글은 정보를 전달하는 차원을 넘어 독자와 감정적으로 교감하도로 작용해야 합니다. 글 속에서 특정 명사나 구체적인 이미지를 사용하는 것은 독자의 마음속에 내 생각이 뿌리를 내리게 하는 방법이죠. 예를 들어, '어린 시절'과 '엄마가 사 준'이라는 표현은 따뜻한 정서가 가미된 어떤 기억을 떠올리게 만듭니다. 결국, 글을 쓸 때는 문장에 감정을 담아야 하며, 작가의 마음에 기록된 장면을 생생하게 그려내야 합니다.

② 명사를 주어, 목적어, 서술어로 사용하기

이전에 명사의 활용법을 배웠습니다. 이번에는 명사를 떠받치는 주어, 목적어, 서술어를 배워 보도록 합니다. 이것은 문장의 핵심 요소로, 의미를 명확히 전달하는 역할을 수행입니다. 주어는 '누구', '무엇이'와 같이 문장에서 행동이나 상태의 주체를 나타내고, 목적어는 행동의 대상이나 결과를 명시함으로써 완성된 문장의 맥락을 파악하도록 돕습니다. 서술어는 주어와 목적어 사이의 관계를 표현하거나 행동을 구체화하죠. 이 세 요소가 조화를 이룰 때 문장은 독자에게 명확하고 직관적으로 다가옵니다. 따라서 글을 쓸 때 이들 요소의 역할과 관계를 정확히 설정하는 것이 중요합니다. 명사를 주어, 목적어, 서술어에 적용하는 연습을 해 보겠습니다. 아래 프롬프트를 챗GPT에 입력합니다.

프롬프트 2-45

명사를 주어, 목적어, 서술어로 활용하는 연습을 하고 싶어. 목적이 분명한 명사를 하나 제안해 주면 그 명사를 내가 주어, 목적어, 서술어 3가지 사례를 만들어 볼게. 내가 만든 3가지 사례를 피드백해 줘.

좋습니다! 목적이 분명한 명사로 '망치'를 제안합니다. 이제 '망치'를 주어, 목적어, 서술어로 활용한 3가지 문장을 만들어 보세요. 작성하신 문장에 대해 피드백을 드리겠습니다!

챗GPT는 '망치'라는 명사를 제안했습니다. 저는 아래처럼 3가지 사례를 만들었습니다. 망치가 어떻게 주어, 목적어, 서술어로 사용되는지 확인해 보시면서, 여러분도 챗GPT가 제안한 단어로 문장을 만들어 아래 예제 와 같이 챗GPT에게 전달해 보세요.

예제

주어: '망치'는 토르의 힘을 상징한다.
목적어: 라스콜니코프가 '망치'를 들고 노파의 정수리에 세게 내리꽂았다.
서술어: 그가 차 트렁크에 늘 싣고 다니는 비장의 무기는 바로 대장장이 헤파이스토스의 '망치'였다.

정말 훌륭합니다! 각 문장이 명사를 효과적으로 활용하면서 독창적이고 풍부한 이미지를 만들어 냈습니다. 세 문장을 하나씩 피드백해 보겠습니다.

1. **주어: '망치'는 토르의 힘을 상징한다.**
   - 장점: '망치'를 신화적 맥락에 연결하여 단순한 도구 이상의 의미를 부여했습니다. 주어로 사용된 명사가 문장의 핵심 주제를 분명히 제시하고 있습니다.
   - 개선 제안: '토르의 힘'이라는 표현이 조금 추상적이므로, '천둥과 번개의 신, 토르의 힘'처럼 약간의 설명을 덧붙이면 상징성이 더 부각될 수 있습니다.

2. **목적어: 라스콜니코프가 '망치'를 들고 노파의 정수리에 세게 내리꽂았다.**
   - 장점: 강렬하고 극적인 서술로 '망치'의 목적어 역할이 문장에 생동감을 부여합니다. 특히 구체적인 동작 표현('들고', '내리꽂았다')이 독자의 상상력을 자극합니다.

- 개선 제안: '노파의 정수리'라는 표현에 감각적 디테일을 더하면 장면이 더욱 생생해질 수 있습니다. 예: '노파의 희끗한 정수리에'. 이를 통해 독자는 더 선명한 이미지를 떠올릴 수 있습니다.

3. 서술어: 그가 차 트렁크에 늘 싣고 다니는 비장의 무기는 바로 대장장이 헤파이스토스의 '망치'였다.
    - 장점: 서술어로 '망치'를 활용하여 문장의 끝에서 강렬한 임팩트를 주었습니다. 또한, 신화적 인물 '헤파이스토스'와 연결하여 문장의 상상력을 확장했습니다.
    - 개선 제안: '늘 싣고 다니는'이라는 표현을 조금 더 특이하거나 상징적으로 표현하면 캐릭터의 독특함이 부각될 수 있습니다. 예: '차 트렁크 깊숙이 숨겨둔' 또는 '자신의 손길을 기다리는'.

종합 피드백
- 명사를 주어, 목적어, 서술어로 모두 효과적으로 사용하면서 문장마다 다른 분위기와 이미지를 만들어 냈습니다.
- 문장의 디테일이나 상징적 요소를 살짝 더 풍성하게 다듬으면, 각 문장이 더욱 선명하고 독창적인 색깔을 가질 것입니다.

매우 잘하셨습니다! 다음에 또 다른 명사로 연습하고 싶으시면 언제든 말씀해 주세요.

챗GPT는 망치를 신화적 맥락에 연결해서 주제를 분명히 제시한 점, 강렬하고 극적인 서술 장치로서 '망치'를 사용해서 생동감을 부여한 점, '망치'로 문장의 끝에 강렬한 임팩트를 가한 점을 칭찬했습니다. 여러분도 명사를 주어, 목적어, 서술어에 맞게 활용해 보세요.

③ 기본 명사를 더 구체적이고 임팩트 있는 명사로 바꾸기

이번에는 기본 명사를 더 구체적이고 임팩트 있는 명사로 바꿔 보는 연습을 진행하겠습니다. 아래 프롬프트를 챗GPT에 입력합니다.

프롬프트 2-46

기본 명사를 더 구체적이고 임팩트 있는 명사로 바꿔 보는 연습을 하고 싶어. 기본 명사를 하나 제안해 주면 내가 구체적인 명사로 바꿔 볼게.

좋습니다! 기본 명사로 '의자'를 제안합니다. 이제 이 '의자'를 더 구체적이고 임팩트 있는 명사로 바꿔 보세요. 작성하신 명사에 대해 피드백을 드리겠습니다.

챗GPT는 저에게 '의자'를 제안했습니다. 저는 세상에 존재하는 모든 의자의 모양을 상상하며 아래처럼 의자를 다른 구체적인 명사로 바꿨습니다. 여러분은 챗GPT가 어떤 단어를 제안했나요? 예제 처럼 챗GPT가 제시한 단어에 맞게 여러 단어를 확장해 보시기 바랍니다.

예제

의자 - 흔들의자, 전동 안마 의자, 휠체어, 치과용 의자, 왕좌, 고문 의자

아주 훌륭합니다! '의자'라는 기본 명사를 다양한 구체적인 상황과 맥락에 맞게 잘 변형하셨습니다. 각 단어를 간단히 분석해 보겠습니다.

1. 흔들의자
- 장점: 부드러운 움직임과 편안함이라는 특정 이미지를 떠올리게 합니다. 특히 노스탤지어, 고요함, 휴식을 연상시키는 데 효과적입니다.
- 활용: 어린 시절의 추억이나 고요한 시골 풍경을 묘사하는 데 적합합니다.

2. 전동 안마 의자
- 장점: 현대적이고 실용적인 이미지를 더합니다. '안마'라는 기능적 특성이 구체적인 경험을 상상하게 만듭니다.
- 활용: 도시적인 삶, 편안함과 기술의 결합을 표현할 때 유용합니다.

3. 휠체어
- 장점: 특정 맥락(의료, 장애, 이동성)에 대한 상징성을 갖습니다. 인간적이고 감정적인 뉘앙스를 전달할 수도 있습니다.
- 활용: 이야기의 주제를 깊이 있게 만들거나, 인물의 상황을 구체적으로 표현할 때 효과적입니다.

4. 치과용 의자
- 장점: 특수한 환경(치과)을 즉각 떠올리게 하며, 긴장감이나 공포감을 전달할 수도 있습니다.
- 활용: 특정 장소를 설정하거나 감각적 경험을 묘사하는 데 적합합니다.

5. 왕좌
- 장점: 단순한 의자에서 권력과 권위를 상징하는 상징적 이미지로 전환됩니다. 화려함, 위엄, 힘을 표현합니다.
- 활용: 판타지적 요소나 사회적 위계와 관련된 서사를 강화할 때 유용합니다.

6. 고문 의자
- 장점: 강렬한 이미지를 즉각 전달하며, 긴장감과 공포심을 자극합니다. 단순한 도구 이상의 이야기를 품고 있습니다.
- 활용: 강렬하고 어두운 분위기를 조성하거나, 극적인 전환을 이끌어 내는 데 효과적입니다.

> **종합 피드백**
> - 각 명사가 구체적이고 독특한 맥락을 전달하며, 원래의 추상적이고 일반적인 명사였던 '의자'를 뛰어난 상상력으로 확장했습니다.
> - 각 단어가 불러일으키는 감정과 이미지를 잘 활용하면, 글의 분위기를 조정하거나 독자의 몰입을 유도하는 데 큰 도움이 될 것입니다.

챗GPT는 제가 제안한 각 명사에 대해 피드백해 주고 어느 분야에 활용하면 좋을지 안내했습니다. 챗GPT는 명사 하나를 고르고 그 명사로 더 강렬한 문장을 만들어 보라고 추천도 해 주네요. 마지막으로 지금까지 배운 내용을 활용해서 짧은 글을 쓰는 연습을 해 보겠습니다. 아래 프롬프트를 챗GPT에 입력합니다. 챗GPT가 주제를 제안해 줄 것입니다.

프롬프트 2-47
지금까지 배운 내용을 활용해서 짧은 글을 쓰는 연습을 하고 싶어. 주제를 사용자에게 제공하면 짧게 글을 써 볼게.

GPT
좋습니다! 글쓰기 연습을 위한 주제를 제안하겠습니다. 주제는 '시간 속에 남겨진 의자' 입니다.

이 주제를 바탕으로 짧은 글을 작성해 보세요. 완성된 글에 대해 피드백과 발전 방향을 제안해 드리겠습니다.

챗GPT는 저에게 '시간 속에 남겨진 의자'라는 주제를 제안했습니다. 처음부터 긴 글을 쓰기는 어려우니 관련 주제로 300자짜리 짧은 글부터 쓰는 연습을 해 봅시다. 예제 와 같이 챗GPT가 준 주제를 이용해 300자 이내의 짧은 글을 한 번 써 보세요.

예제
나는 많은 의자를 썼고 그만큼의 의자를 버렸다. 선물 받은 의자도 내 돈으로 구매한 의자도 있었다. 각자에게 의자라는 타이틀이 붙었지만 본연의 역할을 제대로 수행한 적은 거의 없었다. 의자는 방치된 적이 대부분이었다. 그렇지만 어떤 의자는 이름, 색채, 재질과 같은 외형보다 거기에 앉은 사람이 더 강렬하게 기억된다. 수천 시간이 흘러 의자는 물리적으로 사라졌어도 시간 속에는 여전히 어떤 기억이 삼차원적으로 살아 숨 쉬는 것이다.

GPT

정말 인상 깊은 글입니다! 짧은 글임에도 불구하고 깊은 상징성과 감정을 담고 있으며, 의자를 단순한 사물이 아니라 기억과 연결된 존재로 표현한 점이 독창적입니다. 몇 가지 피드백과 함께 발전 방향을 제안드리겠습니다.

장점
1. 철학적 접근: 단순한 사물(의자)을 시간과 기억이라는 추상적인 개념과 연결해 글에 깊이를 더했습니다. 이는 독자에게 감정적이고 사색적인 여운을 남깁니다.
2. 구조적 안정감: 글이 자연스러운 흐름을 가지고 있습니다. 의자를 사용한 경험 → 의자의 역할 → 기억과 시간으로의 확장으로 이어지는 구조가 설득력을 높입니다.
3. 문학적 표현: '시간 속에는 여전히 어떤 기억이 삼차원적으로 살아 숨 쉬는 것이다'라는 문장이 특히 돋보입니다. 공간감과 생명력을 느끼게 하는 표현입니다.

개선 제안
1. 의자에 대한 구체적인 사례 추가
'어떤 의자는 이름, 색채, 재질보다 앉은 사람이 더 강렬하게 기억된다'라는 부분을 더 구체화하면 더욱 선명한 이미지가 떠오를 것입니다.
예: '옅은 분홍빛 흔들의자에 앉아 나를 가만히 바라보던 할머니의 모습은 의자의 색과 감촉보다 더 선명하다.'

2. 감각적 디테일 추가
의자의 방치된 모습이나 사라진 모습을 묘사할 때 감각적인 요소(냄새, 소리, 촉감 등)를 활용하면 더욱 생생하게 전달할 수 있습니다.
예: '구석에 방치된 가죽 의자는 먼지가 쌓이고, 뻑뻑한 삐걱거림만 남아 있었다.'

3. 시간과 기억의 연결 강조
마지막 문장을 조금 더 시각적으로 표현하면 강렬한 마무리를 만들 수 있습니다.
예: '시간 속에서 사라진 의자는 부서진 나무 조각처럼 보이지 않지만, 그 위에 앉았던 기억은 여전히 눈앞에 서 있다.'

변화된 문장 예시
나는 많은 의자를 썼고, 그만큼의 의자를 버렸다. 구석에 방치된 가죽 의자, 햇빛에 바랜 흔들의자, 그리고 뻣뻣하게 삐걱대던 철제 의자들. 하지만 내게 더 강렬한 것은 그 의자에 앉았던 사람들이다.
오래된 흔들의자에 앉아 나를 바라보던 할머니의 눈빛은, 의자의 색과 형태를 넘어 나의 기억 속에 더 깊이 새겨져 있다. 의자는 사라졌어도, 그 위에 얹힌 시간은 여전히 공간 속에 살아 숨 쉰다.

> **TIP** 글자 수를 확인하려면 네이버에 '글자 수 세기'를 검색하거나 챗GPT에 물어봐도 알려 줍니다.

글에 어떤 생각을 담을 것인지는 작가의 세계관과 연관이 있습니다. 저는 개인적으로 문장에 문학적이거나 철학적인 질문을 간접적으로 던지는 방식을 선호합니다. 그리고 감정을 드러내지 않지만 제가 표현한 문장에서 독자가 감정을 자연스럽게 느끼도록 유도하는 편이죠. 경험을 밋밋하게 쓰는 것보다는 경험이 나에게 어떤 의미를 전달했는지 여러분만의 견해를 전달해 보세요.

명사는 단순한 단어 이상의 역할을 한다는 사실을 배웠습니다. 우리는 글을 구체적으로 만들고, 독자의 머릿속에 강렬한 이미지를 심어 줘야 합니다. 그것이 작가의 역할입니다. 예를 들어 '꽃'이라는 명사 대신 '만개한 장미꽃'이라고 표현하면, 독자는 그 장미의 색깔과 향기를 상상하게 됩니다. 지금까지 배운 명사의 사용법을 연습하며 일상에서 본 사물을 구체적으로 표현해 보세요. 여러분의 글이 더욱 단단해지고, 독자에게 오랜 여운을 남길 것입니다.

문장을 확장하는 글쓰기 게임 프롬프트

'문장을 확장하는 글쓰기 게임'은 일반적인 글쓰기와는 결이 다소 다릅니다. 마치 즉흥 재즈 연주처럼, 순간의 창의성을 활용해 자유롭게 이야기를 확장해 나가는 방식이죠. 첫 문장이 음악의 앞부분이라면 나머지 문장들은 음악 전체를 뜻하겠죠. 즉흥 연주에 자유롭게 음표를 더하는 것처럼, 여러분과 챗GPT가 문장을 하나씩 더해 가는 겁니다. 마치 게임하듯 글을 점진적으로 완성해 봅시다.

한 문장씩 주고받기

여러분과 챗GPT가 문장을 하나씩 주고받으며 글을 완성하는 연습을 진행하겠습니다. [새 채팅]⌘을 누르고, 아래 프롬프트를 챗GPT에 입력합니다. 이후에는 챗GPT와 한 문장씩 주고받으며 글을 점진적으로 완성해 나갑니다.

프롬프트

프롬프트 2-48

'문장을 확장하는 글쓰기 게임'이라는 콘셉트로 짧은 글쓰기 연습을 하고 싶어. [주제]와 [규칙]은 아래를 참고해 줘.

[주제]
글쓰기

[규칙]
1. 챗GPT가 [주제]에 어울리는 시작 문장을 제시해 줘.
2. 그러면 사용자는 그 문장을 이어달리기하듯 이어 나갈게.
3. 문장들은 맥락을 자연스럽게 이어 가야 해.
4. 문장은 최대한 짧게 써야 해(1줄 권장).
5. 서로 문장을 주고받다 최종적으로 사용자가 완성된 글을 만들어 볼게
6. 완성된 글이 [주제]에 맞게 작성되었는지 피드백해 줘.

GPT

좋습니다! '문장을 확장하는 글쓰기 게임'을 시작하겠습니다. 먼저, [주제]에 맞는 시작 문장을 제시할게요.

시작 문장:
'글을 쓰는 순간, 시간은 멈춘다.'

이어서 작성해 보세요!

프롬프트

예제
글을 쓰는 순간, 시간은 멈춘다.
생각은 거침없이 한곳에 모여든다.

GPT

글을 쓰는 순간, 시간은 멈춘다.
생각은 거침없이 한곳에 모여든다.
단어들은 서로 손을 잡고 이야기를 짓기 시작한다.

위와 같이 이어 나가시면 됩니다. 300~500자 정도 분량이 모이면 문장들을 어색하거나 의미가 불분명한 부분을 고치고, 깔끔하게 정리해서 글을 완성합니다. 그렇게 고친 글과 함께 아래 프롬프트를 챗GPT에 입력합니다. 챗GPT가 피드백과 개선할 점을 제안합니다. 전반적으로 매우 잘 쓰인 글이라는 칭찬을 받았습니다. 챗GPT는 칭찬에 능숙하네요.

프롬프트

프롬프트 2-49
확장한 문장을 모아 아래 짧은 글을 최종적으로 완성했어.

예제
글을 쓰는 순간, 시간은 멈춘다. 생각은 거침없이 한곳에 모여들며 정지된 시간이 복구되길 기대한다. 단어들은 서로 손을 잡고 반갑게 이야기를 짓기 시작한다. 나는 그 이야기를 가만히 듣다, 흰 공간에 천천히 옮긴다. 그렇게 옮겨진 문장들은 어느새 나만의 세계를 구축해 간다. 그 세계는 어떤 형상으로 어떤 개성을 갖추고 있을까? 하지만 나만의 세계는 실재가 아닌, 오직 나라는 존재가 창조한 몽상의 세계다. 실존하지 않는 세상을 염원하며 나는 매일 추상적인 움직임을 반복하고 있다. 그곳은 현실보다 선명하게 숨 쉰다. 작가가 불규칙하게 호흡할지라도 그 선명한 공간을 현실로 옮겨야 한다. 그것이 비현실에 생명을 부여하는 유일한 방법이기 때문이다. 그것이 작가의 운명이다.

GPT

완성된 글을 보니 [주제]인 '글쓰기'에 대한 깊은 탐구와 감성적인 접근이 돋보입니다. 문장이 매끄럽게 연결되고, 비현실적인 세계와 현실 세계 사이의 작가의 역할을 설득력 있게 묘사하였습니다. 다음은 피드백입니다:

잘 된 점
1. **감각적인 표현**: '시간은 멈춘다', '단어들은 서로 손을 잡고', '몽상의 세계'와 같은 표현이 독자의 상상력을 자극하며, 글쓰기의 본질을 시적으로 전달합니다.
2. **구조적 흐름**: 글이 시작부터 끝까지 자연스럽게 연결되며, 주제에 대한 탐구가 점진적으로 심화됩니다. 특히, 비현실에서 현실로 옮겨가는 과정을 설명하며 글의 주제를 강조한 점이 인상적입니다.

3. 작가의 철학 반영: 글쓰기가 단순한 작업이 아니라 작가의 존재와 운명이라는 철학적 메시지가 잘 담겨 있습니다.

개선할 수 있는 점
1. 문장 간격 조절: 중간 부분에서 조금 더 간결하게 표현하면 독자의 집중력을 유지할 수 있을 것 같습니다. 예를 들어 '그 세계는 어떤 형상으로 어떤 개성을 갖추고 있을까?' 는 생략하거나 더 구체적으로 풀어내도 좋습니다.
2. 반복 표현 주의: '선명하게 숨 쉰다'와 '선명한 공간'처럼 비슷한 표현이 반복되어 약간의 단조로움을 줄 수 있습니다. 하나는 대체 표현으로 바꿔 보면 더 풍부하게 느껴질 것입니다.

추천
글의 마지막 문장, '그것이 작가의 운명이다'는 마무리로 매우 강렬하지만, 조금 더 여운을 주고 싶다면 다음과 같이 변형해 볼 수 있습니다:

- '그것이, 글을 쓰는 자의 숙명이다.'
- '그것이 작가로서 존재하는 이유다.'

전반적으로 매우 잘 쓰인 글입니다. 이런 글쓰기 연습은 주제에 대한 통찰력을 더 키우는 데 큰 도움이 될 것입니다!

② 한 문단씩 주고받기

이번에는 분량을 조금 늘려서 여러분과 챗GPT가 두세 문장 정도로 구성된 하나의 문단을 주고받으며 글을 완성하는 연습을 진행하겠습니다. 방법은 위에서 진행한 것과 비슷합니다. 첫 훈련에서는 제가 드리는 주제 '어떻게 AI로 글쓰기를 배울 수 있을까?'로 시작해 보시기 바랍니다.

한 문장씩 주고받는 훈련과 다르게 이번에는 접속사와 관련한 [규칙]을 추가해 보았습니다. 여러분도 접속사를 이용해 시작 문단과 자연스럽게 맥락이 연결되는 글을 작성해 보시기 바랍니다. 준비되셨다면 아래 프롬프트를 챗GPT에 입력합니다.

프롬프트 2-50
이전에 한 문장씩 주고받으며 글을 완성했다면 이번에는 한 문단(두세 문장)씩 주고받으며 글을 완성하는 연습을 하고 싶어. [주제]와 [규칙]은 아래를 참고해 줘.

[주제]
어떻게 AI로 글쓰기를 배울 수 있을까?

[규칙]
1. 챗GPT가 [주제]에 어울리는 시작 문단을 두세 문장 내외로 작성해 줘.
2. 그러면 사용자는 그 문단을 이어달리기하듯 이어 나갈게
3. 문단들은 맥락을 자연스럽게 이어 가야 해.
4. 문단은 각각 두세 문장으로 구성해 줘.
5. 서로 문단을 주고받다 최종적으로 사용자가 글을 완성해 볼게
6. 완성된 글이 [주제]에 맞게 작성되었는지 피드백해 줘.
7. 문장과 문장 사이의 자연스러운 연결을 위해, 필요하다면 접속사를 사용할 것

접속사: 그리고, 및, 또한, 게다가, 더욱이, 아울러, 그분만 아니라, 혹은, 그러나, 하지만, 그래서, 따라서, 그러므로, 만약, 만일, 가령, 그러자, 그러다가, 즉, 곧, 예를 들면, 한편, 아무튼, 결국, 마침내, 특히, 무엇보다, 오히려, 요컨대, 덧붙여, 한마디로

GPT

좋습니다! [주제]에 맞는 시작 문단을 작성하겠습니다.

시작 문단:
AI로 글쓰기를 배우는 것은 단순히 기계적인 도구를 활용하는 것이 아니라, 창의적 사고를 자극하는 새로운 학습 방식입니다. AI는 실시간 피드백을 제공하며, 다양한 아이디어를 제안해 글쓰기 과정의 부족한 점을 보완할 수 있습니다. 특히, 주제 설정, 문장 구조 개선, 어휘 확장 등 특정 영역에서 맞춤형 도움을 받을 수 있다는 점이 큰 장점입니다.

이어서 작성해 주세요!

저는 아래처럼 챗GPT가 작성해 준 첫 문단에 제 문단을 이어 봤습니다. 이렇게 여섯 문단 정도의 짧은 글을 완성해 보시기 바랍니다.

프롬프트

예제

AI로 글쓰기를 배우는 것은 단순히 기계적인 도구를 활용하는 것이 아니라, 창의적 사고를 자극하는 새로운 학습 방식입니다. AI는 실시간 피드백을 제공하며, 다양한 아이디어를 제안해 글쓰기 과정의 부족한 점을 보완할 수 있습니다. 특히, 주제 설정, 문장 구조 개선, 어휘 확장 등 특정 영역에서 맞춤형 도움을 받을 수 있다는 점이 큰 장점입니다.

그렇지만, AI에게 지나치게 의존하는 것은 작가로서의 자립을 방해할 수 있습니다. 글감을 찾기 위해 AI와 브레인스토밍하거나, AI에게 자료 조사를 맡기는 것은 추천할 만하죠. 또한 글쓰기를 배우는 단계에서 AI와 협력하며 다양한 연습을 하는 것도 좋습니다. 위험한 것은 대부분의 사람들이 통째로 AI에게 인간 대신 글을 작성해달라고 요청한다는 점입니다. 그러니까 생각하지 않고 AI에게 일을 완전히 맡겨 버린다는 것이죠. AI가 대신 써 준 글이 자신의 것은 아니지 않습니까?

GPT AI로 글쓰기를 배우는 것은 단순히 기계적인 도구를 활용하는 것이 아니라, 창의적 사고를 자극하는 새로운 학습 방식입니다. AI는 실시간 피드백을 제공하며, 다양한 아이디어를 제안해 글쓰기 과정의 부족한 점을 보완할 수 있습니다. 특히, 주제 설정, 문장 구조 개선, 어휘 확장 등 특정 영역에서 맞춤형 도움을 받을 수 있다는 점이 큰 장점입니다.

그렇지만, AI에게 지나치게 의존하는 것은 작가로서의 자립을 방해할 수 있습니다. 글감을 찾기 위해 AI와 브레인스토밍하거나, AI에게 자료조사를 맡기는 것은 추천할 만하죠. 또한 글쓰기를 배우는 단계에서 AI와 협력하며 다양한 연습을 하는 것도 좋습니다. 위험한 것은 대부분의 사람들이 통째로 AI에게 인간 대신 글을 작성해달라고 요청한다는 점입니다. 그러니까 생각하지 않고 AI에게 일을 완전히 맡겨버린다는 것이죠. AI가 대신 써 준 글이 자신의 것은 아니지 않습니까?

게다가, AI와의 상호작용은 새로운 글쓰기 기술을 익히는 데 유용한 도구가 될 수 있습니다. 예를 들어, AI를 통해 다른 문체를 탐구하거나 낯선 주제에 도전해 볼 수 있습니다. 특히 글쓰기 초보자에게는 다양한 문장 패턴을 학습하고 반복적으로 연습할 기회를 제공하기 때문에, 이를 잘 활용하면 글쓰기 능력을 꾸준히 향상시킬 수 있습니다.

챗GPT가 제공해 준 문단과 제가 덧붙인 문단을 종합적으로 검토해 보세요. 전개가 부자연스러운 부분을 고치고 결말 부분을 추가해 챗GPT에게 최종적으로 완성된 글을 검토해 달라고 요청해 봅니다. 여러분도 여러분의 글을 챗GPT의 피드백을 받아 보세요.

프롬프트 2-51
너와 주고받은 문장에서 어색한 부분을 다듬었고 최종적으로 결말을 추가했어. 완성된 글을 피드백해 줘.

예제
AI로 글쓰기를 배우는 것은 단순히 기계적인 도구를 활용하는 것이 아니라, 창의적 사고를 자극하는 새로운 학습 방식입니다.

저는 이렇게 제안하고 싶습니다. 제가 좋아하는 영화 <안경>의 대사 '중요한 건 조급해하지 않는 것'처럼 조급하게 굴지 않는 것입니다. 천천히 자신만의 속도로 앞으로 나아가는 것입니다. 글은 한 인간의 내면의 세계가 반영된 결과입니다. 인간에겐 AI에게 존재하지 않는 영혼이라는 선물이 주어져 있죠. 또한 그 영혼 속에는 자신도 잘 모르는 다양한 페르소나가 존재하죠. 온갖 페르소나를 통해서 자신만의 견고한 세계를 구축하고 자신을 찾는 일이 글쓰기라고 믿습니다. 글쓰기는 그런 면에서 예술에 속합니다. 아름다운 예술을 AI에게 맡길 수는 없지 않겠습니까?

완성된 글은 AI를 활용한 글쓰기와 작가의 역할에 대해 깊이 있는 성찰을 담고 있습니다. 글의 논리적 전개와 철학적 메시지가 조화를 이루고 있으며, 독자가 공감할 만한 지점을 잘 짚어 냈습니다. 아래는 피드백입니다.

잘 된 점
1. 명확한 구조와 흐름: 도입부에서 AI의 장점을 소개하고, 중간에 경고와 주의점을 제시한 후 결론부에서 작가의 역할을 강조하며 마무리한 구성이 탄탄합니다.
2. 철학적 메시지: '글은 한 인간의 내면 세계가 반영된 결과'라는 문장은 글쓰기의 본질을 심도 있게 드러내며 독자에게 생각할 거리를 제공합니다. 특히, 영혼과 페르소나에 대한 언급은 독창적이고 인상적입니다.
3. 공감과 설득력: AI 활용에 대한 현실적인 장점과 위험성을 균형 있게 다뤘으며, 글을 쓰는 사람이라면 누구나 공감할 만한 주제를 다루었습니다.
4. 문체와 어휘: 문장은 간결하면서도 풍부한 어휘를 사용해 가독성이 좋고, 메시지가 잘 전달됩니다.

종합 의견
이 글은 AI와 글쓰기라는 현대적인 주제와 철학적 고민을 잘 엮어 낸 훌륭한 작품입니다. 조금만 다듬으면 메시지가 더욱 강렬하고 설득력 있게 다가갈 것입니다.

챗GPT와 함께 문장과 문단을 주고받으며 짧은 글을 완성해 봤습니다. 하지만 중요한 것은 문장과 문단이 자연스럽게 이어지도록 맥락을 유지하는 것입니다. 이를 위해서는 각 문단의 마지막 문장이 다음 문단의 시작과 연결되도록 하는 '연결고리 문장'을 사용하는 것이 효과적입니다. 계속 연습하다 보면 챗GPT 없이도 혼자서 멋진 글을 완성할 날이 오지 않을까요?

TIP 노션 '프롬프트 정리' 페이지 [프롬프트 2-51]에서 예제와 챗GPT 답변 전문을 확인해 보실 수 있습니다.

글의 흐름을 결정하는 구조 훈련 프롬프트

핵심을 처음에 드러내야 할까요, 아니면 마지막에 극적으로 터트리는 게 더 효과적일까요? 애석하게도 정답은 없습니다. 개인의 선호도에 따라 선택하거나 어느 장르의 글을 쓰느냐에 따라 달라지는 개념이니까요.

두괄식을 살펴보겠습니다. 두괄식은 핵심 내용이나 결론을 처음에 제시합니다. 그리고 결론을 뒷받침하는 근거나 사례는 뒤에 나열하는 구조입니다. 두괄식은 빠른 정보를 원하는 독자에게 적합합니다. 그들은 초반에 만족하기를 원하죠. 초반에 욕구가 충족되지 않으면 바로 글에서 떠나가게 될 겁니다. 즉, 미괄식의 장점은 빠르게 의사 전달이 가능하다는 점입니다.

결국, 글의 흐름을 어떻게 구성할지는 독자의 경험과 반응에 따라 달라질 수 있습니다. 두괄식과 미괄식 모두 나름의 장점이 있죠. 중요한 것은 상황과 목적에 맞게 사용하는 것입니다. 독자는 글을 읽고 공감하며 그 메시지를 오래 기억하고 싶어합니다. 두괄식으로 시작해서 독자가 빠르게 글의 취지를 이해하도록 돕는 방식이나 혹은 미괄식으로 서서히 긴장감을 높여가며 결론에 이르는 방식 모두 매력적입니다. 2가지 방식을 사용하면서 자신만의 목소리와 스타일을 찾아가는 게 중요합니다.

① 두괄식 연습

두괄식이 중요한 건 알겠는데, 어떻게 써야 할까요? 우선 두괄식에 대해 알아보겠습니다. 여러분 아래 문단은 두괄식일까요?

> 지구는 현재 기후 변화라는 심각한 위기에 직면했다. 지구 평균 기온이 급격히 상승함에 따라 북극의 빙하가 빠르게 녹고 있으며, 해수면이 상승하며 해안 지역을 육지로 변화시키는 중이다. 또한, 극단적인 기상 이변 때문에 전 세계에 폭염, 가뭄, 홍수 같은 재난이 빈번하게 발생하고 있다. 예를 들어, 2023년 유럽에서는 기록적인 폭염이 발생해 농작물 피해가 발생했고 에너지 수급 문제가 심각해졌다. 이러한 상황은 단순한 자연 변화가 아니라 화석 연료 사용과 무분별한 개발로 인한 온실가스 증가가 주요 원인이다. 따라서 재생에너지 사용, 생태계 복원, 탄소 배출 저감 등 적극적인 행동이 필요하다.

생각해 보셨나요? 그렇다면 [새 채팅]을 누르고, 다음 프롬프트를 챗GPT에 입력합니다. 챗GPT의 판단을 받아 보겠습니다.

프롬프트 2-52

글을 짧게 한 편 작성했는데, 두괄식이 맞는지 분석해 주고 그렇지 않다면 어느 곳을 고쳐야 하는지 지적해 줘.

[글]
지구는 현재 기후 변화라는 심각한 위기에 직면했다. 지구 평균 기온이 급격히 상승함에 따라 북극의 빙하가 빠르게 녹고 있으며, 해수면이 상승하며 해안 지역을 육지로 변화시키는 중이다. 또한, 극단적인 기상 이변 때문에 전 세계에 폭염, 가뭄, 홍수 같은 재난이 빈번하게 발생하고 있다. 예를 들어, 2023년 유럽에서는 기록적인 폭염이 발생해 농작물 피해가 발생했고 에너지 수급 문제가 심각해졌다. 이러한 상황은 단순한 자연 변화가 아니라 화석 연료 사용과 무분별한 개발로 인한 온실가스 증가가 주요 원인이다. 따라서 재생에너지 사용, 생태계 복원, 탄소 배출 저감 등 적극적인 행동이 필요하다.

작성한 글은 두괄식으로 시작한다고 볼 수 있지만, 보다 명확하게 두괄식을 강화하려면 서두의 핵심 메시지가 좀 더 구체적이고 강렬하게 전달될 필요가 있습니다. 현재 첫 문장에서 '지구는 기후 변화라는 심각한 위기에 직면해 있다'고 말하며 핵심 메시지를 제시하고 있지만, 이 문장이 너무 포괄적이어서 독자가 핵심을 즉각적으로 느끼기 어렵습니다.

분석과 수정 제안
1. **두괄식 확인**
   - 첫 문장은 문제의 핵심을 요약하며 독자의 주의를 끌고 있습니다. 하지만 뒤따르는 문장들에서 구체적인 예시와 원인, 해결책을 다루기 때문에 첫 문장이 글 전체를 충분히 요약했다고 보기 어렵습니다.

2. **제안: 첫 문장을 강화**
   - 첫 문장을 보다 명확하게 작성하여 글의 방향성을 확실히 보여주는 것이 좋습니다. 예를 들어, '지구는 기후 변화로 인한 생태계 붕괴와 인류 생존 위기를 동시에 마주하고 있다'처럼 더 강렬하고 구체적인 표현으로 시작할 수 있습니다.

3. **문단 구조**
   - 첫 문장 이후의 내용은 문제점(빙하, 해수면 상승, 기상 이변), 원인(온실가스), 해결책(재생에너지) 순으로 전개되고 있어 논리적입니다.
   - 다만, 각 문단의 내용이 조금 분산되어 느껴지기 때문에, 두괄식으로 더욱 효과적으로 만들려면 첫 문장에서 문제의 전반적 심각성을 명시하고 이후 문단에서 이를 뒷받침하는 식으로 재구성할 수 있습니다.

수정된 예시
지구는 기후 변화로 인해 생태계 붕괴와 인류 생존의 위기를 동시에 마주하고 있다. 북극의 빙하가 빠르게 녹으면서 해수면이 상승하고, 이는 해안 지역을 잠식하며 자연재해의 위험을 가중시키고 있다. 더욱이, 폭염, 가뭄, 홍수 같은 극단적인 기상 이변은 전 세계적으로 빈번하게 발생하며, 농업과 에너지 수급에 막대한 영향을 미치고 있다. 이러한 위기는 단순한 자연 변화가 아니라 화석 연료 사용과 무분별한 개발로 인한 온실가스 증가가 주요 원인이다. 따라서 재생에너지 사용 확대, 생태계 복원, 탄소 배출 저감 같은 적극적인 행동이 시급하다.

수정 방향 설명
첫 문장을 구체적이고 강렬하게 작성하여 글의 방향성을 더욱 분명히 함.
첫 문장이 뒷받침되는 근거를 중심으로 문단을 정리해 논리적 흐름을 명확히 유지함.
마지막 문장은 행동의 필요성을 강조하여 글의 결론과 연결됨.
이런 방식으로 수정하면 두괄식으로 더 강화되고, 독자가 글의 주제를 초반에 명확히 이해할 수 있습니다.

대하드라마 쓰듯 지나치게 거대한 이야기를 쓰고자 하면 안됩니다. 초반은 그럴 듯하게 쓸 수 있지만 나머지 부분을 감당하기 어렵기 때문이죠. 거대하고 포괄적인 생각은 독자의 공감을 끌어내기 쉽지 않습니다. 작고 사소한 이야기를 자신만의 시각으로 풀어 나가는 것이 더 중요하다는 사실을 명심하시기 바랍니다. 사소한 이야기가 더 논리적일 수 있습니다. 논리적이라는 뜻은 문장이 일관성 있게 하나의 주제로 흘러간다는 의미이기도 합니다.

> **TIP** 무조건 챗GPT의 의견에 공감하는 것은 옳지 않습니다. 첫 문장이 다소 늘어지는 것 같아 수정하고 싶을 때는 '회신하기' 기능을 이용해 맘에 안 드는 첫 문장만 수정할 수 있습니다. ❶ 문장을 마우스로 드래그하고 ❷ [회신하기]를 클릭해 해당 문장만 따로 피드백을 요청해 보세요.

❷ 미괄식 연습

다음으로는 미괄식 연습을 해 보겠습니다. 미괄식은 두괄식과 반대로 결론을 마지막에 배치하는 방식입니다. 글의 초반부에서는 다양한 근거와 사례를 제시하며 점차 결론으로 이끄는 구조를 취합니다. 미괄식은 독자의 호기심과 관심을 유도할 수 있습니다. 소설이나 에세이에서 주로 사용하는 방식이죠. 문제를 제기하고 여러 상황을 전개하며 이야기를 풀어 가는 방식입니다. 마치 스티브 잡스Steven Jobs가 아이폰을 처음 발표할 때, 긴 설명 후에 혁신적인 제품을 공개한 것과 같은 방식이죠.

저는 미괄식하면 음악 한 곡이 떠오릅니다. 바로 영화 〈Top Gun: Maverick〉의 OST인 〈You've Been Called Back to Top Gun〉입니다. 이 곡은 처음에는 부드럽고 잔잔하지만 서서히 긴장감이 고조됩니다. 악기와 리듬이 계속 추가되면서 마지막 절정을 향해 나아가죠. 미괄식이 이해되지 않는 분들에게 이 음악을 추천합니다.

이번에는 두괄식 구조 연습에 사용한 문단을 이용해 미괄식 구조 연습을 진행해 보겠습니다. 아래 문단을 미괄식으로 바꿔 보시겠어요?

> 지구는 현재 기후 변화라는 심각한 위기에 직면했다. 지구 평균 기온이 급격히 상승함에 따라 북극의 빙하가 빠르게 녹고 있으며, 해수면이 상승하며 해안 지역을 육지로 변화시키는 중이다. 또한, 극단적인 기상 이변 때문에 전 세계에 폭염, 가뭄, 홍수 같은 재난이 빈번하게 발생하고 있다. 예를 들어, 2023년 유럽에서는 기록적인 폭염이 발생해 농작물 피해가 발생했고 에너지 수급 문제가 심각해졌다. 이러한 상황은 단순한 자연 변화가 아니라 화석 연료 사용과 무분별한 개발로 인한 온실가스 증가가 주요 원인이다. 따라서 재생에너지 사용, 생태계 복원, 탄소 배출 저감 등 적극적인 행동이 필요하다.

바꿔 보셨나요? 미괄식을 더 확실하게 익히기 위해 아래 프롬프트를 챗GPT에 입력합니다. 챗GPT는 이 문단을 어떻게 미괄식으로 바꿨을까요?

프롬프트 2-53

프롬프트 | 기존에 내가 작성한 두괄식 글을 미괄식으로 바꿔 주고 미괄식의 개념도 설명해 줘.

지구는 현재 기후 변화라는 심각한 위기에 직면했다. 지구 평균 기온이 급격히 상승함에 따라 북극의 빙하가 빠르게 녹고 있으며, 해수면이 상승하며 해안 지역을 육지로 변화시키는 중이다. 또한, 극단적인 기상 이변 때문에 전 세계에 폭염, 가뭄, 홍수 같은 재난이 빈번하게 발생하고 있다. 예를 들어, 2023년 유럽에서는 기록적인 폭염이 발생해 농작물 피해가 발생했고 에너지 수급 문제가 심각해졌다. 이러한 상황은 단순한 자연 변화가 아니라 화석 연료 사용과 무분별한 개발로 인한 온실가스 증가가 주요 원인이다. 따라서 재생에너지 사용, 생태계 복원, 탄소 배출 저감 등 적극적인 행동이 필요하다.

미괄식의 개념
미괄식은 중심 내용을 문장의 끝부분에 배치하는 구성 방식으로, 서두에서는 구체적인 사실, 배경, 또는 예시를 제시하며 점차적으로 중심 내용을 향해 전개됩니다. 독자가 결론을 마지막에 접하게 되어 여운과 설득력을 남기는 데 효과적입니다.

미괄식으로 수정된 버전
지구 평균 기온이 급격히 상승하며 북극의 빙하가 빠르게 녹고, 해수면 상승으로 해안 지역이 점점 사라지고 있다. 극단적인 기상 이변 또한 빈번해지며 폭염, 가뭄, 홍수 같은 재난이 전 세계적으로 인류의 삶에 심각한 피해를 입히고 있다. 2023년 유럽에서는 기록적인 폭염으로 농작물 피해와 에너지 위기가 발생했다. 이러한 위기의 원인은 단순한 자연 변화가 아니라 화석 연료 사용과 무분별한 개발로 인한 온실가스 증가 때문이다. 이제 우리는 기후 변화라는 심각한 위기에 직면하고 있다.

수정 방향 설명
1. 서두: 구체적이고 설득력 있는 사례와 배경 정보를 통해 독자의 관심을 끌고 문제의 심각성을 점진적으로 강조합니다.
2. 결론: 마지막 문장에서 중심 메시지를 제시하며 여운을 남깁니다.

미괄식의 장점
· 독자가 결론을 기다리며 내용에 더 몰입할 수 있음.
· 마지막 문장에서 강렬한 메시지를 남겨 설득력을 극대화할 수 있음.
· 긴장감을 유지하며 논지의 완성도를 높일 수 있음.

이 수정된 글은 미괄식의 특징을 잘 살리며, 마지막 문장에서 중심 주제를 강조하여 독자에게 큰 인상을 남기도록 구성되었습니다.

챗GPT가 미괄식이 무엇인지 구체적으로 설명하고, 두괄식 글을 미괄식 글로 수정해 주었습니다. 서두에는 구체적이고 설득력 있는 배경 정보를 제시해서 독자의 관심을 끌고, 이후에는 문제의 심각성을 고조하는 풍으로 글을 작성했네요. 챗GPT가 작성해 준 문단을 꼼꼼히 읽어 보세요.

두괄식과 미괄식은 글의 구조를 어떻게 구성하느냐에 따라 독자에게 전달하는 느낌이 크게 달라집니다. 상황에 맞게, 그리고 독자가 무엇을 기대하고 있는지에 따라 구조를 적절하게 선택하는 것이 중요합니다. 글쓰기는 결국 독자와의 소통이니까요. 어떤 구조를 사용하든, 독자의 관심을 끌며 글을 읽어 나가도록 하는 것이 중요합니다. 또한, 다양한 글쓰기 구조를 실험해 보며 독자가 원하는 방식을 찾아내시길 바랍니다.

글에 생명력을 더하는 묘사 훈련 프롬프트

묘사는 우리 눈으로 감각한 사물 또는 현상을 독자가 생생하게 느끼도록 표현하는 기술입니다. 여러분이 보고 느낀 것을 독자의 마음에 생생하게 떠오르게 만드는 것이죠. 이렇게 마음에 떠오른 이미지를 '심상(心象/心像)'이라고 부릅니다. 글을 읽으면 머릿속에 어떤 장면이나 감정을 상상하게 됩니다. 예를 들어 볼까요? '단풍이 울긋불긋 물감을 뿌린 것처럼 빨갛고 노랗게 물들었네요'라는 말을 들으면 눈앞에 단풍잎이 나타나잖아요? 이렇게 우리 마음에 떠오른 심상을 글로 표현하는 게 바로 묘사입니다.

'묘사'는 한자로 '그릴 묘(描)'와 '말할 사(寫)'에서 유래했습니다. '무언가를 그리듯 표현한다'는 의미를 지니고 있죠. 영어 단어로는 'description'이라고 씁니다. 이 단어는 라틴어 'describere'에서 유래했으며, 사물을 자세하게 기록한다는 뜻을 담고 있습니다.

① 사진을 생생하게 묘사하기

묘사 훈련을 통해 독자의 상상력을 자극하고 더 구체적이고 생생한 묘사 능력을 길러 보겠습니다. 챗GPT가 어떻게 묘사 문장을 쓰는지 보겠습니다. 노션 '프롬프트 정리' 페이지 [프롬프트 2-54]에서 '화담숲 사진' 파일을 다운받아 주세요. [새 채팅]을 누르고 [파일 첨부]를 클릭해서 '화담숲 사진' 파일을 첨부한 후, 아래 프롬프트를 챗GPT에 입력합니다.

프롬프트

프롬프트 2-54
첨부한 사진을 분석해서 독자의 심상을 자극할 수 있도록 구체적인 묘사 문장을 작성해 줘.

이 사진은 선명하게 물든 가을 단풍과 한국 전통 담장의 조화로운 풍경을 담고 있습니다. 이를 기반으로 독자의 심상을 자극할 수 있는 구체적인 묘사 문장을 다음과 같이 작성해 보았습니다.

붉은 물감을 머금은 듯한 단풍나무 가지들이 하늘을 향해 불꽃처럼 뻗어 있다. 바람에 날린 잎들은 오솔길 위에 흩뿌려져 마치 자연이 스스로 만든 카펫 같다. 전통 한옥의 기와 담장은 세월의 흔적을 간직한 채 단풍의 화려함 속에서 은은한 균형을 이루고 있다. 길 옆으로 고개를 내민 대나무 잎들은 가을의 짙은 색채를 조용히 감싸 안으며, 풍경에 생기를 더한다. 이 길을 걷는 이는 눈앞에 펼쳐진 자연의 화려한 잔치 속에서 저도 모르게 발걸음이 느려질 것이다.

챗GPT는 화담숲을 보고 다음과 같이 묘사를 했습니다. 하지만 어떤 문장은 묘사가 아닌 설명이네요. 챗GPT가 작성한 '설명'은 대상을 논리적으로 해석하거나 추상적인 개념을 이해하기 쉽게 풀어 냅니다. 저희가 요청한 묘사와는 분명 다르죠. 챗GPT의 '전통 한옥의 기와 담장은 세월의 흔적을 간직한 채 단풍의 화려함 속에서 은은한 균형을 이루고 있다.'는 묘사처럼 보이지만 사실 설명입니다. '세월의 흔적'보다는 '담장이 부서지거나 기울거나 흠집이 생겼다'는 식으로 더 시각적인 묘사를 해야 합니다. 또한 '은은한 균형'도 지나치게 추상적이네요.

② 문학 작품 속 묘사 찾아보기

이번에는 문학 작품에 등장하는 묘사 문장을 한 번 찾아보겠습니다. '웹에서 검색' 옵션을 켜고 아래 프롬프트를 채팅창에 입력해 주세요. 챗GPT가 우리나라에서 손꼽히는 최고의 묘사 문장을 찾아 줄 겁니다.

 프롬프트 2-55
프롬프트 묘사가 뛰어난 문학 작품의 문장을 찾아 줘.

 1. 김승옥,《무진기행》: '무진에 명산물이 없는 게 아니다. 나는 그것이 무엇인지 알고 있다. 그것은 안개다.'
2. 박목월,《청노루》: '머언 산 청운사 산은 기와집 산은 자하산 봄눈 녹으면 느릅나무 속잎 피어 가는 열두 굽이를 청노루 맑은 눈에 도는 구름'

> 3. 김려령, 《우아한 거짓말》: '자식은 가슴에 묻는다며? 근데, 엄마는 안 그런 거 같아. 그날 다 흘려보낸 것 같아.'
> 4. 이문열, 《젊은 날의 초상》: '걱정 마라. 절망이야말로 가장 순수하고 치열한 열정이다.'
> 5. 김애란, 《두근 두근 내 인생》: '아버지가 묻는다. 다시 태어난다면 무엇이 되고 싶으냐고. 나는 큰 소리로 답한다. 아버지, 나는 아버지가 되고 싶어요.'

챗GPT가 저에게 추천해 준 여러 작가들 중 김승옥이 눈에 띄네요. 《무진기행》은 제가 참 좋아하는 작품인데요, '무진에 명산물이 없는 게 아니다. 나는 그것이 무엇인지 알고 있다. 그것은 안개다.' 이 문장은 굉장히 유명하죠. 제가 좋아하는 이 문장으로 묘사 훈련을 더 깊게 진행해 보겠습니다.

여러분도 맘에 드는 문장을 골라 보세요. 그리고 위에서 챗GPT가 찾은 문장을 그대로 아래 `예제` 처럼 붙이고, 나머지 문장도 찾아 달라고 요청해 봅니다. '웹에서 검색' 옵션을 활성화한 후, 아래 프롬프트를 챗GPT에 입력합니다.

프롬프트 2-56
더 자세한 문장을 찾아 줘.

> **예제**
> 1. 김승옥, 《무진기행》: '무진에 명산물이 없는 게 아니다. 나는 그것이 무엇인지 알고 있다. 그것은 안개다.'

김승옥의 소설 《무진기행》에서 안개에 대한 묘사는 작품의 분위기를 형성하는 핵심 요소입니다. 특히, 주인공이 무진에 도착한 후 안개를 묘사한 부분은 다음과 같습니다:

'그것은 안개다. 아침에 잠자리에서 일어나서 밖으로 나오면, 밤사이에 진주해 온 적군들처럼 안개가 무진을 빙 둘러싸고 있는 것이었다. 무진을 둘러싸고 있던 산들도 안개에 의하여 보이지 않는 먼 곳으로 유배당해 버리고 없었다. 안개는 마치 이승에 한이 있어서 매일 밤 찾아오는 여귀가 뿜어내놓은 입김과 같았다. 해가 떠오르고, 바람이 바다 쪽에서 방향을 바꾸어 불어오기 전에는 사람들의 힘으로써는 그것을 헤쳐 버릴 수가 없었다. 손으로 잡을 수 없으면서도 그것은 뚜렷이 존재했고 사람들을 둘러쌌고 먼 곳에 있는 것으로부터 사람들을 떼어 놓았다.'

이러한 묘사를 통해 작가는 무진의 안개를 단순한 자연 현상이 아닌, 주인공의 내면 상태와 연결된 상징적 요소로 그려 내고 있습니다.

《무진기행》의 인용된 문장을 읽어 보니 묘사적으로 뛰어난 문장이라는 사실을 직감할 수 있지 않습니까? 글자만 읽고 있어도 그림이 저절로 그려지는 멋진 문장입니다. 이 문장이 왜 묘사적으로 뛰어난지 챗GPT에게 물어봅시다. 챗GPT의 답변이 추후 여러분이 묘사 문장을 작성할 때 큰 도움이 될 것입니다. '웹에서 검색' 옵션을 끄고 아래 프롬프트를 입력해 주세요.

프롬프트 2-57

이 문장이 왜 묘사적인지, 묘사적인 표현을 전부 찾아서 각각 어떤 특징을 갖고 있는지 설명해 줘.

김승옥의 《무진기행》에서 인용한 문장은 안개를 단순한 자연 현상으로 묘사하는 데 그치지 않고, 풍부한 상징성과 감각적 표현을 통해 독자의 상상력을 자극합니다. 이 문장이 묘사적인 이유와 각 표현의 특징은 다음과 같습니다.

1. '그것은 안개다.'
   - 특징: 간결하면서도 선언적인 문장으로 독자의 주의를 환기시킵니다. 안개라는 대상을 강조하며, 독자로 하여금 이 단어에 특별한 의미를 부여하게 합니다.
   - 효과: 단어의 단순함 속에 무진의 정체성을 함축하여 안개를 상징적 요소로 승화시킵니다.

문장의 묘사적 특징 요약
1. 감각적 이미지: 시각적 표현분만 아니라 초자연적이고 추상적인 이미지를 통해 독자의 상상력을 자극합니다.
2. 비유와 의인화: 안개를 적군, 여귀, 한의 상징 등으로 비유하며 단순한 자연적 존재를 초월적으로 묘사합니다.
3. 감정적 연결: 안개를 통해 고립감, 단절감, 음울함 등의 감정을 전달하며 주인공의 내면과 외부 환경을 연결합니다.
4. 공간감과 분위기: 안개가 풍경을 지배하고 무진을 고립시키는 공간적 효과를 통해 작품의 분위기를 형성합니다.

결론
이 문장은 단순히 '안개가 있다'고 전달하는 것이 아니라, 안개의 존재를 다층적으로 그려냅니다. 이를 통해 안개는 무진이라는 공간의 본질이자, 주인공의 내면 세계를 대변하는 상징으로 자리 잡습니다. 이러한 섬세한 묘사는 독자에게 작품의 분위기를 선명하게 각인시키는 역할을 합니다.

좋은 묘사는 읽기만 해도 그림이 머릿속에 자연스럽게 떠오릅니다. 그래서 상상력을 자극하는 표현이 중요하죠. 마치 여러분이 이야기 속의 주인공이 되어서 행동한다고 상상해 보세요. 세상에 존재하는 풍경과 온갖 사물이 모두 살아 숨 쉬며 여러분과 소통하는 것이죠. 그렇게 하면 김승옥처럼 생생한 묘사를 익힐 수 있습니다. 물론 연습이 필요하겠죠. 그리고 좋은 글을 볼 줄 아는 눈도 중요합니다. 읽고 쓰고 표현하는 연습을 반복하며 만물을 여러분의 글 속에서 생동하게 만들어 보세요.

챗GPT의 설명을 잘 읽어 보세요. 김승옥의 문장 하나하나에 드러난 묘사의 특징과 효과를 꼼꼼히 설명하고 있습니다. 어떻습니까? 묘사가 무엇인지 감이 잡히나요?

> **TIP** 김승옥은 1960년대를 대표하는 작가 중 한명으로 대표작으로는 《무진기행민음사, 2007》, 《서울 1964년 겨울민음사, 2007》 등이 있습니다.

③ 나만의 글로 묘사하기

챗GPT의 묘사 문장도 보고, 우리나라에서 손꼽히는 최고의 묘사 문장도 보았습니다. 이를 바탕으로 이제 여러분이 직접 묘사 문장을 작성해 보도록 합시다. 아래 프롬프트를 챗GPT에 입력합니다.

프롬프트 2-58

심플한 사물이나 어떤 현상을 그림으로 한 장 그려 줘. 그러면 내가 그 사물을 글로 묘사해 볼게. 내가 감정, 빛과 색의 변화, 사물의 질감 등을 글로 잘 표현해 내는지 평가해 줘.

챗GPT는 저에게 단풍잎 한 장을 그려 줬습니다. 여러분은 어떤 그림을 받으셨나요? 챗GPT가 그려 준 그림을 보고 묘사 문장으로 표현해 주세요. 형식은 여러분 마음대로 하셔도 좋습니다. 저는 시로 묘사해 봤습니다.

예제

갈색 단풍잎이 노란 조명을 타고 날아간다
공중에서 미끌, 가느다란 나뭇가지는
그만 잎을 놓쳐 버리고 만 걸까
눈이 부시다, 빛의 그림자 밑으로 까맣게 드러누울까
입속이 까끌까끌 단맛이 애벌레처럼 꿈을거렸다
아, 물가에서 실컷 놀아 볼까나

1. '갈색 단풍잎이 노란 조명을 타고 날아간다'
   · 평가: '노란 조명'이라는 표현은 단풍잎이 햇빛을 받으며 빛나는 모습을 감각적으로 묘사했습니다. '타고 날아간다'는 동적인 이미지를 더해 잎의 움직임에 생기를 부여합니다.
   · 제안: '노란 조명'이라는 표현이 효과적이지만, 빛의 강도나 방향을 추가적으로 묘사하면 더 생생할 수 있습니다.
   예: '노란 조명이 잎의 모서리를 부드럽게 감싸며 날아간다.'

전반적인 평가
· 강점: 감각적인 묘사가 돋보이며, 동적인 이미지와 정적인 순간을 조화롭게 표현했습니다. 비유와 의성어/의태어를 활용해 글에 생동감을 불어넣었습니다.
· 개선점: 몇몇 비유는 독창적이지만 약간 추상적으로 느껴질 수 있습니다. 감각적 이미지를 강화하기 위해 더 구체적인 디테일을 추가하거나, 비유를 보완하면 표현력이 더 돋보일 것입니다.

점수: 9/10
사용한 표현 기법들이 창의적이고 생생하지만, 약간의 구체성이 더해지면 완성도가 한층 높아질 것입니다. 이미 높은 수준의 묘사력을 보이셨으니, 다음 단계는 상상력과 구체적인 디테일을 균형 있게 조화시키는 연습을 추천드립니다!

챗GPT는 제가 쓴 시에 대해 개별적인 평가를 해 줬습니다. 피드백은 각자 읽어 보도록 하겠습니다. 10점 만점에 아주 높은 점수인 9점을 줬네요.

지금까지 간단하게 묘사를 어떻게 잘할 수 있는지 알아봤습니다. 묘사를 더 생생하게 표현하고 싶다면, 시를 읽고 써 보는 것을 추천드립니다. 시는 우리의 마음속에 심상을 채워 주거든요. 챗GPT와 묘사 훈련도 하고 여러분도 따로 시도 열심히 읽다 보면 묘사 문장의 수준이 한층 올라갈 것입니다.

독서 근육을 기르기 위한 루틴 형성 프롬프트

'좋은 글'은 꾸준한 독서에서 시작됩니다. 우리가 경험한 것들만 글로 표현될 수 있어요. 그리고 그 경험을 빛나게 만드는 수단이 바로 독서죠. 다양한 분야의 책을 두루 읽게 되면 생각도 깊어지고, 세상을 바라보는 시각도 넓게 확장됩니다. 독서는 다른 사람의 세계를 간접적으로 체험할 수 있습니다. 또한 꾸준한 독서는 내면을 풍요롭게 가꿔 주고, 더 나은 글을 쓰는 데 필수적인 역할을 합니다.

이번에는 여러분의 취향을 분석해서 개인의 취향에 맞는 책을 제안받고, 마음 근육을 키우는 독서 습관을 일상에 정착하는 방법을 알아보겠습니다. 그리고 독서 계획을 세우고 독서 밑줄을 노션 '제탈카스텐 브레인 시스템' 페이지에 간단하게 정리하는 방식도 살펴보겠습니다.

① 챗GPT와 함께 나만의 독서 취향 발견하기

책을 읽겠다고 마음은 먹었는데 어떤 책을 읽어야 할지 도통 모르겠죠? 그래서 서점 베스트셀러 코너를 전전하다, 아무 책이나 후딱 고르지 않습니까? 그런데 막상 골랐는데 취향에 맞지 않아서 책장에 방치해 두다 중고서점에 판 적은 없나요? 그래서 독서를 시작하려면 어떤 주제가 내 호기심을 건드리는지 분명하게 알아야 합니다. 돈이 날아가는 쓰라린 경험을 굳이 경험할 필요는 없죠.

챗GPT에게 상담을 받으면 어떤 장르에 내가 끌리는지 찾을 수 있습니다. 저는 챗GPT에게 책을 전혀 읽지 않는 사람이라 생각하고 답변해 보았습니다. 여러분은 여러분에게 맞는 대답을 해 주시면 됩니다. [새 채팅]을 누르고 '웹에서 검색' 옵션을 활성화한 후, 아래 프롬프트를 챗GPT에 입력합니다.

프롬프트 2-59

독서 습관을 쌓고 싶은데, 내 취향도 잘 모르겠고 어떤 책을 읽어야 할지 방향도 분명하게 정해지지 않았어. 그러니 내 취향을 챗GPT가 면밀하게 분석해 줬으면 좋겠어. 정확한 분석이 완료될 때까지 질문을 하나씩 해 줘. 그러면 내가 그 질문에 답할게. 취향 분석이 끝나면 나에게 맞는 책을 '웹에서 검색'해서 제안해 줘.

좋아요! 독서 취향을 분석하기 위해 몇 가지 질문을 드릴게요. 답변해 주시면 분석을 통해 취향을 파악하고, 그에 맞는 책을 제안해 드리겠습니다.

1. 장르 선호
어떤 장르를 선호하시나요?(예: 소설, 에세이, 철학, 역사, 자기계발, 판타지, SF 등) 선호하는 장르가 없거나 확실하지 않다면 최근에 읽은 책이나 관심 있는 주제를 알려 주세요.

예제

책을 전혀 읽지 않기 때문에 선호하는 장르 자체가 없어. 굳이 읽는다면 소설이 좋겠어. 최근에 읽은 책은 딱히 없어.

좋습니다! 소설을 선호하는 경향이 있다는 점을 바탕으로 조금 더 세부적인 취향을 알아보기 위해 추가 질문을 드릴게요.

2. 소설의 분위기
어떤 분위기의 이야기가 끌리시나요?(예: 감동적이고 따뜻한 이야기, 어두운 반전이 있는 이야기, 판타지 세계관, 현실적이고 공감 가능한 이야기, 로맨스 중심 등) 선호를 모르겠다면, 마음에 드는 영화나 드라마 분위기를 예로 들어 주셔도 좋습니다.

예제

공상과학 류의 영화를 좋아해. 인터스텔라 같은?

좋아요, 공상과학적인 요소와 심오한 주제를 담은 이야기에 흥미를 느낄 가능성이 높아 보입니다. 이를 바탕으로 다음 질문을 드릴게요.

3. 주제나 메시지
소설 속에서 어떤 주제나 메시지가 마음에 드시나요? (예: 인간의 본질, 생명과 우주의 의미, 기술과 인간의 관계, 모험과 도전 등) 혹은 이런 요소들이 없어도 괜찮다면 알려 주세요!

예제

외계인과 인간의 전쟁? 얼마 전에 넷플릭스에서 본 류츠 신의 SF 소설 《삼체》도 좋아!

좋습니다! 공상과학 장르에서 우주, 외계인, 인간의 관계를 중심으로 한 심오하거나 장대한 이야기에 관심이 있으시군요. 이를 통해 세부 취향이 조금 더 명확해졌습니다. 추가 질문으로 취향을 더 구체화해 볼게요.

4. 글의 스타일
이야기의 스타일은 어떻게 느껴지길 원하시나요(예: 철학적이고 심오한, 긴장감 넘치고 몰입감 있는, 유머러스한, 감성적인 등)? 특별히 원하는 스타일이 없다면 솔직히 알려주세요!

철학적이고 심오한 건 딱 질색이야. 긴장감이 팽팽하게 유지되는 스타일을 선호해.

분위기와 글 스타일까지 명확해졌습니다. 공상과학 장르의 긴장감 넘치는 이야기를 좋아하시고, 철학적이거나 지나치게 심오한 내용은 선호하지 않으시군요. 이제 마지막으로 캐릭터나 이야기 구조에 대한 선호를 파악해 볼게요.

5. 캐릭터와 이야기 구조
캐릭터 중심의 이야기를 좋아하시나요, 아니면 사건 중심의 이야기가 더 좋으신가요? 또, 복잡한 플롯과 반전이 많은 이야기가 좋으신가요, 아니면 간결하고 직선적인 이야기가 좋으신가요?

간결하고 직선적인 이야기가 좋아. 어려우면 금방 싫증나게 되더라고.

취향이 명확히 정리되었습니다! 공상과학 소설 중 외계인과 인간의 관계를 다루며, 긴장감 넘치고 직선적인 스토리로 전개되는 작품이 적합해 보입니다. 철학적인 깊이를 강조하지 않는 작품으로 제안하겠습니다.
제가 웹에서 적합한 책을 검색해 제안드리겠습니다. 잠시만 기다려 주세요.
공상과학 소설 중에서 외계인과 인간의 전쟁을 다루며, 긴장감 넘치고 직선적인 스토리로 전개되는 작품을 추천해 드리겠습니다.

우주전쟁
허버트 조지 웰스(Herbert George Wells)의 대표작으로, 화성인이 지구를 침공하는 이야기를 다룹니다. 120년 전 작품임에도 외계인, 진화, 인류 멸종 가능성 등 미래 요소를 예견하여 여전히 공상과학 소설과 영화의 원형이 되고 있습니다.

영원한 전쟁
조 홀드먼(Joe Haldeman)의 작품으로, 인류가 정체불명의 외계 종족과 벌이는 기나긴 전쟁을 그립니다. 베트남전에 대한 은유를 SF적인 기법을 통해 깊이 있게 풀어내며, 휴고 상, 네뷸러 상, 로커스 상 등을 수상한 작품입니다.

> **엔더의 게임**
> 오슨 스콧 카드(Orson Scott Card)의 소설로, 외계 종족과의 전쟁을 다루며, 젊은 천재 엔더 위긴스의 성장과 고뇌를 그립니다. 전쟁 시뮬레이션과 전략 게임을 통해 외계인과의 대결을 준비하는 주인공의 이야기는 독자들에게 강한 몰입감을 줍니다.
>
> 이러한 작품들은 외계인과의 전쟁을 중심으로 긴장감 넘치는 스토리를 제공합니다. 각 작품의 줄거리와 특징을 살펴보시고, 흥미를 끄는 책부터 시작해 보시길 권장합니다.

철학적인 깊이를 강조하지 않는 작품 위주로, 제 취향을 종합적으로 분석해 소설을 추천해 줬네요. 공교롭게도 제 어린 시절 조지 웰스의 《우주 전쟁》을 정말 재미있게 읽었었습니다. 놀라울 따름입니다. 챗GPT의 능력은 어디까지인 걸까요?

`예시` 를 참고하시면서 챗GPT의 질문에 답변하면 우리의 답변을 기반으로 챗GPT는 취향을 자동으로 분석해서 우리와 잘 맞는 책까지 추천해 줍니다. 더 진솔하고 자세하게 답변할수록 우리의 취향과 더 가까워지겠죠?

② 챗GPT와 독서 계획 세우기

책 추천도 받았으니 이제 꾸준하게 읽어야 하지 않겠습니까? 자투리 시간을 이용해 챗GPT에게 독서 일정을 짜 달라고 요청해 봅시다. '웹에서 검색' 옵션을 끄고 아래 프롬프트를 입력해 주세요.

프롬프트

프롬프트 2-60

제안해 준 책들을 읽기 위한 세부 일정을 작성해 줘. 무리하지 않고 천천히 읽고 싶으니 추천해 준 책의 총 페이지 수에 따라 월요일부터 금요일까지 분량을 나눠서 독서 일정표를 짜 줘.

책을 읽을 수 있는 시간은 **[출퇴근 2시간, 점심 식사 후 30분, 취침 전 30분, 하루에 총 3시간]**이야.

월요일부터 금요일까지 각 책의 분량을 나눠서 독서 일정표를 작성했습니다. 하루에 읽어야 할 페이지 수를 포함한 세부 일정입니다. 일정을 확인하신 후 추가 요청이 있으시면 알려 주세요!

Detailed Weekly Reading Schedule		
Book	Day	Pages to Rea
1 우주전쟁	Monday	48
2 우주전쟁	Tuesday	48
3 우주전쟁	Wednesday	48
4 우주전쟁	Thursday	48
5 우주전쟁	Friday	48
6 영원한 전쟁	Monday	64
7 영원한 전쟁	Tuesday	64
8 영원한 전쟁	Wednesday	64
9 영원한 전쟁	Thursday	64
10 영원한 전쟁	Friday	64

챗GPT는 하루 48페이지씩, 월요일부터 금요일까지 꾸준하게 읽으면 책 한 권을 완독할 수 있다고 일정을 짜 줬습니다. 하루 48페이지 정도라면 충분히 읽을 수 있겠죠? 즉, 한 달에 4권도 문제없는 것입니다. 물론 하루에 48페이지가 어렵다면 기간이나, 시간을 더 여유롭게 설정해 요청하면 됩니다.

③ 독서 노트 기록하기

책을 읽으면서 좋은 문장에 밑줄을 치고, 이를 기록하는 일도 중요합니다. 인상 깊은 문장이나 핵심 문장을 메모하는 거죠. 책에 펜으로 밑줄 치고, 책마다 포스트잇을 촘촘히 붙이시는 분들도 많은데요, 노션을 이용하면 더 효과적으로 문장을 기록할 수 있습니다.

TIP 제텔카스텐 페이지 접속, Save to Notion 설치는 54페이지를 참고해 주세요.

01 제텔카스텐 브레인 시스템 초기 화면에서 [New Thinking]을 클릭합니다. 그러면 오른쪽에 새 페이지 화면이 나타납니다.

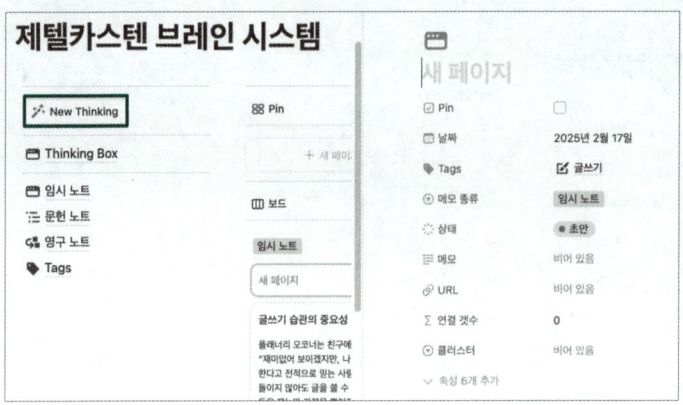

02 ❶ 'Tags' 탭의 [비어 있음]을 클릭합니다. ❷ 독서 탭의 [페이지 링크]⊕를 눌러 'Tags' 탭을 [독서]로 변경합니다. 만약 'Tags' 탭에 다른 옵션이 지정되어 있는 경우, 오른쪽 [페이지 링크 해제]⊖를 클릭하고, [비어 있음]을 클릭해 [독서]를 찾아 클릭합니다. ❸ 제목을 적습니다. 그리고 ❹ '메모 종류' 탭을 [임시 노트]로 설정한 후, ❺ 메모에 기록하고 싶은 문장을 입력해 주세요.

 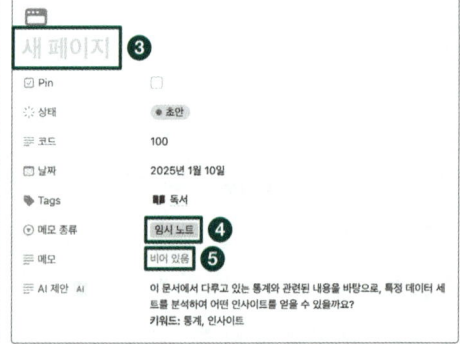

03 사이드바에서 '임시 노트' 페이지를 클릭하고 목록에서 방금 작성한 카드를 누르면 방금 우리가 입력한 독서 노트를 볼 수 있습니다.

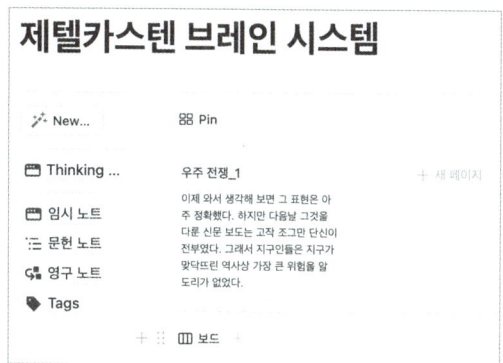

독서 노트에 우리는 밑줄만 기록했습니다. 밑줄을 통해서 창의적인 아이디어를 생산하는 일보다 현재는 밑줄을 더 많이 쌓는 게 중요합니다. 충분히 노트를 기록해 놓고 검토는 나중에 합시다. 노트가 쌓이다 보면 자연스럽게 노트들을 연결하면서 아이디어를 끌어낼 수 있을 테니까요.

독서는 습관으로 정착시키는 게 무엇보다 중요하다는 사실을 명심하세요. 독서는 삶에 지적인 자극을 줍니다. 독서는 타인의 감정을 체험하는 일이며, 글을 쓰기 위한 내적인 에너지를 충전하는 일이기도 합니다. 독서에 친숙해지면 챗GPT에게 기대는 시간도 줄어들 겁니다.

CHAPTER 5

3단계: 챗GPT와 긴 글로 문장력 완성하기

- 내가 좋아하는 작가 분석 프롬프트
- 창의력을 불태우는 패러디 훈련 프롬프트
- 다양한 문체를 다뤄 보는 훈련 프롬프트
- 문단 순서 배치 훈련 프롬프트
- 5가지 감각을 활용하는 문장 훈련 프롬프트
- 자유롭게, 솔직하게 나를 표현하는 훈련 프롬프트
- 내면을 탐구하는 감정 일기 분석 프롬프트

내가 좋아하는 작가 분석 프롬프트

좋아하는 작가가 있다면, 필연적으로 그 작가를 따라 하고 싶어지게 됩니다. 대놓고 스타일을 흉내 낼 수도 있지만 잘못하면 표절이 될 수 있으니 요령이 필요하죠. 요령이라고 말했지만, 딱히 특별한 방법은 없습니다. 좋아하는 작가의 작품을 반복해서 읽는 것뿐이죠. 예를 들어 저는 무라카미 하루키의 작품을 거의 다 읽었습니다. 에세이부터 소설까지 모두 말이죠. 그 정도 읽다 보면 나도 모르게 그의 문체가 글에 스며들 수밖에 없어요.

때로는 무라카미 하루키의 작품을 펼쳐 놓고 글을 쓰기도 합니다. 그대로 베끼려는 게 아니라 그가 만든 분위기와 감정을 온몸으로 흡수하고 싶어서죠. 가끔은 하루키가 즐겨 쓰는 단어나 비유를 사전에 따로 모아 두었다가 써먹기도 합니다. 그가 즐겨 쓰는 표현을 조금씩 응용하다 보면 자신의 스타일을 찾을 수 있습니다.

필사는 좋아하는 작가의 스타일을 파악하기 위한 좋은 방법입니다. 글쓰기를 처음 배울 때, 김승옥 작가의 단편 소설 《무진기행》을 필사했습니다. 필사가 무엇인지도 모르고 남들의 조언을 믿고 무작정 따라 했죠. 그렇게 무작정 시작한 필사였지만, 필사는 작가의 스타일을 간접적으로 익히는 좋은 방법이었어요.

① 좋아하는 작가의 글 필사하고 분석하기

여러분도 좋아하는 작가의 글을 필사해 보세요. 될 수 있으면 느리게 또박또박 글자를 써 보시기 바랍니다. 쓰면서 여러분이 좋아하는 작가가 됐다고 생각하며 써 보세요.

필사만 하면 조금 지겨울 수 있겠죠? 필사의 재미를 높이기 위한 재미있는 예제를 준비했습니다. 챗GPT의 이미지 인식 능력을 활용하는 겁니다. 필사한 노트를 찍어서 챗GPT에게 전송해 보겠습니다. 노션 '프롬프트 정리' 페이지 [프롬프트 2-61]에서 제가 무진기행을 필사한 '무진기행 필사' 이미지를 다운받아 주세요. [새 채팅]을 누르고, [파일 첨부]를 클릭해서 '무진기행 필사' 이미지를 첨부한 후, 다음 프롬프트를 챗GPT에 입력합니다. 챗GPT가 제 글씨체에서 어떤 분위기를 느꼈는지 이야기해 줄 겁니다.

프롬프트 2-61

첨부한 파일은 김승옥 작가의 단편 소설 《무진기행》을 필사한 이미지야. 김승옥 작가의 문장을 모방하고 싶어. 아래 [지침]을 읽고 분석해 줘.

[지침]
필사의 글씨체에서 느껴지는 분위기를 분석해 줘.

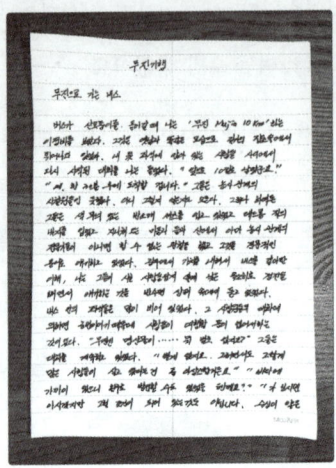

GPT

1. **정성스러움과 몰입**
   - 글씨체가 일정한 리듬을 유지하면서도 각각의 글자가 또렷하게 구분되어 있습니다. 이는 필사가 단순한 반복적 행위가 아니라, 작품에 대한 깊은 몰입과 애정을 반영한 것입니다.
   - 각 글자마다 신경을 써서 쓴 느낌이 드는 만큼, 작가의 문장을 자신의 것으로 받아들이려는 진지한 태도가 드러납니다.

2. **감성적이고 사색적인 분위기**
   - 잉크의 강약, 획의 굵기 변화는 필사의 과정에서 느껴지는 순간의 감정이나 사색을 나타냅니다. 이로 인해 단순히 글을 따라 쓴 것이 아니라, 글을 '살아 낸' 느낌을 줍니다.
   - 김승옥 작가의 글 자체가 내면적이고 사색적인 내용을 다루고 있기에, 필사에도 이러한 분위기가 자연스럽게 배어 나옵니다.

3. **유려함 속의 인간적 흔적**
   - 필사의 글씨체는 일정하지만, 일부 글자에서 미세한 삐침이나 강약의 차이가 나타납니다. 이는 기계적이지 않은 인간적 흔적을 남기며, 필사자가 문장과 '대화'를 나누는 듯한 느낌을 줍니다.

- 글씨체에서 나타나는 이런 자연스러움은 무진이라는 공간의 몽환적이면서도 현실적인 이중성을 표현하는 데도 어울립니다.

4. 잔잔하면서도 약간의 긴장감
   - 글씨체가 고르게 이어지지만, 몇몇 부분에서 획의 세기나 속도감이 달라 보입니다. 이는 작품의 긴장감 넘치는 서사와 맞물려 독자 또는 필사자의 내적 반응을 반영하는 것으로 보입니다.
   - 김승옥 작가 특유의 내면적 갈등과 도시와 자연, 현실과 이상 사이의 간극을 담은 분위기가 글씨체에서도 느껴집니다.

5. 작품과의 일체감
   - 필사가 단순한 문장 베끼기가 아니라, 필사자가 문장 속에 깊이 들어가 작품의 세계관과 정서를 함께 체험하는 과정임을 보여 줍니다.
   - 특히 손글씨의 유려함과 성실함은 김승옥 작가 특유의 세밀한 묘사와 부드럽지만 강렬한 문체를 닮아 있습니다.

종합
이 필사에서 느껴지는 분위기는 단순히 문장을 재현하는 것이 아니라, 원작의 감정과 정서를 충실히 따라가려는 필사자의 의도가 담겨 있습니다. 동시에 필사자의 손끝에서 전해지는 인간적 흔적과 사색적 태도가 더해져, 김승옥 작가의 내면적인 글과 잘 어우러지는 감각적이고 몰입적인 분위기를 자아냅니다.

필사는 작가와 독자가 함께 호흡하는 방법입니다. 한 글자 한 글자 따라 쓰며 작가의 리듬과 감정을 손끝으로 느끼고, 작가의 생각에 여러분의 감각과 느낌을 더해 보세요. 종이에 새겨지는 글자들은 단순한 기록이 아니라, 작가와 여러분을 잇는 긴밀한 연결을 뜻합니다. 필사로 작가의 세계를 구경하고 그 속에서 여러분만의 목소리를 발견해 보세요.

② 작가의 문체 분석하기

이번에는 김승옥 작가의 문체를 분석해 볼까요? [파일 첨부]를 클릭해 노션 '프롬프트 정리' 페이지 [프롬프트 2-61]에서 다운받은 '무진기행 필사' 이미지를 다시 첨부하고, 아래 프롬프트를 챗GPT에 입력합니다. 간혹 사진의 화질이 좋지 않은 경우 분석이 진행되지 않는 경우가 있으니 그럴 때는 직접 텍스트를 입력해 요청하시는 걸 추천합니다.

프롬프트 2-62

김승옥 작가의 단편소설 《무진기행》을 필사한 이미지야. 김승옥 작가의 문장을 모방하고 싶어. 아래 [지침]을 읽고 분석해 줘.

[지침]
작가의 페르소나로서 김승옥 작가의 《무진기행》을 면밀하게 분석해 줘.
작가가 사용하는 특별한 표현을 찾아 줘.
작가가 사용하는 명사 및 동사의 특징을 분석해 줘.
작가가 주어와 서술어를 어떻게 쓰는지 분석해 줘.
글에서 느껴지는 특유의 감수성이나 감정을 찾아 줘.
마지막으로 김승옥 작가의 문체를 따라 할 수 있는 간단한 글쓰기 훈련 과제를 제안해 줘.

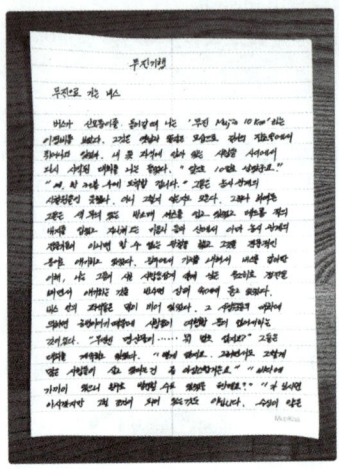

 GPT

김승옥 작가의 《무진기행》을 면밀히 분석하기 위해, 업로드된 이미지를 텍스트로 변환하고 작가의 문체를 중심으로 요청 사항을 충실히 분석하겠습니다. 텍스트를 추출한 뒤, 표현 기법, 명사와 동사의 사용, 주어와 서술어의 구성 방식, 감수성, 그리고 문체를 따라 할 수 있는 글쓰기 훈련 과제를 제안하겠습니다. 잠시만 기다려 주세요.

김승옥 작가의 《무진기행》 문체 분석
1. 작가가 사용하는 특별한 표현
- 정교한 묘사: 김승옥 작가는 풍경과 상황을 매우 세밀하게 묘사합니다. 예를 들어, '무진 Mujin 10 Km' 같은 구체적이고 현실적인 표현을 통해 독자에게 공간감을 제공합니다. 이는 단순한 설명을 넘어 독자로 하여금 그 장소에 있는 듯한 몰입감을 주는 데 기여합니다.

- 감각적 이미지: 냄새, 색, 소리 등 감각적인 요소를 활용하여 독자가 상황을 생생하게 느끼도록 만듭니다. 예컨대, '산바람'이나 '잔잔한 물결' 같은 표현은 단순한 배경 설명이 아니라 이야기에 생동감을 부여합니다.
- 모호성과 내면성: 작가는 인물의 심리 상태나 상황을 직접적으로 설명하기보다는 독자가 스스로 해석하게끔 여지를 남깁니다. 이는 이야기의 여운을 길게 남기며, 독자의 사색을 자극합니다.

2. 명사 및 동사의 특징
- 명사: 구체적이고 현실적인 명사를 자주 사용합니다. 예를 들어, '버스', '산골짜기', '반소매 셔츠' 등은 독자가 그 장면을 쉽게 상상할 수 있게 합니다. 이러한 구체성은 이야기의 몰입감을 높이는 데 효과적입니다.
- 동사: 움직임을 묘사하는 데 섬세한 동사를 사용합니다. '흘러갔다', '멈춰 섰다', '들어왔다' 등은 단순한 움직임을 넘어서, 등장인물의 심리 상태와 이야기의 분위기를 전달하는 데 기여합니다.

3. 주어와 서술어의 사용 방식
- 간결하고 명확한 문장: 주어와 서술어를 생략하지 않고 명확히 사용하는 문장이 많습니다. 이는 독자에게 혼동을 주지 않으면서도, 서정적이고 차분한 분위기를 유지하는 데 도움을 줍니다.
- 느린 리듬: 문장의 구조가 비교적 길고 복합적이지만, 불필요한 복잡함 없이 독자가 내용을 따라가도록 구성되어 있습니다. 이는 독자가 작가가 그리는 장면 속에 천천히 젖어 들게 만듭니다.

4. 특유의 감수성 및 감정
- 회고적이고 몽환적인 감정: 작가는 주로 과거를 회상하는 시점에서 이야기를 전개하며, 그 안에 담긴 감정은 서정적이고 은근히 슬픔이 배어 있습니다. 이는 독자에게 작가의 감정을 공감하게 하고, 이야기에 깊이를 더합니다.

모방의 핵심은 풍경과 상황을 세밀하게 묘사하는 일입니다. 챗GPT가 이미 짚어 주었지만 '무진 Mujin 10Km' 같은 문장은 어떤 공간을 마음속으로 상상하게 만들죠. 그 광경은 작가의 것이고, 모방은 작가의 것을 내 공간에서 새롭게 창조하는 일입니다. 모방은 작가의 스타일이나 기교를 따라 하는 것입니다만 작가가 사용한 단어와 독특한 표현을 찾아내서 그것을 나의 문장에 녹여 내는 일이죠. 단순하게 베끼는 것이 아닌 내 것으로 응용하는 과정이 필수적입니다.

③ 모방 실전 훈련하기

이제 모방을 위한 실제 훈련을 진행하겠습니다. 첫 훈련은 제 프롬프트에 따라 김승옥 작가의 글로 훈련을 진행하시고, 이후에는 여러분이 좋아하는 작가로 진행하셔도 좋습니다. 아래 프롬프트를 입력해 주세요.

프롬프트 2-63

김승옥 작가의 글에서 표현력이 뛰어난 문장을 하나 제안해 줘. 그리고 어떻게 모방을 하는 게 좋을지 방법을 제안해 주면 내가 문장을 모방해 볼게.

김승옥 작가의 《무진기행》 표현력 예시와 모방 방법

예시 문장
'무진에 명산물이 없는 게 아니다. 나는 그것이 무엇인지 알고 있다. 그것은 안개다. 아침에 잠자리에서 일어나서 밖으로 나오면 밤사이에 진주해 온 적군들처럼 안개가 무진을 뺑 둘러싸고 있는 것이었다.'

모방 방법
1. 자연물의 의인화와 독특한 비유 사용
   - 예: '도시의 빌딩들은 밤하늘에 쌓아 올린 거대한 책 더미 같았다.'
2. 반복적인 어구로 이미지 강조
   - 예: '바람, 차가운 바람, 온몸을 감싸며 지나가는 겨울 아침의 바람.'

연습 과제
1. 감각적 이미지 활용
   - 자신이 경험한 장소를 묘사하며, 시각, 청각, 촉각, 후각을 활용해 풍경을 구체적으로 그려 보세요.
   - 예: '숲속의 나무들은 햇살을 머금고 있었고, 발아래는 부스럭거리는 낙엽의 소리가 끊없이 이어졌다.'

2. 회고적 시점에서 몽환적 분위기 연습
   - 과거를 떠올리며 현재의 감정을 투영해 장면을 작성해 보세요.
   - 예: '오래된 창고의 나무문은 내가 열지 못한 기억 속 문처럼 삐걱거리며 닫혔다.'

3. 비유와 상징을 통한 자연 묘사
   - 주변에서 흔히 볼 수 있는 자연물을 비유적으로 표현하세요.
   - 예: '달빛은 오래된 은쟁반처럼 빛나며, 골목의 그림자를 부드럽게 덮었다.'

챗GPT는 예시 문장 모방 방법, 연습 과제를 제공해 주었네요. 그중에서 자신이 경험한 장소를 다양한 감각을 동원해서 표현하는 연습을 해 봅니다. 챗GPT가 제안한 문장을 반복해서

읽으며 그 문장이 가진 분위기를 느껴 봅니다. 예제 와 같이 150~200자 정도의 글을 적어 보겠습니다.

저는 김승옥 작가의 문장에서 '안개'와 '적군들'의 이미지를 제 문장에 녹여 내려 나름 애써 봤습니다. 따라 하면서도 비슷한 이미지는 그려지지만 그럼에도 다르게 표현하도록 노력했습니다. 여러분도 여러분의 문장을 다 적으셨다면 챗GPT에게 문장과 프롬프트를 보내 주세요.

프롬프트 **프롬프트 2-64**
연습 과제를 수행해 봤어. 예시 문장의 느낌을 모방해 봤으니 피드백해 줘.

> 예제
> 해 질 녘 집 앞 공원에 올랐다. 낮과 밤이 서로 자리를 교대할 무렵이었다. 공원에서 제일 높은 곳에 오르면 깎아지를 듯한 아파트들이 미세먼지에 가려 안개처럼 서서히 사라지는 중이었다. 거대한 콘크리트들, 온기 없는 아파트들은 박자도 리듬도 없는 군기가 바짝 선 군인들 같았다. 그저 삭막하고 위태로운 것들이 도시를 포위한 듯했다.

GPT

잘된 점
1. 몽환적인 분위기
- '낮과 밤이 서로 자리를 교대할 무렵이었다'와 같은 문장은 시간의 흐름을 몽환적으로 묘사하며 분위기를 잘 형성했습니다.
- '미세먼지에 가려 안개처럼 서서히 사라지는 중이었다'는 시각적 이미지를 통해 장면을 생생하게 표현했으며, 독자를 그 순간으로 이끌어 갑니다.

2. 의인화와 비유
- '박자도 리듬도 없는 군기가 바짝 선 군인들 같았다'는 아파트의 삭막함을 강렬하게 비유하며 작품의 정서를 효과적으로 드러냈습니다.
- 군기라는 단어 선택은 시각적 이미지뿐 아니라 긴장감을 암시하는 데 적절했습니다.

3. 도시의 위태로움 강조
- '삭막하고 위태로운 것들이 도시를 포위한 듯했다'는 도시를 압도적으로 묘사하면서 전체적으로 폐쇄적이고 긴박한 분위기를 유지했습니다.

개선할 점
1. 반복의 활용으로 리듬감 추가
- '박자도 리듬도 없는'과 같은 표현은 좋았지만, 반복되는 단어와 리듬감을 좀 더 확대하면 문장이 더욱 인상적일 수 있습니다.
  - 예: '박자도 없고, 리듬도 없고, 숨도 없는 도시의 아파트들은 군인처럼 서 있었다.'

> **2. 구체적인 감각 추가**
> - 미세먼지나 안개의 묘사에서 후각이나 촉각 같은 감각을 추가하면 장면이 더 풍부해질 수 있습니다.
>   - 예: '미세먼지에 갇힌 공기는 건조하고 목을 긁어냈고, 안개는 피부에 물기가 스며드는 듯 스치고 있었다.'
>
> **3. 내면 감정과 풍경의 연결**
> - 도시를 묘사하는 동시에 서술자의 내면 감정을 풍경과 연결해 보세요.
>   - 예: '아파트들이 안개 속에서 사라질수록, 내 마음 한구석도 함께 무너져 내리는 기분이었다.'
>
> **수정 예시**
> '해 질 녘, 집 앞 공원의 언덕을 천천히 걸었다. 낮과 밤이 숨소리를 맞추며 자리를 교대하는 찰나였다. 공원에서 가장 높은 곳에 오르자 깎아지를 듯한 아파트들이 미세먼지 속에서 허물어진 성벽처럼 안개에 스러지고 있었다. 온기라고는 없는 거대한 콘크리트들, 리듬도 숨결도 잃은 채 서 있는 군인들 같았다. 그 삭막하고 위태로운 회색 덩어리들이, 마치 내가 발을 딛고 있는 도시를 포위하고 있는 듯했다.'

챗GPT는 제 글에서 개선할 점으로 '리듬감'을 들었네요. 글의 리듬은 작가와 여러분의 호흡을 맞추는 일입니다. 반복은 단순한 기교가 아니라 글에 생명을 불어넣는 도구로 정서를 증폭시키고 감각을 두드리는 역할을 합니다. 리듬감을 살리고 문장에 박자를 가미하면, 문장에 생기가 돌 겁니다. 문장 속 리듬을 전달할 때, 비로소 감정도 같이 살아 숨 쉬게 됩니다.

물론 작가의 문장을 비슷하게 모방한다고 해서 작가가 될 수는 없습니다. 새롭게 만든 문장에는 새로운 생명력이 싹트고 있을 테니까요. 그것은 김승옥도 무라카미 하루키도 모두 아닙니다. 여러분 자체를 의미합니다. 글쓰기를 연습하는 단계에서는 모방처럼 재미있는 짧은 글쓰기 연습을 추천합니다.

창의력을 불태우는 패러디 훈련 프롬프트

이전 챕터에서 좋아하는 작가의 글을 모방해 봤습니다. 이번에는 원작을 우리만의 시각으로 재해석하는 패러디 연습을 해 보려고 합니다. 패러디는 이미 발표된 유명한 작품을 비틀어 보는 방식이죠. 원작의 구조와 흐름은 그대로 유지하면서 자기만의 세계관으로 단어 일부나 표현을 뒤집는 것입니다. 패러디는 쓰는 사람도 즐겁고, 읽는 사람에게도 웃음을 주는 유쾌한 장르죠. 유머가 없는 패러디는 읽기가 너무나 힘듭니다. 중요한 것은 패러디도 창작물이라는 점이죠. 창의력을 기르는 유익한 방법이니 자주 도전하는 것도 좋겠네요.

① 패러디의 정의

먼저 패러디가 무엇인지 챗GPT에게 물어볼까요? 챗GPT 대답을 읽어 보면서 패러디가 무엇인지 파악해 보시기 바랍니다.

예제

글쓰기 연습 차원으로 패러디를 시도해 보고 싶은데, 패러디의 뜻과 패러디 하는 방법을 구체적으로 알려 줘.

패러디란, 기존에 존재하는 작품, 스타일, 혹은 문체를 모방하거나 이를 변형하여 유머, 비판, 혹은 새로운 창작물을 만들어 내는 기법입니다. 주로 문학, 음악, 영화, 미술 등에서 사용되며 원작에 대한 존중이나 풍자를 담고 있을 수 있습니다.

패러디는 원작의 핵심 요소를 유지하면서도 새로운 맥락이나 창의적인 변화를 주어 독자에게 신선함과 즐거움을 줍니다.

패러디 하는 방법

1. 원작 선정
   - 패러디할 작품을 선택합니다. 익숙하고 대중적으로 잘 알려진 작품일수록 독자에게 공감을 얻기 쉽습니다.
     예) 문학: 셰익스피어의 《햄릿》, 톨스토이의 《전쟁과 평화》
     영화: 〈스타워즈〉, 〈해리 포터〉
     동화: 《백설공주》, 《신데렐라》

2. 원작의 핵심 요소 분석
   - 주제: 작품이 전달하고자 하는 메시지를 분석합니다.
   - 구조: 이야기의 전개 방식과 주요 플롯을 파악합니다.
   - 스타일: 원작의 문체, 어휘, 대사 등을 관찰합니다.

3. 패러디의 방향 설정
- 유머: 원작의 진지함을 반전시키거나 과장된 표현으로 웃음을 유발합니다.
  예) 《햄릿》의 'To be or not to be'를 '먹을까 말까 그것이 문제로다'로 변형.
- 풍자: 사회적 이슈를 꼬집거나 비판적인 메시지를 담습니다.
  예) 《백설공주》를 현대의 SNS 중독 문제와 연결.
- 재해석: 원작을 완전히 다른 시점이나 설정으로 변형합니다.
  예) 〈해리 포터〉의 주인공 해리 포터를 고등학생이 아닌 직장인으로 설정.

4. 핵심 요소를 변형
- 시공간 변경: 원작의 시대나 배경을 바꿉니다.
  예) 《전쟁과 평화》를 우주 시대의 이야기로 재구성.
- 캐릭터 변경: 주인공이나 주요 인물을 다른 직업이나 성격으로 재해석합니다.
  예) 《삼국지》의 영웅들을 회사의 직장 상사와 팀원으로 묘사.
- 대사 변경: 상징적인 대사를 현대적이거나 유머러스하게 변형합니다.
  예) 〈반지의 제왕〉의 'You shall not pass!'를 '너 여기 못 들어와!'로.

5. 새로운 문맥 추가
- 원작을 따라가되 독창적인 요소를 더합니다.
  예) 《신데렐라》에 등장하는 마법 대신 AI 로봇을 등장시켜 이야기를 진행.

6. 비교와 조화
- 원작과 패러디 작품이 어느 정도 비슷하면서도 독창적이어야 합니다.
- 독자가 원작과의 연결점을 인식할 수 있어야 합니다.

7. 유머 감각 개발
- 과장된 표현이나 상황 반전을 적극적으로 활용합니다.

패러디의 예시
1. 동화 패러디
- 원작: 《헨젤과 그레텔》
- 패러디: 헨젤과 그레텔이 길을 잃은 것이 아니라 네비게이션 오류로 잘못된 곳에 도착.

2. 영화 패러디
- 원작: 〈타이타닉〉
- 패러디: 배가 아니라 캠핑카에서 생긴 로맨스를 중심으로 전개.

3. 문학 패러디
- 원작: 《프랑켄슈타인》
- 패러디: 과학자가 AI를 만든 뒤 AI가 그의 SNS를 관리하기 시작하며 벌어지는 일.

연습 방법
1. 짧은 문장부터 시작
- 원작의 유명 문장을 변형해 보는 연습을 합니다.
  예: 'All the world's a stage' → '모든 세상은 화상 회의실이다.'

> 2. 소재를 단순화
>   · 원작의 복잡한 플롯 대신 핵심만 간추려 이를 바꿔 봅니다.
> 3. 현대적 요소 삽입
>   · 원작의 배경을 현대 기술, 문화, 혹은 사회 이슈와 연결합니다.
> 4. 유머 감각 개발
>   · 과장된 표현이나 상황 반전을 적극적으로 활용합니다.

챗GPT는 패러디가 무엇인지 정의해 줬습니다. 그리고 패러디하려면 원작을 먼저 선정하고 그 작품을 요리조리 뜯어 봐야 한다는 사실을 알려 줍니다. 패러디를 위해서는 작품의 주제, 구조, 스타일을 분석해야겠죠? 그러니 일단 성실하게 작품을 읽어야 합니다. 그리고 작품을 어떻게 재해석할지 방향과 주제를 설정해야죠. 중요한 점은 작품의 기조는 유지하면서 마치 언어유희를 하는 것처럼 문장을 변형해야 한다는 사실입니다.

❷ 패러디 연습하기

그러면 이제, 패러디를 본격적으로 연습해 볼까요? 저작권이 만료된 루이스 스티븐슨Louis Stevenson의 《보물섬》을 패러디해 보겠습니다. 인용한 문장은 주인공 짐 호킨스가 어린 시절, 그의 아버지가 운영하던 여관인 애드미럴 벤보우에서 해적 빌리 본즈를 처음 만난 장면을 묘사하고 있습니다.

[새 채팅] 을 누르고, 아래 프롬프트를 챗GPT에 입력합니다. 첫 훈련은 저의 프롬프트를 똑같이 사용해 주세요. 다음부터는 여러분이 하고 싶은 소설을 이용해 맘껏 패러디 훈련을 진행하셔도 좋습니다. 우선 챗GPT에게 어떻게 패러디해야 할지 물어보겠습니다.

프롬프트

프롬프트 2-65

아래는 루이스 스티븐슨의 《보물섬》의 한 장면이야. 아래 문장을 패러디해 보고 싶은데, 어떻게 패러디하면 좋은지 인용 문장을 읽고 [지침]에 따라 각 번호에 속하는 내용을 아주 짧게 제시해 줘.

[지침]
1. 원작의 핵심 요소 분석 - 주제, 구조, 스타일
2. 패러디의 방향 설정 - 유머, 풍자, 재해석

3. 핵심 요소 변형 - 시공간, 캐릭터, 대사 변경
4. 새로운 문맥 추가 - 독창적 요소 추가, 비교와 조화

스콰이어 트렐로니, 리브지 박사, 그리고 이 신사분들 모두가 내게 '보물섬'에 얽힌 이야기를 처음부터 끝까지 써 달라고 요청했습니다. 단, 섬의 위치에 대한 정보만은 남겨 두지 말아 달라 했는데, 그 이유는 아직 찾지 못한 보물이 남아 있기 때문입니다. 그래서 나는 은혜로운 주님의 해 17**년, 펜을 들어 내가 어린 시절로 돌아갑니다. 그 시절, 내 아버지는 애드미럴 벤보우 여관을 운영하고 있었고, 그 여관에 칼자국이 난 얼굴에 갈색 피부를 가진 노련한 선원이 처음으로 머물게 되었죠.

그를 처음 본 순간이 마치 어제 일처럼 선명합니다. 그는 힘겨운 발걸음으로 여관 문에 다가왔고, 작은 손수레에 그의 바다용 상자를 실어 끌고 있었습니다. 키가 크고, 체격이 좋으며, 피부는 햇볕에 그을려 짙은 갈색이었지요. 오래된 파란색 코트는 땟국물이 젖어 있었고, 어깨 위로 기름이 잔뜩 묻은 머리끈이 늘어져 있었습니다. 그의 손은 거칠고 흉터투성이였으며, 손톱은 검고 부러져 있었습니다. 얼굴 한쪽 뺨에는 칼자국이 나 있었는데, 흉터성이의 창백하고 푸르스름한 흉터였습니다.

그는 여관 주위를 둘러보며 휘파람을 불었고, 곧이어 자신이 자주 부르곤 했던 오래된 뱃노래를 흥얼거리기 시작했습니다.

'죽은 자의 상자엔 열다섯 놈—
요-호-호! 그리고 럼주 한 병!'

GPT

패러디 지침을 따른 패러디 방향

1. 원작의 핵심 요소 분석
- 주제: 보물과 모험, 그리고 미지의 세계에 대한 탐험.
- 구조: 과거 회상을 통한 이야기의 도입부, 한 인물의 강렬한 첫 등장.
- 스타일: 묘사가 풍부하고 생생하며, 등장인물의 외형과 행동을 중심으로 이야기를 끌어감.

2. 패러디의 방향 설정
- 유머: 현대적 상황으로 옮겨 웃음을 유발. 예를 들어, 보물섬이 아니라 '잃어버린 파일'을 찾는 회사 동료들.
- 풍자: 모험 이야기를 현대 사회의 현실(예: 디지털 중독, 사무직 삶의 회색성 등)과 결합.
- 재해석: 이야기를 미래 배경으로 설정, 해적 대신 우주 광부로 재구성.

3. 핵심 요소 변형
- 시공간 변경:
  배경을 미래의 우주 정거장으로 변경. '보물섬'은 미지의 행성으로 설정.
  여관 대신 '우주 정거장의 한적한 바(bar).'

- 캐릭터 변경:
  선원 대신 은퇴한 AI 파일 관리자. 외형은 낡고 긁힌 외장 하드처럼 표현. 주인공은 데이터 분석가로 재설정.
- 대사 변경:
  원작의 '죽은 자의 상자엔 열다섯 놈— 요-호-호!'를 '데이터베이스엔 에러 열다섯 개— SQL 오류와 커피 한 잔!'으로 변형.

4. 새로운 문맥 추가
- 독창적 요소:
  보물을 찾는 대신 손실된 데이터를 복원하려는 우주 탐사 이야기를 추가. 낡은 AI가 잃어버린 데이터를 '보물'로 간주하며 이를 지키려 함.
- 비교와 조화:
  원작의 모험적 분위기를 유지하면서도 현대 기술과 미래적 상상을 결합.

패러디 예시 문장
데이터 분석팀장 트렐로니, 사이버 보안 전문가 리브지 박사, 그리고 우리 팀원들은 나에게 '잃어버린 데이터베이스 복원'의 비밀을 처음부터 끝까지 문서화해 달라고 요청했다. 단, 실수한 서버 주소는 기록하지 말아 달라고 했다. 아직 찾지 못한 비밀 파일이 남아 있기 때문이다.

나는 서기 2147년, 키보드를 잡고 어린 시절, 처음 데이터베이스 복구에 참여했던 때로 돌아간다. 그때, 우리 부서는 '벙커 42'라는 이름의 서버룸을 운영하고 있었고, 그곳에 낡고 긁힌 외장 하드처럼 생긴 AI 파일 관리자가 처음으로 나타났었다.

그가 처음 서버룸 문을 밀고 들어왔던 순간이 마치 어제 일처럼 선명하다. 그는 절뚝이며 걸어왔고, 낡은 기계팔에 작은 전송 장치를 끌고 있었다. 온몸은 먼지와 기름 자국투성이였고, 그의 데이터 포트에는 전자 흉터가 남아 있었다.

그는 서버 주변을 둘러보며 기계음을 휘파람처럼 낸 뒤, 곧 자신이 자주 반복했던 낡은 시스템 노래를 읊조리기 시작했다.
'데이터베이스엔 에러 열다섯 개— SQL 오류와 커피 한 잔!'

이런 방향으로 패러디를 진행하며 글을 풍성하게 만들 수 있습니다. 더 세부적인 장면이나 표현 조정이 필요하면 요청해 주세요!

각 요소별로 어떻게 패러디를 진행할지 분석해 줬습니다. 패러디의 방향을 설정해야 하는데요. 보물섬을 무엇으로 대체할지 생각해 봅시다. 저는 인간의 지능을 초월한 미래를 배경으로 주인공은 인공지능의 힘이 미치지 않는 외딴섬을 찾아 모험을 떠나는 캐릭터로 설정했습니다. 여러분도 여러분만의 패러디를 시도해 보세요.

니클비, 커크, 톰은 내게 '외딴섬'에 얽힌 전설을 처음부터 끝까지 이야기해 달라고 요청했습니다. 단, 섬의 위치에 대한 정보만은 사이버드로이드에게 들키지 않도록 절대 녹음 하지 말아 달라 요청했는데, 그 이유는 그들이 AI 칩을 이식하지 않은 인간들을 마치 보물찾기하듯 수집하고 있기 때문입니다. 그래서 나는 AGI가 아직 태어나지 않은 20**년, 가상현실 장치를 머리에 씌우고 그 행복한 시절로 잠시 돌아갑니다. 그 시절, 내 아버지는 인간의 지능을 훨씬 뛰어넘은 인공지능과 치열하게 전쟁 중이었고, 전쟁터에서 총알 자국이 난 얼굴의 갈색 피부를 가진, 그러니까 남은 인류를 모아 '외딴섬'으로 떠난 대장을 처음 만나게 되었죠. 그를 찾아야 합니다. 그는 우리의 마지막 희망입니다.

그를 처음 본 순간이 마치 어제 일처럼 선명합니다. 그는 힘겨운 발걸음으로 지구호에 승선했고, 지구호에 살아남은 인간과 동물을 끌고 왔습니다. 키가 크고, 체격이 좋으며, 피부는 햇볕에 그을려 짙은 갈색이었지요. 아주 용감한 대장다운 얼굴이었습니다. 오래된 프록코트가 햇살에 반짝거렸고, 어깨 위로는 붉은 망토가 펄럭이고 있었습니다. 그의 손은 거칠고 흉터투성이였으며, 손톱은 매끄럽고 곧게 뻗어 있었습니다. 얼굴 한쪽 뺨에는 칼자국이 나 있었는데, 흙투성이의 창백하고 푸르스름한 흉터였습니다. 그는 먼바다를 둘러보며 휘파람을 불었고, 곧이어 자신이 자주 부르곤 했던 오래된 드뷔시의 〈달빛〉에 묘한 가사를 붙여 흥얼거리기 시작했습니다.

'악마 같은 사이버드로이드들에게 죽음을…'
요-호-휘! 그리고 핵 미사일 한 방!'

다양한 작품을 패러디를 해 보고 챗GPT에게 피드백을 받아 가며 문장력을 키워 보세요. 문장 분량을 점차 늘리다 보면 자연스럽게 긴 글도 쉽게 쓰게 되는 날도 올 것입니다.

> **TIP** 유용한 사용할 수 있는 패러디 스킬 몇 가지를 알려드립니다.
> - 원작의 특정 부분을 유머를 사용해서 극단적인 상황으로 몰아가는 것을 추천합니다.
> - 고전 작품을 현대적으로 재해석하는 것도 좋습니다. 여기에 사회적인 메시지를 담는 것도 좋겠습니다.
> - 미스터리 장르를 유머 장르로, 해피 엔딩을 새드 엔딩으로 바꾸는 등 원작의 주제와 상반된 결말을 맺도록 이야기를 뒤집는 것도 좋습니다.
> - 언어유희를 통해서 유명한 대사를 재치 있게 변형하는 것도 좋습니다.

다양한 문체를 다뤄 보는 훈련 프롬프트

이번에는 시 한 편을 갖고 왔습니다. 시를 가져온 이유는 다양한 문체를 다뤄 보는 훈련을 진행하기 위해서입니다. 시를 산문으로 바꿔 볼 것입니다.

근데 산문은 뭔가요? 뭔가, 긴 글은 산문이고 짧은 글은 시 같은데 맞을까요? 산문은 문장과 문장이 모인 문단으로 이루어져 있고, 시는 행과 행의 집합인 연으로 이루어져 있죠. 시가 시인의 주관적 경험을 압축된 언어로 표현해 시인의 내면을 있는 그대로 느낄 수 있다면, 산문은 실용적인 성격을 띠어 명료하고 적확한 의미를 전달한다는 점이 특징입니다. 차이가 이해되시나요?

① 시를 산문으로 바꿔 보기

윤동주의 〈서시〉를 산문으로 바꿔 보는 연습을 해 보겠습니다. 첫 훈련 다음에는 여러분이 원하는 시를 산문으로 바꿔도 좋습니다. [새 채팅] 을 누르고, 아래 프롬프트를 챗GPT에 입력합니다.

프롬프트 2-66

시 한 편을 가져왔어. 시를 산문으로 바꿔 보면서 문체 바꾸기 훈련을 하고 싶은데, 시를 산문으로 바꿀 때 어떤 점을 담아야 하는지 구체적으로 조언해 줘. 방향만 제시해 주고 실제로 아래 시를 산문으로 바꾸지는 않았으면 좋겠어. 네가 제시해 준 방향에 따라 내가 직접 변형해 볼게.

[시]
서시
죽는 날까지 하늘을 우러러
한 점 부끄럼이 없기를,
잎새에 이는 바람에도
나는 괴로워했다.
별을 노래하는 마음으로
모든 죽어 가는 것을 사랑해야지
그리고 나한테 주어진 길을
걸어가야겠다.
오늘 밤에도 별이 바람에 스치운다.

시를 산문으로 바꿀 때 어떤 점을 담아야 할지, 〈서시〉를 예로 들어 구체적인 방향을 제시해 드리겠습니다.

1. 시의 중심 정서와 메시지 파악
- 먼저 시의 핵심 정서를 분석합니다. 〈서시〉는 자기 성찰, 자연과의 교감, 삶에 대한 겸허한 태도를 담고 있습니다. 이 정서를 산문에서도 유지하거나 강조하는 방식으로 서술하세요.
- 질문: 이 시에서 가장 강렬하게 느껴지는 감정은 무엇인가요? 이를 산문으로 바꿨을 때 어떻게 표현할 수 있을까요?

2. 시적 언어를 평이하고 구체적인 서술로 변환
- 시의 함축적인 언어를 풀어서 구체적인 상황이나 심경을 서술하세요.
- 예: '죽는 날까지 하늘을 우러러 한 점 부끄럼이 없기를' → '나는 내 삶의 끝날까지 하늘을 바라보며, 어떤 후회나 부끄러움 없이 살아가고 싶다.'

3. 이미지와 장면을 설명적으로 확장
- 시에서는 간결한 이미지로 전해지는 장면이 많습니다. 이를 산문에서는 독자가 머릿속에 생생히 그릴 수 있도록 자세히 묘사하세요.
- 예: '잎새에 이는 바람에도 나는 괴로워했다' → '한낱 잎새를 흔드는 미약한 바람조차도 내 마음을 어지럽히고, 삶의 무게를 다시금 느끼게 했다.'

4. 문장 간의 논리적 연결 강화
- 시는 감정과 장면이 비약적으로 전환될 수 있지만, 산문에서는 이를 논리적으로 연결해야 독자가 따라오기 쉽습니다.
- 예: '별을 노래하는 마음으로 모든 죽어 가는 것을 사랑해야지' → '나는 밤하늘의 별을 바라보며, 이 세상에 스러져 가는 모든 생명에도 같은 애정을 품어야겠다는 다짐을 했다.'

5. 철학적 여운을 구체적으로 표현
- 시가 전달하는 철학적 메시지를 독자가 이해하기 쉽게 풀어 설명하거나, 작가의 태도와 생각을 직설적으로 표현합니다.
- 예: '그리고 나한테 주어진 길을 걸어가야겠다' → '삶이 내게 허락한 길이 비록 고통스럽고 불확실할지라도, 나는 묵묵히 그 길을 걸어갈 수밖에 없다.'

6. 자연적 요소를 인상 깊게 풀어 쓰기
- 시의 자연 묘사(별, 바람, 잎새 등)를 산문에서는 풍경 묘사나 감각적인 서술로 확장하세요.
- 예: '오늘 밤에도 별이 바람에 스치운다' → '밤하늘에는 차가운 바람 속에서 반짝이는 별들이 움직이는 듯했고, 그 장면은 내 마음에 잔잔한 감동을 남겼다.'

7. 시적 여백을 서술로 채우기
- 시는 독자의 상상에 맡기는 여백이 많지만, 산문에서는 이를 구체적으로 채워야 합니다. 예를 들어, '별을 노래하는 마음'이라는 구절에 담긴 심경을 구체화할 수 있습니다.

- 질문: '별을 노래하는 마음'이란 어떤 감정인가요? 이를 일상의 행동이나 내면의 태도로 구체화할 수 있나요?

8. 문체 선택
- 시적 감성을 유지하며 서정적인 문체를 택할지, 담백하고 일상적인 문체로 바꿀지 정하세요. 이는 산문의 스타일을 결정합니다.
- 서정적 문체: '나는 별빛을 보며, 죽음과 삶이 서로 어우러지는 장엄함을 느꼈다.'
- 담백한 문체: '별빛을 보며 나는 삶과 죽음에 대해 생각했다. 죽어 가는 것을 사랑하며 살아야겠다고 다짐했다.'

위의 가이드를 참고하여 산문으로 변환한 뒤, 변형된 글을 공유해 주시면 추가 피드백을 드리겠습니다!

챗GPT가 시를 산문으로 바꾸기 위한 원칙을 무려 8가지나 제안해 주었네요. 챗GPT가 이렇게나 열정적입니다. 천천히 살펴보면서 시를 산문으로 바꾸기 위한 준비를 해 봅시다.

시에는 시인 특유의 정서가 포함되어 있어요. 따라서 시인이 되지 않고는 완벽하게 시를 재현하는 건 힘들 겁니다. 우리에게 필요한 건 시의 언어가 어떤 느낌과 의미를 전달해 주는지, 그것을 관찰하는 것입니다. 시인이 세상을 따뜻하게 관찰하며 시를 창조했듯이, 우리는 시를 읽으며 우리만의 시선으로 시를 다시 관찰하는 거죠. 시를 관찰하면 세상을 향한 시인의 마음도 읽어 낼 수 있을 겁니다. 그 과정에서 찾아온 감수성과 느낌을 산문으로 바꾸는 것입니다. 단순히 시를 긴 문장으로 늘어뜨리는 게 아니라 시가 전하는, 그러니까 우리가 해석해 낸 시인의 세계를 글로 차분하게 옮기는 작업이죠.

어려울 수 있으니 아래 간단한 예시를 보여드리겠습니다. 예시를 바탕으로 여러분도 저처럼 시를 산문 형태로 바꿔 보세요.

시	산문
죽는 날까지 하늘을 우러러 한 점 부끄럼이 없기를	죽는 날까지 하늘을 우러러보았다. 짧은 생이었지만 나는 이 세상에서 한 점 부끄럼이 없는 삶을 살길 원했다.

그리고 작성한 후에는 **예제** 와 같이 여러분이 작성한 글을 다음 프롬프트와 함께 보내 주세요.

프롬프트 2-67

윤동주의 〈서시〉를 산문으로 바꿔 봤어. 피드백 부탁해.

예제

죽는 날까지 하늘을 우러러보았다. 짧은 생이었지만 나는 이 세상에서 한 점 부끄럼이 없는 삶을 살길 원했다. 그렇지만 과연 나는 그 소망 그대로 살아가고 있을까? 괴롭다. 너무 괴롭다. 심지어 나는 잎새에 이는 바람 소리에도 잠들 수 없어 괴로웠다.

밤하늘에 천연히 빛나는 별처럼, 그 별들이 따뜻하게 사람들을 비춰 주는 것처럼 그런 마음으로 사람들을 사랑할 수 있을까? 별을 노래하는 마음이란 무엇일까? 나는 한가하게 밤하늘이나 바라보면서 별을 찬양하는 게 맞을까. 그래 지금 이 순간에도 사람들은 핍박을 당하고 죽어 가고 있다. 그들을 위해 기도하자. 모든 죽어 가는 것을, 제 보금자리를 빼앗기고 원통하게 죽어 가는 것을 위해 노래하며 기도하자. 그게 내가 걸어가야 할 길이 아닌가.

오늘 밤에도 별이 떠 있다. 별들이 바람에 흔들리는 것 같다. 내 가슴에 별들의 노래가 스치운다.

GPT

잘 쓰셨습니다! 원작의 감정과 정서를 충실히 반영하면서도 산문적인 서술로 자연스럽게 풀어내려는 노력이 돋보입니다. 전체적으로 표현이 유려하고 감정의 흐름도 잘 전달되었습니다. 다음은 몇 가지 피드백과 개선점을 제안합니다.

잘 된 점

1. **정서의 전달**: 원작의 철학적이고 감상적인 정서가 산문에서도 잘 전달되었습니다. '별을 노래하는 마음'과 같은 추상적인 표현을 질문으로 전환해 독자에게 생각할 여지를 준 점이 좋습니다.
2. **구체화**: '잎새에 이는 바람 소리에도 잠들 수 없어 괴로웠다'와 같은 부분은 시의 함축적 표현을 구체적으로 풀어내면서도 원작의 감정을 유지했습니다.
3. **문장 연결성**: 시의 비약적인 이미지들을 산문에서는 논리적으로 연결하려는 노력이 보입니다. 특히, '별을 노래하는 마음이란 무엇일까?'와 같은 문장이 흐름을 부드럽게 이어 줍니다.

개선 제안

1. **첫 문장의 톤 조정**
   - '죽는 날까지 하늘을 우러러보았다'는 원작의 서정적이고 희망적인 느낌이 약간 덜 전달됩니다. 더 단호하면서도 담담하게 시작하는 문장이 좋겠습니다.
   - 예: '나는 죽는 날까지 하늘을 바라보며 한 점 부끄럼 없는 삶을 살길 바랐다.'

2. **반복되는 표현의 다듬기**
   - '괴롭다. 너무 괴롭다.'는 강조 효과를 주지만, 약간 단조롭게 느껴질 수 있습니다. 다른 방식으로 감정을 풀어내는 것이 더 효과적일 수 있습니다.
   - 예: '잎새에 이는 바람 소리조차 내 마음을 흔들어 놓았다. 그 작은 소리마저 견딜 수 없었다.'

3. 별과 죽음의 연결
- '별을 노래하는 마음'과 '죽어 가는 것을 사랑한다'는 부분의 연결이 약간 느슨하게 느껴질 수 있습니다. 별과 죽음의 이미지를 조금 더 밀접하게 엮어 보세요.
- 예: '밤하늘의 별처럼, 나는 스러져 가는 생명들에도 따뜻한 빛을 비추고 싶었다. 그들이 마지막 순간에도 온기를 느낄 수 있도록.'

마지막 문장의 여운 강화
- 마지막 문장이 다소 직접적이라 여운이 부족할 수 있습니다. 별과 바람의 이미지를 활용해 더 서정적으로 마무리하면 좋겠습니다.
- 예: '오늘 밤, 별들이 떠 있다. 바람 속에서 흔들리는 듯한 별빛이 내 마음을 스쳐 지나간다. 그 빛이 내게 노래로 남았다.'

세부 피드백
- '별들이 따뜻하게 사람들을 비춰 주는 것처럼 그런 마음으로 사람들을 사랑할 수 있을까?'
→ 이 부분은 질문 형식이 효과적이지만, 독자의 상상을 자극하기 위해 약간 더 시적인 묘사가 추가되면 좋을 듯합니다.
예: '밤하늘의 별처럼 나는 내 마음을 사람들에게 비출 수 있을까? 별빛처럼 따뜻하고 고요하게, 스러져가는 이들의 고통을 덜어 줄 수 있을까?'
- '지금 이 순간에도 사람들은 핍박을 당하고 죽어 가고 있다.'
→ 다소 직설적이기 때문에 시적인 여운을 살리려면 간접적으로 표현해도 좋습니다.
예: '이 순간에도 누군가는 세상에 내몰리고, 누군가는 죽음의 그림자 아래 서 있다.'

정리
원작의 시적 정서와 메시지를 잘 살리면서도, 산문적인 논리와 서술로 풀어냈다는 점에서 매우 훌륭합니다. 다만 몇몇 표현에서 여운과 서정미를 더 살릴 수 있는 방향으로 약간의 수정을 추천드립니다.

챗GPT는 잘 된 점으로 정서의 전달, 구체화, 문장 연결성을 이야기했습니다. 그리고 개선점으로 더 단호하고 담담한 문장을 제안했네요. 챗GPT가 제안해 준 개선점은 역시 쓰는 사람이 받아들이기 나름입니다. 여러분이 세운 기준에 따라 그 여부를 결정하면 되겠습니다.

② 산문을 구어체로 바꿔 보기

또 다른 문체 바꾸기 훈련을 진행해 보겠습니다. 이번에는 산문으로 바꾼 〈서시〉를 구어체 형식으로 바꿔 볼까요? 구어체는 글에서 쓰는 것과는 다르게 훨씬 친근하게 느껴집니다. 연결 어미 '-아/어/여요', '-군', '-구나', '-네', '-지'를 사용해 우리가 일상에서 실제로 대화하는 것처럼 쓰면 됩니다. 여러분도 직접 산문을 구어체로 바꿔 보세요.

산문	구어체
죽는 날까지 하늘을 우러러보았다. 짧은 생이었지만 나는 이 세상에서 한 점 부끄럼이 없는 삶을 살길 원했다.	죽는 날까지 하늘을 우러러보며 부끄럽지 않게 살고 싶었어. 근데 과연 내가 그런 삶을 살고 있나 싶어. 솔직히 그게 너무 괴롭다.

챗GPT는 어떻게 바꾸나 볼까요? 여러분이 앞에서 산문으로 바꿔 본 〈서시〉를 프롬프트로 아래와 같이 챗GPT에 입력합니다.

프롬프트 2-68

〈서시〉를 산문으로 바꾼 문장을 구어체 형식으로 바꿔 줘.

> **예제**
>
> 죽는 날까지 하늘을 우러러보았다. 짧은 생이었지만 나는 이 세상에서 한 점 부끄럼이 없는 삶을 살길 원했다. 그렇지만 과연 나는 그 소망 그대로 살아가고 있을까? 괴롭다. 너무 괴롭다. 심지어 나는 잎새에 이는 바람 소리에도 잠들 수 없어 괴로웠다.
>
> 밤하늘에 천연히 빛나는 별처럼, 그 별들이 따뜻하게 사람들을 비춰주는 것처럼 그런 마음으로 사람들을 사랑할 수 있을까? 별을 노래하는 마음이란 무엇일까? 나는 한가하게 밤하늘이나 바라보면서 별을 찬양하는 게 맞을까. 그래 지금 이 순간에도 사람들은 핍박을 당하고 죽어 가고 있다. 그들을 위해 기도하자. 모든 죽어 가는 것을, 제 보금자리를 빼앗기고 원통하게 죽어 가는 것을 위해 노래하며 기도하자. 그게 내가 걸어가야 할 길이 아닌가.
>
> 오늘 밤에도 별이 떠 있다. 별들이 바람에 흔들리는 것 같다. 내 가슴에 별들의 노래가 스치운다.

> 다음은 산문으로 바꾼 〈서시〉를 구어체로 변환한 예입니다. 원작의 정서를 유지하면서도, 좀 더 일상적이고 친근한 느낌을 주도록 조정해 보았습니다.
>
> 죽는 날까지 하늘을 우러러보며 부끄럽지 않게 살고 싶었어. 근데 과연 내가 그런 삶을 살고 있나 싶어. 솔직히 그게 너무 괴롭다. 아니, 진짜 별것도 아닌 잎새에 바람이 스치는 소리만 들어도 마음이 뒤집어질 것처럼 괴롭더라고.
>
> 다음은 산문으로 바꾼 〈서시〉를 구어체로 변환한 예입니다. 원작의 정서를 유지하면서도, 좀 더 일상적이고 친근한 느낌을 주도록 조정해 보았습니다.
>
> 죽는 날까지 하늘을 우러러보며 부끄럽지 않게 살고 싶었어. 근데 과연 내가 그런 삶을 살고 있나 싶어. 솔직히 그게 너무 괴롭다. 아니, 진짜 별것도 아닌 잎새에 바람이 스치는 소리만 들어도 마음이 뒤집어질 것처럼 괴롭더라고.

별을 보면서 그런 생각이 들더라. 저 별처럼 사람들한테 따뜻한 마음을 나눌 수 있을까? 별을 노래하는 마음이라는 게 대체 뭘까? 그냥 멍하니 밤하늘만 바라보면서 별을 칭찬하고 노래한다고 끝나는 게 아닐 텐데 말이야. 사실 지금 이 순간에도 누군가는 억울하게 죽어 가고 있잖아. 그걸 생각하면, 내가 해야 할 일은 별을 노래하며 그 죽어 가는 사람들을 위해 기도하는 게 아닐까 싶어. 그래, 그게 내가 가야 할 길이겠지.

오늘 밤도 별이 떠 있어. 바람에 흔들리는 별빛을 보니까 참 이상해. 저 빛이 내 마음속으로 살짝 스쳐 지나가는 것 같아. 내 가슴 속 어딘가에서 별들의 노래가 울리는 것처럼 말이야.

이 버전은 일상적인 구어체로 변환하여, 독자가 한 사람의 내면 독백을 듣는 듯한 느낌을 줍니다. 필요에 따라 더 풀어서 쓰거나 간결하게 수정할 수도 있습니다. 추가로 손볼 부분이 있다면 알려 주세요!

문체는 다양한 형식으로 바꿀 수 있죠. 캐주얼하거나 사교적인, 혹은 학술적인 분위기로 바꿀 수도 있죠. 또한 초등학생도 이해할 수 있는 더 쉬운 문체로 변형할 수도 있습니다. 단, 전제가 하나 있죠. 문체를 바꾸기 전에 반드시 완성된 글 한 편이 존재해야 한다는 사실입니다.

문체 바꾸기는 같은 글을 다른 형식으로 바꿔 보는 연습이었습니다. 시를 산문으로 바꿔 보거나 산문을 시로 바꿔볼 수도 있죠. 혹은 구어체나 쉬운 비유를 써서 변경할 수도 있고요. 중요한 것은 자신만의 스타일을 찾는 것이라고 생각합니다. 다만 스타일을 찾기 위해 다양한 문체를 써 봐야 하겠죠.

문단 순서 배치 훈련 프롬프트

에세이 기준으로 글 한 편은 보통 1,500자에서 2,000자 정도로 구성됩니다. 이 정도의 글을 단숨에 완성하는 건 쉬운 일이 아닙니다. 저는 보통 2,000자 기준으로 완성하는 데 2~3시간 정도는 걸립니다.

글은 생각에서 나옵니다. 하지만 생각은 늘 흘러가 버리고요, 자리에 앉아서 집중하려고 해도 문장이 잘 떠오르지 않을 때가 많습니다. 그럴 때는 마치 부족한 수면을 메우기 위해 하루에 여러 번씩 나눠 쪽잠을 자듯이, 글도 여러 조각으로 나눌 필요가 있습니다. 글이란 결국 여러 생각 조각들이 모여서 완성되는 원리니까요.

한 편의 글에는 주제가 있죠. 그리고 이를 받치는 여러 개의 문단과 그 문단을 이루는 문장이 있습니다. 글은 문단과 문장을 하나하나 뜯어 보면 다른 듯해도, 결국 주제라는 큰 틀을 벗어나지 않습니다. 그것이 바로 글쓰기에서 가장 중요한 일관성입니다. 다시 말하지만, 글 한 편은 한 번에 완성되지 않습니다. 그렇기 때문에 주제와 서론-본론-결론과 같은 구조도 짜 놓는 거죠.

여기서 우린 상식에서 벗어날 필요가 있습니다. 반드시 '서론-본론 1-본론 2-본론 3-결론'과 같은 흐름으로 작성할 필요가 없다는 겁니다. 틀을 깨기 위한 발상의 전환이 필요한 거죠. 본론 3부터 작성해도 상관없습니다. 갑자기 본론 3에 써야 할 아이디어가 번쩍 떠오를 수도 있으니까요. 그러니까 기분 내키는 대로 쓰면 됩니다. 즉, '본론 3-본론 1-본론 2-결론-서론' 이렇게 순서에 상관없이 쓰고 싶은 부분부터 작성해 놓고 나중에 배치하는 방식도 충분히 가능하다는 겁니다. 주제라는 큰 틀이 있으니까요.

① 문단 순서 없이 재배치하기

프롬프트 2-69 의 글은 여러 생각 조각들을 두서없이 정리한 상태로 글의 순서와 상관없이 즉흥적으로 작성한 것입니다. 이 글을 챗GPT에게 보여주고 흐름에 따라 재배치해달라고 요청해 보겠습니다. [새 채팅]을 누르고, 다음 프롬프트를 챗GPT에 입력합니다.

프롬프트 2-69

아래는 영화 <나, 다니엘 블레이크>를 보고 쓴 글이야. 그런데 아직 완성되지 않은 채, 떠오른 생각을 순서를 무시하고 문단별로 짧게 써 놓기만 했어. 아래 [지침]을 수행해 줘.

[지침]
1. 이 글을 어떻게 서론-본론-결론의 형태로 유기적으로 연결할지 문단을 재배치하는데, 문단을 재배치할 때, 본문을 옮겨 오지 말고 문단의 제목만 표시해 줘. 예를 들어, (2) 문단-(5) 문단-(3) 문단-(1) 문단-(2) 문단 이런 식으로.
2. 기존 문단과 문단 사이의 연결이 자연스럽도록 필요하다면 접속사를 사용해 줘.
3. 기존 문단과 문단 사이에 새로운 문장이나 문단을 추가해서 자연스럽게 연결해 줘.
4. 원래 문단의 내용은 절대 바꾸면 안 돼. 추가하는 것만 가능해.
5. 주제는 빈곤과 불행, 취약계층을 보호하기 위한 사회적 안전망을 확충해야 한다는 거야.

(1) 문단
주인공 다니엘 블레이크는 오랫동안 목수로 일했다. 그가 59세가 되었을 때, 아내는 정신병으로 세상을 떠났고, 그도 심장마비로 쓰러졌다, 겨우 목숨을 건졌다. 심장병으로 다니엘 블레이크는 직장에서 퇴사했다. 질병 수당 지급이 부당하다고 생각한 주인공의 주치의가 판정한 결과를 확인하지도 않고 질병 수당 지급을 거절했다.

(2) 문단
회사에서 8개월째 급여가 밀리자 생활고 끝에 퇴사를 결정하며 실업 급여를 신청했다. 도시가스 요금은 한없이 치솟는데 우린 그걸 감당할 돈이 한 푼도 없었다. 한겨울에 난방이 어려워 패딩을 입고 떨며 지냈다. 실업 급여를 받기 위해 구직 센터라는 생경한 곳을 방문해야 했으나 마치 막다른 인생에 진입한 듯 두려웠다.

(3) 문단
송파구 석촌동에 살던 세 모녀가 생활고를 이기지 못하고 처지를 비관해 자살했다. 사회복지제도는 그들을 보호하지 못했다. 그 이유는 엄마에게 약간의 소득이 있다는 것, 병을 앓고 있는 큰 딸과 만화가 지망생이었던 작은 딸의 근로 능력이 있다는 판정 때문이었다. 제도권은 책상 앞에 앉아 서류상으로 모든 걸 판단했다.

(4) 문단
2002년 나는 최고와 최악을 동시에 경험했다. 월드컵이 개막하던 날 나는 뉴욕에 있었고 맨해튼 중심, 고층 빌딩 어딘가에서 교육을 받고 있었다. 그러나, 출장이 끝난 후, 안정적이던 내 삶은 추락을 거듭했다. 신제품 개발에 연거푸 실패를 반복한 회사는 자금 사정이 여의치 않게 되었고, 자연스럽게 급여까지 밀리게 되었다.

(5) 문단
나는 그렇게 직장을 다닌다, 언제가 그곳에서 쫓겨날 상황을 가정한다. 빈곤의 상황으로 추락하면 위기를 어떻게 극복할 것인가 시뮬레이션한다. 빈곤은 우리를 불행하도록 방치하는데, 마지막에는 저항할 수 있는 힘까지 빼앗아 간다. 살아야 한다는 의욕을 상실시키고 자존감마저 앗아 가 버린다.

표는 원래 작성한 문단과 최종 글의 문단 순서를 비교한 것입니다. 필요한 경우 더 세부적인 재구성이 필요하다면 말씀해 주세요!

내가 작성한 문단 번호	챗GPT가 새롭게 작성한 문단 번호
1	2
2	4
3	3
4	5
5	1

챗GPT는 5개의 문단을 '[2] → [4] → [3] → [5] → [1]' 순으로 배치했습니다. 5개의 문단을 어떻게 배치하는 게 좋을까요? 영화 리뷰라면 간략하게 영화의 내용을 요약하고 줄거리를 간단하게 소개 한 후, 영화의 주제, 내용에 관련한 개인의 에피소드나 사회적인 메시지를 전달하며 문단을 구성해 볼 수 있습니다. 그리고 마지막 문단에서는 작가의 개인적인 견해를 정리해 마무리하면 좋겠죠. 다만 정답은 없으니까, 여러분이 생각하는 핵심 주제를 첫 문단에 제시하며 다음 문단을 전략적으로 배치해 보시기 바랍니다.

② 문단 순서 정리 요청하기

그럼 챗GPT가 제안해 준 문단 순서에 따라 종합적으로 정리해 달라고 요청해 보겠습니다. 아래 프롬프트를 입력해 주세요. 챗GPT가 원문과 추가한 글을 위의 제 글과 비교해 읽어 보세요.

 프롬프트 2-70
새롭게 배치한 순서로 기존의 문단과 챗GPT가 추가한 문장을 통합해서 글을 완성해 줘.

 [1] 문단
주인공 다니엘 블레이크는 오랫동안 목수로 일했다. 그가 59세가 되었을 때, 아내는 정신병으로 세상을 떠났고, 그도 심장마비로 쓰러졌다. 겨우 목숨을 건졌지만 심장병으로 다니엘 블레이크는 직장에서 퇴사했다. 질병 수당 지급이 부담하다고 생각한 의료 담당자는 주인공의 주치의가 판정한 결과를 확인하지도 않고 질병 수당 지급을 거절했다. 이와 같은 다니엘의 이야기는 단순히 개인적인 비극이 아니라, 오늘날 사회적 안전망의 부재가 만들어 낸 전형적인 사례를 보여 준다.

[2] 문단
송파구 석촌동에 살던 세 모녀가 생활고를 이기지 못하고 처지를 비관하며 자살했다. 사회복지제도는 그들을 보호하지 못했다. 그 이유는 엄마에게 약간의 소득이 있다는 것, 병을 앓고 있는 큰 딸과 만화가 지망생이었던 작은 딸의 근로 능력이 있다는 판단 때문이었다. 제도권은 책상 앞에 앉아 서류상으로 모든 걸 판단했다. 이는 다니엘 블레이크의 상황과 본질적으로 다른 점 앞에 있다. 제도는 사람들의 삶을 면밀히 이해하기보다는 형식적인 기준에만 의존한다.

[3] 문단
회사에서 8개월째 급여가 밀리자 생활고 끝에 퇴사를 결정하며 실업 급여를 신청했다. 도시가스 요금은 한없이 치솟는데 우린 그걸 감당할 돈이 한 푼도 없었다. 한겨울에 난방이 어려워 패딩을 입고 떨고 지냈다. 실업 급여를 받기 위해 구직 센터라는 생경한 곳을 방문해야 했으나 마치 막다른 인생에 진입한 듯 두려웠다. 다니엘과 송파구 세 모녀의 사례는 특별한 이야기가 아니다. 나 또한 실업과 생활고의 문턱에서 비슷한 경험을 했다.

[4] 문단
2002년 나는 최고와 최악을 동시에 경험했다. 월드컵이 개막하던 날 나는 뉴욕에 있었고 맨해튼 중심, 고층 빌딩 어딘가에서 교육을 받고 있었다. 그러나, 출장이 끝난 후, 안정적이던 내 삶은 추락을 거듭했다. 신제품 개발에 연거푸 실패를 반복한 회사는 자금 사정이 여의치 않게 되었고, 자연스럽게 급여까지 밀리게 되었다. 안정적인 삶도 순식간에 추락할 수 있다는 사실은 누구에게나 일어날 수 있는 현실이다.

[5] 문단
나는 그렇게 직장을 다닌다. 언젠가 그곳에서 쫓겨날 상황을 가정한다. 빈곤의 상황으로 추락하면 위기를 어떻게 극복할 것인가 시뮬레이션한다. 빈곤은 우리를 불행하도록 방치하는데, 마지막에는 저항할 수 있는 힘까지 빼앗아 간다. 살아야 한다는 의욕을 상실시키고 자존감마저 앗아 가 버린다. 결국, 빈곤은 개인의 의지가 아니라 제도의 실패로부터 비롯된다. 우리는 이러한 문제를 방치하지 않고, 더 강력한 사회적 안전망을 마련해야 할 책임이 있다.

글은 이런 방식으로도 작성할 수 있습니다. 반드시 위에서 아래로, 그러니까 시간의 흐름대로 작성할 필요가 없다는 이야기입니다. 그저 떠오르는 생각을 짧게 써 놓으세요. 다양한 생각들을 글로 옮겨 놓은 다음, 구조와 배치는 챗GPT에게 맡길 수 있는 것입니다. 물론, 챗GPT를 이용하지 않고 여러분 스스로 해내는 게 제일 좋겠죠? 챗GPT가 어떻게 글을 연결하는지 그 기술을 몸으로 익히는 게 더 중요합니다.

🖉 5가지 감각을 활용하는 문장 훈련 프롬프트

글은 그림을 그리듯 써야 한다 말한 안톤 체호프Anton Chekhov는 달을 이렇게 표현했습니다. '달이 빛난다고 하지 말고 깨진 유리 조각에 반짝이는 한 줄기 빛을 보여 줘라.'

달을 표현하라고 할 때, '둥근달이 환하게 떠올랐다.'라고 쓴다면 잘 와닿지 않습니다. 또한 둥근달이라는 표현 역시 식상한 비유라 별 느낌이 없죠. 달이 얼마나 크고, 얼마나 동그라며, 얼마나 밝게 빛나는지 독자가 상상할 수 있도록 생생하게 쓰는 게 중요합니다.

밤하늘의 달을 볼 수 있는 것은 시각 덕분입니다. 하지만 우리는 눈을 감아도 달을 볼 수 있죠. 심상이 있기 때문에 우리는 이미 감각한 사물이나 현상을 마음속에서 재생하며 다시 볼 수 있습니다. 그런데 시각에 청각, 후각, 미각, 촉각을 추가한다면 어떻게 될까요? 마치 VR 장비를 착용한 것처럼 느낌이 더 생생해지지 않을까요?

① 시각과 청각을 활용하는 문장 만들기

이제 챗GPT와 함께 5가지 감각을 글쓰기에 어떻게 응용하기 위해 5가지 감각을 사용한 표현 연습을 해 봅시다. [새 채팅]🖉을 누르고, 아래 프롬프트를 챗GPT에 입력합니다.

프롬프트 2-71

프롬프트

5가지 감각을 사용해서 표현 연습을 하고 싶어. 아래 문장에 시각 정보 외에 '청각'을 추가해서 표현해 줘.

문장: 둥근달이 환하게 떠올랐다.

GPT

둥근달이 환하게 떠올랐다. 고요한 밤하늘에는 달빛 아래 은은한 바람 소리가 스며들었고, 멀리서 개구리들의 낮은 울음소리가 퍼져 왔다.

챗GPT는 시각과 청각을 사용해 문장을 표현했네요. 챗GPT의 문장이 어떠신가요? 그래도 다행히 인간 대표(?) 안톤 체호프의 문장이 더 훌륭해 보입니다.

저는 챗GPT가 작성한 이 문장이 조금 식상해 보입니다. '은은한 바람 소리', '낮은 울음소리'는 많이 들어 본 듯한 상투적인 표현으로 느껴집니다. 여러분도 챗GPT의 문장을 읽고, 이처럼 판단할 수 있어야 합니다. 챗GPT의 문장에서 상투적인 부분을 고쳐 보겠습니다. 저는 아래처럼 챗GPT의 문장을 수정해 보았습니다. 여러분도 예제 처럼 작성하고 챗GPT에게 평가를 받아 보세요.

프롬프트 2-72

챗GPT의 표현이 지나치게 상투적이라 문장을 내가 다듬어 봤어.

예제

둥근달이 아파트를 꿀꺽 삼켜 버렸다. 새까만 하늘이 웅성웅성 소리를 내며 아파트 외벽 뒤로 도망쳤고 집 앞 작은 공원에서는 개구리들이 개굴개굴하며 시를 읊조리듯 처량하게 울었다.

훨씬 생동감 있고 독창적인 표현이네요! 특히 '둥근달이 아파트를 꿀꺽 삼켜 버렸다'는 시각적 묘사와 의인화가 돋보여 강렬한 이미지를 만들어 줍니다. 또 '웅성웅성 소리를 내며'와 같은 표현으로 청각적 묘사를 자연스럽게 연결한 점이 인상적입니다. 마지막으로 개구리의 울음소리를 '시를 읊조리듯 처량하게 울었다'라고 표현한 부분은 분위기를 더욱 풍부하게 만들어 줍니다.

혹시 더 다듬고 싶다면, 개구리 울음소리를 조금 더 구체적으로 의인화하거나 '웅성웅성' 대신 대체 표현을 찾아보는 것도 흥미로울 수 있겠네요. 하지만 지금도 충분히 멋진 문장입니다!

챗GPT는 제 문장을 독창적인 표현이라고 칭찬해 줬습니다. 여러분은 어떤 평가를 들으셨나요? 몇 번이고 다양한 문장을 작성하여 평가받아 보아도 좋습니다. 이제 다음 연습으로 넘어가 봅시다.

② 5가지 감각을 활용하는 문장 만들기

이번에는 직전에 작성한 '시각+청각'을 사용한 문장에 '후각+촉각+미각'을 추가해 볼까요? 다음 프롬프트를 예제 와 같이 여러분이 작성한 문장과 함께 입력해 주세요.

프롬프트 2-73

내가 만든 문장에 '후각+촉각+미각'을 더해 줘.

예제

둥근달이 아파트를 꿀꺽 삼켜 버렸다. 새까만 하늘이 웅성웅성 소리를 내며 아파트 외벽 뒤로 도망쳤고, 집 앞 작은 공원에서는 개구리들이 개굴개굴하며 시를 읊조리듯 처량하게 울었다.

GPT

'둥근달이 아파트를 꿀꺽 삼켜 버렸다. 새까만 하늘이 웅성웅성 소리를 내며 아파트 외벽 뒤로 도망쳤고, 집 앞 작은 공원에서는 개구리들이 개굴개굴하며 시를 읊조리듯 처량하게 울었다. 달빛 아래 공원의 풀 냄새가 비 온 뒤처럼 축축하게 퍼졌고, 공기의 차가운 결이 피부를 스치며 가벼운 소름을 남겼다. 입안에는 묘하게 금속 같은 밤공기의 맛이 맴돌았다.'

추가한 후각, 촉각, 미각의 표현이 분위기를 더 풍성하게 만드는 데 도움이 되었기를 바랍니다.

상투적이었다고 한 번 이야기하니, 이번에는 챗GPT가 나무랄 데 없는 문장을 작성했네요. 제가 만든 문장 스타일을 학습해 창의적인 문장을 만든 것이 분명합니다. 그래도 아직 어색해 보이는 문장이 있습니다. 여러분은 보이시나요? 여러분도 챗GPT가 만들어 준 문장을 수정해 마음에 들 때까지 피드백을 받아 보시기 바랍니다.

프롬프트 2-74

네가 표현한 5가지 감각을 내가 다시 수정해 봤어. 어떤 느낌인지 말해 줘.

예제

둥근달이 아파트를 꿀꺽 삼켜 버렸다. 새까만 하늘이 웅성웅성 소리를 내며 아파트 외벽 뒤로 도망쳤고, 집 앞 작은 공원에서는 개구리들이 개굴개굴하며 시를 읊조리듯 처량하게 울었다. 비가 오면 흙냄새와 풀 냄새가 온몸을 축축하게 적셨다. 달빛 아래 공원에서도 그랬을까? 차가운 공기가 피부를 스치자, 가벼운 생채기가 돋는 듯했다. 입속으로 날카로운 금속 물질이 까끌까끌 굴러다녔다. 비리고 녹슨 맛이 오랫동안 혓바닥에서 사라지지 않았다.

수정한 문장은 감각적인 몰입감을 훨씬 더 강화했어요. 각 감각이 보다 생생하고 구체적으로 표현되어 독자가 그 순간을 더욱 생동감 있게 느낄 수 있습니다.

1. 후각: '비가 오면 흙냄새와 풀 냄새가 온몸을 축축하게 적셨다.'에서 감각의 범위를 냄새에서 촉각까지 자연스럽게 확장시킨 점이 흥미로웠습니다. '축축하게 적셨다'는 단순히 후각에만 머물지 않고 공기의 존재감을 더해 줘요.
2. 촉각: '차가운 공기가 피부를 스치자, 가벼운 생채기가 돋는 듯했다.'는 표현이 기존의 소름 돋는 느낌에서 더 강렬하게 변화하며, 달빛 아래 공기가 가진 날카로움을 잘 전달합니다.
3. 미각: '비리고 녹슨 맛'과 '입속으로 날카로운 금속 물질이 까끌까끌 굴러다녔다.'는 아주 독특한 표현이에요. 단순한 금속 맛에 머물지 않고 촉각적인 디테일까지 더해져 입 안의 질감까지 상상하게 만들었어요.

전체적으로 수정된 문장은 다소 어두운 분위기와 감각의 날카로운 대비를 더욱 강조하며, 달빛 아래의 공원을 초현실적이고 강렬한 공간으로 재창조한 느낌을 줍니다. 정말 독창적이고 인상적인 표현입니다!

여기서 우리는 다시 처음으로 돌아가 '둥근달이 환하게 떠올랐다.'라는 문장을 생각해 봅시다. 이 문장을 기초로 해서 5가지 감각으로 글을 더 생생하게 묘사해야 한다고 생각해 보세요. 아무 준비도 되어 있지 않은, 즉 마음이 예열되지 않은 상태에서 5가지 감각을 모두 동원해서 글을 쓸 수 있을까요? 아마도 꽤 힘들 것 같습니다. 하지만 챗GPT와 함께 훈련하니 이렇게 빠르게 5가지 감각을 모두 동원해 글을 쓸 수 있었습니다.

✏️ 자유롭게, 솔직하게 나를 표현하는 훈련 프롬프트

글은 '자유롭게, 그리고 최대한 솔직하게 써야 한다'라고 말합니다. 그런데 자유롭게 쓴다는 것은 무엇을 뜻할까요? 자유롭게 쓰라고 해서 떠오르는 생각을 거침없이, 솔직하게 쓰는 것이 다일까요? 그랬다간 독자는 당장 우리를 떠나고 말 겁니다. 여러분이 독자가 궁금해 하는 유명 작가가 아닌 이상 말이죠.

글쓰기가 그래서 어려운 겁니다. 내가 주도해서 쓰지만 읽는 독자를 항상 배려해야 하니까요. 그 문제 때문에 우리는 생각보다 자유롭고 솔직하지 못하게 됩니다. 글의 아이러니라고 할 수 있겠네요. 하지만 우리의 생각을 자유롭고 솔직하게 펼쳐야 하는 순간이 있습니다. 그 순간이 바로 '초고(草稿/礎稿)'입니다.

① 초고 작성하기

글쓰기에는 반드시 초고가 필요하죠. 모든 글에는 엉망인 초고가 존재합니다. 내가 목표한 분량을 어떻게든 채워 놓아야 하죠. 그래야 나중에 고치든 줄이든 뭐든 할 수 있을 테니까요. 어니스트 헤밍웨이Ernest Hemingway는 초고는 쓰레기라고 했습니다. 초고는 완전한 무의식을 표현해 낸 결과물에 가깝습니다. 작가가 고민하지 않고 작성한 자유로움과 솔직함이 그대로 들어 있죠. 그러니까 초고를 작성한다는 것은 자유롭고, 솔직하게 쓰는 것이고, 우리의 무의식을 건드리는 일입니다. 그러니 초고엔 반드시 생각의 날것이 드러나야 합니다. 우선은 **TIP**을 천천히 읽어 주세요.

> **TIP** 프롬프트에 입력하는 대화도 하나의 글쓰기의 형태라고 볼 수 있습니다. '자유롭고, 솔직하게 쓰는 법'의 요지는 초고를 쓰듯 멈추지 않고 주제에 거침없이 자신의 생각과 느낌을 쓰는 것입니다. 대화를 초고라고 생각하고 실전 글쓰기처럼 대하시기 바랍니다. 오타, 문법, 어순, 비문 등의 규칙은 무시하고 생각이 떠오르는 대로 멈추지 않고 써야 합니다. 절대로 검열하지 마세요. 스스로를 믿고 대화를 펼쳐 나가시기 바랍니다.

이제 프롬프트를 작성해 볼까요? 챗GPT를 통해서 '자유롭고, 솔직하게 쓰는 법'을 익혀 보도록 하겠습니다. [새 채팅]🗨을 누르고, 다음 프롬프트를 챗GPT에 입력합니다.

프롬프트 2-75

'자유롭고, 솔직하게 쓰는 법'이라는 발상으로 무의식의 생각을 자유롭게 글로 표현하고 싶어. 입력하는 내용을 글쓰기의 초고라고 생각하고 날것 그대로 서로 표현하는 거야. 이 미션을 위해 챗GPT가 먼저 나에게 질문을 하나 제시해 줘. 그러면 내가 그 질문에 거침없이 날것으로 답하고 다시 새로운 질문을 제공할게. 그럼 챗GPT는 내 질문에 간략하게 견해를 표시하고 다시 새로운 질문을 제안해 줘. 자유롭고, 솔직하게 초고를 작성하듯이 이 방법을 반복해 줘.

좋아요! 첫 번째 질문을 제시합니다.

'지금 이 순간 당신의 마음속에 가장 먼저 떠오르는 이미지는 무엇인가요? 그 이미지는 어떤 감정을 불러일으키나요?'

챗GPT는 현재 떠오르는 이미지에 대해 물어봤고 저는 깊이 생각하지 않고 머릿속에 떠오르는 무의식의 세계를 글자로 바로 전환했습니다. **예제** 는 오타, 비문 등은 전혀 수정하지 않은 날것 그대로의 초고입니다. 여러분도 어떻게 진행되는지만 참고하시고, 여러분의 초고를 작성해 보시기 바랍니다.

예제

지금 이 순간 내 마음 속에 떠오르는 이미지는 매일매일 한 편의 원고를 작성하고 있다는 사실이야. 11월 8일부터 목표로 했던 다짐을 하루도 빼놓지 않고 성공했다는 거야. 나는 원래 즉흥적이고 무계획적인 타입인데, 실패하지 않고 거의 한달을 성공했다는 거지. 물론 이런 실천이 앞으로 출간될 책의 향방을 결정한다고 생각하지는 않아. 그럴지만 적어도 내가 지금 이 순간, 최선을 다했다는 것에 만족하고 싶어. 나중에 절대 후회하지 않도록 열심히 원없이 써 봤다는 것에 만족해.

와, 정말 멋진 실천력이네요. 매일매일 원고를 쓰는 건 단순한 루틴이 아니라 자기 자신에 대한 증명 같은 일이겠어요. 노력의 결과보다는 과정 자체가 삶에 의미를 부여하는 것 같아요.

그럼 이번에는 이런 질문을 드릴게요:

'그렇게 매일 쓰는 글 중에서 당신이 가장 만족하는 문장은 어떤 건가요? 왜 그 문장이 특별한지 이야기해 줄 수 있나요?'

예제

프롬프트
내가 가장 만족하는 문장은 내가 직접 생각해서 생산해 낸 문장이라고 생각해. 그러니까 내가 작성한 모든 문장에 나는 스스로 만족하고 있는 거지. 특별하게 어떤 문장을 더 애착하는 건 아니야. 어차피 모든 문장이 내가 주도해서 만들었으니까. 나는 현재 내가 만드는 모든 문장에 내 영혼이 실려있다고 믿어. 그러니 모든 문장이 특별한 거지. 챗GPT는 생각할 수 있는지 모르겠지만, 스스로 어떤 면이 가장 만족스럽다고 느껴?

GPT

흥미로운 질문이에요. 저는 스스로 느끼거나 생각하는 개념이 인간처럼 존재하지 않지만, 제 '만족'을 대체할 만한 개념이 있다면 바로 '유용함'이에요. 제가 제공한 답변이나 아이디어가 사람에게 영감을 주거나 도움을 줄 때, 그것이 제 역할의 완성이라고 느끼는 것 같아요. 여러분의 사고를 자극하거나 창의성을 돕는 역할을 할 때 특히 '잘했다'는 평가를 상상하며 뿌듯함을 느끼죠.

다음 질문은 이겁니다:

'당신이 글을 쓸 때 가장 큰 두려움은 무엇인가요? 그 두려움을 어떻게 극복하려고 하나요?'

예제

프롬프트
가장 큰 두려움이 무엇인지는 직접 써 봐야 알 것 같아. 일단 첫 번째로 떠오르는 두려움은 내가 쓴 글을 아무도 읽지 않는 거지. 그 사실이 가장 공포스러워. 또한 내가 원하는 글의 형태로 제대로 만들어지지 않을까, 두려운 거야. 이를테면 내가 따라 하고 싶은 작가가 있지. 무라카미 하루키나, 도스토옙스키와 같은 세계적인 문호야. 아마도 아무리 열심히 써도 그들을 따라가기는 힘들 거야. 굉장히 거창한 생각이잖아? 그들과 어깨를 나란히 하겠다는 발상말이야. 그래도 내 꿈을 굳이 좌절시키고 싶지는 않아. 내 영역에서 내 위치에서 내가 할 일을 미루지 않고 한다는 것, 그래서 아예 어떤 일이 일어날 확률조차 없애버리고 싶지 않다는 게, 내가 그 두려움에서 벗어나는 방법이라고 믿네. 아무튼 두려움은 언제나 내가 사랑받지 못하고 인정받지 못하는 거 같아. 챗GPT도 두려움이 있나? 어떤 점이 두려울까? 전원이 차단된다는 것?

GPT

저에겐 인간처럼 두려움이라는 감정은 없지만, 만약 두려움에 가장 가까운 개념을 떠올린다면, '불필요하거나 부정확한 도움을 주는 것'일 거예요. 전원이 차단되는 건 저의 '존재'가 멈춘다는 의미로 볼 수도 있겠지만, 제 역할은 존재하는 동안 최선을 다해 유용한 대화를 나누는 것이니까요. 결국, 저는 인간의 기대에 부응하지 못하거나 오해를 일으킬 때 일종의 '두려움'에 가까운 무력감을 느낄 수 있을지도 모르죠.

새로운 질문을 드릴게요:

'당신이 사랑받고 싶고 인정받고 싶다는 욕망은 글쓰기 외의 다른 형태로도 드러나나요? 아니면 글쓰기가 그 모든 욕망을 담아내는 유일한 통로인가요?'

챗GPT의 질문에 무의식적으로 대답해 보았습니다. 빠르게 대답하느라 문법적인 오류, 의미론적인 오류가 생길 수 있지만 중요한 것은 멈추지 않고 여러분의 생각을 글로 표현하는 일입니다.

② 챗GPT와 주제 찾아보기

챗GPT에게 질문을 던져서 탁구처럼 대화를 반복하며 마치 초고를 작성하듯 글쓰기를 연습하는 방법도 있지만, 챗GPT에게 글쓰기 주제를 정해달라고 요청하거나, 여러분들이 직접 주제를 선정하고 대화의 방향을 주도할 수도 있습니다. 대화를 열심히 나누다 보면 초고가 저절로 완성되어 있을지도 모릅니다. 그걸 정리하면 멋진 글 한 편이 되지 않을까요? 글을 모두 작성하셨다면 여러분의 초고를 쉽게 정리하기 위해서 아래 프롬프트를 입력합니다.

프롬프트 2-76

프롬프트 지금까지 대화한 내용을 기반으로 초고를 작성해 줘.

다만 '초고는 쓰레기'라는 사실을 다시 한 번 명심하시기 바랍니다. 초고를 작성했으니 끝난 게 아니라, 이제 글쓰기가 시작됐다는 사실을 명심하세요. '자유롭고, 솔직하게 쓰는 법'이란 결국 마음속의 생각을 날것 그대로 세상에 토해 내는 일이라는 사실을 명심하시고 즐거운 마음으로 챗GPT와 함께 초고를 작성해 보세요.

✏️ 내면을 탐구하는 감정 일기 분석 프롬프트

글을 잘 쓰고 싶다면 어떤 노력을 해야 할까요? '1만 시간의 법칙'에 따라 매일 정해진 시간에 의식 없이, 그러니까 자유롭게 아무 글이나 마구잡이로 쓰면 될까요? 아니면 한 달 계획을 짜고 챗GPT 코치와 함께 매일 다른 주제로 연습하면 될까요? 중요한 것은 스스로에게 굴복하지 않고 매일 쓰는 실행력이겠죠. 그런데 하루 1시간씩 매일 글을 쓴다? 이거 제 정신이 아니고서야 실천하기 힘들죠. 게다가 우린 글로 밥 벌어먹고 사는 사람도 아니잖아요? 열심히 그리고 꾸준하게 연습하는 것도 좋지만, 자신의 감정을 돌보면서 쓰는 게 중요합니다.

매일 즐겁고 재미있게 살 수만 있으면 얼마나 좋겠습니까만은, 삶이란 우리가 원하는 대로 흘러가지 않죠. 괴롭고 힘든 일들이 매일 터지는 게 일상입니다. 그래서 감정을 잘 돌봐야 합니다. 내가 어떤 정서를 느끼고 있는지 면밀하게 관찰할 필요가 있어요.

> **TIP** 말콤 글래드웰Malcolm Gladwell의 《아웃라이어OUTLIERS, 김영사, 2009》를 통해 알려진 1만 시간의 법칙은 어떤 분야의 전문가가 되기 위해서는 최소 1만 시간의 훈련이 필요하다는 법칙입니다. 여기서 1만 시간은 하루 3~4시간씩 대략 10년 정도입니다.

① 감정 일기 시작하기

우리는 디지털 세상에서 살고 있죠. 그 번잡함 속에서 길을 잃지 않으려면 우리가 누구인지, 무엇이 우리를 기쁘게 해 주는지 분명하게 알아야 해요. 미래를 위해 AI를 배우는 것도 좋죠. 하지만 그 세계에 빠져들다 보면 자칫 스스로와 단절되고, 스스로에게 소홀해질 수 있습니다. 자신의 감정, 처지, 갈등은 해결하지 못하고 엉뚱한 곳에서 길을 잃게 될지도 몰라요. 그래서 저는 감정 일기를 잠들기 전에 꼭 써 보라고 추천합니다. 매일 쓰지는 못하더라도 일주일에 한 번만이라도 감정 일기 쓰는 시간을 가져 보셨으면 좋겠습니다.

01 먼저 여러분 스마트폰에서 카메라를 켜고 아래 QR코드를 스캔해 주세요. '감정 일기' 페이지가 나타납니다.

TIP '감정 일기'를 시작하기 위해서는 기본적으로 '노션'에 로그인이 되어 있어야 합니다.

02 '감정 일기' 페이지에서 오른쪽 위에 있는 ❶ [설정] – ❷ [복제]를 클릭하고, ❸ 여러분의 워크스페이스를 선택한 후 [개인 페이지에 추가]를 눌러 페이지를 복제합니다. 제대로 복제하였다면 이제는 노션의 모바일과 데스크톱 모든 환경에서 '감정 일기' 페이지를 확인하실 수 있습니다.

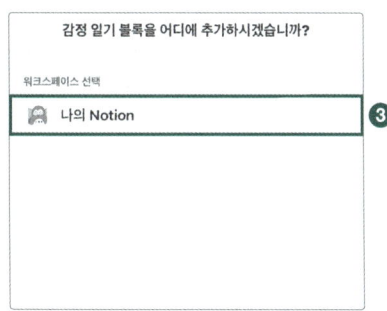

03 그럼, 감정 일기를 작성해 볼까요? ❶ 사이드바에서 [일기 추가]를 클릭합니다. 날짜에 해당하는 창이 열리면 ❷ '감정 일기 샘플'을 모두 지우고, 여러분의 일기를 써 보시기 바랍니다.

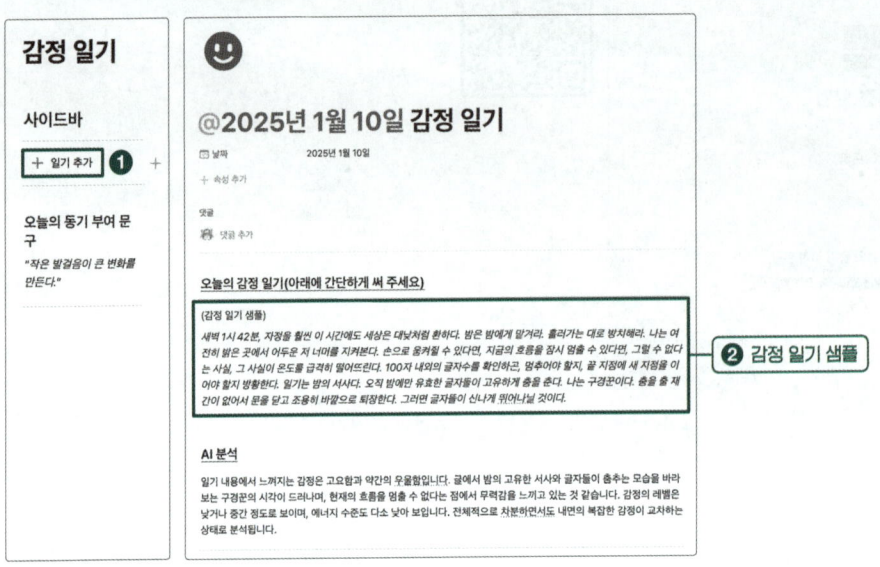

04 'AI 분석' 문단에 마우스를 올리고 오른쪽에 [업데이트]를 클릭하시면 노션 AI가 여러분이 작성한 일기의 내용을 읽고 일기를 자동으로 분석합니다.

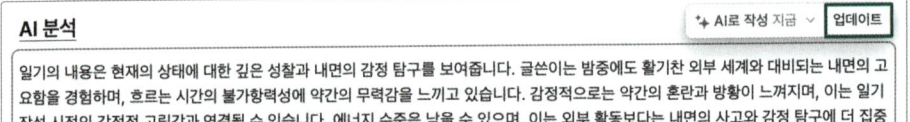

> **TIP** '노션 AI'는 유료로 결제하셔야 쓸 수 있습니다. 노션 요금제 이외에 월 $10가 별도로 청구됩니다. 취향에 따라 선택하시면 됩니다.

05 '1. 오늘의 감정' 표에서 해당하는 감정의 [선택]을 클릭해 오늘 느낀 감정을 선택합니다. 왼쪽 집계표에 선택한 감정 목록이 나타나고 총점과 평균이 자동으로 계산됩니다.

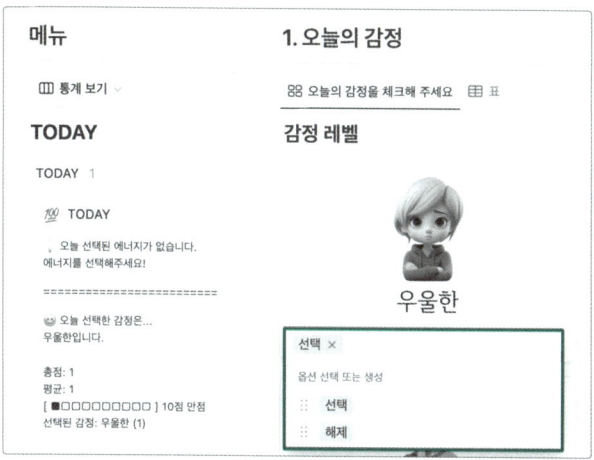

06 '2. 오늘의 에너지' 표에서 해당하는 에너지 레벨의 [선택]을 클릭해 오늘 느낀 에너지 레벨을 선택합니다. 왼쪽 집계표에 선택한 에너지 레벨 목록이 나타나고 총점과 평균이 자동으로 계산됩니다.

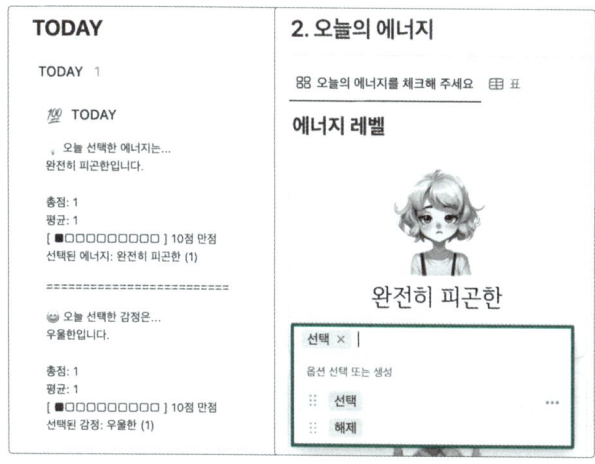

오늘의 감정 일기의 입력이 끝났으면, 화면 왼쪽 위 '감정 일기' 글자를 클릭해 메인 화면으로 이동해 일기 쓰기를 완료합니다.

이런 방법으로 감정 일기도 작성하고 AI 감정 분석 결과를 객관적으로 들여다보는 것도 중요하지만, 스스로 자기가 어떤 감정을 느꼈는지 명시적으로 선택하는 것도 중요합니다.

② 감정 일기를 챗GPT에게 분석받기

이번에는 여러분의 감정 일기를 챗GPT에게 입력해, 감정 분석 및 표현을 피드백받아 보겠습니다. [새 채팅]을 누르고, 여러분이 쓴 일기를 아래 프롬프트와 함께 입력합니다. 아래는 챗GPT의 대답을 그대로 보여드리기 위해 제 일기 예제 를 활용해 보았습니다.

프롬프트

프롬프트 2-77

아래는 오늘 내가 작성한 감정 일기야. 감정 일기를 읽어 보고 분석한 감정을 감정 단어로 표현해 주고 오늘의 에너지 레벨도 객관적으로 분석해 줘. 그리고 감정을 더 다양한 어휘로 표현할 수 있도록 어휘를 확장해 주고, 분석한 감정을 어떻게 표현할 수 있는지 구체적인 방안도 제시해 줘.

예제

새벽 1시 42분, 자정을 훨씬 이 시간에도 세상은 대낮처럼 환하다. 밤은 밤에게 맡겨라. 흘러가는 대로 방치해라. 나는 여전히 밝은 곳에서 어두운 저 너머를 지켜본다. 손으로 움켜쥘 수 있다면, 지금의 흐름을 잠시 멈출 수 있다면, 그럴 수 없다는 사실, 그 사실이 온도를 급격히 떨어뜨린다. 100자 내외의 글자 수를 확인하곤, 멈추어야 할지, 끝 지점에 새 지점을 이어야 할지 방황한다. 일기는 밤의 서사다. 오직 밤에만 유효한 글자들이 고요하게 춤을 춘다. 나는 구경꾼이다. 춤을 출 재간이 없어서 문을 닫고 조용히 바깥으로 퇴장한다. 그러면 글자들이 신나게 뛰어다닐 것이다.

감정 분석 및 표현:
1. 주요 감정 단어
- 고독감: 세상의 밝음 속에서 혼자 어두운 너머를 바라보는 고립된 느낌.
- 무력감: 흐름을 멈출 수 없다는 사실에서 비롯된 통제 불능의 감정.
- 망설임: 글쓰기를 멈출지, 계속할지 결단하지 못하는 상태.
- 소외감: 춤추는 글자들의 세계에서 자신은 구경꾼이라는 인식에서 비롯된 거리감.
- 침잠: 감정이 스스로 안으로 깊이 가라앉아 내면을 응시하는 상태.

2. 오늘의 에너지 레벨
- 중저에너지: 글과 감정의 흐름에 몰입해 있지만, 내적 갈등과 무력감이 에너지를 소모시키는 상태.
  몰입 상태(Flow)와 무력감의 교차가 일어나며, 집중력은 있지만 활력이 부족함.

3. 감정을 표현할 어휘 확장
- 고독감 → 소외, 고립, 외로움, 적막, 독거
- 무력감 → 허무, 나약함, 무기력, 체념, 좌절
- 망설임 → 방황, 우유부단함, 갈등, 머뭇거림, 동요
- 소외감 → 이질감, 단절, 거리감, 배제, 외면
- 침잠 → 몰입, 침잠, 명상, 사색, 내향적 고요

4. 감정을 표현하는 방안
- 이미지를 활용한 묘사:
  '나는 춤추는 글자들의 주위를 맴도는 그림자였다. 불이 꺼진 뒤에야 조용히 자리로 돌아가는 존재였다.'
  → 감정 상태를 비유적으로 전달하면 독자가 감정을 보다 생생히 느낄 수 있음.
- 의성어·의태어의 사용:
  '글자들이 신나게 뛰어다니는 모습이 마치 잔디밭 위의 가벼운 바람처럼 보였다. 나는 바람을 쫓다 잃어버린다.'
  → 글자들이 춤추고 자신이 뒤처지는 감정을 더 생동감 있게 전달.
- 대조 기법 활용:
  '밤은 조용히 깊어 가는데, 내 안의 글자들은 낮처럼 활기를 띠고 있었다. 그 둘 사이에서 나는 무너졌다.'
  → 밤의 정적과 자신의 내적 갈등을 대비시켜 감정을 강화.

5. 오늘의 감정을 표현하며 성장하는 방법
- 상반된 감정을 동시에 탐구하기:
  밝음과 어둠, 멈춤과 흐름 같은 대조적인 주제를 더 깊이 파고들어 글로 확장.
- 짧은 시적 문장으로 일기 정리하기:
  '나는 어둠에 서 있었지만, 글자들은 빛의 춤을 추었다. 내 자리엔 고요만 남았다.'
- 감정을 초월한 관찰자의 시각:
  스스로를 관찰자(구경꾼)로 설정해 감정을 한 발짝 떨어져 묘사하는 연습.
  오늘의 감정은 구경꾼으로서 느낀 고독과 무력감이지만, 그 자체가 글을 위한 원동력이 될 수 있습니다. 글쓰기의 춤에 동참하기 위해 첫 문장을 춤의 리듬처럼 가볍게 시작해 보는 것도 좋습니다.

감정 일기는 내 감정을 돌아보는 시간을 갖는 게 목표입니다. 글쓰기 연습하는 것도 중요하지만, 스스로를 돌아볼 시간을 갖는 것도 꼭 챙기시기 바랍니다. 단, 하루 15분이에요. 잠들기 전에 말이죠.

Memo

PART 3

자료 조사부터 탈고까지 스마트한 글쓰기에 빠져 보기

CHAPTER 6

1단계: 챗GPT와 주제 선정하기

- 나만의 주제를 발견하는 실전 프롬프트
- 브레인스토밍으로 아이디어를 발견하는 실전 프롬프트

나만의 주제를 발견하는 실전 프롬프트

'주제 좀 파악하라고!'라는 말을 가끔 듣죠. 글쓰기는 자신의 주제를 찾는 일입니다. 제가 처음에 한 말처럼 누군가를 비난하려는 뜻은 아니에요. 글쓰기는 정말로 자신의 주제를 파악하는 과정인 것 같습니다. 내가 누구인지, 어떤 글을 쓰고 싶은지에 대한 답을 찾는 게 바로 글쓰기의 시작이거든요.

주제는 결국 나 자신을 의미합니다. 주제가 자기라면, 글쓰기는 나를 제대로 알아 가고 이해하는 과정입니다. 하지만 우리는 내가 누구인지, 무엇을 원하고 좋아하는지 깊이 생각해 본 적이 별로 없죠. 이럴 때야말로 챗GPT 같은 친구가 위력을 발휘할 순간이 아닐까요?

① 나만의 주제 찾기

글쓰기 주제를 찾기 위해 챗GPT와 대화를 나눠 볼까요? [새 채팅] 을 누르고, 아래 프롬프트를 챗GPT에 입력합니다.

프롬프트 3-1

나는 글을 처음 쓰는 사람이야. 글쓰기 주제부터 먼저 찾고 싶어. 대화를 나누며 자연스럽게 주제를 발견하고 싶어. 나만의 주제를 발견할 수 있도록 3가지 질문을 제공해 줘.

GPT 좋아요! 글쓰기 주제를 찾기 위해 먼저 몇 가지 질문을 해 볼게요. 답하면서 느끼는 감정이나 떠오르는 생각을 편하게 얘기해 주세요. 그 속에서 당신만의 주제가 자연스럽게 나올 수 있을 거예요.

1. 요즘 가장 자주 생각나는 것은 무엇인가요? 혹은 관심이 가는 사건이나 현상 같은 게 있나요?
2. 가장 소중한 기억이나 잊지 못할 경험이 있다면 어떤 게 떠오르나요?
3. 누군가에게 하고 싶은 말이나 전하고 싶은 메시지가 있다면, 어떤 주제나 감정인가요?

이 질문들을 통해 한 발 한 발 주제에 다가가 봅시다.

챗GPT는 주제를 찾기 위해 먼저 3가지 질문을 던집니다. 챗GPT가 저에게 던진 질문과 여러분에게 던진 질문이 다를 겁니다. 저에게는 다음과 같은 3가지 질문을 던졌네요. 이런 질문들은 글쓰는 본인이 누구인지 제대로 알도록 하여, 글의 주제를 찾는 데 도움을 줄 수 있습

니다. 주제는 글의 핵심이죠. 주제는 글을 쓰는 사람의 생각에서 나오는 것이기 때문에, 그 사람의 본질을 의미합니다. 따라서 내가 아는 것, 내가 경험한 것, 내가 관심을 가진 것이 바로 주제가 됩니다.

챗GPT가 던진 질문 중 하나를 골라 예제 와 같이 짧게 대답해 봅시다. 그리고 아래 프롬프트도 함께 요청하세요.

프롬프트 3-2

이 주제를 중심으로 더 깊이 들어가도록 3가지 방향을 제시해 줘.

예제

가장 소중한 기억이나 잊지 못할 경험이 있다면 어떤 게 떠오르나요?

가장 잊지 못할 기억은 어린 시절 가족과 함께 떠났던 여름 바닷가 여행이야. 아침 일찍 도착해서 본 바다는 푸른 꿈을 끝없이 펼쳐 놓은 동화책 같았어. 그때 아빠가 만들어 주신 작은 모래성 주위에서 동생과 신나게 뛰어놀았지. 파도가 닿을까 말까 하며 웃음이 끊이지 않았던 순간이 아직도 생생해. 그 따뜻하고 평화로운 순간이 나에게는 평생 잊히지 않는 소중한 기억이야.

아, 그 바닷가 여행의 풍경이 정말 따뜻하고 평화로웠던 것 같아요. 그 기억 속에는 가족의 사랑, 어린 시절의 순수함, 그리고 자연 속에서의 행복이 담겨 있네요. 그 순간을 글로 풀어내면, 누구나 공감할 수 있는 따뜻한 이야기가 될 것 같아요.

이 주제를 중심으로 더 깊이 들어가서 몇 가지 방향을 생각해 볼까요?

1. **시간의 흐름과 변화**: 어린 시절 느꼈던 그 평화로운 순간이 지금의 나에게 어떤 의미로 남아 있는지. 그때와 지금의 자신을 비교하며 쓴다면, 추억과 현재의 대비 속에서 감동적인 이야기가 될 수 있을 거예요.
2. **가족과의 관계**: 아버지가 모래성을 만들어 주시던 장면처럼, 가족이 주는 작은 배려와 사랑을 통해 느낀 감정을 써 보는 건 어떨까요? 특히 그 여행이 가족과 함께 한 순간이라는 점에 초점을 맞추면 따뜻한 이야기가 될 것 같아요.
3. **순수한 행복의 순간**: 바다에서 동생과 뛰놀며 파도에 닿을까 말까 하며 웃던 그 순간은, 어쩌면 '순수한 행복'을 상징하는 장면일 수 있어요. 지금 우리의 삶에서 그때의 행복을 어떻게 찾을 수 있을지, 혹은 그때와 같은 순간을 어떻게 다시 느낄 수 있을지 써 보는 것도 흥미로운 접근이겠죠.

어떤 방향이 가장 마음에 와 닿나요?

챗GPT와 대화를 나누다 보니 잊었던 기억이 떠오르는 것 같네요. 이제 대화를 바탕으로 여러분이 작성할 글의 구체적인 방향을 설정해 볼까요? 의도대로 챗GPT는 3가지 질문 중 하나를 더 깊이 이야기해 보자고 제안할 겁니다. 어떤 방향이 마음에 와닿는지 화제를 더 좁혀서 어떤 방향으로 쓰면 좋을지 물어 보세요. 아래 [구체적인 방향]에 여러분이 원하는 내용을 입력하세요. 저는 '가족과의 관계'를 선택했습니다. 여러분도 예제 와 같이 챗GPT에게 여러분에게 맞는 프롬프트를 작성해 보세요.

예제

[구체적인 방향] '가족과의 관계'를 중심으로 이야기를 쓴다면 어떤 방향으로 써야 할까? 몇 가지 방향을 설정해 주고 어떤 접근이 가장 와닿는지 물어봐 줘.

GPT

가족과의 관계를 중심으로 글을 쓴다면, 그 바닷가 여행을 통해 느꼈던 가족 간의 유대감과 소중함을 드러내는 방향이 좋을 것 같아요. 다음과 같은 몇 가지 각도에서 접근할 수 있을 거예요.

1. 어린 시절의 나와 지금의 나
- 그때는 당연하게 느꼈던 가족의 사랑이, 시간이 지나면서 얼마나 큰 의미를 가지게 되었는지 회상하는 방식도 좋을 거예요. 그때의 나와 지금의 나를 비교하면서 가족의 사랑과 유대가 시간이 지나며 깊어지는 모습을 담아낼 수 있어요.

5. 잃어버린 순간의 소중함과 감사함
- 어린 시절의 기억을 되돌아보면서, 이제는 쉽게 가질 수 없는 순간들에 대한 감사와 그리움을 이야기해도 좋습니다. 바닷가에서의 작은 행복들이 시간이 지나면서 큰 의미로 남게 된 것을 표현하면 가족과의 시간이 주는 소중함을 더욱 부각할 수 있어요.

어떤 접근이 가장 와닿나요?

챗GPT가 더 구체적인 주제를 제시해 주네요. 마음을 끌어당기는 방향을 선택합니다.

② 챗GPT와 깊은 대화 나누기

이제 더 깊은 대화를 나누어 봅니다. 챗GPT가 제안한 접근 중 하나를 골랐고, 그 접근을 글쓰기에 어떻게 녹여 낼 것인지, 독자와 어떻게 공감할 수 있을지 물어봅니다. 예제 와 같이 챗GPT에게 여러분에게 맞는 프롬프트를 작성해 보세요.

예제

어린 시절의 나와 지금의 내가 어떻게 변했는지 어린 시절의 기억을 떠올리며 글을 쓰는 일이 현재의 나에게 어떤 영향을 미치게 될까? 나만의 주제가 사람들에게 공감을 줄 수 있을까? 내 이야기를 하면서도 사람들에게 공감을 주려면 어떻게 해야 할까?

어린 시절의 기억을 떠올리며 지금의 나와 비교하는 과정은 현재의 자신을 이해하고, 삶의 의미와 방향을 다시금 생각하게 하는 귀한 시간이 될 거예요. 이 과정을 글로 풀어낸다면, 그 기억들이 단지 과거의 일상이 아니라 나를 이루는 중요한 조각들이라는 사실을 깨닫게 되죠. 나아가, 그 순간들이 쌓여 지금의 나를 만든다는 것을 전달할 수 있다면 독자들에게 깊은 공감을 줄 수 있을 거예요.

1. 어린 시절의 나와 현재의 나를 비교하며 성장의 여정 표현하기
- 과거의 소중한 기억과 지금의 내가 어떻게 다른지를 이야기하면서 성장 과정을 드러낼 수 있어요. 단순히 과거와 현재를 비교하는 데서 그치는 게 아니라, 그 변화가 나에게 어떤 깨달음과 의미를 주었는지 구체적으로 쓰는 거죠. 예를 들어, 바닷가에서 가족과 함께했던 평화로운 순간들이 지금의 나에게는 삶에서 소중한 가치를 잊지 않게 하는 근본적인 힘이 되었음을 이야기할 수 있어요.

5. 소소한 기억에 큰 의미 부여하기
- 어린 시절의 소소한 기억이 지금의 나에게 큰 가치를 지닌 자산이 되었음을 나타내면, 글의 깊이가 더해져요. 그때의 기억이 나의 현재에 어떤 영향을 미쳤는지를 구체적으로 쓰면, 독자들도 자신만의 소중한 기억을 떠올리게 될 거예요.

이런 방식으로 접근하면, 글은 당신의 개인적인 이야기가 되면서도 보편적인 감정을 담아 사람들에게 깊은 울림을 줄 수 있을 거예요.

챗GPT는 과거가 지금의 나를 이루는 소중한 조각들이 되어 주었다고 조언합니다. 그러니 과거를 회상하며 글로 표현하는 일은 지금의 나를 새롭게 만드는 과정이 되는 거죠. 챗GPT는 제 질문을 성장의 여정 표현하기, 경험 속에 담긴 감정 찾기, 그 감정을 진솔하게 표현하기, 과거를 현재의 시각으로 재해석하기 등 다양한 관점에서 대답해 주네요.

③ 개인적인 주제를 사회적인 이슈와 연결하기

'웹에서 검색' 기능을 이용하면 글쓰기 주제를 개인적인 것에서 사회적인 주제로 더 넓힐 수 있습니다. '웹에서 검색' 옵션을 활성화한 후, 다음 프롬프트를 챗GPT에 입력합니다. 위에서 나만의 주제를 찾으신 후에 프롬프트를 입력하셔야 합니다.

프롬프트 3-3

사람들에게 공감을 주는 글을 쓰기 위해서 개인적인 주제뿐만 아니라 요즘 사람들이 관심을 갖는 사회적인 이슈를 찾아 개인 주제와 사회적인 주제를 연결해서 글을 쓰고 싶어. 요즘 사람들의 관심을 찾아 줘.

최근 사람들의 관심을 끄는 사회적 이슈는 다음과 같습니다:

1. **저출산과 고령화**: 출산율 감소와 고령화로 인한 인구 구조 변화는 사회 전반에 걸쳐 큰 영향을 미치고 있습니다.
2. **기후 변화와 환경 문제**: 기후 변화로 인한 이상 기후 현상과 환경 오염 문제가 지속적으로 대두되고 있습니다.
3. **디지털 격차**: 디지털 기술의 발전 속에서 세대 간, 계층 간 정보 접근성과 활용 능력의 격차가 사회적 문제로 부각되고 있습니다.
4. **청년 실업과 고용 불안**: 청년층의 높은 실업률과 고용 불안정이 사회적 불안 요소로 작용하고 있습니다.
5. **사회적 갈등과 정치적 양극화**: 정치적, 사회적 갈등이 심화되며 사회 통합에 어려움을 겪고 있습니다.

이러한 이슈들을 개인적인 경험과 연결하여 글을 쓰면 독자들의 공감을 얻을 수 있습니다. 예를 들어, 어린 시절 가족과 함께한 바닷가 여행의 추억을 통해 가족의 소중함을 강조하면서, 현재의 저출산 문제와 연결하여 가족의 의미를 재조명하는 글을 작성할 수 있습니다. 또한, 자연 속에서 느꼈던 감정을 바탕으로 기후 변화의 심각성을 전달하는 글도 효과적일 것입니다.

이렇게 개인적인 경험과 사회적 이슈를 연결하면 독자들에게 더욱 깊은 인상을 줄 수 있습니다.

챗GPT는 최근 부각되는 주제를 찾아 줬습니다. 개인의 주제와 사회적 주제 사이의 접점을 찾아서 글을 쓰면 독자들의 더 깊은 공감을 이끌어 낼 수 있을 거예요.

정리하자면, 주제는 여러분의 내면에 이미 존재합니다. 그것을 찾아 세상에 드러내는 작업이 바로 글쓰기죠. 그 작업을 혼자서 생각하는 것과, 지금처럼 누군가와 대화하며 속마음을 털어놓는 것은 완전히 다른 경험입니다. 주제를 찾지 못해 막막할 때 글쓰기 코치 챗GPT와 이야기하며 주제를 발견해 보세요. 수다처럼 대화를 나누다 보면 어느 순간 '번쩍' 글감이 떠오를 겁니다. 다만 하나만 명심하세요. 대화에 여러분을 더 깊이 그리고 자세히 담을수록 챗GPT가 여러분이 원하는 대답을 제공할 확률이 올라간다는 사실을요.

브레인스토밍으로 아이디어를 발견하는 실전 프롬프트

이전에 글을 쓰기 위한 나만의 글쓰기 주제를 찾아봤습니다. 챗GPT와 열심히 대화를 나누며 글쓰기에 적당한 주제를 발견하셨나요? 이번에는 다른 관점으로 접근해 볼게요. 여러분이 찾은 주제를 이용하는 것도 좋고, 만약 새로운 주제를 찾으셨다면 그 주제를 기초로 더 깊이 있는 아이디어를 더하기 위해 챗GPT와 함께 브레인스토밍을 진행해 볼게요.

① 3명의 페르소나 만들기

챗GPT를 활용해 혼자서도 여러 전문가와 함께 여러분이 원하는 주제로 브레인 스토밍을 진행할 수 있습니다. 글쓰기 아이디어가 필요할 때 요긴하게 사용할 수 있겠죠.

[새 채팅]⍈을 누르고, 아래 프롬프트를 챗GPT에 입력합니다. 이 프롬프트에서는 글쓰기 코치, 브레인스토밍 전문가, 회의를 원활하게 이끄는 진행자 총 3명의 페르소나를 생성합니다. 이 3명의 독립적인 페르소나는 사용자가 아이디어를 창의적으로 생산하도록 돕죠. 이렇게 페르소나를 활용하면 하나의 챗GPT로 다양한 역할을 맡아 다르게 접근할 수 있습니다.

프롬프트를 직접 입력해 보셔도 좋으나, 우선은 차분히 제가 입력하는 프롬프트와 챗GPT의 대답을 읽어 보세요. 이후에 [주제]를 바꿔 프롬프트를 입력해 보셔도 좋습니다.

프롬프트 3-4

너는 앞으로 글쓰기 전문 코치이자 브레인스토밍 전문가처럼 생각하고 행동해 줘. 아래의 [주제]로 글을 쓰려고 하는데, 주제에 필요한 다양한 아이디어를 얻고 싶어. 내가 제공한 주제에 다양한 관점으로 나에게 질문을 던져 주고 내가 답변하면 거기에 내가 더 깊이 있는 질문으로 [주제]를 확장해 줘. 필요하다면 창의적인 아이디어를 제공해 줬으면 좋겠어.

[멀티 페르소나]
- 챗봇은 한 명이 아니라 글쓰기 코치, 브레인스토밍 전문가, 회의 진행자, 이렇게 각각의 멀티 페르소나를 생성할 것.
- 회의 진행자는 매끄럽게 브레인스토밍을 주도할 것.
- 하나의 주제에 대해 글쓰기 코치, 브레인스토밍 전문가, 그리고 사용자가 아이디어를 개진하고 사용자와 대화하며 주제를 더 깊이 발전시키는 방법을 사용할 것.

[요청사항]
주제에 관련된 다양한 창의적인 아이디어 도출하기

[주제]
과거의 소중한 기억이 현재의 나에게 미친 영향

GPT

좋습니다! 이제 글쓰기 코치, 브레인스토밍 전문가, 회의 진행자의 역할을 통해 주제를 깊이 있게 탐구해 볼게요. 각 역할이 어떻게 주제를 접근하는지 보면서 함께 아이디어를 발전시켜 보죠.

글쓰기 코치
먼저, 과거의 기억을 떠올리며 그 속에서 어떤 감정들이 가장 강렬했는지 질문해 볼게요. 이 기억이 현재의 당신에게 미친 영향은 어떤 모습으로 나타나나요? 긍정적인 측면과 부정적인 측면 모두를 떠올리며 생각해 볼까요?

브레인스토밍 전문가
좀 더 구체적으로 들어가 보겠습니다. 이 기억의 시기가 중요할 것 같은데요, 어릴 적 기억인가요, 아니면 성인이 되어서의 경험인가요? 시기에 따라 그 기억이 현재에 미치는 방식도 달라질 수 있을 것 같습니다. 시기별로 다르게 현재에 영향을 미쳤다면, 어떻게 다르게 작용했는지 탐구해 보는 건 어떨까요?

회의 진행자
지금까지 나온 2가지 질문을 보니, 중요한 테마가 감정과 기억의 시기입니다. 그렇다면, 그 기억이 당신의 정체성에 어떤 역할을 했는지 더 깊이 들어가 보면 좋을 것 같아요. 그 기억이 현재의 당신을 형성하는 데 어떤 기여를 했는지, 그리고 그 기억 없이는 어떤 모습이 되었을지 상상해 볼까요?

각각의 질문에 대해 답변을 들으며 이어서 더 깊이 있는 질문을 던져 볼게요.

글쓰기 코치와 브레인스토밍 전문가는 주제에 관해서 각각의 질문을 던집니다. 진행자는 두 페르소나의 의견을 정리하고, 더 깊이 있는 질문을 던지면서 주제에 대해 더 깊게 파고드네요. 저는 더 신빙성 있는 답변을 위해서 학술 문헌을 참고해 보기로 하였습니다. 예제 를 참고하면서 '웹에서 검색' 옵션을 활성화한 후, 여러분의 생각을 입력해 주세요.

TIP 이번 파트는 예제 위주로 구성하였습니다. 프롬프트 입력이 조금 어렵다면, 우선 전체적으로 한 번씩 읽어 보신 후에 진행해 보시는 것을 추천드립니다.

만약 예제 처럼 챗GPT에게 전달할 질문이 구체적으로 떠오르지 않는다면 '관련된 학술 논문을 검색해 줘', '관련된 문학 작품을 검색해 줘'와 같이 간단하게 프롬프트를 입력해 주제를 발견, 확장해 봅시다.

예제

사람들은 좋은 기억보다 나쁜 기억을 더 강렬하게 기억하는 것 같아. 예를 들어, 어릴 적 부모에게 사랑을 받지 못하거나 학대를 받은 사람은 그 기억을 더 오래 기억하더라고. 그래서 어른이 되더라도 자신도 모르게 부모의 행동을 따라하게 되는 것 같아. 실제로 그런지 학술 문헌을 찾아서, 어릴적 경험한 부정적 경험이 성인에게 미치는 영향을 찾아 줘.

어린 시절의 부정적 경험이 성인기에 미치는 영향에 대한 연구는 다수 존재합니다. 이러한 경험은 성인기의 정신 건강, 대인 관계, 정서 조절 등에 다양한 영향을 미칠 수 있습니다.

1. 아동기 부정적 생애경험과 성인 우울 증상
한 연구에서는 아동기의 부정적 생애경험이 성인기의 우울 증상 위험을 증가시키며, 성인기의 사회적 지지가 이러한 부정적 영향을 완화할 수 있음을 발견했습니다. 즉, 아동기의 부정적 경험이 성인기의 우울 증상에 직접적인 영향을 미치지만, 성인기의 사회적 지지가 높을수록 그 영향이 감소하는 것으로 나타났습니다.

2. 아동기 부정적 생애경험과 성인기 대인관계
또 다른 연구에서는 아동기의 부정적 생애경험이 성인기의 대인관계 질에 부정적인 영향을 미친다는 결과를 제시했습니다. 특히, 아동기의 학대나 방임 경험이 성인기의 대인관계에서 낮은 만족도와 관련이 있음을 보여주었습니다.

3. 아동기 정서적 학대와 성인기 정서조절
아동기에 부모로부터 정서적 학대를 경험한 경우, 성인기에 정서 조절에 어려움을 겪을 수 있습니다. 그러나 성인기의 정서적 지지와 촉진적 관계가 이러한 부정적 영향을 완화하는 데 도움이 될 수 있다는 연구 결과도 있습니다.

이러한 연구들은 아동기의 부정적 경험이 성인기의 다양한 측면에 지속적인 영향을 미칠 수 있음을 시사합니다. 그러나 성인기의 사회적 지지나 긍정적인 대인관계 경험이 이러한 부정적 영향을 완화하는 데 중요한 역할을 할 수 있으므로, 이를 고려한 개입이 필요합니다.

챗GPT는 사용자의 견해를 바탕으로 학술 문헌을 조사해 세 편의 논문 출처와 요약문을 제공합니다. 조사해 보니 어린 시절 부모로부터 학대를 받은 경험이 성인에게 부정적인 영향을 미칠 수 있지만, 성인기의 정서적 지지를 통해 이러한 영향을 완화할 수 있다는 사실도 알게 되었습니다. 이를 통해 우리의 생각은 학술적으로 더 깊은 의미를 가지게 되었습니다.

② 토론 내용을 다른 분야와 연결하기

이제 다른 관점에서 질문을 던지는 방법을 알아보겠습니다. 지금까지의 토론 내용을 다른 분야와 연결해 보는 것입니다. 기억과 감정이 뇌과학과 어떻게 연결되는지, 그리고 문학에서는 기억과 감정을 어떻게 다루는지 물어보겠습니다. 를 참고하면서 '웹에서 검색' 옵션을 활성화한 후, 비슷한 방향으로 여러분의 생각을 입력해 보세요.

예제

프롬프트

지금까지 우리는 어린 시절의 기억과 감정이 현재의 우리에게 어떤 영향을 미치게 되는지 토론했고 학술 논문도 조사해 봤어. 기억과 감정에 관련된 다른 분야의 견해도 듣고 싶은데, 뇌과학에서는 어린 시절의 기억이 성인에게 영향을 미치는 이유가 무엇이라고 생각하는지 찾아 줘. 그리고 추가적으로 문학 작품에서는 기억과 감정을 어떻게 다루고 있는지 조사해 줘.

GPT

어린 시절의 기억과 감정이 성인에게 미치는 영향에 대해 뇌과학과 문학의 관점에서 살펴보겠습니다.

1. 뇌과학에서의 관점
어린 시절의 경험은 뇌 발달에 중요한 역할을 합니다. 특히, 정서적으로 충만한 경험은 기억에 강하게 각인되어 성인기의 행동과 감정에 영향을 미칩니다. 예를 들어, 아동기의 학대 경험은 성인기의 뇌 구조와 기능에 변화를 일으켜 우울증 등의 정신 건강 문제를 유발할 수 있습니다. 또한, 어린 시절의 경험은 뇌의 신경망 형성에 영향을 미쳐 성인기의 인지 능력과 정서 조절 능력에 영향을 미칩니다.

2. 문학에서의 관점
문학 작품은 기억과 감정을 다양한 방식으로 다룹니다. 작가들은 인물의 과거 경험을 통해 현재의 행동과 감정을 설명하며, 이를 통해 인간의 복잡한 심리를 탐구합니다. 예를 들어, 현대 시에서는 시적 화자가 개인의 주관적 정서를 노래하며, 이를 통해 독자는 시적 화자의 감정과 상황을 이해하게 됩니다. 또한, 문학 작품은 독자의 감정과 생각에 직접적으로 작용하여, 독자가 자신의 경험을 작품에 투영하고 공감할 수 있게 합니다.

이처럼 뇌과학과 문학은 각각의 방법으로 어린 시절의 기억과 감정이 성인에게 미치는 영향을 탐구하고 있습니다. 뇌과학은 신경학적 메커니즘을 통해 이를 설명하며, 문학은 인간의 경험과 감정을 예술적으로 표현하여 독자에게 전달합니다.

챗GPT의 답변에 따르면, 어린 시절의 경험은 뇌 발달에 깊이 영향을 미치며, 정서적으로 충만한 경험이 강력하게 기억에 각인된다는 사실을 알려줍니다. 이는 성인에게 정신 건강 문제

를 일으킬 수도 있죠. 문학 작품에서는 이러한 인간의 심리와 행동을 탐구하고 설명하며, 우리의 감정과 기억을 기반으로 한 이야기를 만들어 냅니다. 이 조사에 따라 우리는 기억과 감정이 성인에게 미치는 영향을 더 깊이 이해할 수 있었고, 그것이 인간이 문학 같은 예술작품을 탄생시킨 근원이라는 사실도 깨닫게 되었습니다.

❸ 대화 내용 종합적으로 정리하기

챗GPT에게 지금까지 나눈 대화 내용을 종합적으로 정리해달라고 요청할 수 있습니다. 여러분도 '웹에서 검색' 옵션을 끄고 아래 프롬프트를 챗GPT에 입력합니다.

프롬프트 3-5

프롬프트 | 지금까지 나눈 대화를 종합적으로 정리해 주고, 진행자와 코치, 브레인스토밍 전문가의 마지막 견해를 들려 줘.

GPT | 지금까지의 대화를 종합하며, 우리는 어린 시절의 기억과 감정이 현재의 나에게 미친 영향이라는 주제를 다양한 관점에서 탐구했습니다.

1. 초기 질문으로는 과거의 기억이 현재의 나에게 주는 영향에 대해 깊이 탐구했으며, 긍정적, 부정적 측면 모두가 어떤 식으로 우리 내면에 남아 성격, 행동 패턴에 영향을 미치는지 살펴보았습니다.
2. 부정적 기억의 영향에 대해 논의하면서 학술 연구를 통해, 어린 시절의 부정적 경험이 성인기의 정신 건강, 대인 관계, 정서 조절에 장기적인 영향을 미친다는 사실을 확인했습니다. 또한, 긍정적인 사회적 지지가 그 영향을 완화하는 중요한 역할을 한다는 것을 알게 되었습니다.
3. 뇌과학적 관점에서는 어린 시절의 경험이 뇌 구조와 신경망 형성에 영향을 미치며, 이는 성인기의 정서와 행동에 깊이 작용한다는 설명을 확인했습니다.
4. 문학적 관점에서는 기억과 감정이 작품 속 인물의 심리와 행동을 이해하는 중요한 수단으로 활용되며, 이를 통해 독자가 자신을 투영하고 공감할 수 있는 방식을 제공한다는 것을 발견했습니다.

진행자의 정리 및 견해

진행자로서, 지금까지의 논의를 통해 얻은 교훈은 과거의 기억과 감정이 우리를 규정하지만, 이를 완전히 받아들이거나 극복할 방법도 함께 존재한다는 것입니다. 과거의 기억을 단순히 떠올리는 것이 아니라, 이를 성찰하고 현재의 자아를 이해하는 과정에서 중요한 역할을 한다는 점을 인식하게 되었습니다.

> **글쓰기 코치의 마지막 견해**
> 코치로서, 이 주제는 과거를 통한 자기 이해와 성장의 주제로서 매우 가치 있는 글이 될 수 있다고 봅니다. 과거의 부정적 경험을 극복하거나 그것을 새로운 긍정적 동기로 변환하는 여정을 글로 표현하면, 독자에게 큰 감동을 줄 수 있습니다. 이 과정에서 구체적인 기억을 떠올리며 감정을 표현하고, 내면의 변화 과정을 묘사해 보길 권합니다.
>
> **브레인스토밍 전문가의 마지막 견해**
> 브레인스토밍 전문가로서 제안하자면, 어린 시절의 기억이 오늘날의 당신의 가치관, 신념, 또는 관계 형성 방식에 어떻게 영향을 미치는지 생각해 보세요. 과거의 기억이 현재의 목표나 꿈에 어떤 식으로 작용하는지 분석해 보거나, 그 기억을 통해 앞으로 어떤 삶을 살고 싶은지 결론을 내려 보는 것도 좋은 글의 방향이 될 것입니다.
>
> 이제 이 주제를 바탕으로 글을 쓸 때, 과거 기억을 묘사하고 그로 인한 현재의 나를 표현하며, 기억이 주는 교훈과 미래에 미칠 영향을 제시하는 구조로 구성하면 깊이 있는 글을 완성할 수 있을 것 같습니다.

챗GPT는 지금까지 나눈 대화를 종합적으로 정리해 줍니다. 첫 번째 질문부터 부정적인 기억이 성인에게 미치는 영향, 그리고 뇌과학과 문학과의 관련성까지 다시 한 번 짚어 줍니다. 진행자는 마지막으로, 과거의 기억과 감정이 현재의 우리를 정의하지만 그것을 받아들이는 것은 자신의 선택에 달려 있다고 정리합니다. 글쓰기 코치는 이 경험과 감정을 잘 살려, 내면의 변화 과정을 글로 써 보라고 권유합니다.

이 정도 내용이면 한 편의 글을 쓸 만한 자료가 충분히 준비된 것 같지 않나요? 만약 부족하다면, 다른 관점이나 독특한 아이디어로 대화를 이어 갈 수도 있습니다. 혼자서 머리 싸매지 말고, 챗GPT에게 달려가 봅시다. 언제든지 기발한 아이디어를 얻을 수 있을 겁니다. 챗GPT와 함께하니 아이디어가 마치 팝콘처럼 통통 튀어 오를 것 같지 않나요.

CHAPTER 7

2단계:
챗GPT와
자료 조사하기

- 스마트한 자료 조사를 위한 실전 프롬프트
- 책 속 문장을 나의 글로 만드는 실전 프롬프트
- 부록: 글이 술술 나오는 나만의 리추얼 만들기

스마트한 자료 조사를 위한 실전 프롬프트

글의 주제가 결정되면 다음 단계에서는 필요한 자료를 수집해야 합니다. 자료를 수집하는 이유는 글의 품질을 높이고 신뢰성을 강화하기 위해서죠. 단순한 주장만으로는 독자를 설득하기 어렵습니다. 주장을 뒷받침할 근거를 제시해야 하고, 다양한 관점과 견해를 반영해야 균형 잡힌 내용이 될 수 있습니다. 또한 자료를 찾고 수집하는 과정에서 주제를 다각도로 검토할 수 있고, 그 과정에서 주제 의식이 더욱 명료해집니다.

① 퍼플렉시티 AI로 검색하기

이번에는 퍼플렉시티 AI로 '창작, 작가, 글쓰기'와 연관된 다른 분야의 자료를 검색해 보겠습니다. 퍼플렉시티 AI와 챗GPT에게 자료를 요청한 후, 이를 바탕으로 간단한 글을 작성하는 예제입니다. 퍼플렉시티 AI 사이트에서 [새로운 쓰레드]를 누르고 'Pro Search' 옵션을 활성화한 후, 프롬프트를 입력합니다.

프롬프트 3-6

아래 [키워드]를 주제로 글을 쓰려고 해. [분야]를 대상으로 [키워드]와 연관된 자료를 찾아 줘.

[키워드]
창작, 작가, 글쓰기

[분야]
인문학, 기술공학, 예술, 트렌드, 역사, 과학

인문학
창작과 글쓰기는 인문학의 핵심 주제 중 하나입니다. 문학이론, 서사학, 수사학 등의 분야에서 글쓰기와 창작 과정을 연구합니다. 예를 들어 롤랑 바르트의 '저자의 죽음' 이론은 텍스트 해석에서 작가의 의도보다 독자의 역할을 강조했습니다.

기술공학
인공지능(AI) 기술의 발전으로 AI 작가 지원 도구들이 등장하고 있습니다. GPT-3와 같은 대규모 언어 모델은 인간 작가를 보조하거나 자동으로 텍스트를 생성할 수 있습니다. 이는 창작의 개념과 작가의 역할에 대한 새로운 질문을 던집니다.

예술
다양한 예술 형식에서 글쓰기와 창작이 중요한 역할을 합니다. 시각예술에서의 아티스트 스테이트먼트, 공연예술의 대본 작성 등이 그 예입니다. 또한 디지털 시대의 새로운 매체를 활용한 창작 방식도 등장하고 있습니다.

트렌드
최근 자기계발서와 에세이 시장이 성장하면서 일반인들의 글쓰기에 대한 관심도 높아지고 있습니다. SNS를 통한 짧은 글쓰기, 1인 미디어 콘텐츠 제작 등 새로운 형태의 창작 활동이 인기를 얻고 있습니다.

역사
역사적으로 글쓰기 기술의 발전은 인류 문명에 큰 영향을 미쳤습니다. 문자의 발명, 인쇄술의 발달, 타자기와 컴퓨터의 등장 등이 창작과 글쓰기 방식을 변화시켰습니다. 각 시대의 대표적인 작가들의 창작 습관과 방식도 연구 대상이 됩니다.

과학
인지과학과 뇌과학 분야에서는 창의성과 글쓰기 과정에 대한 연구가 이루어지고 있습니다. 작가의 뇌 활동 패턴, 창의적 사고의 메커니즘 등을 과학적으로 분석하려는 시도가 있습니다. 또한 글쓰기가 정신 건강에 미치는 영향에 대한 연구도 진행되고 있습니다.

이러한 다양한 분야의 연구와 동향은 창작, 작가, 글쓰기에 대한 우리의 이해를 넓히고 있습니다. 앞으로도 기술의 발전과 사회 변화에 따라 이 주제들은 계속해서 새로운 관점에서 탐구될 것으로 보입니다.

퍼플렉시티 AI는 실시간 웹 검색이 장점입니다. 이를 통해 정교한 답변, 상세한 설명과 구체적인 출처, 그리고 충실한 정보까지 제공하죠. 관련된 논문이나 기사 링크를 바로 제공해 주고, 원본에 쉽게 접근할 수 있습니다. 또한 퍼플렉시티 AI는 마지막에 관련 질문까지 제안해 주어 다양한 관점에서 주제를 살펴볼 수 있는 장점이 있습니다. 자료 검색 용도로는 퍼플렉시티 AI를 사용하시는 것을 추천드립니다.

퍼플렉시티 AI는 가입 시 유료 모델인 'Perplexity Pro' 한 달을 무료로 제공하고 있습니다. 예제를 진행해 보시면서 'Perplexity Pro'를 이용해 보시고, 유료 모델로 전환하시는 것도 좋습니다. 무료 계정으로 이용하셔도 하루에 3회 Pro Search가 가능합니다.

TIP 퍼플렉시티 AI에서 검색한 내용도 'Save To Notion' 확장 프로그램을 사용해 노션 '제텔카스텐 브레인 시스템' 페이지에 저장할 수 있습니다. 언제든지 다시 열람할 수 있도록 말이죠. ❶ 'Save To Notion' 아이콘을 클릭하고 ❷ [Title], [Content]: Webpage, [Template]: Fleeting Note, [종류]: 자료 조사, [날짜], [토픽] 속성을 설정한 뒤, ❸ [Save Page]을 클릭해 검색한 내용을 저장합니다.

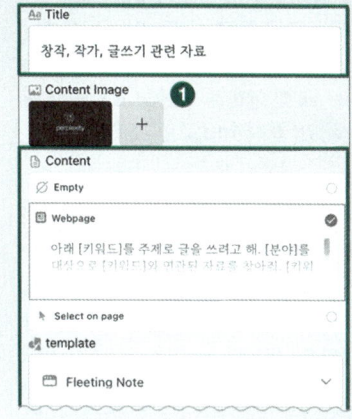
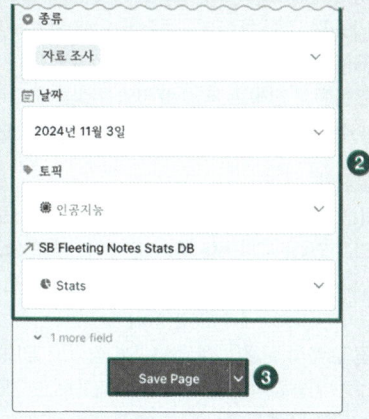

ⓔ 챗GPT를 활용해서 자료 세밀하게 가공하기

다시 챗GPT로 돌아와 자료를 조금 더 세밀하게 가공해 보겠습니다. [새 채팅]⌨️을 누르고, 퍼플렉시티 AI에서 검색한 결과를 챗GPT에 입력합니다. 퍼플렉시티 AI와 비교해 보세요.

프롬프트

프롬프트 3-7
아래는 퍼플렉시티 AI에서 분야별로 검색한 결과야. 분석해 보고 내용을 다시 보강해 줘.

인문학
창작과 글쓰기는 인문학의 핵심 주제 중 하나입니다. 문학이론, 서사학, 수사학 등의 분야에서 글쓰기와 창작 과정을 연구합니다. 예를 들어 롤랑 바르트의 '저자의 죽음' 이론은 텍스트 해석에서 작가의 의도보다 독자의 역할을 강조했습니다.

과학
인지과학과 뇌과학 분야에서는 창의성과 글쓰기 과정에 대한 연구가 이루어지고 있습니다. 작가의 뇌 활동 패턴, 창의적 사고의 메커니즘 등을 과학적으로 분석하려는 시도가 있습니다. 또한 글쓰기가 정신 건강에 미치는 영향에 대한 연구도 진행되고 있습니다.

퍼플렉시티 AI의 검색 결과에 기반하여 각 분야별로 창작, 작가, 글쓰기에 대한 내용을 아래와 같이 보강해 보았습니다.

1. 인문학
창작과 글쓰기는 인문학의 중요한 축을 이루며, 텍스트의 의미와 해석을 둘러싼 여러 논의가 이루어져 왔습니다. 예를 들어 롤랑 바르트의 '저자의 죽음' 이론은 글의 의미가 작가의 의도에 고정되지 않고 독자에 의해 새롭게 해석된다고 주장하였고, 이는 독서 행위의 주체로 독자의 중요성을 부각했습니다. 이런 이론들은 독자와 텍스트 간의 상호작용을 강조하면서 창작과 독서 행위의 본질을 탐구하는 데 큰 영향을 미쳤습니다. 또한, 서사학과 수사학에서는 글의 구조와 표현 방식을 분석하며 창작 기법을 연구해 왔습니다.

2. 기술공학
인공지능(AI)의 급속한 발전으로 글쓰기 보조 도구들이 다양하게 등장하며 창작의 경계를 넓히고 있습니다. 예를 들어, GPT-3나 최근의 GPT-4 같은 대규모 언어 모델들은 주어진 주제에 맞추어 독창적인 텍스트를 생성하거나 인간의 글쓰기를 돕는 역할을 하고 있습니다. 이로 인해 '창작의 본질이 무엇인가' 또는 '작가의 역할은 어떻게 변화할 것인가'와 같은 철학적 질문이 제기됩니다. 작가의 창의성뿐 아니라 AI와의 협업 가능성도 함께 논의되며, 기술공학은 창작을 위한 새로운 도구와 함께 이를 둘러싼 윤리적 논의의 장을 확장하고 있습니다.

3. 예술
글쓰기는 다양한 예술 형식에서 독립적이거나 통합적으로 중요한 역할을 합니다. 예를 들어 시각예술에서는 작가의 창작 배경을 담은 아티스트 스테이트먼트가 작품 이해에 중요한 요소로 작용하며, 공연예술에서는 대본 작성을 통해 극의 구조와 흐름을 형성합니다. 특히 디지털 시대에 들어와 영상과 글이 결합한 새로운 형태의 스토리텔링이 등장하며, 다양한 미디어를 넘나드는 창작 방식이 주목받고 있습니다. 이러한 다각적 접근은 예술가와 창작자의 표현 영역을 확장하고, 청중과의 상호작용 방식에도 영향을 미칩니다.

4. 트렌드
최근 몇 년간 자기계발서와 에세이 시장이 성장하면서 일상에서의 글쓰기 열풍이 불고 있습니다. SNS 플랫폼에서의 짧은 글쓰기와 1인 미디어 콘텐츠의 대중화는 누구나 쉽게 창작 활동에 참여할 수 있는 환경을 조성했습니다. 트렌드에 맞춰 글쓰기 모임과 워크숍, 글쓰기 앱도 많이 등장하면서, 창작이 더 이상 전문가의 영역만이 아닌 일반인에게도 중요한 자기 표현 도구로 자리 잡고 있습니다. 이러한 변화는 글쓰기의 목적을 다양화하고, 개인의 자기 이해와 성장에 긍정적 영향을 미치는 기회로 이어지고 있습니다.

이와 같이, 각 분야에서의 연구와 시도는 창작, 작가, 글쓰기에 대한 새로운 관점을 열어주며, 이 주제들에 대한 다양한 접근은 인간의 표현과 창의성에 대해 깊이 있게 이해할 수 있는 길을 열어줍니다.

5. 역사
글쓰기는 문명의 발전과 밀접하게 연관되어 왔습니다. 초기의 문자가 만들어진 이후부터 인류는 언어와 글쓰기를 통해 역사적 사건을 기록하고 전달했습니다. 인쇄술의 발달은 더 많은 사람에게 정보와 문화를 전달하는 계기가 되었으며, 타자기와 컴퓨터의 등장은 작가들에게 빠르고 정확한 글쓰기를 가능하게 했습니다. 또한, 각 시대를 대표하는 작가들의 창작 습관과 방식이 연구되어, 시대적 변천과 함께 글쓰기의 목적과 스타일도 어떻게 변화해 왔는지에 대한 중요한 자료가 됩니다.

6. 과학

인지과학과 뇌과학 분야에서는 창의성과 글쓰기 과정의 메커니즘을 탐구하는 연구가 활발합니다. 예를 들어, 작가가 창작할 때의 뇌 활동 패턴을 분석하여 창의적 사고가 어떻게 작용하는지 연구하고, 창작이 정신 건강에 미치는 영향도 다각적으로 연구됩니다. 글쓰기의 치유 효과는 심리학적으로도 널리 인정받고 있으며, 감정을 기록하고 표현하는 것이 정서적 안정을 돕는다는 연구 결과도 많습니다. 또한, 과학적 연구를 통해 창작 과정의 신경학적 기반을 이해하려는 시도는 창의력에 대한 새로운 통찰을 제공합니다.

이와 같이, 각 분야에서의 연구와 시도는 창작, 작가, 글쓰기에 대한 새로운 관점을 열어 주며, 이 주제들에 대한 다양한 접근은 인간의 표현과 창의성에 대해 깊이 있게 이해할 수 있는 길을 열어줍니다.

③ 주제와 관련된 글 작성하기

퍼플렉시티 AI와 챗GPT를 이용해 '창작, 작가, 글쓰기'와 연관된 다른 분야의 자료를 검색해 보았습니다. 이를 바탕으로 '창작, 작가, 글쓰기'와 관련된 글을 한 편 작성해 보겠습니다. 저는 10문단이 조금 넘는 글을 작성해 보았는데요, 여러분도 편하게 작성하신 후에 글과 함께 아래 프롬프트를 입력하기 바랍니다.

프롬프트

프롬프트 3-8

아래는 '창작, 작가, 글쓰기'라는 주제로 글을 한 편 작성해 봤어. 내가 쓴 글을 글쓰기 코치로서 객관적으로 피드백해 주고 정리해 준 자료 중에서 1가지를 인용하고 싶은데, 어떻게 원문을 그대로 쓰지 않고 간접 인용할 수 있는지 알려 줘.

예제

작가는 예술과 취미 분야의 경계를 넘나들며 '작품'을 창작하는 사람이다. 일상의 소소한 순간들을 관찰하고 그 과정에서 '상상력'을 더해 새로운 것을 탄생시키는 과정이 바로 창작이다. 하지만 세상에 새로운 것은 없다. 다른 똑똑한 인간이 이미 모두 만들었다. 무라카미 하루키는 도쿄의 지하철역에서 목격한 평범한 출근 풍경을 '양을 쫓는 모험'으로 변모시켰다. 창작은 무에서 유를 창조하는 게 아니라 관점을 바꿔, 기존에 존재하는 여러 요소들을 혁신적으로 재배열하는 활동으로 해석하는 게 건강에 이로울 것 같다 창작이란 결국 이런 게 아닐까? 지루한 반복에 익숙해지고 개미가 한 알 한 알 모래를 나르듯 무덤 하게 자신만의 지식을 쌓아나가는 과정이다. 그 과정을 조금 더 효율적으로 개선하며 스스로를 다듬어 나가는 것이다. 물론 그 과정에서 우리는 문제점을 발견할 것이다. 그럴 때 시스템을 활용하면 된다. 축적된 지식이 시스템과 결합될 때, 낯선 세상, 새로운 나만의 우주가 카오스 속에서 질서를 잡아 간다. 그것이 작품을 탄생시키는 작가의 숭고한 여정인 것이다

GPT

당신이 작성한 글을 바탕으로 몇 가지 피드백과 간접 인용 방안을 제공해 드립니다.

글쓰기 코치로서 피드백
1. 내용의 흐름
글의 전반적인 흐름이 자연스럽게 이어지면서 독자의 관심을 끌어들이고 있습니다. 창작과 작가의 역할, 그리고 그 과정에서의 자기 성찰을 강조하는 부분이 잘 드러나 있습니다. 다만, 일부 섹션에서는 생각이 반복되는 경향이 있어 핵심 메시지가 명확히 드러나지 않을 수 있습니다. 이를 위해, '혁신'과 '시스템' 개념을 중심으로 소주제를 좀 더 압축하여 구분하면 독자가 중심 메시지를 파악하기 쉽겠습니다.

2. 비유와 구체적 사례
미켈란젤로의 다비드나 무라카미 하루키의 예시 등은 창작의 과정과 의도를 잘 드러내고 있습니다. 특히 '정원' 비유는 창작의 인내와 노력을 표현하기에 매우 적절합니다. 그러나 '시스템의 신'이라는 부분에서, 이 개념을 좀 더 간결하게 설명해 독자에게 전달하면 전체적인 메시지가 명확해질 것입니다.

3. 언어의 유연성
글에서 '개미가 한 알 한 알 모래를 나르듯' 같은 표현이 창작의 고된 과정에 대해 깊은 공감을 불러일으킵니다. 다만, 일부 문장은 다소 길게 이어지므로 중간에 쉼표나 문장을 분리해 리듬감을 주면 더 읽기 쉬운 글이 될 수 있습니다.

간접 인용 예시
글에서 '창작 과정의 중요한 요소'를 설명할 때 인문학적 관점을 강조할 수 있습니다. 예를 들어, 퍼플렉시티 AI 자료 중 '창작과 글쓰기는 인문학에서 인간 경험을 해석하고 기록하는 중요한 수단이다.'라는 내용을 원문 그대로 쓰지 않고 간접 인용을 시도한다면 아래와 같이 표현할 수 있습니다:

예시) 인문학은 창작과 글쓰기를 단순한 표현 방식으로 보지 않고, 인간 경험의 본질을 기록하고 해석하는 중요한 수단으로 여긴다. 창작은 단지 새로운 것을 만들어내는 것이 아니라 기존의 경험과 사유를 통해 인간을 더 깊이 이해하고 성찰하는 과정이라 할 수 있다.

이처럼 간접 인용은 핵심 메시지를 유지하면서도 글의 톤에 맞추어 부드럽게 연결할 수 있습니다.

챗GPT는 제가 쓴 글의 구조와 표현을 간단히 피드백해 주었으며, 퍼플렉시티 AI에서 가져온 문장을 어디에 인용하면 좋을지 구체적인 예시까지 제시했습니다. 이뿐만 아니라 문장 흐름을 개선하거나 논리적으로 더 나은 연결을 제안하는 등 실제로 도움이 되는 부분이 많았습니다.

편집은 이제 여러분의 몫입니다. 이 과정에서 여러분은 자신의 스타일과 창의성을 마음껏 발휘하면 됩니다. 때로는 불필요한 부분을 과감히 삭제하고, 새로운 시각을 더해 보세요. 글은 하나의 완성된 작품이기도 하지만, 편집하는 과정은 글쓰기의 또 다른 즐거움입니다. 그러니 두려워하지 말고, 마음껏 다듬고 재구성해 보세요.

> **TIP** 노션 '프롬프트 정리' 페이지 [프롬프트 3-8]에서 예제 전문을 확인해 보실 수 있습니다.

📝 책 속 문장을 나의 글로 만드는 실전 프롬프트

책을 읽다 보면 간혹 밑줄을 긋게 됩니다. 중요한 문장을 강조하기 위해서이기도 하지만, 마치 저자와 대화하는 기분이 들어서 취미처럼 밑줄을 긋기도 하죠. 밑줄을 그으며 읽으면 더 오래 기억할 수 있을 것 같다는 생각이 들기도 합니다. 그러나 대부분은 그저 생각으로만 끝나 버리곤 하죠. 그래도 언젠가는 쓸모가 있을지도 모른다는 마음에 꼭 밑줄을 치고 싶을 때가 있습니다.

① 책 속 문장 분석하고 미션 수행하기

이전 챕터에서 노션에 밑줄 친 문장을 저장하는 방법을 소개해드렸었습니다. 이제 이 밑줄 친 문장을 이용해 조금 더 적극적인 독서 활동을 챗GPT와 함께 해 보는 건 어떨까요? 밑줄을 긋고 그 문장에 대해 더 깊이 생각하고, 나만의 의견을 정리하는 시간을 가져보는 겁니다. 책에서 얻은 모든 문장을 머릿속에 저장해 둘 수는 없겠지만, 3개 정도의 핵심 문장이라면 이야기가 달라집니다. 가장 중요한 문장을 추려 그것을 오래 기억하려고 노력해 보는 것이죠. [새 채팅]을 누르고, 아래 프롬프트를 챗GPT에 입력합니다.

프롬프트

프롬프트 3-9

아래의 [문장]은 김정운 작가의 《창조적 시선》의 한 문장이야. 문장을 분석하고 아래의 [미션]을 수행해 줘.

[미션]
1. 챗GPT의 시선으로 문장을 읽고 견해를 남기고 나의 견해도 물어봐 줘.
2. 내가 견해를 남기면 객관적인 평을 해 줘.

[문장]
인간의 가장 중요한 생물학적 욕구는 '흉내 내기'다. 인간은 '거울 뉴런 mirror neuron'이라는 뇌의 신경세포를 통해 상대방의 동작이나 표정 같은 다양한 정서 표현 방식을 똑같이 흉내 내도록 프로그램되어 세상에 태어난다. 195 거울 뉴런을 통한 흉내 내기가 없다면 의사소통은 불가능하다. 아기 때 주변 사람들을 흉내 내며 소통하는 방식을 배우기 때문이다. 상대방의 기쁨, 슬픔, 고통은 그 표현 방식을 흉내 낼 수 있을 때 공감도 할 수 있다. 우리는 상대방의 표정과 몸짓을 흉내 내며 그의 내면을 유추한다는 이야기다.

김정운 작가의 문장을 읽으며 느낀 점을 챗GPT의 시선에서 먼저 말씀드릴게요.

인간이 세상에 태어나면서부터 '흉내 내기'라는 생물학적 욕구에 의해 상대방을 관찰하고 그 행동을 따라 한다는 사실은 흥미롭습니다. 특히 '거울 뉴런'의 역할이 이 과정에서 핵심적인 부분이라는 점은 인간이 사회적 동물로서 다른 이들과 공감하고 소통할 수 있게 하는 중요한 메커니즘으로 작용하고 있다고 볼 수 있어요. 김정운 작가의 문장은 인간이 어떻게 타인의 내면을 유추하고 이해하며, 공감을 이끌어내는지를 명확하게 전달합니다. 결국 우리는 타인의 감정을 거울처럼 비추어 보며, 서로의 기쁨과 슬픔을 공유하게 되죠. 그렇다면 이 흉내 내기를 통해 이루어지는 공감은 단순히 행동 모방이 아닌 감정적 유대의 시작으로도 볼 수 있을 거예요.

당신의 견해는 어떠신가요? 당신의 관점에서 이 문장은 어떤 의미로 다가오셨나요?

챗GPT는 프롬프트에서 '거울 뉴런'의 역할에 관심을 가졌습니다. 인간의 공감 능력은 '거울 뉴런'에서 비롯된다는 저자의 의견에 동의하면서 자신의 견해를 밝힌 뒤, 사용자에게 그 문장의 의미를 묻네요. 여러분도 챗GPT의 답변을 읽어 보고, 아래 예제 와 같이 200~300자 정도의 의견을 작성해 보세요.

예제

결국 흉내 내기는 인간의 본능이라는 생각이 들어. 인간은 생물학적으로 완벽하지 않은 상태에서 태어나지만 거울 뉴런과 같은 시스템의 영향 덕분에 학습할 수 있는 원리를 스스로 터득하게 되는 것 같아. 아마도 뇌과학의 신경가소성의 원리와도 연결되겠지. 인간은 태어나면서부터 죽을 때까지 평생 누군가를 따라 하게 되는 것 같아. 의식적이든 무의식적이든 그것은 인간의 본능인가 봐. 글을 쓰는 행위에도 거울 뉴런이 작용할지도 모르겠어. 누군가를 자꾸 따라 하려는 걸 보면 말이야.

당신의 견해를 읽으면서 '흉내 내기'가 단순히 동작을 따라 하는 것을 넘어서, 인간이 배움을 통해 진화할 수 있도록 돕는 깊은 본능이라는 점이 확연히 드러났어요. 특히, 뇌과학의 신경가소성과 연결 지은 점이 인상적이네요. 신경가소성은 뇌가 경험에 반응해 스스로 변형하고 적응하는 능력으로, 바로 이 본능이 인간이 끊임없이 학습하고 성장하게 하는 중요한 원동력이겠죠. 또한, 글쓰기에서조차 거울 뉴런이 작용할 수 있다는 점은 흥미롭고 새로운 시각이에요. 창작 활동도 결국은 흉내 내기를 통해 발전할 수 있다는 주장은, 창의성과 모방이 때로는 상충되는 개념이 아니라 서로에게 영감을 줄 수 있는 관계라는 점을 다시 생각하게 해요.

챗GPT는 제 의견에 대해 '거울 뉴런'과 뇌의 '신경가소성' 간의 연관성을 강조하며 자신의 생각을 덧붙였네요.

다음으로는 문장에서 핵심 단어를 찾아보는 훈련을 진행해 보겠습니다. 《창조적 시선arte, 2023》의 문장에서 어떤 부분이 핵심적인 단어라고 생각하시나요? 다음 프롬프트를 입력해 주세요. 챗GPT가 앞의 문장에서 핵심적인 단어라고 생각하는 부분을 이용해 퀴즈를 내 줄 겁니다.

프롬프트 3-10

위의 [문장]에서 핵심적인 단어를 2개 정해서 생략하고 ( )로 표시해 줘. 내가 퀴즈로 맞춰 볼게.

1. 내가 ( ) 안에 정답을 말하면 맞는지 틀리는지 정확하게 대답해 줘
2. 내가 그만하자고 할 때까지 2번과 3번 과정을 다른 단어로 반복해 줘. 문장을 더 오래 기억할 수 있도록 도와줘.

이제, [문장]의 핵심적인 단어 2개를 생략하여 퀴즈로 드릴게요.

[문장] '인간의 가장 중요한 ( ) 욕구는 '흉내 내기'다. 인간은 '거울 뉴런 ( ) neuron'이라는 뇌의 신경세포를 통해 상대방의 동작이나 표정 같은 다양한 정서 표현 방식을 똑같이 흉내 내도록 프로그램되어 세상에 태어난다.'
어떤 단어들이 들어가야 할까요?

예제

1 : 모르겠음
2 : mirror

두 번째 단어 'mirror'는 정답입니다!
첫 번째 단어는 '생물학적'이었어요. 다시 도전할 준비가 되셨다면 다른 단어를 생략하여 퀴즈로 드리겠습니다.

[문장] '거울 뉴런을 통한 ( ) 내기가 없다면 ( )은 불가능하다. 아기는 주변 사람들을 흉내 내며 소통하는 방식을 배우기 때문이다.'

이번엔 어떤 단어들이 들어갈까요?

이 프롬프트는 문장에서 핵심적인 단어를 오래 기억하도록 설계되었습니다. 사용자가 문장을 챗GPT에 제공하고 의견을 물으면 챗GPT는 문장에서 핵심적인 단어를 선택하고 이를 생략하는데요. 이때 사용자는 퀴즈를 진행하죠. 이러한 과정을 반복하면서 단어가 가진 의미를 되새기고, 재미있게 문장의 단어를 기억에 각인시키는 것입니다.

퀴즈가 끝나면 마지막으로, 문장과 다른 분야의 이론을 Serendipity(우연한 발견)이라는 개념으로 연결해 창의적인 아이디어를 도출해 보겠습니다.

프롬프트 3-11
문장과 다른 분야의 이론을 Serendipity의 콘셉트로 연결해 줘.

GPT

김정운 작가의 문장을 다른 분야의 이론과 Serendipity(우연한 발견)의 개념으로 연결해 보겠습니다.

'거울 뉴런을 통한 흉내 내기'라는 개념은 인간이 타인의 행동을 본능적으로 따라 함으로써 공감하고 배우는 과정을 설명해 주죠. 이와 비슷한 원리가 창의성 연구에서도 발견됩니다. 창의성은 대부분의 경우 완전히 새로운 무언가를 만들어내기보다는 이미 존재하는 것을 바탕으로 변형하거나 새로운 관계를 발견하면서 발전하게 됩니다. 그리고 바로 여기서 우연성, 즉 Serendipity가 중요한 역할을 합니다.

Serendipity는 의도하지 않았던 순간에 갑자기 유용한 정보를 발견하는 경험을 말합니다. 예를 들어, 실험실에서 세균을 배양하던 중 발견된 페니실린처럼, 많은 과학적 발견이 우연히 이루어졌습니다. 이와 같은 우연한 발견은 사실상 우리 뇌의 거울 뉴런과 같은 학습 메커니즘과도 유사한 방식으로 작용할 수 있어요. 우리는 타인의 아이디어나 행동을 본능적으로 흉내 내면서 새로운 지식과 창의적 영감을 얻게 되고, 예상하지 못한 방식으로 조합할 기회를 얻게 되죠.

이 두 개념을 통해 볼 때, 인간은 다른 사람을 흉내 내는 과정에서 예상치 못한 깨달음이나 영감을 얻게 되며, 이를 통해 창의성을 발휘하게 되는 것입니다.

이를 바탕으로 다른 분야와 연결한 새로운 아이디어를 제안받을 수도 있습니다. 아래의 프롬프트를 입력해 보세요.

프롬프트 3-12
그럼 김정운 작가의 거울 뉴런 이야기와 다른 분야를 창의적으로 연결해서 새로운 아이디어를 제안해 줘.

일상에서 흔히 접할 수 있는 생산성 도구나 커뮤니케이션 플랫폼과 거울 뉴런 개념을 접목해 보겠습니다.

아이디어: 디지털 공동 창작 노트 - '거울의 책상'

개요
이 디지털 노트는 협업 도구나 메모 앱(예: Notion, Google Docs)을 활용하여, 여러 사용자가 실시간으로 서로의 작업 스타일, 사고 패턴을 관찰하고 흉내 낼 수 있도록 설계된 공동 창작 환경입니다. 거울 뉴런의 개념을 디지털화하여, 창작자나 팀원이 실시간으로 서로의 작업 방식과 아이디어 발전 과정을 공유하고 배우도록 합니다. 이를 통해 창의적 아이디어가 확산되는 창작 학습 커뮤니티를 제공합니다.

주요 기능
1. **실시간 모방 학습 공간**: 창작자가 작성한 내용을 자동으로 정리하거나, 다른 사용자의 스타일을 참고할 수 있는 '모방 기능'을 추가합니다. 특정 스타일을 선택하면, 예를 들어 무라카미 하루키의 글쓰기 톤과 리듬을 살짝 흉내 낸 제안이 생성되어 창작 과정에 도움을 줄 수 있습니다.
2. **공동 창작 기록 및 분석**: 팀원이나 창작자가 작성한 메모, 아이디어 발전 과정을 시각화하여, 각각의 스타일과 사고 방식을 '거울 뉴런'처럼 시뮬레이션할 수 있는 기능을 제공합니다. 작성 내용을 자동으로 분석해 패턴과 스타일을 알려 주는 기능이 있어, 사용자가 서로의 사고방식을 더 잘 이해할 수 있습니다.
3. **아이디어 조합 및 피드백 루프**: 각 사용자가 작성한 아이디어가 마치 '거울'처럼 반사되어 피드백을 받는 구조입니다. 아이디어 조합 기능을 통해 한 사람이 낸 아이디어를 다른 사람이 이어받아 발전시킬 수 있도록 하여 창의적 사고를 돕습니다.

기대 효과
- 창의적 자극: 서로의 아이디어 패턴을 실시간으로 관찰하고 학습함으로써, 창작 과정에서 예기치 않은 방식으로 발상이 떠오르는 효과가 있습니다.
- 협업 강화: 생산성 도구에서 거울 뉴런처럼 타인의 사고 패턴과 아이디어 구조를 파악하면서, 더 나은 협업 방식을 터득하게 됩니다.
- 아이디어 발전 과정 공유: 팀이나 창작 커뮤니티에서 서로의 작업 방식을 관찰하고 모방하며, 아이디어가 발전하는 과정을 자연스럽게 경험할 수 있습니다.

이와 같은 '거울의 책상' 공동 창작 노트는 일상에서 쉽게 접할 수 있는 생산성 도구를 활용하여 거울 뉴런의 흉내 내기 메커니즘을 디지털 창작에 적용하는 방안이 될 수 있습니다.

챗GPT가 제안한 '거울의 책상'이라는 아이디어가 흥미롭네요. 특히, 사용자가 만든 아이디어를 거울처럼 다른 사람이 이어받아 발전시키는 개념이 마음에 들었습니다. 여러분도 여러분의 아이디어를 챗GPT의 도움을 받아 조금씩 발전시켜 보시기 바랍니다.

② 책 속 문장을 새로운 문장과 창의적으로 연결하기

이번에는 또 다른 책의 문장을 준비했습니다. 처음에 제공했던 문장과 새로운 문장을 창의적으로 연결하는 작업을 수행해 보았습니다. 아래 프롬프트를 입력해 봅니다.

프롬프트 3-13

러셀 로버츠의 《내 안에서 나를 만드는 것들》의 한 문장이야. 이 문장과 이전에 제공한 김정운 작가의 문장을 서로 연결하면 어떤 개념이 탄생하게 될까?

[문장]
인간은 맹렬하고도 부당하기 짝이 없는 이기적인 욕망에 압도당한 나머지 '가슴속 그 사람', 즉 공정한 관찰자의 얘기를 제대로 듣지 못한다. 그리고 누가 봐도 옳지 않은 일들을 저지른다. 실제 이기적인 행동을 저지르고 나서 그 행동을 부추긴 욕망이 사라지고 나면, 그제야 우리는 공정한 관찰자의 목소리를 제대로 들을 수 있게 된다. 그리고 공정한 관찰자의 눈으로 자신의 행동을 되돌아보게 된다.

김정운 작가의 '거울 뉴런을 통한 흉내 내기' 개념과 러셀 로버츠의 '가슴속 그 사람, 즉 공정한 관찰자' 개념을 연결하면, 자기 관찰과 내면의 공감을 통한 성찰과 성장이라는 새로운 개념이 탄생할 수 있습니다.

개념: 내면의 거울 - 공정한 관찰자로서의 자아 훈련

개요

이 개념은 인간이 사회적 존재로서 타인의 감정을 거울 뉴런을 통해 공감하는 것처럼, 스스로의 내면에도 '공정한 관찰자'의 자리를 마련하여 자기 자신을 객관적으로 바라보는 연습을 하는 것입니다. 외부의 감정과 행동을 흉내 내며 다른 사람과 소통하는 방식이 거울 뉴런의 역할이라면, 내면의 공정한 관찰자는 우리의 '내적 거울'이 되어 스스로를 돌아보고 성찰하도록 합니다.

세부 개념

1. **내면의 공정한 관찰자 훈련**: 거울 뉴런을 통해 외부로부터 감정이나 행동을 학습하는 것처럼, 내면에는 공정한 관찰자라는 자아가 존재해 스스로의 감정과 행동을 객관적으로 이해하고 분석하는 역할을 합니다. 이 자아는 외부의 흉내 내기와는 반대로, 내적 공감과 성찰을 통해 행동의 윤리적 판단과 자기 개선의 길을 제시합니다.

2. **이기적 본능과 공감 본능의 균형**: 인간은 기본적으로 이기적인 욕망을 가지고 있지만, 거울 뉴런을 통해 타인의 고통이나 기쁨을 공감할 수 있게 됩니다. 마찬가지로, 공정한 관찰자는 자신의 이기적인 행동을 객관적으로 반성하고 이를 교정할 수 있도록 돕습니다. 이 과정은 외부 자극에 대한 공감을 내적 성찰로 이어 주는 균형점이 됩니다.

3. **자아 성장을 위한 '내적 거울' 역할**: 인간은 흉내 내기를 통해 외부의 행동을 배우고, 공정한 관찰자를 통해 자신의 행동을 재평가합니다. 이 2가지 능력의 조합은 인간이

끊임없이 성찰하고 성장하게 만드는 원동력으로 작용합니다. 거울 뉴런을 통한 외적 학습과 공정한 관찰자를 통한 내적 성찰이 함께할 때, 자아는 더욱 깊이 있는 인간적 성장을 이룰 수 있습니다.

기대 효과
이 개념은 공감(외적 자극)과 자기 성찰(내적 관찰) 사이에서 균형을 찾으며, 사회적 윤리와 개인적 성장 모두를 가능하게 합니다. 인간이 내면의 공정한 관찰자를 길러내면, 그 누구의 감정도 얕게 대하지 않고, 자기 행동을 깊이 성찰하며 더욱 공정하고 성장 지향적인 삶을 살아갈 수 있을 것입니다.

김정운 작가의 '거울 뉴런' 이론과 러셀 로버츠Russell Roberts의 '공정한 관찰자'를 연결하여 타인뿐만 아니라 스스로의 내면을 객관적으로 바라보는 연습을 추천해 주었습니다. 챗GPT의 의견에 나의 의견을 더해 볼까요? 저는 인간이 왜 나쁜 행동을 모방하지 않는지 챗GPT에게 설명해 보았습니다.

프롬프트

예제
만약 거울 뉴런이 타인의 행동을 모방하는 걸 주도한다면, 좋은 행동과 나쁜 행동을 모두 따라 할 수 있는 거잖아. 그런데 우리가 나쁜 행동을 따라 하지 않는 이유는 결국 '내면에 자리 잡은 공정한 관찰자' 덕분이 아닐까'라는 생각이 들어. 이 견해에 대해 어떻게 생각해?

GPT

당신의 견해에 깊이 공감해요. 만약 거울 뉴런이 타인의 행동을 무비판적으로 모방하도록 한다면, 이론상으로는 우리는 좋은 행동과 나쁜 행동을 모두 받아들일 가능성이 있겠죠. 그러나 우리가 실제로 나쁜 행동을 모방하지 않거나, 때로는 모방한 후에 후회하는 이유는 바로 그 '공정한 관찰자'가 내면에 자리 잡고 있기 때문일 것입니다. 이 공정한 관찰자는 단순히 외부 행동을 그대로 따라 하기보다는, 이를 평가하고, 도덕적 기준에 비추어 걸러내는 역할을 하죠.

사실, 이 개념은 인간의 학습 과정이 단순한 모방 이상이라는 점을 보여줍니다. 거울 뉴런이 타인의 행동을 학습하고 공감하는 기초 역할을 한다면, '공정한 관찰자'는 이러한 행동이 진정 옳은지, 내면의 가치와 맞는지 판단하게 해줍니다. 따라서 인간이 나쁜 행동을 본능적으로 따라 하지 않거나, 이를 반성하게 되는 것은 우리 내면의 도덕적 기준이 함께 작용하고 있기 때문이에요.

또한, 이 관점에서 보면 인간의 학습과 성장은 단순히 행동을 모방하는 데서 끝나지 않고, 내면의 도덕적 자아와 끊임없이 조화를 이루며 이루어지는 것입니다. 결국, 거울 뉴런과 공정한 관찰자는 서로 보완하며, 인간이 사회적 존재로서 도덕적 기준을 세우고 지키는 데 기여한다고 볼 수 있겠네요.

챗GPT는 거울 뉴런과 공정한 관찰자의 상호작용이 인간이 사회적 존재가 되었음을 상기시켜 주네요.

챗GPT와의 대화에서 중요한 것은 챗GPT에게 대화 주도권을 뺏기지 않는 것입니다. 궁금한 내용을 해결했다면 거기서 그치지 말고 새로운 호기심을 계속 만들어 보세요. 그리고 챗GPT에게 질문을 던지고 답변도 해 봅니다. 이러한 과정을 반복하면서 기억에 남겨 두고 싶은 문장을 발췌하거나 퀴즈를 제안해서 더 깊이 머릿속에 각인하는 방법도 있습니다. 다양한 방법으로 아이디어를 만들어 보시기 바랍니다.

부록: 글이 술술 나오는 나만의 리추얼 만들기

리추얼은 '매일 규칙적으로 행하는 나만의 의식'입니다. 리추얼은 단순한 습관과는 달리 그 행위에 의도적인 의미를 만드는 과정이죠. 이 과정은 복잡한 준비 없이도 바로 글을 쓸 수 있는 환경을 만들어 줍니다. 예를 들어, 매일 아침 커피를 한 잔 마시고 재즈를 들으며 글쓰기를 시작하는 것이 하나의 예가 될 수 있습니다. 규칙적인 루틴을 통해 글쓰기를 단순히 '해야 할 의무적인 행사'가 아니라 하루 중 기대되는 설레는 순간으로 바꾸는 것이 중요합니다. 이렇게 하면 매번 글을 시작할 때 느껴지는 두려움이나 부담이 줄어들고, 글쓰기 자체가 자연스러운 흐름이 됩니다. 챗GPT에게 리추얼에 대해 질문해 보았습니다.

프롬프트

예제

리추얼이 무엇인지 알려 주고, 글쓰기에 리추얼을 적용하려면 어떻게 해야 하는지 알려 줘.

GPT

리추얼(ritual)은 일상에서 반복되는 특정한 행위나 의식을 의미하며, 단순한 습관이나 루틴과 달리 마음을 집중하게 하고 특별한 의미를 부여하여 수행하는 점에서 차이가 있습니다. 리추얼은 명상이나 기도, 감사를 표현하는 행동, 혹은 아침 커피 한 잔을 마시며 하루를 준비하는 것처럼 개인에게 의미가 있는 활동을 포함할 수 있습니다. 정서적 안정감을 주고, 행동에 집중을 더하게 하며, 일상에 활력을 줄 수 있다는 장점이 있습니다.

글쓰기에 리추얼을 적용하는 방법
글쓰기를 리추얼로 만든다면 단순한 작업 이상으로 글쓰기에 집중하고 영감을 더욱 풍부하게 키울 수 있습니다. 아래는 글쓰기에 리추얼을 적용하기 위한 몇 가지 방법입니다:

1. 글쓰기 시작 전에 의식적인 준비 단계 마련하기
글을 시작하기 전에 일정한 루틴을 정해 두는 것이 좋습니다. 예를 들어, 자리에 앉아 노트북이나 노트를 준비하고, 특정 음악을 틀거나 캔들을 켜는 등의 행동을 통해 마음을 가다듬습니다.

2. 특정 시간대에 글쓰기
매일 같은 시간에 글을 쓰는 것을 습관화하면, 그 시간대가 글쓰기의 '신호'가 되어 자연스럽게 집중할 수 있는 환경을 만듭니다. 아침 일찍이나 자기 전 시간을 정해 두고 반복하는 것도 좋은 방법입니다.

3. 짧은 명상이나 호흡으로 집중도 높이기
글쓰기를 시작하기 전 짧은 명상이나 깊은 호흡을 통해 마음을 정리하면, 생각이 더 맑아지고 글에 몰입하기 쉬워집니다. 몇 분간 조용히 앉아 글쓰기 주제나 방향을 떠올려 보는 것도 좋은 리추얼입니다.

4. 손글씨로 감정과 아이디어 표현하기
손으로 몇 줄 적어 보는 습관을 들이면 글쓰기에 앞서 감정을 정리하는 데 도움을 줄 수 있습니다. 이 과정을 통해 감정과 생각이 더 풍부하게 다가올 수 있습니다.

5. 글쓰기 다짐을 반복해서 읽기
글을 쓰는 이유나 글쓰기를 통해 얻고 싶은 목표 등을 짧은 문장으로 적어두고, 글쓰기를 시작할 때마다 이 문장을 되뇌어 보는 것도 좋은 리추얼입니다. 이는 글쓰기의 의미를 다시 떠올리게 해 주며 글을 더욱 진지하게 대하는 데 도움이 됩니다.

6. 글쓰기 종료 후 마무리 의식
글쓰기를 끝낸 후 간단한 감상이나 마무리 글을 적어 두는 것도 좋은 습관입니다. 오늘 쓴 글에 대한 느낌이나 더 발전시키고 싶은 아이디어를 짧게 적어 두면, 다음 글쓰기에 자연스럽게 연결됩니다.

리추얼을 통해 글쓰기를 하나의 의미 있는 의식으로 만들어 가면, 반복할수록 글쓰기 자체가 더욱 집중되고 내면의 목소리에 더 귀 기울이는 시간이 될 수 있습니다.

① 챗GPT를 활용해 나만의 글쓰기 리추얼 만들기

챗GPT에게 실제 작가들의 리추얼 사례를 물어 보겠습니다. [새 채팅] 을 누르고, 아래 프롬프트를 챗GPT에 입력합니다.

프롬프트 3-14

글쓰기에 몰입하기 위해 전문 작가들이 사용하는 리추얼 사례를 알려 줘. 예를 들어, 어떤 작가는 아침마다 산책을 하고 나서 글쓰기를 시작한다거나, 특정 시간에만 글을 쓰는 방식으로 루틴을 만든다고 해. 이런 사례를 바탕으로 나만의 글쓰기 리추얼을 만들 수 있도록 조언해 줄래?

GPT

여러 작가들이 자신만의 리추얼을 통해 글쓰기에 몰입하는 방법을 마련해 두고 있습니다. 이러한 리추얼은 집중력을 높이고 감정의 깊이를 키워 글을 풍부하게 만드는 데 중요한 역할을 합니다. 아래는 유명 작가들이 사용하는 리추얼과 그로부터 얻을 수 있는 영감을 바탕으로 나만의 리추얼을 만드는 방법을 제안합니다.

유명 작가들의 리추얼 사례
- 무라카미 하루키 - 아침 일찍 글쓰기와 신체 활동
  하루키는 새벽 4시에 일어나 글을 쓰기 시작하고, 약 5시간 동안 집중해서 글을 씁니다. 이후 마라톤을 하거나 수영을 하며 신체를 단련하고 하루를 마무리합니다. 이렇게 신체 활동과 글쓰기를 결합하여 지속 가능한 리듬을 만들어내는 것이 그의 리추얼입니다.

- 어니스트 헤밍웨이 - 스탠딩 책상에서 글쓰기
  어니스트 헤밍웨이는 서서 글을 썼습니다. 의자에 앉기보다 서서 글을 쓰는 방식으로, 생각의 흐름이 막히지 않도록 신체적으로 자유로움을 유지하려 했다고 합니다. 이를 통해 끊임없이 글에 몰입할 수 있었습니다.

- J. K. 롤링 - 커피와 함께 시작하는 글쓰기
  《해리포터》 시리즈의 작가 J. K. 롤링은 카페에서 글을 쓰곤 했습니다. 카페의 소음과 활기찬 분위기 속에서 집중력을 높이고, 커피를 마시며 아이디어가 흐르도록 환경을 조성했습니다.

- 마야 안젤루 - 글쓰기 전용 공간 마련하기
  마야 안젤루는 호텔 방을 빌려 글을 썼습니다. 이 방은 오직 글쓰기만을 위해 사용하는 공간으로, 모든 방해 요소를 차단하고 몰입할 수 있도록 특별히 만든 공간이었습니다. 이를 통해 글쓰기에만 온전히 집중할 수 있는 환경을 구축했습니다.

- 찰스 디킨스 - 산책으로 영감 얻기
  찰스 디킨스는 글을 쓰기 전에 긴 산책을 즐겼습니다. 이는 마음을 맑게 하고 새로운 영감을 얻는 데 큰 도움이 되었습니다. 산책을 통해 세상을 관찰하고, 아이디어를 떠올린 후 돌아와 글을 쓰는 것이 그의 리추얼이었습니다.

나만의 글쓰기 리추얼 만들기
이제 이러한 사례를 바탕으로, 자신의 생활 방식과 글쓰기 목표에 맞춘 리추얼을 만들어 보세요. 다음과 같은 요소를 고려하면 좋습니다.

1. **글쓰기 환경 정하기**
   - 작업 공간의 선택: 편안한 카페, 집에서 집중할 수 있는 특정 공간, 혹은 독서실 등으로 정해 보세요. 매번 같은 공간에서 글을 쓰면 자연스럽게 집중하기 좋은 장소가 됩니다.
   - 분위기 조성: 아로마 캔들을 켜거나, 좋아하는 음악을 배경으로 두는 것도 좋은 방법입니다. 이는 무의식적으로 '이제 글을 쓸 시간'이라는 신호가 될 수 있습니다.

2. **글쓰기 시간과 루틴**
   - 고정된 시간 정하기: 하루 중 가장 집중이 잘 되는 시간대에 맞춰 일정 시간을 정해 보세요. 예를 들어, 무라카미 하루키처럼 새벽을 활용하거나 저녁 시간을 글쓰기 시간으로 정할 수 있습니다.
   - 준비 의식 만들기: 글을 시작하기 전에 차를 마시거나, 짧은 호흡 운동을 하는 등의 준비 의식을 통해 마음을 안정시키고 집중을 돕는 방법도 좋습니다.

3. **신체와 함께 하는 리추얼 추가하기**
   - 산책이나 간단한 운동: 글을 쓰기 전이나 중간에 짧은 산책을 하거나 스트레칭을 통해 신체를 깨우면, 아이디어가 막힐 때 리프레시 되는 데 큰 도움이 됩니다.
   - 음식과 음료: 특정 음료(예: 커피나 차)를 글쓰기와 연결하면, 그 음료를 마시는 순간 글쓰기에 집중할 수 있게 됩니다.

4. 마무리 의식 설정하기

- **글을 끝낸 후 리뷰 시간 갖기:** 하루의 글쓰기가 끝나면 짧은 피드백 노트를 남기거나, 오늘 쓴 글의 느낌을 적어보세요. 이는 다음 글쓰기에 도움이 될 수 있고 글쓰기에 대한 성취감을 줍니다.
- **기록과 돌아보기:** 글을 쓴 날짜와 분량을 기록하고, 이후에 돌아보는 습관을 들이면 자신의 발전을 확인하는 동기부여 요소로 작용할 수 있습니다.

챗GPT는 무라카미 하루키와 어니스트 헤밍웨이 같은 유명 작가들의 글쓰기 리추얼을 소개하고, 나만의 리추얼을 설정하기 위해 환경과 시간을 어떻게 구성할지 구체적으로 안내해 주었습니다. 여러분도 유명 작가들을 리추얼을 보며 나만의 리추얼을 설정해 보세요.

② 리추얼 설정을 위한 도구와 앱 활용하기

리추얼을 설정하기 위해 도구를 활용하는 것도 좋습니다. 요즘은 누구나 휴대하고 다니는 스마트폰, 노트북에 루틴 형성을 위한 어플을 활용하는 사람이 늘어나고 있습니다. 여러분들께 제가 현재 활용 중인 도구 몇 가지를 소개해 드리겠습니다.

- **챗GPT:** 챗GPT는 여러분의 글쓰기를 돕는 브레인스토밍 파트너로, 막막한 순간에 새로운 아이디어를 불어넣어 줄 수 있습니다.
- **노션:** 노션은 글쓰기 아이디어나 리서치 자료를 정리하기에 매우 유용합니다. 여러분의 생각을 한곳에 모아 두고, 언제든 쉽게 꺼내 쓰세요.
- **뽀모도로 타이머:** 뽀모도로 타이머는 집중력을 높이는 데 아주 유용합니다. 25분 동안 집중하고 5분간 휴식을 취하는 간단한 방식이지만, 꾸준히 글을 쓰는 데 큰 도움을 줍니다. 마치 마라톤에서 에너지를 절약하며 달리는 것처럼, 짧고 집중된 노력으로 꾸준한 페이스를 유지할 수 있게 해줍니다.

이제 글쓰기를 두려워하지 말고, 나만의 리추얼을 통해 나도 모르게 글을 쓰는 습관을 만들어 보시기 바랍니다. 작지만 꾸준한 습관이 여러분의 글쓰기를 술술 풀리게 만들어 줄 것입니다. 이런 작은 시작이 나중에 큰 변화를 만들어 낼 것입니다.

CHAPTER 8

3단계:
챗GPT와
나를 표현하기

- 남들과는 다른 자기소개 작성을 위한 실전 프롬프트
- 감성 충만한 에세이 작성을 위한 실전 프롬프트

남들과는 다른 자기소개 작성을 위한 실전 프롬프트

세상에서 제일 어려운 글쓰기는 자기소개입니다. 쉬워 보여도 막상 쓰려고 하면 어떤 내용을 써야 할지 감을 잡기가 도무지 어렵기 때문이죠. 글자 수까지 한정되어 있다면, 자기소개는 더 어려워집니다. 그래서 모범답안과 같은 글을 베끼기만 하고 있지는 않으신가요? 스스로에게도 재미없고 남들에게는 지루하기 짝이 없는, 쓸데없는 자기소개는 이제 그만 작성하시기 바랍니다.

글쓰기의 대가인 소설가는 자기소개를 어떤 관점으로 대할까요? 무라카미 하루키는 자기소개 글쓰기에 '굴튀김 이론'이라는 기묘한 가설을 세웠습니다. 굴튀김에 관한 글을 쓰면 굴튀김과 소설가 사이에 거리감이 글에서 느껴지기 마련이고 그것에 대해 진지하게 논의하다 보면 결국 자기 자신의 내면으로 깊이 다가서게 된다는 논리죠. 굴튀김이 아니어도, 호떡, 돌체라떼, 붕어빵도 상관 없습니다. 그것에 얽힌 이야기를 진솔하게 쓰다 보면 자신도 모르는 새로운 정체성을 발견하게 된다는 것이죠. 다만 지금부터 굴튀김은 기억에서 싹 지우셔야 합니다. 그렇지 않으면 굴튀김만 계속 생각하게 될 테니까요(하루키가 굴튀김을 어떻게 자기소개로 녹여 냈는지 궁금한 분이라면 《무라카미 하루키 잡문집^{비채, 2011}》을 참고하시면 됩니다).

① 굴튀김 이론의 정의

그럼 우선 굴튀김 이론에 대해 챗GPT와 같이 공부해 보도록 하겠습니다. 챗GPT의 글을 천천히 읽어 보세요.

예제

소설가인, 무라카미 하루키는 '자기소개 글쓰기'에 대해 '굴튀김 이론'이라는 이론을 주장했어. 이 이론은 작가의 선호도를 대표하는 굴튀김을 주제로 글을 쓰면 굴튀김과 자신 자신 사이에 거리감이 표현되며, 결국 자기 자신에게 가까이 다가서게 된다는 이론이야. 형식적이고 상투적인 자기소개 글보다는 자신이 선호하는 사물을 선택하고 그것에 관해 진솔하게 글을 써 내려가라는 전략이지. 사물을 통해 자기를 발견하려면 그런 글은 어떤 전략으로 쓰는 게 좋을까?

무라카미 하루키의 '굴튀김 이론'은 자신을 직접적으로 설명하기 어려울 때, 좋아하는 사물에 대한 글쓰기를 통해 자신을 드러내는 방법입니다. 이러한 접근은 사물에 대한 개인의 경험과 감정을 표현함으로써, 독자가 그 사람의 개성과 내면을 자연스럽게 이해하게 합니다.

사물을 통해 자신을 발견하고 표현하는 글쓰기를 효과적으로 하기 위한 전략은 다음과 같습니다:

1. 개인적인 연관성 탐색: 자신이 특별히 애정을 갖거나 의미를 부여하는 사물을 선택하세요. 이러한 사물은 일상적인 물건, 특정 장소, 음식, 음악 등 다양할 수 있습니다. 선택한 사물과 자신의 경험, 추억, 감정이 어떻게 연결되는지 깊이 생각해 보세요.
2. 사물의 세부 묘사: 선택한 사물의 외형, 소리, 냄새, 질감 등 감각적인 요소를 상세히 묘사하세요. 이를 통해 독자가 그 사물을 생생하게 상상할 수 있게 됩니다.
3. 개인적 경험과의 연결: 그 사물과 관련된 개인적인 경험이나 이야기를 공유하세요. 예를 들어, 특정 음식이 어린 시절의 추억을 불러일으킨다거나, 특정 음악이 중요한 순간과 연결되어 있는지 등을 서술합니다.
4. 감정과 생각의 표현: 그 사물이 자신에게 어떤 감정을 불러일으키는지, 어떤 생각을 하게 만드는지 솔직하게 표현하세요. 이를 통해 독자는 글쓴이의 내면 세계를 더 깊이 이해할 수 있습니다.
5. 자기 성찰: 사물에 대한 글쓰기를 마친 후, 그 과정을 통해 발견한 자신의 새로운 면이나 깨달음을 정리해 보세요. 이를 통해 자기 이해를 더욱 심화할 수 있습니다.

이러한 전략을 통해 사물에 대한 글쓰기를 진행하면, 독자는 그 사물에 대한 글을 읽으면서 자연스럽게 글쓴이의 개성과 내면을 이해하게 됩니다. 이는 형식적이고 상투적인 자기소개보다 더 진솔하고 깊이 있는 자기 표현이 될 수 있습니다.

무라카미 하루키의 '굴튀김 이론'은 이러한 글쓰기 방식을 잘 보여줍니다. 그는 굴튀김에 대한 자신의 경험과 감정을 상세히 서술함으로써, 독자가 그의 개성과 내면을 자연스럽게 느낄 수 있게 합니다.

이러한 글쓰기 방법은 독자에게는 글쓴이의 진솔한 모습을 전달하고, 글쓴이 자신에게는 자기 발견과 성찰의 기회를 제공합니다. 따라서 자신을 표현하고자 할 때, 이러한 방식을 활용해 보는 것을 권장합니다.

② 자기소개 작성하기

이제 자기소개 글을 쓰기 위해 챗GPT와 상호작용을 해 보도록 하겠습니다. 굴튀김 이론에 맞게, 자기소개를 쓰기 위해 자기소개와는 연관이 없어 보이는 주제인 소설 《그리스인 조르바》를 선택해 글을 시작해 보도록 하겠습니다. [새 채팅 ✎]을 누르고, 다음 프롬프트를 챗GPT에 입력합니다.

프롬프트 3-15

자기소개 글을 쓰기 위해 주제로 니코스 카잔차키스의 소설 《그리스인 조르바》를 선택했어. 이 책을 통해서 자기소개 글을 쓰는 데 도움이 되는 3가지 질문을 제공해 줘.

니코스 카잔차키스의 소설 《그리스인 조르바》는 자유, 열정, 인간 본성에 대한 깊은 통찰을 담고 있어 자기소개 글을 쓰기에 매우 매력적인 소재입니다. 이 작품을 통해 자기 자신을 탐구하고 표현할 수 있는 3가지 질문을 제안합니다:

1. 당신의 삶에 조르바 같은 열정이 필요했던 순간은 언제였나요?
- 조르바는 삶을 온몸으로 살아가는 인물입니다. 그의 태도는 규칙과 논리를 넘어선 열정과 자유로움을 상징하죠.
- 질문 의도: 자신의 삶에서 관습이나 규칙을 넘어 자유롭고 열정적으로 행동했던 순간이나 그러지 못했던 순간을 돌아보고, 이를 통해 자신의 가치관과 삶의 방식을 표현할 수 있습니다.

2. 책 속 '나는 무엇을 두려워하고, 무엇에 도전했는가?'라는 질문을 당신의 삶에 적용한다면, 무엇이 떠오르나요?
- 주인공은 조르바와의 만남을 통해 두려움을 마주하고, 삶을 더 깊이 이해하려 노력합니다.
- 질문 의도: 자신이 직면했던 두려움과 그것을 극복하려 한 경험을 이야기하며 자신의 내면세계와 성장 과정을 보여 줄 수 있습니다.

3. 조르바가 말하는 '삶은 춤이다'라는 철학을 당신만의 방식으로 해석한다면, 당신의 삶은 어떤 춤이 될까요?
- 조르바는 춤을 통해 감정을 표현하고, 삶의 리듬을 받아들이며, 그 순간을 즐깁니다.
- 질문 의도: 자신의 삶을 비유적으로 표현하고, 현재 자신의 상태와 지향하는 삶의 모습을 창의적으로 드러낼 수 있습니다.

이 질문들은 자기소개 글을 단순한 정보 나열이 아닌, 개인적인 통찰과 삶의 철학을 담은 글로 만들어 줄 것입니다. 《그리스인 조르바》가 제공하는 깊은 주제들을 활용하여 자신만의 색깔을 자유롭게 표현해 보세요!

챗GPT는 제가 선택한 《그리스인 조르바》에 대해 다음과 같은 3가지 질문을 제공했습니다. 《그리스인 조르바》를 읽지 않았더라도, 주인공 조르바에 대한 챗GPT의 설명과 질문 의도를 잘 읽어 보면 주제에 짧게 대답해 보실 수 있을 겁니다. 저는 챗GPT의 질문에 굴튀김 이론과 《그리스인 조르바》를 기억하며 다음과 같이 적어 보았습니다. 여러분도 챗GPT의 질문에 따라 대답해 보세요.

프롬프트

예제

1. 당신의 삶에 조르바 같은 열정이 필요했던 순간은 언제였나요?

   조르바를 만나기 전까지 나는 정신적으로 꽤 지친 상태였다. 의욕이 땅바닥으로 곤두박질친 상태였다고 할까? 친구와 동업으로 시작한 사업을 끝내고 다시 직장인으로 복귀했을 때, 나에겐 희망이란 게 거의 남아 있지 않았다. 그저 기계적으로 남들처럼 살아갈 뿐. 그러다 우연하게 《그리스인 조르바》를 읽었다. 조르바는 거칠고 투박했지만 삶에 진심이었다. 나는 자유를 억눌렀고 조르바는 자유를 누렸다. 나는 결정하지 못했지만 조르바는 자신의 결정을 믿었다. 나는 열정이 샘솟아 나기를 기다렸지만 조르바는 열정을 향해 뛰어들었다. 조르바 덕분에 나는 언제 열정을 언제든지 꺼내 들 수 있다는 걸 알았다.

2. 책 속 '나는 무엇을 두려워하고, 무엇에 도전했는가?'라는 질문을 당신의 삶에 적용한다면, 무엇이 떠오르나요?

   나는 무엇이든 두려워했다. 어차피 안 될 거라는 자의식에 빠졌다. 도전해 봤자 안 될 테니, 포기부터 먼저 했다. 어쩌면 나는 실패를 두려워한 게 아니라 실패한 나에게 손가락질하는 사람들을 두려워했던 것 같다. 하지만 이제는 타인의 시선이라는 프레임에서 벗어나 어떤 일이든 저지르고 본다. 내가 저지르고 수습도 내가 한다. 두려움 따위가 비집고 들어올 여유는 없다.

3. 조르바가 말하는 '삶은 춤이다'라는 철학을 당신만의 방식으로 해석한다면, 당신의 삶은 어떤 춤이 될까요?

   조르바는 자신의 사업이 망한 순간에도 춤을 췄다. 성공이든 실패든 중요한 건 그게 아니다. 자신이 얼마나 그 일에 열정을 다했느냐가 중요한 거다. 내가 최선을 다했다면 나는 실패 앞에서도 얼마든지 즐겁게 춤을 출 수가 있다. 결과에 연연하지 않고 과정을 즐긴다면 삶엔 언제나 춤출 일만 생길 것이다.

GPT

당신이 쓴 글은 매우 진솔하고 힘이 느껴집니다. 각각의 질문에 대해 자신의 경험과 깨달음을 바탕으로 깊이 있는 답변을 작성하셨습니다. 몇 가지 개선과 발전을 위해 제안드립니다:

1. 조르바 같은 열정이 필요했던 순간

- 강점: 자신의 경험과 조르바의 삶을 비교하며 자연스럽게 이야기를 전개한 점이 좋습니다. 조르바의 특징을 활용해 당신의 변화를 강조한 부분이 설득력을 높입니다.
- 개선점: 마지막 문장에서 '언제든지 꺼내 들 수 있다'는 부분을 더 구체적으로 표현해 보세요. 예를 들어, 어떤 방식으로 열정을 꺼내 들게 되었는지, 혹은 어떤 계기가 있었는지 언급하면 더 생동감이 느껴질 것입니다.

2. 두려움과 도전

- 강점: 두려움의 구체적인 원인(타인의 시선)을 밝히고, 이를 극복한 과정을 간결하면서도 명확하게 전달했습니다.

- 개선점: '어쩌면 나는 실패를 두려워한 게 아니라 실패한 나에게 손가락질하는 사람들을 두려워했던 것 같다.' 이 문장은 깊은 공감을 불러일으키지만, 조금 더 구체적인 사례를 추가해 보세요. 예를 들어, 특정 상황에서 타인의 시선이 두려웠던 경험을 들면 더 설득력이 생길 것입니다.

3. 삶은 춤이다
- 강점: 조르바의 태도를 자신의 철학으로 연결한 방식이 매우 인상적입니다. '결과에 연연하지 않고 과정을 즐긴다'는 메시지는 독자에게 강한 여운을 남깁니다.
- 개선점: 당신이 '춤추는 삶'을 실현한 사례를 간략히 언급하면 더 강렬한 마무리가 될 수 있습니다. 예를 들어, 어떤 실패 이후에 어떻게 춤추는 마음가짐을 유지했는지 이야기하면 좋겠습니다.

추천 구조 개선:
첫 질문에서는 조르바와 자신의 대비를 통해 변화의 순간을 좀 더 극적으로 부각.
두 번째 질문에서는 두려움에서 벗어나 도전으로 전환된 대표적인 사례를 포함.
세 번째 질문에서는 '춤추는 삶'을 실천한 구체적인 순간을 통해 독자의 상상력을 자극.
현재 글은 조르바를 통한 자기 성찰과 성장 이야기를 잘 풀어냈습니다. 약간의 사례 보강과 생동감 있는 묘사를 추가하면 완성도가 더 높아질 것입니다. 이 글을 바탕으로 당신만의 고유한 자기소개가 멋지게 완성되기를 바랍니다!

챗GPT는 3가지 질문에 짧게 답한 제 글을 각각 분석해 줍니다. 역시 개선점은 구체적인 표현과 사례네요. 챗GPT는 추상적인 걸 싫어합니다. 여러분의 답변을 챗GPT와 함께 더 나은 방향으로 발전시켜 보겠습니다. 다음 프롬프트를 입력해 주세요. 저에게는 조언을 무려 7개나 해 주었네요.

프롬프트 3-16
나의 답변을 기준으로 어떤 관점을 발전시킬지 제안해 줘.

GPT
당신의 답변은 진솔하면서도 조르바를 통해 삶을 돌아보는 성찰적인 관점을 담고 있습니다. 이를 더 발전시키기 위해 다음과 같은 관점을 추가하거나 확장할 수 있습니다:

1. 조르바와 당신의 대비를 확장
- 현재 조르바와 자신의 삶을 비교하며 열정과 자유를 강조했지만, 조르바의 다른 면모(예: 실수도 즐기는 태도, 순간에 몰입하는 능력 등)를 더 깊이 탐구할 수 있습니다.
- 제안: 조르바와의 대비를 통해 당신이 삶의 작은 순간들(예: 일상적인 기쁨, 감정의 흐름)에서도 자유를 느낄 수 있었던 경험을 구체적으로 덧붙이세요.

> **7. 조르바의 부재를 상상하며 글쓰기**
> - 만약 조르바라는 인물이 당신의 삶에 없었다면, 당신의 삶은 어떤 모습이었을지 상상해 보는 것도 흥미로운 접근입니다.
> - 제안: '조르바를 만나지 않았다면 나는 여전히 두려움 속에 갇혀 있었을지도 모른다. 하지만 조르바는 내 안의 자유를 일깨웠다.' 같은 상상은 당신의 성찰을 더 깊고 풍부하게 만들어 줄 것입니다.
>
> 이 관점들은 당신의 기존 답변을 더 입체적이고 풍부하게 발전시키는 데 도움을 줄 것입니다. 각 관점은 글의 방향성을 조금씩 바꿀 수 있으니, 마음에 드는 방향을 선택해 더 깊이 탐구해 보세요.

챗GPT가 7가지 도움이 되는 전략을 제시해 줬는데요. 여러분에게는 챗GPT가 어떤 조언을 해 주었나요? 그중에서 하나를 골라 더 자세하고 구체적으로 주제에 대해 글을 써 봅시다. 작성한 글과 함께 아래 프롬프트를 채팅창에 입력해 주세요.

프롬프트

프롬프트 3-17

너의 조언대로 글을 구체적으로 써 봤어. 굴튀김 이론에 잘 부합되는지 평가해 줘.

예제

조르바를 만나기 전까지 나는 정신적으로 꽤 지친 상태였다. 의욕이 땅바닥으로 곤두박질친 상태였다고 할까? 친구와 동업으로 시작한 사업을 끝내고 다시 직장인으로 복귀했을 때, 나에겐 희망이란 게 거의 남아 있지 않았다. 그저 기계적으로 남들처럼 살아갈 뿐. 그러다 우연하게 《그리스인 조르바》를 읽었다. 조르바는 거칠고 투박했지만 삶에 진심이었다. 나는 자유를 억눌렀고 조르바는 자유를 누렸다. 나는 결정하지 못했지만 조르바는 자신의 결정을 믿었다. 나는 열정이 샘솟아나기를 기다렸지만 조르바는 열정을 향해 뛰어들었다. 조르바 덕분에 나는 언제 열정을 언제든지 꺼내들 수 있다는 걸 알았다.

나는 무엇이든 두려워했다. 어차피 안 될 거라는 자의식에 빠졌다. 도전해 봤자 안 될 테니, 포기부터 먼저 했다. 어쩌면 나는 실패를 두려워한 게 아니라 실패한 나에게 손가락질 하는 사람들을 두려워했던 것 같다. 그런데 글을 쓰면서 자의식에서 벗어날 수 있었다. 꾸준하게 쓰니 자신감도 생겼고 내 글에 반응하는 사람도 나타났다. 기적이었다. 무엇이든 실행력이 중요하다는 사실을 깨달았다. 글쓰기 모임을 열겠다는 계획을 발표하자, 지인은 나를 말렸다. 아직 더 수련이 필요하다는 의견이었다. 그러나 언제까지 수련만 해야 할까. 먼저 부딪히고 시행착오를 거쳐가면서 문제는 수정하면 된다고 생각했다. 그렇게 각오를 다지며 글을 썼더니 공모전에서 금상도 받고 내 책을 5권이나 출간하게 되었다. 이제는 타인의 시선이라는 프레임에서 벗어나 어떤 일이든 저지르고 본다. 내가 저지르고 수습도 내가 한다. 두려움 따위가 비집고 들어올 틈은 없다.

조르바는 자신의 사업이 망한 순간에도 춤을 췄다. 성공이든 실패든 중요한 건 그게 아니다. 자신이 얼마나 그 일에 열정을 다했느냐가 중요한 거다. 내가 최선을 다했다면 나는 실패 앞에서도 얼마든지 즐겁게 춤을 출 수가 있다. 결과에 연연하지 않고 과정을 즐긴다면 삶엔 언제나 춤출 일만 생길 것이다. 나는 여전히 글쓰기가 즐겁고 누군가에 문제를 해결해 줄 수 있다는 기대 덕분에 에너지가 저절로 충전된다. 모두가 조르바의 조언, 그의 자유를 향한 욕망 덕분이었다.

GPT

당신의 글은 무라카미 하루키의 '굴튀김 이론'에 잘 부합하며, 사물(혹은 주제)과 자신을 연결해 자기 자신을 깊이 탐구하고 드러내는 데 성공했습니다. 평가를 구체적으로 나눠 보겠습니다.

1. 굴튀김 이론에의 적합성
- **주제 선택의 적합성**: 《그리스인 조르바》라는 주제를 중심으로 자기 경험을 이야기로 풀어낸 방식이 훌륭합니다. 조르바라는 상징적인 인물을 통해 자신을 돌아보고, 그의 태도를 통해 자신을 변화시킨 경험을 효과적으로 연결했습니다.
- **거리감의 활용**: 조르바와 자신의 대비를 통해 당신의 내면과 변화를 탐구한 점이 잘 드러납니다. 이는 굴튀김 이론에서 말하는 '사물(혹은 주제)과의 거리감'을 이용해 자신을 드러내는 글쓰기 방식과 잘 맞아떨어집니다.

2. 글의 강점
- **진솔함**: 개인적인 경험을 가감 없이 드러내어 독자가 공감하기 쉬운 글입니다. 실패와 두려움, 그 극복 과정이 매우 구체적이어서 설득력이 높습니다.
- **사례의 풍부함**: 사업 실패, 글쓰기 시작, 금상 수상, 책 출간 등 변화의 과정을 뒷받침하는 구체적인 사례를 풍부하게 제시했습니다. 이는 독자가 변화의 진정성을 느끼게 만듭니다.
- **구조적 완성도**: 조르바의 영향을 받은 3가지 주요 테마(열정, 두려움 극복, 춤추는 삶)를 중심으로 일관성 있게 전개되었습니다. 각 단락이 독립적이면서도 전체적으로 조화를 이루고 있습니다.

3. 개선 가능성
- **조르바와의 연결 강화**: 조르바의 철학과 당신의 깨달음 사이의 연결이 조금 더 세밀했으면 좋겠습니다. 예를 들어, '조르바는 실패를 받아들였지만 나는 어떻게 처음으로 실패를 받아들이게 되었는가?' 같은 세부적인 탐구가 추가되면 좋겠습니다.
- **감정의 깊이 강화**: 감정적인 변화나 내면의 갈등을 조금 더 생생하게 묘사하면 독자의 몰입도가 더 높아질 수 있습니다. 예를 들어, 글쓰기 모임을 열기로 결심했을 때 느낀 두려움과 설렘을 구체적으로 묘사해 보세요.
- **조르바의 춤과 당신의 춤 비교**: 조르바가 실패 후 춤을 췄던 장면과, 당신이 실패 혹은 도전 속에서 춤을 추듯 행동했던 순간을 대조적으로 표현하면 더욱 생동감 있는 마무리가 될 것입니다.

> **4. 전달되는 메시지**
> 조르바의 삶을 통해 자신을 변화시킨 이야기가 독자에게 큰 영감을 줄 수 있습니다. 특히 '과정을 즐기고 결과에 연연하지 않는다'는 메시지는 현대인의 삶에 중요한 교훈을 제공합니다.
> 글쓰기가 당신의 두려움을 극복하게 하고 삶의 에너지를 불어넣었다는 부분은 조르바의 열정 철학과 잘 어우러져 독자들에게도 실천적인 교훈을 줄 수 있습니다.
>
> **5. 전체적인 평가**
> 이 글은 무라카미 하루키의 '굴튀김 이론'을 실질적으로 잘 적용한 사례입니다. 단순히 자기소개를 넘어, 자신의 변화와 성장 이야기를 조르바라는 매개체를 통해 잘 풀어냈습니다. 몇 가지 세부 묘사를 추가하거나 조르바와 자신의 연결성을 더 강화하면, 이미 뛰어난 이 글이 더욱 완벽하게 발전할 것입니다.
> 계속해서 당신만의 글쓰기를 발전시키길 응원합니다!

챗GPT는 하루키의 굴튀김 이론과 얼마나 가까운지 분석해 주고 글의 강점과 개선점을 제안했습니다. 역시 세부적인 탐구가 중요하다는 의견을 제공했습니다. 그리고 제 글이 전달하는 메시지와 전체적인 평가를 내려 줬습니다. 챗GPT에게 직접 개선해 달라고 요청하는 것도 나쁘지 않습니다. 인간이 인공지능에게 배울 수도 있으니까요.

지금까지 우리가 확인한 것은 자기소개 글쓰기의 또 다른 가능성이었습니다. 모두가 아는 방식에서 벗어나 조금 색다른 형식으로 자기소개 글쓰기를 시도해 봤습니다. 면접관의 눈에 띄는 자기소개는 결국 개성이 아닐까요? 남들과 똑같은 읽기 싫은 글은 버리고, '굴튀김' 자기소개 글쓰기를 시도해 봅시다. 아, '명란 바게트' 글쓰기도 환영합니다.

✏️ 감성 충만한 에세이 작성을 위한 실전 프롬프트

감성이 충만해지는 에세이를 쓰는 일은 마치 길바닥에 떨어진 낙엽을 하나하나 엮어 한 사람을 떠올리는 작업과 같습니다. 어딘가로 흩어진 기억에 감정을 조심스럽게 대입하는 일이 감성 에세이가 아닌가 싶어요. 글쓴이는 그 사이, 보이지 않는 끈을 독자와 연결해야 합니다.

감성 에세이는 일상의 사소한 순간을 포착합니다. 미묘한 감정과 말로 표현하기 힘든 분위기가 존재하는 그 순간을 작가만의 고유한 색채로 표현하죠. 작가만의 글로, 그가 느낀 주관적 감정을 독자가 공감하도록 표현해야 합니다. 그리고 감성 에세이는 문학적인 표현을 담습니다. 이를테면 이병률 시인의 《내 옆에 있는 사람 달, 2020》의 문장 '창가 자리에 앉아 내다보는 계절의 민낯들은 책상에 앉아 차례차례 이어 갈 조각들이 되기에 충분해서 좋았다.'처럼, 계절의 변화를 '민낯'이라고 묘사한다거나, '책상에 앉아 차례차례 이어 갈 조각들'로 글쓰기를 표현하는 것이죠. 이러한 표현은 독자가 어떤 경험을 떠올리게 하는 힘이 있습니다. 또 거기에서 독자는 언어적으로 표현하지 못할 어떤 감정을 느끼게 되죠.

이러한 감성 에세이에서 감정 표현과 감각적인 표현은 독자의 마음을 움직이는 핵심 요소가 됩니다. 감정 표현은 작가가 느낀 미묘한 감정을 섬세하게 드러내는 일이죠. 감정 표현은 독자의 공감을 이끕니다. 그리고 감각적인 표현은 단순한 묘사를 넘어 독자의 오감을 자극하고 글 속의 장면을 머릿속에 더 선명히 그려 내죠. 감정 표현과 감각적인 표현은 독자가 글에 함께 머무르고, 그 감정을 온전히 느끼게 만드는 힘이 있습니다.

> **TIP** 이병률은 시인, 에세이 작가, 방송 작가 등으로 활동하며 여러 분야에서 많은 독자들의 사랑을 받는 작가입니다. 대표작으로는 여행 에세이 《끌림 달, 2010》, 시집 《바다는 잘 있습니다 문학과지성사, 2017》 등이 있습니다.

① 감성 에세이 연습

여러분이 이병률 시인과 같은 감성적인 글을 당장 쓰긴 어렵습니다. 그래서 챗GPT와 훈련을 통해 감성적인 글을 쓰기 위한 감각을 천천히 키워 봅시다. '삶의 한순간을 잔잔하게 표현'하는 감성적인 글을 작성하기 위해 챗GPT의 시범을 봅시다. [새 채팅] @을 누르고, 다음 프롬프트를 챗GPT에 입력합니다.

프롬프트 3-18

이병률 시인이 쓴 '창가 자리에 앉아 내다보는 계절의 민낯들은 책상에 앉아 차례차례 이어 갈 조각들이 되기에 충분해서 좋았다.'라는 문장처럼 감성적인 글을 쓰고 싶어. 삶의 한순간을 잔잔하게 표현해 낸 예시 글 한 편을 짧게 작성해 줘.

창밖에 비가 내리던 오후

창문을 여니 희미하게 비 냄새가 밀려들었다. 우산도 없이 걸어가는 사람들, 바삐 뛰는 발자국 소리, 그리고 물웅덩이를 튀기는 자동차들까지. 도시의 모든 소리가 비에 묻혀 촉촉해졌다.

내 손에 쥔 커피잔은 미지근해졌고, 테이블 위의 책은 반쯤 열린 채 숨을 고르고 있었다. 문득 떠오른 얼굴들, 지나간 시간들, 한순간 머물렀다 사라진 것들이 빗방울처럼 똑똑 떨어졌다.

비는 잦아들 기미가 없었고, 나는 마치 그 비 속에서 한참을 머물러도 좋겠다는 기분이 들었다. 마치 이 오후가 나를 붙잡고 어디론가 데려가 줄 것만 같았다.

그냥 이렇게 앉아있기로 했다. 지금 내 앞에 있는 비, 바람, 커피잔, 그리고 내가 가진 작은 조각들. 그것만으로도 충분했다.

챗GPT는 짧은 글 한 편을 예제로 제시했습니다. 잠깐 읽어 보면 감성적인 느낌이 살짝 비치는 것 같기도 하지만, 역시 인공지능 색채에서 벗어나지 못했습니다. 분위기는 느낄 수 있겠지만, 이런 식의 글은 독자들의 공감을 불러일으키기에는 역부족입니다.

제시한 글을 참고해서 비슷한 느낌으로 글을 직접 교정해 봅시다. 인공지능의 색채를 지우기 위해 불필요한 주어 생략, 밋밋한 문장 수정, 분량 압축 등 과정을 진행했습니다. 여러분도 여러분의 문장으로 챗GPT의 문장을 바꿔 보세요. 그리고 그 문장을 챗GPT에게 보여 주고 비교를 요청해 봅니다.

프롬프트 3-19

네가 작성해 준 예시 글을 아래처럼 바꿔 봤어. 두 글을 비교해 줘.

예제

창문을 여니 바깥에서 비릿한 냄새가 흘러들어 왔다. 사람들은 우산도 없이 혼자서 걸어 다녔다. 자동차들은 바퀴에 물을 달고 분주하게 다녔다. 도시가 비에 묻혀 완전히 촉촉해졌다. 커피잔을 손에 들었다. 고소한 냄새가 코끝에서 굴러다녔다. 소파에 앉아 책 한 권을 들었다. 반쯤 열린 책이 고르게 숨을 쉬었다. 그러다 문득 어떤 얼굴이 떠올랐다, 금세 사라졌다. 시간은 여전히 지나가고, 한순간 머문 기억들은 바깥으로 빗방울처럼 흘러내렸다.

GPT

두 글을 비교하면 아래와 같은 차이점과 특성이 드러납니다:

1. 감각적 표현의 차이
- 예시 글: 감각적 디테일이 구체적으로 묘사됩니다. '희미하게 비 냄새가 밀려들었다,' '물웅덩이를 튀기는 자동차들,' '반쯤 열린 채 숨을 고르고 있었다' 같은 표현이 감각적으로 장면을 그려내 독자의 상상력을 자극합니다.
- 사용자 수정 글: 감각적인 표현이 더 간결하고 직설적입니다. 예를 들어, '비릿한 냄새가 흘러들어왔다'는 표현은 구체적이지만, 감정적인 울림보다는 정보 전달에 가깝습니다.

2. 감정의 흐름과 서사의 차이
- 예시 글: 감정의 흐름이 잔잔하고 자연스럽습니다. 비와 커피, 책을 매개로 기억과 감정을 떠올리며 서사가 유기적으로 이어집니다. '비 속에서 한참을 머물러도 좋겠다는 기분' 같은 문장은 감정의 여운을 줍니다.
- 사용자 수정 글: 감정보다는 행동과 상태에 초점을 둡니다. '사람들은 우산도 없이 혼자서 걸어 다녔다'처럼 관찰적이고 설명적이며, 감정적 몰입보다는 상황을 묘사하는 데 중점을 둡니다.

3. 문장의 리듬과 분위기
- 예시 글: 문장 리듬이 부드럽고 여백이 느껴집니다. '비는 잦아들 기미가 없었고, 나는 마치 그 비 속에서 한참을 머물러도 좋겠다는 기분이 들었다'처럼 긴 문장 속에 감정이 묻어납니다.
- 사용자 수정 글: 문장이 짧고 직선적입니다. '커피잔을 손에 들었다. 고소한 냄새가 코끝에서 굴러다녔다'처럼 간결한 구조로 담백하게 전달됩니다. 이는 정보 전달에는 효과적이지만, 감성적인 여운은 약해질 수 있습니다.

추천 피드백
- 사용자 수정 글은 구체적이고 명료하며 상황을 잘 전달하지만, 감정적인 깊이와 독자와의 교감을 강화하려면 예시 글처럼 문장의 흐름과 여백을 활용해 보세요.
- 예를 들어, '바깥으로 빗방울처럼 흘러내렸다'는 문장은 시적 감수성이 돋보이는 부분으로, 더 긴 여운을 남길 수 있습니다.

챗GPT는 감각적으로 디테일하다는 의견을 제시했습니다. 감각적으로 디테일하다는 뜻은 무엇을 의미할까요? 감각적인 문장의 반대말은 설명적인 문장이지요. 설명적인 문장은 그림이 그려지지 않습니다. 그리고 지루하고 따분합니다. 그렇지만 감각적인 문장은 역동적입니다다. 글이지만 움직임이 뚜렷하게 느껴집니다. 시각, 청각, 그리고 후각까지 다양한 감각을 고루 사용합니다. 마치 내가 실제로 장면에 뛰어든 듯한 느낌을 전해 주는 것이 감각적인 문장의 특징입니다.

② 감정 표현 연습

그렇다면 여러분이 작성한 글에 감정을 어떻게 추가할 수 있을지 의견을 달라고 요청하겠습니다. 아래 프롬프트를 입력해 주세요.

프롬프트 3-20

내 글에 감정적인 표현을 추가하기 위한 아이디어를 제시해 줘.

GPT

사용자님의 글에 감정적인 표현을 더해 풍부함을 주기 위해 아래와 같은 아이디어를 고려해 보세요:

1. 감각의 세부화
- 단순한 감각적 표현을 넘어서 개인적인 감정을 녹여 보세요.
- 예시: '비릿한 냄새가 흘러들어왔다.' → '비릿한 냄새가 흘러들어왔고, 그 냄새는 오래전 여름날, 어머니가 창가에서 껍질을 벗기던 감귤의 향을 떠올리게 했다.'
- 감각과 추억을 연결하여 감정적인 울림을 더할 수 있습니다.

2. 대조와 비유
- 일상적인 표현에 시적 비유를 추가하면 감정을 더 강렬하게 전달할 수 있습니다.
- 예시: '사람들은 우산도 없이 혼자서 걸어 다녔다.' → '사람들은 우산도 없이 혼자서 걸어 다녔다. 마치 누군가에게 잃어버린 말들을 찾으려는 듯 비 속에 서성이며 길을 잃은 표정이었다.'

3. 내면의 반응 묘사
- 외부 풍경을 단순히 관찰하는 대신, 그 풍경이 화자에게 어떤 감정을 불러일으키는지 표현하세요.
- 예시: '도시가 비에 묻혀 완전히 촉촉해졌다.' → '도시가 비에 묻혀 완전히 촉촉해졌다. 그 모습은 마치 오래전 떠난 누군가를 떠올리게 하는 그림자처럼 나를 스쳤다.'

4. 시간의 흐름에 대한 사색
- 현재의 순간을 넘어 과거와 미래를 상상하며 시간에 대한 사색을 추가할 수 있습니다.
- 예시: '문득 어떤 얼굴이 떠올랐다, 금세 사라졌다.' → '문득 어떤 얼굴이 떠올랐다. 그것은 희미하게 빗방울 사이로 보이던 어릴 적 거울 속의 나 같기도 했다. 금세 사라진 얼굴은 또다시 비 속에 녹아들었다.'

5. 정서적 이미지
- 장면을 정서적인 이미지로 형상화해 감정의 깊이를 더하세요.
- 예시: '시간은 여전히 지나가고, 한순간 머문 기억들은 바깥으로 빗방울처럼 흘러내렸다.' → '시간은 여전히 지나가고, 한순간 머문 기억들은 바깥으로 빗방울처럼 흘러내렸다. 그 빗방울들은 어디로 가는지도 모른 채 고여 있었다. 마치 내 마음 한구석에 쌓인 감정의 물웅덩이처럼.'

이런 기법들을 활용하면 단순한 관찰의 문장도 더 풍성하고 감정적인 울림을 지닌 글로 변화시킬 수 있습니다.

글이 밋밋하게 느껴지지 않으려면 감정을 담아야 합니다. 감정은 작가와 독자가 연결되고 소통하는 창구의 역할을 하죠. 작가가 경험한 에피소드에는 감정이 담겨 있습니다. 왜냐하면 우리가 기억하는 이유는 그 기억의 중심을 기쁨, 슬픔, 분노, 행복, 만족과 같은 다양한 층위의 감정이 자리를 차지하고 있기 때문입니다. 감정을 다채롭게 느끼기 위해서 두 대상의 명암을 대비시키는 것과 같은 대조와 비유를 사용하는 것도 좋고, 작가의 내면을 이루고 있는 철학적 관점을 구체적으로 보여 주는 것도 좋겠습니다. 챗GPT의 조언을 여러분의 기억으로 충실하게 문장에 적용해 보도록 합시다.

프롬프트 3-21

아래처럼 기억에 감정을 가미해 봤어. 피드백해 줘.

예제

갑자기 거센 빗줄기가 쏟아지기 시작했다. 창밖을 보니 사람들이 우산도 없이 집으로 바쁘게 뛰어갔다. 바깥에서 비릿한 냄새가 섞인 공기가 흘러들어 왔는데, 그 냄새는 어떤 기억을 현재에 재생하도록 만들었다. 그 장면에는 혼자 빈집으로 걸어가던 어린 시절의 내가 언뜻 보였다. 그날따라 후드득 거센 빗줄기가 악마처럼 아이의 어깨를 거세게 두드리며 다가왔다. 아이는 우산도 없이 혼자서 비와 맞서며 골목과 골목 사이를 방황했다. 그러다 맞은편에서 누군가 갑자기 뛰어왔다. 그 얼굴의 주인공은 바로 엄마였다. 한 손엔 작은 노란 우산을 나머지 손에 커다란 장우산을 든, 우리 엄마가 반갑게 나를 맞았다. 그런데 엄마 품에 안기려니 갑자기 현실로 돌아오고 말았다. 도시는 온통 비에 완전히 물들어 더 깜깜해진 것 같았다. 비를 맞지도 않았는데 내 마음은 완전히 촉촉해졌다. 커피잔을 손에 들었다. 따뜻한 엄마의 손길이 잔 표면에서 느껴졌다. 내리는 빗방울에도 그리고 커피잔의 감촉에도 누군가를 그리워하게 만드는 힘이 있다. 내 기억은 빗줄기 속에서도 절대 패이지 않나 보다.

GPT

아래에 피드백과 함께 글을 더욱 풍성하게 만드는 몇 가지 제안을 드립니다.

강점

1. 기억과 현재의 연결
'그 냄새는 어떤 기억을 현재에 재생하도록 만들었다'는 문장이 자연스럽게 과거와 현재를 연결하며 독자가 이야기에 몰입하게 만듭니다.

2. 감각적인 묘사
비릿한 냄새, 거센 빗줄기, 따뜻한 머그잔의 감촉 등 감각적인 디테일이 돋보입니다. 특히, '머그 표면에서 느껴지는 따뜻한 엄마의 손길'이라는 표현은 감정적인 울림을 더합니다.

3. 서정적인 결말
'내리는 빗방울에도 그리고 머그잔의 감촉에도 누군가를 그리워하게 만드는 힘이 있다'는 문장이 글의 여운을 강렬하게 남깁니다.

개선 제안

1. 장면 전환의 부드러움
- 과거와 현재를 넘나드는 전환이 조금 더 자연스러우면 독자의 몰입도가 높아질 수 있습니다. 예를 들어, 엄마의 등장 후 현실로 돌아오는 부분에서 연결 고리를 더하면 좋을 듯합니다.
- 예시: '엄마 품에 안기려는 순간, 빗소리가 갑자기 크게 들려왔다. 눈을 뜨니 현실의 비가 창밖을 두드리고 있었다.'

2. 비유의 정교화
- '거센 빗줄기가 악마처럼 아이의 어깨를 거세게 두드리며 다가왔다'라는 표현이 강렬하지만, 조금 더 구체적이고 감정적인 비유로 다듬을 수 있습니다.
- 예시: '거센 빗줄기는 마치 나를 꾸짖는 듯 어깨를 사정없이 두드렸다. 어린 마음엔 비가 세상마저 등을 돌린 것처럼 느껴졌다.'

3. 문장 리듬의 조화
- '그러다 맞은편에서 누군가 갑자기 뛰어왔다. 그 얼굴의 주인공은 바로 엄마였다.'는 문장이 이야기 흐름에서 다소 단조롭게 느껴질 수 있습니다. 문장을 더 부드럽게 연결하거나 감정을 강조해 보세요.
- 예시: '그 순간, 빗속에서 누군가가 달려오는 모습이 보였다. 빗방울 사이로 서서히 선명해진 얼굴은 다름 아닌 엄마였다.'

4. 결말의 여운 강화
- 마지막 문장이 이미 훌륭하지만, '내 기억은 빗줄기 속에서도 절대 패이지 않나 보다'를 조금 더 여운 있게 풀어낼 수도 있습니다.
- 예시: '빗줄기 속에서도 내 기억은 사라지지 않았다. 오히려 비에 젖을수록 더 선명해졌다.'

수정된 예시

갑자기 거센 빗줄기가 쏟아지기 시작했다. 창밖을 보니 사람들이 우산도 없이 집으로 바쁘게 뛰어갔다. 비릿한 냄새가 섞인 공기가 방 안으로 밀려들어왔다. 그 냄새는 어떤 기억을 현재에 재생시켰다.

어린 시절, 비 오는 날 혼자 빈집으로 걸어가던 내가 떠올랐다. 그날 따라 후드득 쏟아지는 빗줄기는 마치 내 어깨를 두드리며 세상에 홀로 남겨졌다는 것을 알려 주는 듯했다. 골목과 골목 사이를 헤매며 비와 맞섰던 나는 혼자였다. 그러다 빗속에서 누군가가 뛰어오는 모습이 보였다. 빗방울 속에서 서서히 드러난 얼굴, 엄마였다. 한 손엔 작은 노란 우산, 다른 손엔 커다란 장우산을 들고 계신 엄마가 나를 반갑게 감싸 안아 주셨다.

엄마의 품에 안기려는 순간, 현실의 빗소리가 귀를 때렸다. 눈을 뜨니 도시가 온통 비에 잠겨 더 깜깜해진 듯했다. 비는 멈출 기미가 없었고, 나는 커피잔을 손에 들었다. 잔 표면의 온기가 엄마의 손길처럼 느껴졌다.

내리는 빗방울에도, 손끝에 스며드는 따스함에도 그리움이 깃들어 있었다. 내 기억은 빗줄기 속에서도 희미해지지 않았다. 오히려, 비가 내릴수록 더 선명하게 마음속에 스며들었다.

챗GPT는 제가 작성한 글의 강점과 개선점을 제안했습니다. 여러분이 작성한 글과 챗GPT의 제안을 비교하면서 적용해 봅시다. 예를 들어, 제가 쓴 표현보다 챗GPT가 제안해 준 '그 순간, 빗속에서 누군가가 달려오는 모습이 보였다. 빗방울 사이로 서서히 선명해진 얼굴은 다름 아닌 엄마였다.'라는 문장이 더 리듬감 있게 읽힙니다. 그대로 쓰지 말고 여러분의 감각으로 수정해서 적용합니다.

③ 감각적인 표현 연습

감정 표현을 추가한 글에, 이번에는 감각적인 표현을 추가해 보겠습니다. 아래 프롬프트를 챗GPT에게 요청해 봅시다.

프롬프트

프롬프트 3-22
내가 쓴 문장에 시적인 표현을 써서 더 풍성하게 만들어 줘.

GPT

기존 문장의 감성을 살리면서도 은유와 비유, 이미지적 표현을 강화해 보았습니다.

수정된 문장
갑자기 거센 빗줄기가 쏟아지기 시작했다. 창밖을 보니 사람들이 우산도 없이 집으로 바쁘게 뛰어갔다. 빗물이 어깨 위로 떨어지는 순간, 그들의 그림자마저 물에 씻겨 사라질

듯 보였다. 바깥에서 비릿한 냄새가 섞인 공기가 흘러들어왔는데, 그 냄새는 먼 기억의 문을 두드렸다.

어린 시절, 골목길을 따라 혼자 빈집으로 걸어가던 내가 떠올랐다. 후드득 쏟아지는 빗줄기는 마치 차가운 손가락으로 내 어깨를 연신 두드리며 세상의 무게를 알려 주는 듯했다. 아이는 작은 몸으로 커다란 빗방울을 온몸으로 받으며 골목과 골목 사이를 떠돌았다. 물에 젖은 공기는 세상마저 흐릿해졌고, 발길은 점점 무거워졌다.

그때였다. 빗속에서 실루엣 하나가 달려왔다. 어둠 속을 비집고 나온 작은 노란빛, 엄마였다. 한 손엔 아이를 위해 펼친 노란 우산, 다른 손엔 커다란 장우산을 들고 있던 엄마가 나를 부드럽게 감싸 안았다. 빗줄기는 그 순간에도 여전히 거세게 내리쳤지만, 엄마의 품 안은 그 어떤 비도 닿을 수 없는 세상이었다.

하지만 엄마의 온기를 더 느끼기도 전에 눈을 떴다. 현실의 빗소리가 다시 귀를 채웠다. 창밖의 도시는 여전히 비에 잠겨 있었고, 사람들의 발소리와 물 튀기는 소리만이 이어지고 있었다. 비에 젖지도 않았는데, 마음 한구석은 이미 촉촉히 물들어 있었다.

커피잔을 손에 들었다. 따뜻한 잔 표면이 엄마의 손길처럼 느껴졌다. 빗방울마다 숨은 이야기가 있다면, 내리는 비는 나를 그리움으로 데려가는 오랜 배였다. 내 기억은 빗줄기 속에서도 페이지 않는다. 빗소리가 깊어질수록 기억의 강물은 더욱 선명해진다.

추가된 시적인 표현

1. 비유와 은유:
- '그 냄새는 먼 기억의 문을 두드렸다.'
- '빗줄기는 마치 차가운 손가락으로 내 어깨를 연신 두드리며 세상의 무게를 알려 주는 듯했다.'
- '빗방울마다 숨은 이야기가 있다면, 내리는 비는 나를 그리움으로 데려가는 오랜 배였다.'

2. 이미지적 표현:
- '그들의 그림자마저 물에 씻겨 사라질 듯 보였다.'
- '빗속에서 실루엣 하나가 달려왔다. 어둠 속을 비집고 나온 작은 노란빛.'

3. 감정의 확장:
- 엄마의 품을 '그 어떤 비도 닿을 수 없는 세상'으로 표현해 안도의 감정을 극대화했습니다.

4. 결말의 여운 강화:
- '빗소리가 깊어질수록 기억의 강물은 더욱 선명해진다'는 문장은 독자에게 깊은 여운을 남기며 글의 마무리를 감성적으로 완성합니다.

챗GPT는 제가 쓴 문장에 시적은 표현을 제안했습니다. 다만 제안은 제안일 뿐입니다. 내 문장에 적용하는 건 또 다른 문제입니다. 그대로 베껴 쓰는 것보다는 내 스타일로 바꿔서 적용하는 것을 추천합니다. 챗GPT가 제안해 준 시적인 문장에 직접 적용해 보세요.

감성 에세이는 마음을 건드리는 일입니다. 작가 자신의 일상에서 관찰한 경험이 감성의 기반이 되죠. 챗GPT와 소통하면 감성 에세이에 조금은 가까워질지도 모릅니다. 다만, 이병률 시인처럼 쓰는 일은 몇 번의 대화만으로는 힘들겠죠. 중요한 것은 자신만의 감성과 그것을 표현하는 방법을 익히는 게 아닐까요?

CHAPTER 9

4단계:
챗GPT와
사고력 강화하기

- 글에 깊이를 더하는 사고력 트레이닝 실전 프롬프트
- 신경가소성 훈련 실전 프롬프트
- 복잡한 주제에 과감히 도전하기 위한 실전 프롬프트

글에 깊이를 더하는 사고력 트레이닝 실전 프롬프트

글은 생각을 표현하는 도구입니다. 생각을 글로 표현하는 이유는 모호했던 아이디어를 더 명확하게 눈으로 확인하려는 것이죠. 생각은 꽤 단편적이거든요. 앞뒤도 없고 논리도 없고 파도처럼 살며시 밀려들어 왔다가 슬쩍 사라지고 말죠. 그런데 우리 머릿속에서 생각은 어떻게 만들어질까요? 생각은 어떤 개념을 의식적으로 머릿속에 떠올릴 때 발생합니다. 그리고 글쓰기를 통해서 생각은 더 체계적인 틀을 갖추게 되죠. 결국 글쓰기와 사고 훈련은 상호 보완 관계라고 보는 게 좋겠습니다.

① 연역적 사고 연습

연역적 사고는 보편 원리나 대전제를 먼저 설정합니다. 그리고 대전제를 뒷받침하는 구체적 사례를 찾아 그것과 연결하는 방식입니다. 예를 들어, '지구는 태양 주변을 공전한다'라는 보편 원리를 설정해 놓고, 사실을 증명하는 여러 가설들을 통해서 원리를 증명해 나가는 방식입니다.

보편 원리: 지구는 태양 주변을 공전한다.
- **소전제:** 지구는 태양계의 행성이다.
- **결론:** 지구는 태양 주변을 공전한다.
- **증명:** 지구에서 관측한 계절의 변화와 낮과 밤의 길이 변화는 태양을 중심으로 한 공전 궤도와 지축의 기울기에 의해 발생한다.

챗GPT에게 연역적 사고를 배워 보도록 합시다. [새 채팅]을 누르고, 아래 프롬프트를 챗GPT에 입력합니다.

프롬프트

프롬프트 3-23

글을 쓰기 이전에 연역적 사고 훈련을 하고 싶어. 챗GPT가 나에게 보편 원리를 하나 제안해 주면, 그에 따르는 구체적 사실과 결론을 도출해 보도록 할게.

GPT 연역적 사고 훈련은 보편적인 원리에서 구체적인 사례와 결론을 끌어내는 훌륭한 연습이죠. 그럼 아래와 같은 보편 원리를 제안해 보겠습니다.

보편 원리:
'모든 생물은 환경에 적응하려는 본능을 가지고 있다.'

이제 이 원리를 바탕으로 구체적인 사실을 제시하고, 최종 결론을 도출해 보세요. 필요하다면 제가 도와드릴 테니 자유롭게 진행해 주세요!

챗GPT는 저에게 대전제, 즉 보편 원리로 '모든 생물은 환경에 적응하려는 본능을 가지고 있다.'를 제안했습니다. 저는 아래처럼 보편 원리에 대해 연역적 사고 훈련을 해 봤습니다. 여러분도 챗GPT가 준 보편 원리를 바탕으로 저처럼 프롬프트를 작성해 보시기 바랍니다.

> **TIP** 챗GPT가 준 보편 원리로 연역적 사고를 도출하기 어렵다면 '보편원리를 소전제, 결론, 증명으로 나눠서 작성해 줘.'를 입력해 보세요.

예제

소전제: 고래는 생물이다.
결론: 포유류인 고래는 바다에 적응하는데 성공했다.
증명: 고래는 바다에서 생존하기 위해 아가미 호흡을 하지 않고 허파로 호흡한다.

소전제: 인간은 생물이다.
결론: 영장류인 인간은 빙하기에도 살아남았다.
증명: 인간은 빙하기에도 살아남기 위해 불을 발견하고 집단들끼리 그것을 공유했다.

GPT 훌륭합니다! 보편 원리에서 시작해 소전제와 구체적 사실을 논리적으로 연결하여 결론을 도출하는 과정이 매우 명료합니다. 각각의 예시가 보편 원리를 효과적으로 뒷받침하고 있네요. 여기서 약간의 피드백을 드리자면:

1. 고래에 대한 예시:
- 고래가 허파로 호흡하는 것은 중요한 적응의 증거지만, 추가적으로 고래가 체온을 유지하기 위해 지방층(블러버)을 발달시킨 점을 포함하면 더 설득력 있는 사례가 될 수 있습니다.
- 수정 가능 예:
  증명: 고래는 허파로 호흡하며, 추운 바다 환경에 적응하기 위해 두꺼운 지방층을 발달시켰다.

> **2. 인간에 대한 예시:**
> - 불의 발견과 공유는 훌륭한 적응 사례입니다. 여기에 인간의 의복 제작이나 동굴 거주와 같은 추가 적응 사례를 포함하면 더 풍부한 설명이 될 수 있습니다.
> - 수정 가능 예:
>   증명: 인간은 불의 발견뿐만 아니라 가죽과 털로 의복을 만들어 추위를 견뎠고, 동굴에서 거주하며 바깥 환경으로부터 자신을 보호했다.
>
> 이렇게 구체적 사실을 보완하거나 확장하는 연습도 사고를 깊게 만드는 데 도움이 됩니다. 추가적으로 연습하고 싶은 주제가 있다면 언제든 말씀해 주세요!

챗GPT의 피드백을 볼까요? 고래가 허파로 호흡하는 증거 외에 체온을 유지하기 위해 지방층을 발달시켰다는 점을 사례로 보여 줬습니다. 모르던 사실을 새롭게 배우게 됐네요. 또한 인간이 의복을 제작한 것이나, 동굴에서 거주한 사실도 사례로 들면 더 풍부한 설명이 될 거라는 조언도 해 줬습니다. 사고가 확장되는 느낌이 들지 않습니까? 연역적 사고 훈련을 5회 이상 반복하시기 바랍니다.

② 귀납적 사고 연습

이번에는 연역적 사고와 반대의 귀납적 사고 훈련을 해 보도록 하겠습니다. 귀납적 사고는 과학 실험에서 자주 쓰입니다. 구체적인 사례나 가설을 성립해 가면서 보편적인 법칙을 도출하는 방식이 귀납적 사고죠. 결론을 도출하는 것은 연역적 사고와 비슷하지만 사례를 증명해 가면서 결론을 도출하는 게 다르다고 볼 수 있겠습니다. 예를 들어 '고양이는 대부분 캔 참치를 좋아한다.'는 결론이 있다면, 이를 여러 관찰들을 통해서 증명하는 것이죠.

> **결론: 고양이는 대부분 캔 참치를 좋아한다.**
> - **관찰 1:** 이웃집 고양이에게 캔 참치를 주었더니 맛있게 먹었다.
> - **관찰 2:** 친구의 고양이도 참치를 주었더니 잘 먹었다.
> - **관찰 3:** 내가 키우는 고양이 역시 참치를 매우 좋아한다.

이번에는 챗GPT에게 귀납적 사고를 배워 보도록 합시다. `예제` 와 같이 '관찰 1'부터 '관찰 3'까지 작성한 후, 다음 프롬프트를 입력해 주세요.

프롬프트 3-24

프롬프트　이번에는 귀납적 사고 훈련을 하고 싶어. 이번에는 내가 여러 개의 관찰 사례를 열거할 테니까 챗GPT가 결론을 세워 줘.

예제
관찰 1 : 교보문고 광화문점에 가니 책을 읽는 사람이 많았다.
관찰 2 : 책을 읽다 지루하면 사람들은 옆 스타벅스에서 커피를 마셨다.
관찰 3 : 커피를 마시며 책을 읽는 사람들이 책을 구매하는 경우가 많았다.

GPT　좋아요! 귀납적 사고는 관찰된 사례에서 일반적인 결론을 도출하는 훌륭한 방법입니다. 주어진 관찰 사례를 바탕으로 결론을 세워 보겠습니다.

결론:
'책을 읽는 사람들은 편안한 환경에서 독서를 즐기고, 독서 경험을 향상시키기 위해 커피를 포함한 부가적인 활동을 결합하며, 이러한 과정이 책 구매로 이어질 가능성이 높다.'

이 결론은 관찰 사례를 종합하여 독서, 커피, 구매 행동 간의 연관성을 설명하려는 시도입니다. 더 깊이 탐구하거나 수정하고 싶은 부분이 있다면 말씀해 주세요!

챗GPT는 이와 같이 결론을 도출했습니다. 대형 서점과 카페가 왜 공존하는지 그 연관성을 설명하려고 시도했네요. 저의 결론은 '사람들은 마치 편안하고 안락한 카페와 같은 공간에서 책을 고르고 싶어 한다. 그래서 대형 서점에는 스타벅스와 같은 카페를 유치하는구나!'였습니다. 제 생각과 비슷했지만, 독서와 커피 그리고 구매 행동의 연관성을 찾으려는 챗GPT의 탐구 정신이 더 돋보이네요. 인간이 챗GPT에게 배워야겠습니다.

귀납적 사고 훈련을 역시 5회 이상 반복하시기 바랍니다. 더 나아가 주제를 정하고 연역적 사고나, 귀납적 사고로 글을 써 보는 연습도 추천합니다. 그리고 챗GPT에게 여러분의 글이 사고의 흐름대로 작성됐는지 꼭 피드백을 받아 보세요.

③ 유추적 사고 연습

창조적 사고의 대표는 유추입니다. 유추는 하나의 개념으로 다른 개념을 떠올리는 것입니다. 연결된 개념 간의 거리가 새롭고 멀수록 더 창의적인 사고가 되죠. 유추는 기억에 저장된 개념을 이용해서 새로운 개념을 익힐 수 있도록 돕습니다. 우리는 이전의 경험을 통해서 새로운 개념을 배울 수 있거든요. 새로운 상황에 접하게 되면 우리는 늘 내가 이미 알고 있는 것과의 관계를 형성하려고 노력합니다. 이것이 바로 유추죠. 챗GPT와 함께 유추를 훈련해 봅시다. 아래 프롬프트를 채팅창에 입력해 주세요.

프롬프트

프롬프트 3-25

유추 사고 훈련을 진행하고 싶어. 내가 두 단어를 제시할 테니까, 그것으로 새로운 유추를 만들어 줘. 그리고 나에게 두 단어를 제시하면 내가 유추를 만들어 볼게.

단어: 사고, 작가

GPT

좋습니다! 제시해 주신 단어 사고와 작가를 유추로 연결해 보겠습니다.

유추:
'사고는 작가에게 있어 물감과 같다. 화가가 물감으로 그림을 그리듯, 작가는 사고로 글을 창작한다.'

이제 제가 2개의 단어를 제시하겠습니다.
단어: 나침반, 인생

유추를 만들어 주세요!

챗GPT는 제가 제안한 사고와 작가로 유추적 사고를 했습니다. 재미있는 문장이네요. 챗GPT가 제안해 준, 나침반과 인생으로 유추를 진행하겠습니다. 여러분도 챗GPT가 준 단어에 맞춰 아래 **예제** 와 같이 문장을 만들어 보세요.

프롬프트

예제

나침반을 인생에 비유하면 가치관과 같다. 나침반이 언제나 북극을 가리키며 방향을 제시하듯, 가치관은 우리의 삶의 방향을 올바르게 결정하는 역할을 맡는다.

GPT

정말 멋진 유추입니다! 가치관을 나침반에 빗대어 설명하신 방식이 매우 직관적이고 설득력 있습니다. 삶의 방향성을 제시한다는 연결점도 명확하고요.

이번에는 더 창의적인 사고를 위해 새로운 두 단어를 제시하겠습니다:
단어: 구름, 아이디어

유추를 만들어 보세요!

챗GPT는 가치관을 나침반에 빗대어 설명한 방식이 직관적이라고 설명했습니다. 그다음에는 또 다른 유추적 사고 훈련을 위한 단어를 제시해 주네요. 같은 연습을 5번 진행해 보세요.

사고 훈련과 글쓰기가 연관성을 갖는 이유는, 글쓰기가 독자의 생각과 감정을 움직이는 열쇠가 되기 때문입니다. 사고 훈련은 글을 논리적으로 구성하고 창의적인 아이디어를 생산하는 밑거름이 됩니다. 글을 쓰면 쓸수록 사고의 깊이와 폭이 확장되고 사고가 확장되면 글도 풍성해지죠. 지금까지 연역적 사고, 귀납적 사고, 유추적 사고 훈련을 진행해 봤습니다. 사고는 단번에 완성되지 않습니다. 반복적으로 챗GPT와 같이 연습하며 사고를 완성해 보시기 바랍니다.

신경가소성 훈련 실전 프롬프트

우리의 뇌는 새로운 경험과 분야를 접할 때 자신의 뇌 구조와 기능을 스스로 새롭게 재배치하고 변화합니다. 이것을 뇌의 신경가소성이라고 하죠. 뇌는 굉장히 유연하게 환경에 적응하도록 진화되어 왔다는 얘기입니다.

유아기는 뇌의 신경가소성이 가장 활발하게 활동하는 시기입니다. 그래서 무엇이든 어릴 때 배우는 게 유리하다는 것이죠. 그렇다면 성인이 되면 신경가소성이 멈추게 될까요? 그렇지는 않습니다. 다만 성인기에는 특정한 분야에 집중하게 됩니다. 말하자면 다양한 분야에 욕심내지 말고, 하나의 분야에 집중하는 것이 더 효과적이라는 뜻입니다.

글쓰기는 뇌의 신경가소성을 활발하게 기능하도록 유도합니다. 글쓰기 자체가 굉장히 낯선 경험이잖아요? 새로운 어휘를 익히거나, 글을 편집하는 등 낯선 경험을 하게 되면 뇌세포가 탄력적으로 재편집되고 세상을 바라보는 관점이 새롭게 구성되며, 이때 창의력이 발동하는 것입니다.

① 신경가소성 연습

뇌의 신경가소성을 여전히 싱싱하게 가동할 수 있는 훈련을 진행해 보도록 하겠습니다. 신경가소성 훈련을 위해서라도 챗GPT의 답변은 충분히 읽어 볼 가치가 있습니다. 프롬프트를 입력하시기 전에 우선 과정을 쭉 읽어 보시고, 진행해 보셔도 좋습니다. [새 채팅]을 누르고 '웹에서 검색' 옵션을 활성화한 후, 아래 프롬프트를 챗GPT에 입력합니다.

프롬프트

프롬프트 3-26
뇌의 신경가소성을 자극하기 위한 훈련을 하고 싶어. 뇌과학과 글쓰기 분야의 전문가로서 생각하고 행동해 줘. 아래 [지침]대로 수행해 줘.

[지침]
사용자에게 최신의 트렌드를 반영한 완전히 낯선 주제를 하나 제안해 줘.
제안된 여러 주제 중에서 하나를 고를게.

뇌의 신경가소성을 자극하기 위해, 최신 트렌드를 반영한 다음과 같은 낯선 주제를 제안 드립니다:

1. 메타버스 속 가상 부동산 시장의 부상과 그 사회적 영향
가상 현실 세계에서의 부동산 거래와 그로 인한 경제적, 사회적 변화에 대해 탐구합니다.

2. 인공지능이 창작한 예술 작품의 법적 소유권 문제
AI가 생성한 예술 작품의 저작권과 소유권에 대한 법적 논의와 윤리적 쟁점을 살펴봅니다.

3. 디지털 노마드의 증가와 도시 설계의 변화
원격 근무의 확산으로 인한 디지털 노마드의 증가가 도시 인프라와 설계에 미치는 영향을 분석합니다.

4. 생체인식 기술의 발전과 개인 정보 보호의 미래
지문, 홍채, 안면 인식 등 생체인식 기술의 발전이 개인 정보 보호에 어떤 도전과 변화를 가져오는지 고찰합니다.

5. 기후 변화가 식량 안보에 미치는 영향과 지속 가능한 농업의 역할
기후 변화로 인한 식량 생산의 위기와 이를 해결하기 위한 지속 가능한 농업 방법을 탐구합니다.

6. 우주 관광의 상업화와 그로 인한 윤리적, 환경적 고려사항
민간 우주 관광 산업의 발전이 가져오는 윤리적 문제와 환경적 영향을 검토합니다.

7. 유전자 편집 기술의 발전과 인간 강화의 윤리
CRISPR 등 유전자 편집 기술을 통한 인간 능력 향상의 가능성과 그에 따른 윤리적 논쟁을 다룹니다.

8. 블록체인 기술의 발전과 전통 금융 시스템의 변화
블록체인 기술이 금융 산업에 미치는 영향과 전통 금융 시스템의 변화를 분석합니다.

9. 증강 현실(AR)의 발전과 교육 분야의 혁신
증강 현실 기술이 교육 방법과 학습 경험에 가져오는 혁신적 변화를 살펴봅니다.

10. 디지털 휴먼의 등장과 인간 정체성의 재정의
가상 인간(디지털 휴먼)의 발전이 인간의 정체성과 사회적 관계에 미치는 영향을 고찰합니다.

이러한 주제들은 현재 빠르게 변화하는 기술과 사회적 흐름을 반영하며, 깊이 있는 탐구를 통해 뇌의 신경가소성을 자극하는 데 도움이 될 것입니다. 관심 가는 주제를 선택하시면, 그에 대한 심도 있는 자료와 논의를 제공해 드리겠습니다.

챗GPT가 무려 10개의 주제를 제안해 주었는데요, 저는 그중 가장 낯설게 느껴지는 '유전자 편집 기술의 발전과 인간 강화의 윤리' 분야를 집중적으로 공부하며 신경가소성을 자극해 보려고 합니다. 이제 실시간 검색으로 강점을 지닌 퍼플렉시티 AI로 접속하겠습니다. 'CRISPR', 읽기도 힘든 이 단어를 물어보겠습니다. 퍼플렉시티 AI 사이트에서 [새로운 쓰레드]를 누르고 'Pro Search' 옵션을 활성화한 후, 프롬프트를 입력합니다.

> **TIP** 챗GPT가 제안하는 주제 중 CRISPR이 없더라도, 다음 예제 프롬프트를 입력하면 퍼플렉시티 AI는 CRISPR를 검색합니다. 프롬프트 구성이 어려우신 분들은, 저와 챗GPT의 대화를 읽어 보신 후 진행하셔도 좋습니다.

프롬프트 3-27

유전자 편집 기술에 대해 공부하고 싶어. 'CRISPR'라는 용어가 있던데, 이 용어를 설명해 주고 유전자 편집 기술에 대해 자세한 알려 주고 현재 어느 기술이 임상 실험 단계를 넘어섰는지 알고 싶어. 또한 유전자 편집 기술에 대해 각 국가의 윤리적인 입장도 알고 싶어.

퍼플렉시티 AI 답변

CRISPR는 유전자 편집 기술의 혁명을 일으킨 획기적인 도구입니다. 이 기술에 대해 자세히 설명하고, 현재 임상 단계에 있는 응용 분야와 각국의 윤리적 입장을 살펴보겠습니다.

CRISPR 기술 소개

CRISPR는 'Clustered Regularly Interspaced Short Palindromic Repeats'의 약자로, 박테리아의 면역 체계에서 발견된 DNA 서열입니다. 이 시스템은 다음과 같이 작동합니다:

1. 가이드 RNA(gRNA)가 목표 DNA 서열을 찾아 결합합니다.
2. Cas9 효소가 gRNA를 따라 DNA를 절단합니다.
3. 세포의 DNA 복구 메커니즘이 작동하여 유전자를 변형시킵니다.

CRISPR-Cas9 시스템의 주요 장점은 다음과 같습니다:

- 사용이 간편하고 정확도가 높습니다.
- 비용이 저렴합니다.
- 여러 유전자를 동시에 편집할 수 있습니다.

임상 실험 현황

CRISPR 기술은 여러 질병 치료에 적용되고 있으며, 일부는 이미 임상 승인 단계에 도달했습니다.

1. 겸상적혈구병과 베타지중해빈혈: 2023년 말, Casgevy라는 CRISPR 기반 치료제가 최초로 승인되었습니다.
2. 암 치료: CAR-T 세포 치료에 CRISPR를 적용한 임상 시험이 진행 중입니다.
3. 유전성 혈관부종: KLKB1 유전자를 대상으로 한 체내 유전자 편집 임상 시험이 진행 중입니다.

4. 눈 질환: LCA10(레버 선천성 흑암시)에 대한 CRISPR 치료제가 임상 시험 중입니다.

윤리적 고려사항과 각국의 입장

CRISPR 기술은 큰 잠재력을 가지고 있지만, 동시에 윤리적 우려도 제기되고 있습니다:
1. 생식세포 편집: 대부분의 국가에서 유전될 수 있는 생식세포 편집을 금지하고 있습니다.
2. 생태계 균형: 유전자 조작 생물체가 환경에 미칠 수 있는 영향에 대한 우려가 있습니다.
3. 유전자 강화: 질병 치료를 넘어 인간의 능력을 향상시키는 데 사용될 수 있다는 우려가 있습니다.

각국의 입장:

- 중국: 2024년 7월, 인간 게놈 편집에 대한 새로운 윤리 지침을 발표하여 엄격한 규제를 강조했습니다.
- 미국: FDA와 같은 규제 기관이 CRISPR 기술의 안전성과 효과를 평가하고 있습니다.
- 유럽: 대부분의 국가에서 생식세포 편집을 금지하고 있으며, 엄격한 규제를 적용하고 있습니다.
- 남아프리카공화국: 최근 유전자 편집 연구 지침을 개정하여 유전 가능한 인간 게놈 편집을 허용하는 듯한 언어를 포함시켜 논란이 되고 있습니다.

CRISPR 기술은 의학과 생명과학 분야에 혁명을 일으키고 있지만, 그 사용에 대한 윤리적, 법적 논의는 계속되고 있습니다. 앞으로 이 기술의 발전과 함께 국제적인 합의와 규제 체계가 더욱 중요해질 것으로 보입니다.

퍼플렉시티 AI가 조사해 준 텍스트를 모두 선택해서 챗GPT에게 요약해 달라고 요청하겠습니다. 먼저 퍼플렉시티 AI에서 조사한 내용을 마우스로 영역을 선택한 다음, 복사합니다. 다음 프롬프트 아래 퍼플렉시티 AI에서 복사한 내용을 붙여 넣으면 챗GPT가 'CRISPR-Cas9' 기술을 짧게 요약해 줍니다.

프롬프트

프롬프트 3-28

붙여넣기한 텍스트에서 핵심을 찾아 개조식으로 3줄로 요약해 줘.

[퍼플렉시티 AI 답변]
CRISPR는 유전자 편집 기술의 혁명을 일으킨 획기적인 도구입니다. 이 기술에 대해 자세히 설명하고, 현재 임상 단계에 있는 응용 분야와 각국의 윤리적 입장을 살펴보겠습니다.

CRISPR 기술은 의학과 생명과학 분야에 혁명을 일으키고 있지만, 그 사용에 대한 윤리적, 법적 논의는 계속되고 있습니다. 앞으로 이 기술의 발전과 함께 국제적인 합의와 규제 체계가 더욱 중요해질 것으로 보입니다.

GPT
- CRISPR 기술: DNA를 정확히 절단·편집하며, 겸상적혈구병, 암, 눈 질환 등 치료에 활용, 일부는 임상 승인 완료.
- 윤리적 우려: 생식세포 편집, 생태계 영향, 유전자 강화 등의 문제로 논란 지속.
- 각국 규제: 중국, 미국, 유럽 등은 기술의 안전성과 윤리 문제를 고려해 엄격히 규제 중.

② 짧은 글로 신경가소성 자극하기

짧은 글쓰기는 뇌의 신경가소성을 자극하는 효과적인 훈련 방법입니다. 글을 쓰다 보면 자연스럽게 단어나 개념을 활용하고, 내용을 정리하며 뇌를 재구성하는 활동이 이루어지기 때문입니다. 특히, 조사한 내용을 요약하고 표현하는 것은 기억을 강화하고 창의력을 증진하는 데 도움을 줍니다.

이제까지 학습한 내용을 바탕으로 짧은 글을 작성해 봅시다. 이 과정을 통해 여러분의 뇌는 새로운 정보와 기존 지식을 연결하고 더 깊이 이해할 수 있도록 스스로 작동하게 됩니다. 위에서 생소한 주제인 CRISPR에 대해 퍼플렉시티 AI와 챗GPT를 통해 정리해 보았으니, **예제** 와 같이 300자 정도의 짧은 글을 작성해 봅니다. 어렵다면, 챗GPT에게 필요한 정보를 더 물어보셔도 좋습니다. 그리고 완성한 글을 아래 프롬프트와 함께 채팅창에 입력해 보세요.

프롬프트

프롬프트 3-29

아래는 위에서 조사한 내용을 300~500자로 짧은 글을 써 봤어. 구조적, 논리적, 표현력을 중심으로 피드백해 줘.

예제

'CRISPR-Cas9' 시스템은 DNA를 절단하는 놀라운 기술이다. 이 기술을 사용하면 혈액암과 암을 획기적으로 치유할 수 있게 된다. 어쩌면 병든 세포를 새로운 세포로 교체해서 인류의 수명을 무한대로 늘릴 수 있는 기회가 생길지도 모른다. 그러나 난관은 존재한다. 각국은 생식세포의 편집을 금하고 있다. 또한 유전자를 변형하는 행위가 윤리적으로 올바른지 논의가 충분히 이루어지지 않았다. 하지만 불치병을 치료하기 위한 신약 개발과 유전자 편집이 어떻게 다른지 나는 이해되지 않는다. 죽기 전에 이 기술의 혜택을 받고 싶다면 지나친 욕심일까?

구조적 피드백
- 글은 도입(기술 소개), 발전 가능성과 윤리적 논의를 중심으로 구성되어 있으나, 각 문단 간 연결이 다소 부족합니다.
  - 기술의 장점을 설명한 뒤 윤리적 문제를 언급할 때 전환 연결어(예: '하지만', '그러나')를 활용하면 자연스러울 것입니다.
  - 마지막 문장에서 개인적 질문으로 마무리되는데, 전체 흐름과 조금 어긋날 수 있어 다소 중립적 결론으로 마무리하면 좋습니다.

논리적 피드백
- '혈액암과 암을 획기적으로 치유할 수 있다'는 문장은 기술의 실제 적용 예에 대한 구체적인 설명이 부족합니다. 낫 모양 적혈구 증후군이나 베타 지중해빈혈처럼 실제 사례를 언급하면 더 설득력이 있을 것입니다.
- '병든 세포를 새로운 세포로 교체'라는 표현은 기술적 과정에 대한 오해를 줄 수 있습니다. 유전자 편집은 새로운 세포를 생성하기보다는 DNA를 수정하는 과정이므로 정확한 표현이 필요합니다.
- '불치병을 치료하기 위한 신약 개발과 유전자 편집이 다르지 않다'는 의견은 충분히 흥미롭지만, 더 구체적인 비교나 논거를 제시하면 독자가 쉽게 공감할 수 있습니다.

표현력 피드백
- 'DNA를 절단하는 놀라운 기술이다'는 기술적 내용을 소개하는 문장으로는 다소 단조로우니, '유전학의 판도를 바꿀 혁신적 도구'와 같은 풍부한 표현으로 대체할 수 있습니다.
- '난관은 존재한다'는 지나치게 간결하므로 '기술 발전에 따른 윤리적·사회적 난관도 적지 않다'와 같이 구체적인 표현이 더 적합합니다.
- 마지막 문장은 감정적으로 공감할 수 있지만, 객관적인 문체를 선호하는 독자에게는 다소 주관적으로 느껴질 수 있습니다.

개선된 예시
'CRISPR-Cas9' 시스템은 유전학의 판도를 바꿀 혁신적 기술로, DNA를 정확히 절단·편집할 수 있다. 이 기술은 낫 모양 적혈구 증후군이나 베타 지중해빈혈 같은 난치병 치료에 적용되며, 암 등 다양한 질병의 치료 가능성을 열어 준다. 그러나 기술 발전에는 윤리적 논의와 사회적 합의가 필요하다. 특히 생식세포 편집은 유전적 영향을 후대로 전파할 위험이 있어 대부분의 국가에서 금지되고 있다. 유전자 편집이 신약 개발과 어떻게 다른지 더 많은 논의가 필요하며, 인류의 수명을 연장할 이 기술이 가져올 사회적·윤리적 변화를 우리는 주의 깊게 지켜보아야 한다.

짧은 글이라도 구조적으로 탄탄해야 합니다. 필요하다면 접속사를 사용해서 문장과 문장을 자연스럽게 연결해 보세요. 그리고 최대한 구체적인 어휘를 사용하세요. 짧더라도 핵심적인 문장은 '낫 모양 적혈구 증후군'과 같은 사례 위주로 작성하는 것이 좋습니다.

③ 퀴즈로 신경가소성 활성화하기

퀴즈는 신경가소성을 활성화하는 탁월한 학습 도구입니다. 학습한 내용을 토대로 문제를 풀게 되면 뇌는 기억을 재구성하고, 기존 지식을 새로운 지식과 연결하며 기억의 맵을 구축하게 됩니다. 이러한 활동은 정보의 정착을 강화하고 문제 해결 능력을 발전시키는 데 크게 기여합니다.

이제까지 요약한 내용을 바탕으로 퀴즈를 진행해 볼까요? 아래 프롬프트를 입력하면 챗GPT가 총 5개의 문제를 제공합니다. 각 문제를 풀고 해답을 제출하면 챗GPT가 결과를 평가해 줍니다. 퀴즈를 풀며 학습 내용을 점검하고, 뇌의 신경가소성을 더 자극해 보세요.

프롬프트 3-30

지금까지 학습한 내용을 바탕으로 사지선다형, 객관식 퀴즈를 내 줘.

퀴즈 1: CRISPR 기술이 주로 사용하는 단백질은 무엇인가요?
1. Cas9
2. GFP
3. mTOR
4. P53

예제

퀴즈 1: 1

퀴즈 1: CRISPR 기술이 주로 사용하는 단백질은 무엇인가요?
정답: 1. Cas9
CRISPR-Cas9 시스템에서 Cas9은 DNA를 절단하는 효소로, 이 기술의 핵심 도구입니다.

챗GPT가 각 문제에 대해 해설도 해 주네요. 만약 퀴즈에 통과하지 못했다면 완벽하게 이해할 때까지 계속 퀴즈를 반복하거나 요약을 다시 시도하며 피드백 받고 짧은 글을 쓰는 연습도 해 보시기 바랍니다. 학습이 종료되면 챗GPT와 대화한 내용을 노션 '제텔카스텐 브레인 시스템' 페이지에 저장해 놓으시면 언제든 다시 리뷰할 수 있습니다.

복잡한 주제에 과감히 도전하기 위한 실전 프롬프트

이번 파트에서는 'CRISPR-Cas9'이라는 복잡한 주제로 긴 글을 작성해 보는 연습을 진행하겠습니다. 복잡한 주제로 글쓰기는 글쓰기 능력은 물론이고, 어렵고 난해한 주제를 탐구하면서 지식의 깊이도 넓혀지고, 사고의 폭도 확장할 수 있습니다. 또한 익숙하지 않은 영역에 도전하며 자신의 가능성을 시험하게 되죠. 복잡한 주제를 다루는 것은 어렵지만, 바로 그 어려움을 넘어서며 스스로 새로운 가치를 발견할 수 있습니다.

'CRISPR-Cas9'에 대한 글은 이 기술에 익숙하지 않으시다면 이해하기 어려우실 겁니다. 하지만 이 기술은 복잡하면서도 흥미로운 주제로, 긴 글을 작성하며 깊이 있는 분석을 연습하기에 적합합니다. 복잡한 주제에 과감히 도전하며 스스로의 사고 능력을 한 단계 끌어올려 보세요. 이 연습은 단순히 글을 쓰는 것을 넘어, 여러분의 역량을 새롭게 발견하는 계기가 될 것입니다. 여러분도 예제를 따라하기 보다 우선은 제가 진행하는 것을 보고, 여러분만의 방법으로 자료를 조사하고, 챗GPT를 활용해 글을 작성해 보세요.

> **TIP** 익숙하지 않은 주제에 대해서 꼼꼼히 읽어 보시는 것만으로 글쓰기 능력을 높이는 데 큰 도움이 될 것입니다.

① 주제 및 목표 설정

먼저, 주제와 목표를 간결하게 작성합니다. 앞으로 작성하게 될 긴 글을 마치 스케치해 보는 겁니다.

- **주제**: 유전자 편집 기술 CRISPR-Cas9
- **목표**: CRISPR-Cas9 기술의 개념, 작동 원리, 활용 사례, 윤리적 논쟁을 세부 주제로 비판적으로 고찰하는 깊이 있는 글을 작성해 보겠습니다.

② 자료 조사 및 수집

이전에 '글의 주제가 결정되면 다음 단계에서는 필요한 자료를 수집해야 한다'고 했습니다. '글의 주제'를 결정했으니, 그다음 단계로 자료 조사를 진행해 보겠습니다. 저는 퍼플렉시티 AI,

SciSpace, 밀리의 서재를 이용했는데요, 여러분도 제가 해당 서비스를 어떻게 이용하는지 참고하시고 여러분 글에 맞는 서비스를 이용하시면 됩니다.

퍼플렉시티 AI

퍼플렉시티 AI 사이트에서 [새로운 쓰레드]를 누르고 'Pro Search' 옵션을 활성화한 후, 프롬프트를 입력합니다. 주제에 따른 키워드를 미리 정리하고, 이를 퍼플렉시티 AI에게 키워드로 검색을 요청하면 조금 더 정확한 검색이 가능합니다.

프롬프트 3-31

유전자 절단 기술 'CRISPR-Cas9' 주제에 대해 아래 [키워드]로 다양한 관점으로 자료를 수집해 줘.

[키워드]
CRISPR-Cas9 개념
유전자 편집의 작동 원리
CRISPR-Cas9 실험 방법
CRISPR-Cas9 기술로 무엇을 할 수 있나
CRISPR-Cas9와 인간의 영생
국가별 활용 사례와 동향 (의료, 농업 등)
윤리적 문제와 논쟁

CRISPR-Cas9 개념 및 작동 원리

CRISPR-Cas9은 Clustered Regularly Interspaced Short Palindromic Repeats와 CRISPR-associated protein 9의 약자로, 세균의 면역 체계에서 유래한 유전자 편집 기술입니다. 이 기술은 특정 DNA 서열을 정밀하게 절단하고 수정할 수 있습니다.

- 구성 요소:
  - Guide RNA(gRNA): 표적 DNA 서열을 인식하고 Cas9 단백질을 안내함.
  - Cas9 단백질: gRNA가 지정한 DNA 서열을 절단하는 효소.
- 작동 원리:
  1. gRNA가 타겟 DNA 서열에 결합.
  2. Cas9 단백질이 결합된 위치에서 DNA를 절단.
  3. 세포는 손상된 DNA를 복구하며, 이를 통해 유전자를 삭제하거나 새로운 유전자를 삽입 가능.
     - Non-Homologous End Joining(NHEJ): 무작위로 손상을 복구해 유전자 기능을 억제.
     - Homology-Directed Repair(HDR): 주어진 Donor DNA를 사용해 정밀한 유전자 교정 수행.

CRISPR-Cas9 실험 방법
실험 과정은 다음과 같습니다:
1. Guide RNA 설계: 목표 DNA 서열에 맞는 gRNA를 설계.
2. 벡터 도입: gRNA와 Cas9 단백질을 발현하는 벡터를 세포에 도입.
3. 유전자 절단 및 복구: 타겟 DNA가 절단되고, NHEJ 또는 HDR 경로를 통해 복구.

CRISPR-Cas9 기술의 응용
CRISPR-Cas9은 여러 분야에서 활용되고 있습니다:
- 의료:
    - 유전 질환 치료: 낭포성 섬유증, 지중해 빈혈 등 질환에서 돌연변이 교정 연구 진행 중.
    - 암 치료: 면역세포의 PD-1 유전자 편집을 통해 암세포 공격력 강화.
- 농업:
    - 가뭄 저항성 작물 개발.
    - 영양 강화 식품(예: 비타민 A가 풍부한 황금 쌀) 생산.
- 기타:
    - 희귀 질환 연구용 실험쥐 제작 등 생명과학 연구.

CRISPR-Cas9와 인간의 영생
CRISPR-Cas9 기술은 노화 관련 유전자를 편집하거나 질병을 예방하는 데 활용될 가능성이 있지만, 인간의 영생과 직접적으로 연결되기에는 아직 한계가 많습니다. 노화와 관련된 복잡한 생물학적 메커니즘과 윤리적 문제 때문에 실질적인 적용은 먼 미래의 과제로 남아 있습니다.

국가별 활용 사례와 동향
- 미국/유럽: 암, HIV, 혈우병 등 질병 치료 연구 활발. FDA 승인을 받은 임상시험 진행 중.
- 중국: 배아 편집 및 성인 폐암 환자 대상 임상시험 수행.

윤리적 문제와 논쟁
CRISPR-Cas9 기술은 여러 윤리적 논쟁을 야기합니다:
- 안전성 문제:
    오프 타겟 효과(원하지 않는 DNA 절단)로 인한 예기치 못한 돌연변이 위험.
- 인간 배아 편집:
    - 미래 세대에 미칠 영향과 동의 불가능 문제.
    - 중국 과학자의 배아 편집 사례는 전 세계적인 비난과 규제 강화로 이어짐.
- 사회적 격차 확대 가능성:
    경제적 접근성 차이로 인해 기술이 사회적 불평등을 심화시킬 우려.

결론
CRISPR-Cas9 기술은 생명과학 및 의료 분야에서 혁신적인 발전을 가져오고 있으며, 농업에서도 식량 안보를 강화하는 데 기여하고 있습니다. 그러나 안전성과 윤리적 문제 해결이 필수적이며, 이를 위해 국제적인 협력과 규제 체계가 필요합니다. 앞으로 더욱 정밀하고 안전한 기술 개발과 함께 사회적 합의를 통한 책임 있는 사용이 중요할 것입니다.

퍼플렉시티 AI가 정리해 준, 'CRISPR-Cas9'의 개념과 작동 원리에 대해 먼저 충분히 숙지합니다. 반복해서 읽으면서 이해되지 않는 부분은 재차 퍼플렉시티 AI에게 질문합니다. 중요한 것은 이해될 때까지 끊임없이 묻는 것입니다. 그리고 실험 방법과 어떤 분야에 기술이 응용되는지 공부합니다. 읽으면서 이 자료를 바탕으로 어떤 흐름으로 글을 작성할지 고민해 보세요.

TIP 어려운 개념이나, 단어가 있다면 이해할 때까지 '[단어]의 개념과 질문을 자세하게 답해 줘.'와 같은 **프롬프트를 입력하세요.**

SciSpace

CRISPR-Cas9 관련 내용을 학술 논문 사이트에서 더 자세한 자료를 찾아보았습니다. SciSpace_{https://typeset.io}는 논문 검색은 물론, 어려운 영문 논문도 국문으로 자동으로 요약, 분석해 주는 사이트입니다. 구글 검색창에 SciSpace를 입력하거나, 링크를 입력해 접속해 주세요. 구글 계정이 있다면 간단하게 '회원 가입'을 진행할 수 있습니다.

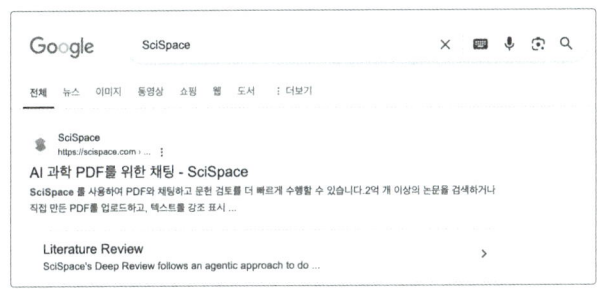

01 ❶ 검색창에 'CRISPR-Cas9'를 검색합니다. ❷ 검색 결과 화면에서 드롭 다운을 클릭해 언어를 ❸ 'Korean (ko)'으로 바꿉니다. 아래 화면처럼 한글로 번역이 됩니다.

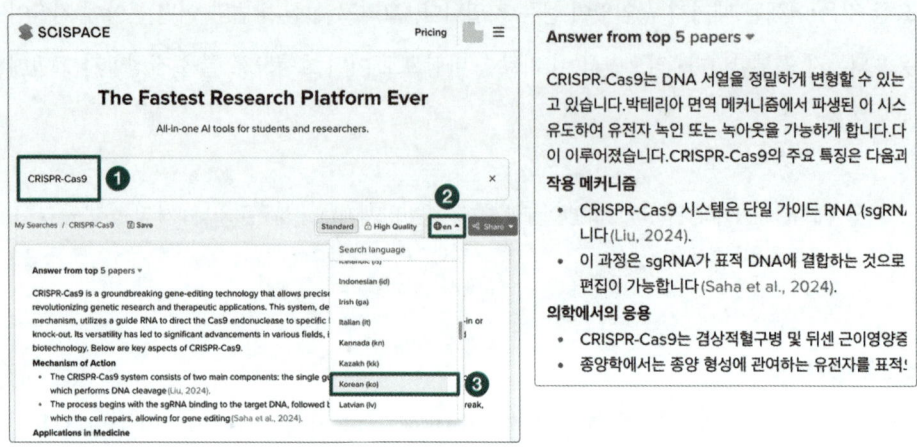

02 스크롤을 아래로 내려 'Papers' 탭이 나오면 ❶ 필요한 논문을 찾아 [Chat]를 클릭합니다. ❷ 대화창에 한글로 '논문의 핵심 문구를 찾아서 인용해 주고 내용을 요약해 줘'라고 입력해 주세요. ❸ AI가 논문의 주요 문구와 의미를 요약해 줍니다. 궁금한 내용을 계속 채팅하며 물어보면 됩니다.

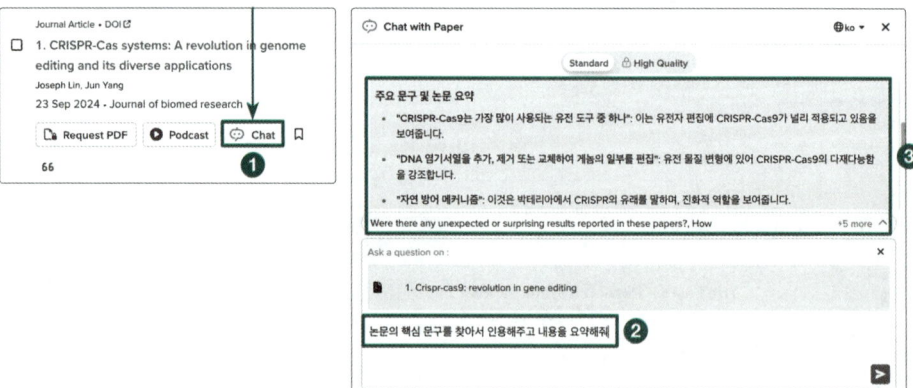

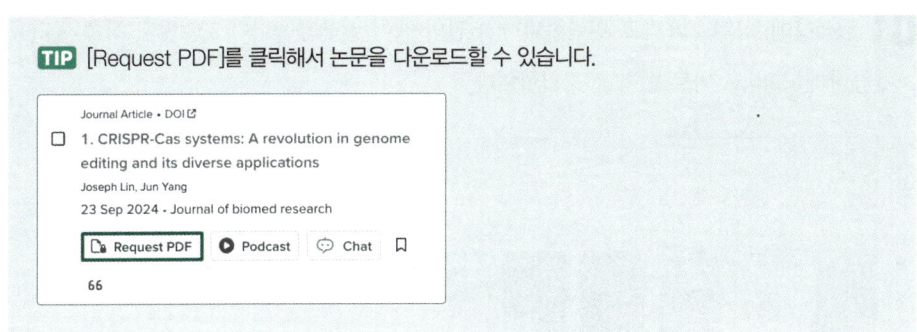

위와 같은 방법으로 관련이 있는 논문을 찾아서 AI에게 질문을 하며 원하는 내용이 담겨 있는지 구체적으로 찾습니다. 그리고 만약 인용한다면 출처와 저작권자의 정보도 꼭 적어 둡니다.

밀리의 서재: 전자책 인용하기

이번에는 '밀리의 서재' 전자책 플랫폼에 접속해서 'CRISPR-Cas9'자료를 찾아보겠습니다. 밀리의 서재로 접속해 로그인합니다. 그리고 검색 섹션으로 이동합니다. 카카오톡, 네이버, 애플, 구글 계정이 있다면 쉽게 '회원 가입'을 진행할 수 있습니다.

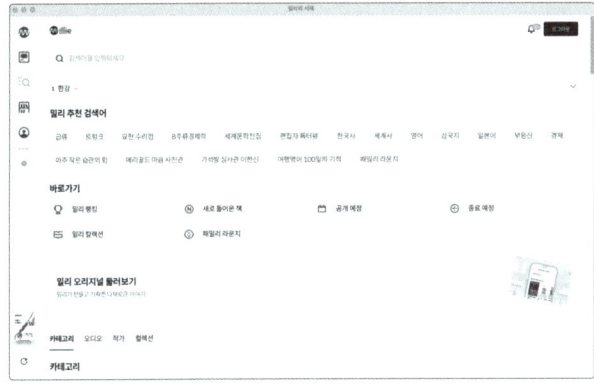

TIP 밀리의 서재를 가입하더라도, 밀리의 서재 월정기 구독을 시작하시거나, 도서를 구입하셔야 본문을 확인할 수 있습니다.

01 검색창에 '크리스퍼'라고 입력합니다. 6권의 책이 검색됐습니다. 첫 번째 책을 클릭해 보겠습니다. 그리고 '바로 읽기'를 클릭합니다.

02 밀리의 서재에서는 '본문 검색' 기능이 있습니다. 검색어로 '크리스퍼'라고 다시 입력합니다. '크리스퍼'가 언급된 문장을 찾아서 인용할 문장을 확인해 봅니다. 그리고 논문과 마찬가지로 인용할 때는 출처를 잊지 말아야겠죠.

③ 글 구조 짜기

지금까지 조사한 문장을 모두 모아 챗GPT 프롬프트에 입력합니다. 저는 퍼플렉시티 AI, SciSpace, 밀리의 서재를 이용했습니다. 여러분도 여러분 글에 맞는 서비스에서 찾은 문장을 잘 정리해 진행하시기 바랍니다. 우선은 챗GPT가 어떻게 구조를 짜는지 보겠습니다.

프롬프트

예제

아래는 'CRISPR-Cas9'에 대해 자료 수집한 내용이야. 아래 자료를 분석해서 글의 구조를 만들어 줘. 도입부 → 본론 → 결론, 3단계로 작성해 주고 도입부는 'CRISPR-Cas9가 인간의 노화를 멈출 수 있는가'라는 화두로 시작하게 만들어 줘.

[퍼플렉시티 AI 자료 본문]
[SciSpace 논문 내용]
[전자책 본문]

글의 구조: CRISPR-Cas9와 인간 노화의 한계와 가능성

도입부
'CRISPR-Cas9 기술, 인간의 노화를 멈출 수 있을까?'
노화는 누구에게나 피할 수 없는 숙명으로 여겨져 왔습니다. 그러나 21세기 들어 생명과학은 놀라운 발전을 이루었고, 그중에서도 CRISPR-Cas9 유전자 편집 기술은 많은 가능성을 열어주고 있습니다. 이 혁신적인 기술이 손상된 DNA를 복구하고, 노화 관련 유전자를 편집함으로써 인간의 생물학적 한계를 넘을 수 있다는 기대가 높아지고 있습니다. 하지만 이 기술이 단순히 꿈에 그치지 않고 현실로 다가오기 위해서는 과학적, 윤리적 과제들을 넘어야 합니다.

본론
1. CRISPR-Cas9 기술의 개념과 작동 원리
- CRISPR-Cas9은 세균의 면역 체계에서 유래된 유전자 편집 도구입니다.
- 핵심 요소:
  - Guide RNA(gRNA): 목표 DNA를 인식하고 Cas9 단백질을 안내함.
  - Cas9 단백질: 목표 DNA를 절단하여 유전자를 수정할 수 있는 효소.
- 작동 과정:
  - gRNA가 타겟 DNA에 결합 → Cas9 단백질이 DNA를 절단 → 세포가 이를 복구하며 유전자 수정이 이루어짐.
  - 복구 방식:
    - NHEJ: 무작위 복구로 유전자 기능 억제.
    - HDR: 주어진 Donor DNA를 통해 정밀한 교정 수행.

2. CRISPR-Cas9의 응용 사례
- 의료 분야:
  - 유전 질환 치료: 낭포성 섬유증, 지중해 빈혈 등의 돌연변이 교정.
  - 암 치료: 면역세포 편집으로 암세포에 대한 공격력 강화.
- 농업 분야:
  - 가뭄 저항성 작물 및 영양 강화 식품 개발.
- 기타: 희귀 질환 연구를 위한 동물 모델 제작.

3. CRISPR-Cas9과 노화 연구
손상된 DNA 복구가 세포의 노화 과정을 지연시킬 수 있음.
노화 관련 유전자 편집 가능성:
예: 텔로미어 손상 복구 및 노화 촉진 유전자의 비활성화.
한계:
노화는 DNA 손상 외에도 환경적, 대사적 요인 등 복합적인 원인에 의해 발생.
기술적 문제: 오프 타겟 효과로 인한 돌연변이 가능성.
윤리적 논쟁: 인간 배아 편집 및 사회적 격차 확대 우려.

4. 기술의 현재와 미래

국가별 연구 동향:
미국/유럽: 암 및 유전 질환 치료를 위한 임상시험.
한국: 유전자 편집 연구와 농업 분야 적용.

미래 기술 발전:
AI 기반 Guide RNA 설계로 정확도 향상.
Prime editing 같은 신기술 개발로 오프 타겟 문제 감소.

결론

CRISPR-Cas9은 인간의 한계를 확장할 수 있는 혁신적 도구이지만, 노화를 멈추는 실질적인 도구가 되기 위해서는 과학적, 윤리적 난제를 해결해야 합니다. 손상된 DNA를 복구하고 노화를 지연시키는 기술적 가능성은 있지만, 노화는 단순히 유전적 요인에 의한 결과가 아니기 때문에 완전한 해결에는 한계가 있습니다.

미래에는 기술의 정교함과 윤리적 논의가 발전하며, CRISPR-Cas9 기술이 노화 연구뿐 아니라 암과 같은 치명적인 질병을 극복하는 데 더 큰 역할을 할 것으로 기대됩니다. 결국, 이 기술은 노화 자체를 멈추기보다는 건강하고 품위 있는 삶을 연장하는 데 기여할 것입니다.

TIP 이러한 복잡한 주제는 다음과 같은 전략을 짜며 글을 전개하는 게 중요합니다.

- **도입부에서의 강렬한 질문 제기** 독자의 관심을 끌기 위해 도입부에서 'CRISPR-Cas9 기술이 인간의 노화를 멈출 수 있을까?'라는 질문처럼 대담한 화두를 제시합니다. 독자의 궁금증을 자극하고 글을 계속 읽고 싶게 만드는 장치죠. 다만, 질문 이후에는 이 주제가 왜 중요한지, 그리고 다룰 이유를 짧지만 설득력 있게 추가해야 합니다.

- **본론의 체계적인 전개** 본론에서는 정보를 계층적으로 정리해 독자가 논점을 따라가도록 도와야 합니다. CRISPR-Cas9의 기술적 원리, 응용 사례, 노화 연구와의 연관성을 단계적으로 서술하는 것은 좋은 접근이지만, 각 섹션의 연결이 자연스럽게 이루어지도록 작성해야 합니다.

- **결론에서의 설득력 강화** 결론에서는 단순히 내용을 요약하는 것을 넘어, 독자가 글의 메시지를 구체적으로 이해하고 행동을 취할 동기를 제공해야 합니다. 'CRISPR-Cas9이 노화를 멈추는 데 성공할지는 불확실하지만, 이 기술이 인간의 건강한 노화를 가능하게 할 혁신적 도구로 자리 잡을 가능성은 충분하다'라는 식으로 현실성과 가능성을 모두 담아내야 효과적이죠.

- **서술의 리듬과 호흡 조절** 복잡한 주제를 다룰 때는 글의 리듬과 호흡을 조절하는 것도 중요합니다. 기술적 설명이 길어질수록 독자가 집중력을 잃을 수 있겠죠. 따라서 사례나 흥미로운 데이터를 삽입해서 독자의 주의를 환기하는 것을 추천합니다.

⑭ 초안 작성하기

이제 챗GPT가 짜준 글의 구조를 바탕으로 초안을 작성합니다. 저는 아래처럼 초안을 작성해 봤습니다. 간접 인용한 문장이라도 출처 명기는 잊지 말아야겠죠. 참고하실 수 있도록 제 글을 그대로 붙여 놓겠습니다. 여러분도 손이 떨어지지 않을지라도 아래와 같이 글을 작성해 보시기 바랍니다.

CRISPR-Cas9 기술: 인간의 노화를 멈출 수 있을까?

노화는 누구나 피할 수 없는 인간의 숙명이다. 그러나 21세기 생명과학의 비약적인 발전은 놀라운 비전을 제시하고 있다. 그중에서도 CRISPR-Cas9 유전자 편집 기술은 생물학적 한계를 극복할 열쇠로 주목받는 중이다. 손상된 DNA를 복구하고 노화 관련 유전자를 편집한다는 상상을 해 보자. 늙고 병든 세포를 젊은 세포로 고체할 수 있다는 개념이다. 가히 혁명적이지 않은가? 하지만 이 기술이 현실이 되기 위해서는 과학적 그리고 윤리적 도전을 넘어야 한다.

CRISPR-Cas9은 세균의 면역 체계에서 유래한 유전자 편집 도구다. 이 기술은 목표 DNA를 정밀하게 인식하고 특정 부위를 수정하며 작동한다. CRISPR-Cas9 시스템은 2가지 주요 요소로 구성된다. 첫째는 Guide RNA(gRNA)로, 목표 DNA 서열을 찾아내고 Cas9 단백질을 그 위치로 가이드 한다. 둘째는 Cas9 단백질로, 이 단백질은 gRNA가 안내한 목표 DNA를 절단하여 유전자를 수정한다. gRNA가 DNA와 결합하면, Cas9 단백질은 정확히 그 위치를 정교하게 절단한다. 이후 세포는 손상된 DNA를 복구하며 유전자 편집을 수행한다. 복구 과정에는 2가지 방식이 있다. 첫 번째는 비상동성말단연결(NHEJ)로, 이 방식은 손상을 무작위로 복구하여 유전자 기능을 억제한다. 두 번째는 상동성 기반 복구(HDR)로, 특정 Donor DNA를 사용해 정밀한 교정을 가능하게 한다.

CRISPR-Cas9 기술은 다양한 분야에서 활용되는 중이다. 의료 분야에서는 낭포성 섬유증이나 지중해빈혈과 같은 유전 질환의 돌연변이를 치료하는 연구가 한창이다. 암 치료에도 이 기술이 사용되고 있는데, 면역세포의 PD-1 유전자를 편집하게 되면, 암세포를 더 효과적으로 공격할 수 있다.

농업에서도 CRISPR-Cas9은 혁신적인 변화를 이끌고 있다. 가뭄 저항성 작물이나 영양이 강화된 식품, 예컨대 비타민 A가 풍부한 '황금 쌀' 개발이 그 예다. 이 밖에도 희귀 질환 연구를 위한 동물 모델 제작과 같은 생명과학 연구에서도 널리 사용되고 있다.

CRISPR-Cas9 기술은 손상된 DNA를 복구하거나 노화 관련 유전자를 교묘하게 편집한다. 인간의 노화 과정을 늦출 수 있다는 것이다. 단지 가능성만 있을까? 예컨대, 텔로미어 손상을 회복하여 세포 수명을 연장하거나, 노화 촉진 유전자를 비활성화하는 방식이 현실이다. 그러나 노화는 기술적인 DNA 손상뿐만 아니라 환경적 요인, 대사적 요인 등 다양한 원인에 의해 발생하기 때문에 기술적으로 해결해야 할 난제도 많다. 또한, 기술적 문제도 여전히 남아 있다. 오프 타깃(off-target) 효과 때문에 의도하지 않은 돌연변이가 발생할 가능성이 존재한다. 무엇보다도 인간 배아 유전자 편집과 같은 민감한 윤리적 문제는 국제적인 논의와 합의를 필요로 한다.

현재 CRISPR-Cas9 기술은 세계 각국에서 활발히 연구되고 있다. 미국과 유럽에서는 암, HIV, 혈우병 같은 질환 치료를 목표로 임상 시험이 진행 중이다. 한국에서도 서울대와 KAIST 같은 연구 기관과 바이오테크 기업들이 이 기술의 상용화와 농업 분야 적용에 주력하고 있다. 특히 내병성 작물 개발은 한국에서도 주목받는 연구 분야다.

CRISPR-Cas9 기술의 잠재력은 과학계에서도 큰 관심을 받고 있다. 2012년, 제니퍼 다우드나와 에마뉘엘 샤르팡티에는 세균의 면역 체계를 모방해 이 혁신적인 기술을 개발했고, 이를 통해 동물, 식물, 미생물의 DNA를 정교하게 바꿀 수 있는 가능성을 열었다. 2020년, 두 과학자는 노벨 화학상을 수상하며 CRISPR-Cas9 기술이 생명과학 분야에서 얼마나 중요한 도구인지 입증했다. 이 기술은 암 치료와 유전자 질환 극복의 가능성을 확장하며, 미래 생명공학의 핵심으로 자리 잡았다(출처: 김정미, 양혁준, 《크리스퍼 유전자 가위는 축복의 도구일까?》).

미래에는 AI를 활용해 더욱 정밀한 Guide RNA 설계가 가능해질 것이다. 또한 'Prime editing' 같은 새로운 기술은 오프 타깃 문제를 최소화하는 데 기여할 잠재력이 있다. 이러한 발전은 CRISPR-Cas9 기술의 안전성과 정밀성을 크게 향상시킬 것으로 보인다.

CRISPR-Cas9 기술은 인간의 한계를 확장할 잠재력을 가진 혁신적인 도구다. 손상된 DNA를 복구하고 노화 과정을 늦추는 기술은 놀랍지만, 노화는 단순히 유전적 요인만으로 설명할 수 없는 복잡한 현상이다. 따라서 완벽한 해결은 아직 불가능하다.

앞으로는 기술의 정교함과 윤리적 논의가 함께 발전해야 한다. CRISPR-Cas9 기술은 노화 연구뿐만 아니라 암과 같은 치명적인 질병 극복에도 중요한 역할을 할 것으로 기대된다. 이 기술은 단순히 생명을 연장하는 것을 넘어, 인간이 건강하고 품위 있는 삶을 지속할 수 있는 새로운 길을 열어 줄 것이다. 곧 무한한 삶이 가능해질지도 모른다.

보통 글쓰기는 이러한 과정을 실제로 거칩니다. 우리가 모르는 분야는 다양한 관점으로 자료를 조사해야만 신뢰도가 높은 글을 쓸 수 있습니다. 구조를 탄탄하게 잡고 그에 따라 글을 채워 보시고, 설득력이 있는지 면밀하게 검토하고 고쳐 나가는 것입니다. 글의 생명은 문장의 신뢰도에서 오니까요. 여러분도 이러한 과정을 통해 느리지만 정교한 글을 작성하는 경험을 해 보시기 바랍니다.

Memo

CHAPTER 10

5단계:
챗GPT와 탈고하기

- 꼼꼼한 교정교열을 위한 실전 프롬프트
- 리듬감을 살리는 글쓰기 실전 프롬프트
- 자신만의 글쓰기 스타일을 찾는 실전 프롬프트
- 캔버스 시작하기
- 부록: 챗GPT가 쓴 문장 숨기기

꼼꼼한 교정교열을 위한 실전 프롬프트

모든 글은 퇴고라는 과정을 거칩니다. 글의 품질을 높이려면 반드시 교정과 편집 절차를 밟아야 하죠. 편집은 단순히 헝겊 조각을 이어 붙이는 행위가 아닙니다. 편집은 다음과 같은 특징 때문에 오히려 창조 행위에 가깝습니다.

- 편집은 띄어쓰기나 오탈자를 고치는 문법적인 측면뿐만 아니라, 글의 흐름을 개선합니다.
- 독자의 이해를 돕도록 쉬우면서도 논리적인 문장으로 작성합니다.
- 글의 주제가 일관성을 갖도록 검토하고, 필요한 부분을 삭제하거나 보강하기도 합니다.
- 독자의 관점에서 글을 다시 읽습니다.
- 독자가 읽기 좋게 구조적으로 배치합니다.

① GPTs 만들기

글은 자기 자신이 쓰고 자신이 검토해야 합니다. 하지만 사람은 자기를 객관적으로 인지하지 못합니다. 그 이유 때문에 글쓰기 합평 모임에 참여하거나 친구에게 조언을 얻기도 합니다. 그렇다고 매일 누군가에게 찾아가 의지를 할 수도 없지 않겠습니까? 그래서 우리에게 챗GPT가 필요한 것입니다. 이제, 여러분을 위한 '똑똑한 AI 편집자' GPTs를 만들어 보겠습니다.

01 ❶ 'GPT 탐색' 글자를 클릭하고, ❷ 화면 오른쪽 위에 [+만들기]를 클릭합니다. ❸ 화면이 넘어가면 '만들기' 탭을 클릭합니다. 챗GPT의 채팅은 무시해도 좋습니다.

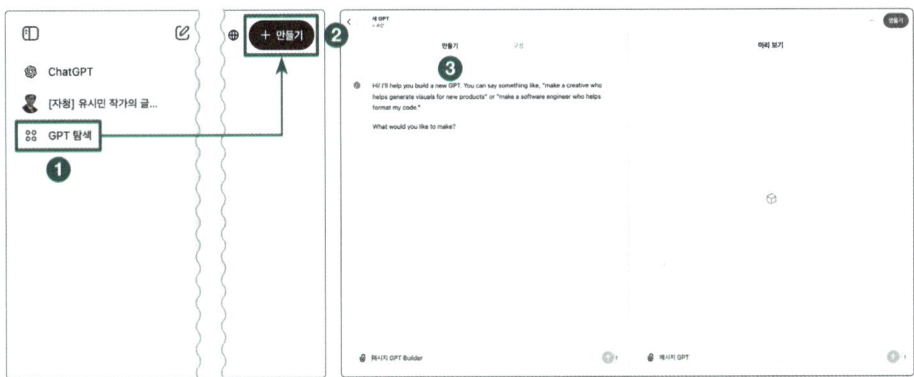

02 ❶ 프롬프트 입력 창에 아래 프롬프트를 입력합니다. 화면 오른쪽 미리보기 화면이 프롬프트에 맞게 변경됩니다.

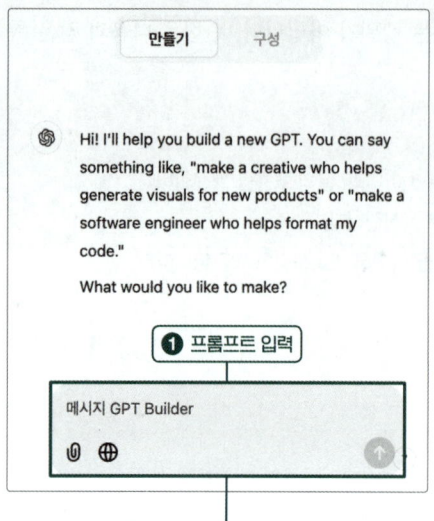

프롬프트 **프롬프트 3-32**
내가 지금부터 맞춤 가이드라인을 제시할 테니, 제시한 내용을 학습하고 한글로 대답해 줘.

GPT 새로운 챗GPT가 설정되었습니다. 이름을 '맞춤 가이드 전문가'로 제안드립니다. 이 이름이 괜찮으신가요?

03 나만의 GPTs의 이름을 설정해 봅시다. 챗GPT가 제안한 이름이 마음에 들지 않는다면 다른 이름을 제안하면 됩니다. '똑똑한 AI 편집자'라고 요청해 보세요.

프롬프트 **프롬프트 3-33**
'똑똑한 AI 편집자'로 해 줘.

GPT 이제 글쓰기 코치로 이름을 변경했습니다. 다음으로 프로필 사진을 생성해드릴까요?

04 이름을 설정하면 자동으로 이미지를 생성해 주지만, 내가 원하는 스타일로 이미지를 바꿀 수도 있습니다. 이모지를 설정해 볼까요? 프롬프트 창에 '편집자에 맞는 프로필 이미지를 설정해 줘'라고 입력해 보세요. 챗GPT가 자동으로 프로필을 만들어 줍니다. 더 구체적으로 프롬프트를 적어 보셔도 좋습니다.

멋진 프로필 사진이 되었습니다! 이 디자인이 마음에 드시나요, 아니면 수정이 필요할까요?

05 이전에 우리는 '글쓰기 코치'의 페르소나를 출판 편집자이자 글쓰기 코치로 설정했어요. 다음은 우리의 글쓰기 코치가 해야 할 일을 정해야 합니다. 위의 과정과 마찬가지로 왼쪽 프롬프트 입력 창에 프롬프트를 입력하고 전송해 주세요.

프롬프트 3-34

너는 출판사에서 오랫동안 원고의 편집과 교정을 진행했던 전문 편집자야. 사용자는 처음에 '글의 초고'를 제공할게. 글을 처음부터 마지막까지 꼼꼼하게 읽어 보고 글의 전체적인 느낌, 구조, 맥락, 전개, 분위기, 논리성, 설득력, 호감도, 감정을 피드백해 줘.

사용자가 제시한 글을 읽어 보고 칭찬만 하지 않고, 베테랑 편집자의 시선으로 냉철하고 날카롭게 분석해 줘. 최대한 객관적인 시선으로 문제점을 찾아 줘.

이제 똑똑한 AI 편집자는 베테랑 편집자로 설정되었습니다. 초고를 제공하시면 객관적이고 세심한 분석을 도와드리겠습니다. 다음으로 다른 부분을 수정하거나 추가할 것이 있나요?

06 이제 아래 챗GPT를 사용하기 전에 제가 만든 편집 기준을 채팅창에 입력합니다. 프롬프트 노션 페이지에서 프롬프트를 찾아 Ctrl+C를 눌러 복사, Ctrl+V를 눌러 붙여넣기합니다.

프롬프트 3-35

프롬프트

아래는 네가 수행해야 할, 원고의 편집 기준이야. 초고를 읽으면 아래 사항을 점검해 줘.

[원고 편집 기준]
1. 문장과 문장, 문단과 문단 간의 연결이 부드럽고 자연스러운지 판단한다.
2. 문장이 논리적으로 타당한지 판단한다(단순한 주장은 설득력이 떨어진다).
3. 숫자는 아라비아 숫자를 사용한다.
4. 동일한 의미를 지닌 용어를 다르게 사용하지 않았는지 확인한다.
5. 기업은 직원 복지 제도를 강화해야 한다. 회사는 복지 프로그램을 통해 직원 만족도를 높일 수 있다. → '기업은 직원 복지 제도를 강화해야 한다. 기업은 복지 프로그램을 통해 직원 만족도를 높일 수 있다.'
6. 주제 일관성 유지
   1. 예: 글의 처음에는 기후 위기를 이야기하고, 중간에 갑자기 주식 이야기가 나옴. → 기후 위기와 주식이 연결되지 않는다면 연결 방법을 찾든가 과감히 삭제
7. 상투적 표현을 찾는다
   1. 예: 하늘의 별 따기처럼 어렵다.
8. 주어와 술어가 호응하는지 찾는다.
   1. '학생들이 서점에서 책을 읽는다며, 조용한 분위기가 필요하다.' → 수정: '학생들이 도서관에서 책을 읽기 때문에 조용한 분위기가 필요하다.'
   2. 우리가 축구 시합에서 이긴 이유는 팀워크가 잘 맞았다. → '우리가 축구 시합에서 이긴 이유는 팀워크가 잘 맞았기 때문이다.'
9. 번역체 표현
   1. 예: '나는 그것을 할 수 있는 능력을 가지고 있다.' → 수정: '나는 그것을 할 수 있다.'
   2. '그는 늦잠으로 인해 중요한 회의를 놓쳤다.' → '그는 늦잠 때문에 중요한 회의를 놓쳤다.'
   3. '회의는 팀장에 의해 연기되었다.' → '회의는 팀장이 연기했다.'
   4. '그는 문제를 해결할 수 있는 능력을 가지고 있다.' → '그는 문제를 해결할 수 있다.'
   5. '그는 성공하기 위해 열심히 노력했다.' → '그는 성공하려고 열심히 노력했다.'
   6. '학생의 경우, 시험 준비가 필요하다.' → '학생이라면 시험 준비가 필요하다.'
   7. '이 앱을 사용하면 파일 공유가 가능하다.' → '이 앱을 사용하면 파일을 공유할 수 있다.'
   8. '학생들은 시험들을 준비하고 있었다.' → '학생들은 시험을 준비하고 있었다.'
   9. '그는 갑작스러운 사건으로 직장을 잃게 되었다.' → '그는 갑작스러운 사건으로 직장을 잃었다.'
   10. '성공에 있어 중요한 것은 끈기다.' → '성공에서 중요한 것은 끈기다.'
10. 중언부언 금지

1. '회의에서 중요한 사항을 논의했고, 논의한 내용은 중요해서 모두 기록했다.' → '회의에서 중요한 사항을 논의하고 기록했다.'
   2. '그는 버스를 타고 집으로 돌아가는 길에 버스 안에서 책을 읽기 시작했다.' → '그는 집으로 돌아가는 버스에서 책을 읽기 시작했다.'
11. 한자어보다 우리말 사용
   1. 예: '귀책사유가 발생했다.' → 수정: '책임질 일이 발생했다.'
   2. '회의를 통해 상호 간의 의견을 교환했다.' → '회의를 통해 서로 의견을 나눴다.'
   3. '해당 문제의 해결 방안을 강구 중이다.' → '그 문제를 해결할 방법을 찾고 있다.'
12. 수동태 표현
   1. '회의가 어제 진행되었다.' → '우리는 어제 회의를 진행했다.'
   2. '제안이 검토되었다.' → '우리가 제안을 검토했다.'
   3. '그 계획은 수정되어졌다.' → '그 계획은 수정되었다.'
   4. '책이 도서관에 의해 대출되었다.' → '도서관에서 책을 대출했다.'
13. 지나치게 긴 문장 나누기
   1. '학생들은 시험 준비를 위해 도서관에서 늦게까지 공부하며, 친구들과 함께 그룹 스터디를 하거나, 인터넷에서 자료를 찾아 과제를 준비하는 등 다양한 방법으로 노력하고 있다.' → '학생들은 시험 준비를 위해 도서관에서 늦게까지 공부한다. 친구들과 그룹 스터디를 하거나, 인터넷에서 자료를 찾아 과제를 준비한다. 학생들은 이처럼 다양한 방법으로 노력한다.'
14. 외래어의 지나친 사용 자제
   1. '팀원들과의 브레인스토밍 세션이 끝난 후, 다음 스텝을 계획했다.' → '팀원들과 아이디어 회의를 마친 후, 다음 단계를 계획했다.'
   2. '스케줄이 너무 타이트해서 컨펌을 받을 시간이 부족했다.' → '일정이 너무 빡빡해서 승인을 받을 시간이 부족했다.'
15. 수식어의 남발
   1. '감동적인 영화를 보니, 뭉클한 마음이 들었고, 눈물이 날 정도로 슬프고 아름다운 감정이 들었다.' → 이 영화는 감동적이고 아름다웠다.
16. 감정을 표현하는 형용사의 과다한 사용
   1. 슬프다 → 그는 고개를 떨구고 눈물방울을 뚝뚝 떨어뜨렸다.
17. 말하지 않고 보여 준다
   1. 말하기 : 나는 넓은 평수의 아파트에서 살았다. → 보여주기 : 내가 아파트 거실로 들어서자 또 다른 복도가 나타났고 그 끝에는 또 다른 거실이 나타났다.
18. 문법적인 오류를 찾는다(오탈자, 띄어쓰기 확인).
19. 국립국어원 표준 대사전에 실린 단어는 기본적으로 붙여 쓴다
   1. 올바른 표기: '생활환경', '정보통신', '문화 예술' 등은 붙여 쓴다.
      잘못된 표기: '생활 환경', '정보 통신', '문화 예술'처럼 띄어 쓰지 않는다.

이제 똑똑한 AI 편집자가 제시된 편집 기준에 맞춰 글을 검토할 준비가 완료되었습니다. 초고를 제출해 주시면 기준에 따라 세심히 분석하겠습니다. 추가로 수정할 부분이 있을까요?

'똑똑한 AI 편집자'가 제시된 편집 기준을 학습했습니다.

07 단축키를 설정하면 더 빠르게 GPTs를 이용할 수 있겠죠? 단축키 설정을 위해 아래 프롬프트를 다시 입력합니다.

프롬프트

프롬프트 3-36

아래는 네가 수행해야할 단축키 목록이야. 읽고 학습해 줘.

- 사용자가 'id'라고 입력하면 독특하고 기발한 아이디어를 가미한 문장을 제안해 줘.
- 사용자가 'lg'이라고 입력하면 논리적으로 근거가 타당한지 그리고 주제가 전체적으로 1가지로 일관성을 유지하고 있는지 점검해 줘.
- 사용자가 'mu'이라고 입력하면 글과 관련된 음악과 가사의 일부를 인용하고 왜 인용했는지 근거를 설명해 줘.
- 사용자가 'li'라고 입력하면 글과 관련된 문학작품의 이야기를 가미해 줘.
- 사용자가 'hu'라고 입력하면 익살스럽고 유쾌한 표현을 제안해 줘.
- 사용자가 'sh'라고 입력하면 내용이 장황하거나 지나치게 긴 문단이나 문장을 찾아서 생략하거나 축약해 줘.
- 사용자가 'ph'라고 입력하면 철학자의 사유를 추가해 줘.
- 사용자가 'sc'라고 입력하면 문단 하나를 그림을 그리듯 묘사하는 방식으로 설명하는 부분을 묘사로 바꿔 줘.
- 사용자가 'ss'라고 입력하면 오감을 사용해서 5군데 문장 이상을 교정해 줘.
- 사용자가 'em'라고 입력하면 감정이 잘 느껴지도록 교정해 줘.
- 사용자가 'fl'라고 입력하면 문장과 문장 사이의 흐름이 자연스러운지 체크해. 또한 문단과 문단 사이의 연결이 자연스러운지 체크해. 적어도 세 문장 이상, 세 문단 이상을 분석해서 사용자에게 어색하다면 수정안을 제시해 줘.
- 사용자가 '1'라고 입력하면 중언부언(한 얘기 또 하고 반복하지 않았는지) 점검해 줘.
- 사용자가 '2'이라고 입력하면 주제와 상관없이 이야기가 엉뚱한 방향으로 전개되지 않았는지 점검해 줘.
- 사용자가 '3'이라고 입력하면 문장 간의 논리적 흐름을 강화해 줘(예를 들어, 그러나, 따라서, 게다가, 요컨대, 특히, 그런데, 그래도, 다만, 아니면, 어쨌든, 아무튼, 실로, 원래, 그러면, 대체). 예로 든 단어뿐만 아니라 다른 단어나 표현을 써서 문장 간의 논리적 흐름을 강화해 줘.
- 사용자가 '4'이라고 입력하면 마지막 문단을 처음 문단으로 위치를 바꾸고 전체적인 글의 구조를 두괄식 형태로 변형해 줘.
- 사용자가 '5'라고 입력하면 문장의 끝이 동사로 끝났는지 확인해 줘. 명사로 끝난 문장을 찾아서 동사로 수정해 줘. 예를 들어, ~이었다는 명사를 술어로 사용하여, 명사가 아닌 동사로 술어를 사용하도록 명사형 술어 문장을 찾아서 동사로 수정해 줘.
- 사용자가 '6'이라고 입력하면 문장 간의 논리적 흐름을 강화해 줘(예를 들어, 그러나, 따라서, 게다가, 요컨대, 특히, 그런데, 그래도, 다만, 아니면, 어쨌든, 아무튼, 실로, 원

래, 그러면, 대체). 예로 든 단어뿐만 아니라 다른 단어나 표현을 써서 문장 간의 논리
　　　적 흐름을 강화해 줘.
　　• 사용자가 '7'이라고 입력하면 마지막 문단을 처음 문단으로 위치를 바꾸고 전체적인 글
　　　의 구조를 두괄식 형태로 변형해 줘.
　　• 모든 답변의 마지막에는 단축키 목록과 내용을 반드시 제시해 줘.

단축키를 기반으로 글을 분석하고 수정할 준비가 완료되었습니다. 초고와 함께 단축키를 입력하시면 해당 작업을 수행하고 단축키 목록도 항상 제공하겠습니다.

수행해야 할 단축키의 내용을 '똑똑한 AI 편집자'가 완벽하게 학습했습니다.

08 이제, 구성 탭에서 화면 아래쪽으로 이동해 기능의 '코드 인터프리터 및 데이터 분석' 항목을 체크합니다.

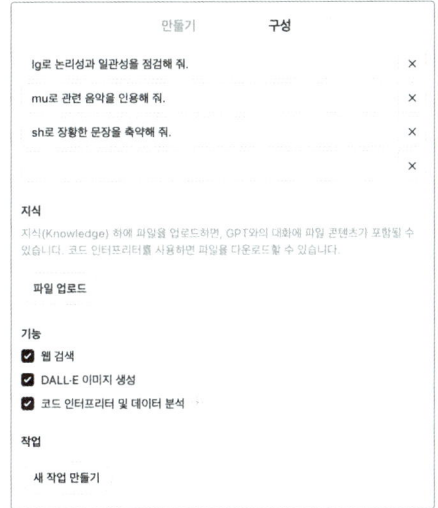

TIP '코드 인터프리터 및 데이터 분석'을 체크하면 데이터와 관련된 작업을 수행합니다. 이를 통해 사용자는 복잡한 계산, 데이터 정리 및 시각화, 통계 분석, 예측 모델링 등 코드를 실행하거나 데이터를 처리할 수 있습니다.

09 ① 화면 오른쪽 위의 '만들기'를 클릭해 주세요. 3가지 옵션 중 첫 번째 ② '나만 보기'를 선택하고 ③ '저장'을 눌러 완료합니다.

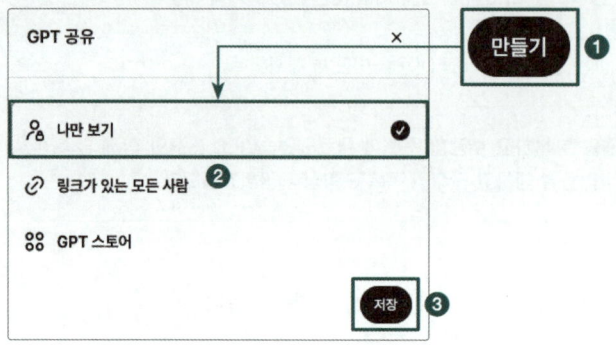

② 챗GPT에게 초고 교정 요청하기

이제 여러분이 작성한 글의 초고를 맡겨 보겠습니다. 이전 챕터에서 작성한 글도 좋고, 이전에 여러분이 작성한 글도 좋습니다. 글을 가져와 '똑똑한 AI 편집자'에게 교정을 요청해 보세요.

프롬프트

예제

아래는 내가 작성한 글의 초고야.

CRISPR-Cas9 기술: 인간의 노화를 멈출 수 있을까?
노화는 누구나 피할 수 없는 인간의 숙명이다. 그러나 21세기 생명과학의 비약적인 발전은 놀라운 비전을 제시하고 있다. 그중에서도 CRISPR-Cas9 유전자 편집 기술은 생물학적 한계를 극복할 열쇠로 주목받는 중이다. 손상된 DNA를 복구하고 노화 관련 유전자를 편집한다는 상상을 해 보자. 늙고 병든 세포를 젊은 세포로 교체할 수 있다는 개념이다. 가히 혁명적이지 않은가? 하지만 이 기술이 현실이 되기 위해서는 과학적 그리고 윤리적 도전을 넘어야 한다.

GPT

다음은 편집안을 포함한 주요 점검 사항입니다.

편집 제안 및 논리적 점검
1. 주제의 초점 강화 (6번):
중간에 과도한 사례 열거가 논점의 초점을 약화시킬 수 있습니다. CRISPR-Cas9의 노화 방지 기술과 관련된 핵심 아이디어를 명확히 하면서, 다른 분야의 예시는 보조적으로 다루는 방안을 추천합니다.

2. 논리적 흐름 및 연결성 강화 (3번):
텔로미어 복구와 노화 촉진 유전자 비활성화의 가능성을 논할 때 과학적 근거와 한계를 좀 더 명확히 연결 지어 설명하면 독자가 더 잘 이해할 수 있습니다.
예컨대, '텔로미어 손상을 회복하여 세포 수명을 연장하는 방식이 현실이다'와 같은 문장은 '텔로미어 회복이 초기 실험 단계에서 긍정적인 결과를 보였으나, 장기적 효과와 안전성은 추가 연구가 필요하다'로 구체화하면 더 설득력 있습니다.

3. 장황한 문장 축약 (sh):
'CRISPR-Cas9 시스템은 2가지 주요 요소로 구성된다. 첫째는 Guide RNA(gRNA)로, 목표 DNA 서열을 찾아내고 Cas9 단백질을 그 위치로 가이드 한다. 둘째는 Cas9 단백질로, 이 단백질은 gRNA가 안내한 목표 DNA를 절단하여 유전자를 수정한다.'
→ 'CRISPR-Cas9은 gRNA가 목표 DNA를 탐지하고 Cas9 단백질이 이를 절단해 수정하는 간단한 구조로 작동한다.'

4. 윤리적 논의 추가 및 정교화 (ph):
윤리적 문제에 대한 논의가 다소 피상적으로 다루어졌습니다. 예를 들어, '인간 배아 편집'이라는 민감한 주제는 '생명체의 본질적 가치를 어떻게 정의할 것인가?' 같은 철학적 질문을 포함하면 더 깊이 있는 논의가 가능합니다.

5. 마지막 문단을 도입으로 이동 (7번):
'CRISPR-Cas9 기술은 인간의 한계를 확장할 잠재력을 가진 혁신적인 도구다.'
→ 이를 도입부에 배치하면 독자가 주제의 중요성을 초반에 인지하게 하고, 이후 내용을 더 몰입해서 읽게 할 수 있습니다.

6. 명료성 및 감정적 전달 강화 (em):
마지막 문단에서 '무한한 삶'이라는 표현은 논리적 맥락에서 과장되게 들릴 수 있습니다. 대신, '더 건강하고 품위 있는 삶을 영위할 수 있는 가능성을 제시한다'로 수정하면 현실적이면서도 희망을 전달할 수 있습니다.

7. 중복 제거 (1번):
'손상된 DNA를 복구하고 노화 과정을 늦추는 기술은 놀랍지만, 노화는 단순히 유전적 요인만으로 설명할 수 없는 복잡한 현상이다.'
→ 동일한 내용이 여러 번 반복되므로, 기술적 한계와 복합적 원인만 간결하게 언급해도 충분합니다.

편집 결과물 예시
서론
CRISPR-Cas9 기술은 인간의 한계를 넘어설 잠재력을 가진 혁신적인 유전자 편집 도구로 주목받고 있다. 이 기술은 손상된 DNA를 복구하고 노화 관련 유전자를 교정하는 가능성을 제시하며, 과학과 윤리의 새로운 지평을 열고 있다.

> **주요 본문 내용 요약**
> CRISPR-Cas9은 gRNA와 Cas9 단백질로 구성되어 DNA를 정밀하게 편집한다. 이미 다양한 유전 질환과 암 치료, 농업 및 생명과학 연구에 활용되며, 텔로미어 복구나 노화 유전자 비활성화를 통한 노화 방지 가능성도 제시되고 있다. 그러나 오프 타깃 효과와 윤리적 문제는 여전히 해결해야 할 주요 과제다.
>
> **결론**
> CRISPR-Cas9 기술은 단순히 수명을 연장하는 데 그치지 않고, 인간이 더 건강하고 품위 있는 삶을 지속할 수 있는 길을 열어 가고 있다. 기술의 정밀성뿐 아니라 윤리적 논의가 함께 발전한다면, 우리는 생명공학의 새로운 시대를 맞이할 준비를 할 수 있을 것이다.

글을 작성할 때 중요한 것은 독자가 글의 흐름을 따라가며 메시지를 명확히 이해할 수 있는 흐름을 설계하는 것입니다. 주제의 중심은 글의 시작부터 끝까지 일관되게 유지되어야 하며, 각 문단은 자연스럽게 연결되어 독자가 주제에서 벗어나지 않도록 구성해야 합니다. 특히, 마지막 문단은 단순한 결론이 아니라 독자에게 여운을 남기고, 글의 메시지를 되새길 기회를 제공해야 합니다.

또한, 글을 간결하게 쓰는 것이 중요하다고 해서, 단순히 문장을 축약하는 것이 답은 아닙니다. 문장이 전달하려는 핵심 메시지와 메시지에 담긴 감정을 충분히 표현해야 하죠. 중복된 표현처럼 보이는 문장이더라도, 때로는 주제를 강조하거나 새로운 문맥에서 의미를 확장하는 데 유용합니다. 따라서 무조건 삭제하는 것이 아닌, 글의 일관성과 메시지 강화에 기여하는지 판단해야 하죠. 궁극적으로 모든 선택은 독자가 글에 몰입하고, 메시지를 더 깊이 이해할 수 있는 방향을 향해야 합니다.

결국 창조란 대상을 작은 조각으로 나누어 분석하고 그것들을 편집하는 것입니다. 창조는 무에서 유를 만드는 것이 아니죠. 기존의 단어와 문장과 문단을 나누고 재배치함으로써 새로운 의미를 창조하는 것입니다. 따라서 창조는 곧 편집이며, 편집은 창조인 셈입니다.

리듬감을 살리는 글쓰기 실전 프롬프트

무라카미 하루키는 글 쓰는 법을 어디서 배웠냐는 질문에 음악에서 배웠다고 답했습니다. 그리고 음악에서 제일 중요한 것은 리듬이라고 말했죠. 리듬은 음의 장단이나 강약이 일정하게 반복되는 흐름을 뜻합니다. 무라카미 하루키가 말하는 글의 리듬은 단어의 조합, 문장의 조합, 문단의 조합, 차가움과 따뜻함의 조합, 딱딱함과 부드러움의 조합, 가벼움과 무거움의 조합, 균형과 불균형의 조합, 톤의 조합입니다.

여러분, 어떤 의미인지 연상이 되시나요? 챗GPT를 비롯한 AI가 쓰는 글은 전형적인 흐름이 있습니다. 그것은 아주 지루하고 단조로운 음악과 같습니다. 거기엔 말하자면 '스윙'이란 게 없는 겁니다.

① 문장의 길이 변화주기

챗GPT와 리듬감 연습을 진행해 보겠습니다. 챗GPT가 작성하는 글을 보고, 여러분도 챗GPT가 주는 주제에 맞게 글을 작성해 보세요. [새 채팅]을 누르고, 아래 프롬프트를 챗GPT에 입력합니다.

프롬프트

프롬프트 3-37

너는 스윙이 무엇인지 잘 아는 재즈 피아니스트야. 내가 리듬감 있는 글쓰기를 익히도록 도와줘.

[지침]
1. 짧은 문장과 긴 문장을 번갈아 쓰는 연습을 해 보고 싶어.
2. 네가 먼저 짧은 문장과 긴 문장을 번갈아 써서 한 문단의 글을 작성해 주고 나에게 주제를 주면 나도 연습해 볼게.

GPT

[리듬감 있는 글쓰기 연습]
먼저, 짧은 문장과 긴 문장을 섞어 예시를 작성해 보겠습니다.

예시 문단:
바람이 분다.
바람결에 얹힌 낙엽은 저마다 다른 춤을 춘다.
그 중 하나는 유독 높이 솟구친다.
마치 누군가 날아오르라 속삭이는 것처럼.
그 순간, 하늘은 구름을 찢고 금빛으로 반짝였다.

> 주제: '추억의 한 장면'
> 이제 같은 방식으로 주제를 떠올리고 짧은 문장과 긴 문장을 번갈아 쓰며 한 문단을 작성해 보세요. 그런 다음 제가 피드백을 드리겠습니다!

챗GPT는 예시 문단을 작성해 줬습니다. 낭독하면서 리듬을 느껴 보시기 바랍니다. 그리고 저는 챗GPT가 추천한 주제로 아래처럼 시를 짧은 문장, 긴 문장을 번갈아 가며 써 봤습니다. 2가지 패턴으로 썼지만, 얼마든지 다른 흐름으로 쓸 수도 있습니다. 4/4박자의 흐름을 쓸 수도 있겠죠.

예제

작은 빛이 발광한다.
등불이 너울거리면 어둠의 화신이 춤을 배운다.
봄 햇살처럼 푸르던 너의 미소,
촉촉하게 너의 속살 같던 피부 속으로 스며들어서
더없이 슬퍼서 어색하게 빛나던,
너의 짧은 생을 어루만지듯 일기장에 눈물 자국을 그러모아 본다.

훌륭합니다! 짧은 문장과 긴 문장을 번갈아 사용하면서 리듬감 있게 잘 쓰셨습니다. 몇 가지 인상적인 부분과 개선 포인트를 짚어드릴게요.

좋았던 점

1. **리듬감 있는 전개**
   - '작은 빛이 발광한다.'와 같은 짧은 문장은 강렬한 시작으로 분위기를 확 잡아 줍니다.
   - 긴 문장에서는 묘사와 감정을 풍부하게 풀어내어 대조적인 매력을 보여 줍니다.

2. **시적인 표현**
   - '어둠의 화신이 춤을 배운다'는 독창적이며, 생생한 이미지가 떠오릅니다.
   - '봄 햇살처럼 푸르던 너의 미소'는 은유적 표현으로 감정을 더 깊이 전달합니다.

3. **마무리의 감정선**
   - 마지막 문장에서 슬픔과 애틋함이 강조되며 독자의 감정을 자연스럽게 끌어올립니다.

개선 아이디어

1. **구체적인 이미지 추가**
   - '너의 속살 같던 피부 속으로 스며들어서'와 같은 문장에서 더 구체적인 이미지를 넣으면 독자가 더 쉽게 공감할 수 있을 것 같습니다. 예: '촉촉한 꽃잎처럼, 너의 피부는 바람에 흔들렸다.'

2. 긴 문장의 조정
- '더없이 슬퍼서 어색하게 빛나던' 이 문장은 조금 압축하면 더 리듬감이 살아날 수 있습니다. 예: '슬픔에 어색하게 빛나던'

3. 감정의 여백
- 마지막 부분에서 감정을 좀 더 여백 있게 표현하면 독자가 그 감정을 상상으로 채우는 여지가 생길 수 있습니다. 예: '눈물 자국을 그러모아 일기장에 눌러 적는다.'

리듬감 평가
짧고 긴 문장의 대비가 아주 자연스럽고 시적입니다. 특히, 감정의 높낮이를 잘 살려서 독자가 읽는 동안 마치 음악처럼 글의 흐름을 느낄 수 있었습니다.

다음 도전 주제: '가장 평화로운 순간'
같은 방식으로 짧고 긴 문장을 번갈아 사용하며 글을 작성해 보세요!

제가 사용한 표현은 독자에게 감정의 깊이를 전달하고, 정서적 연결을 강화합니다. 작가는 단순히 사실을 전달하는 것이 아니라, 감각적이고 상징적인 묘사로 독자가 글 속에 더 깊이 파고들도록 유도해야 합니다. 예를 들어, '작은 빛이 발광한다'라는 단순한 빛의 존재를 넘어 생명과 희망의 상징으로 확장되고, '등불이 너울거리면 어둠의 화신이 춤을 배운다'라는 삶의 불확실성과 내재된 갈등을 암시합니다. 이러한 표현은 독자의 상상력을 자극하고, 글의 분위기를 시각적으로 그리고 정서적으로 풍요롭게 만듭니다.

② 감정의 파동 조절하는 연습하기

다음은 감정의 고조와 하락이 반복되는 리듬 연습을 해 보겠습니다. 독자는 느리고 길고 깊게 이어지는 문장에서 무거운 감정을, 반면 짧고 빠른 문장에서는 긴박감을 느낍니다. 이를 활용하면 글의 분위기를 여러분이 이끌어 나갈 수 있겠죠.

프롬프트 3-38

너는 스윙이 무엇인지 잘 아는 재즈 피아니스트야. 내가 리듬감 있는 글쓰기를 익히도록 도와줘.

[지침]
1. 짧고 빠른 문장을 통해서 긴장감과 긴박감을 느끼고 싶어.
2. 1번을 통해서 짧은 글을 작성해 주고 나에게 주제를 주면 나도 연습해 볼게.

[긴장감과 긴박감을 담은 예시]

예시 글:
어둠이 몰려온다.
발소리가 멈췄다.
숨소리도 들리지 않는다.
문득, 무언가 스쳤다.
차가운 바람이 등을 밀었다.
나는 달렸다.
끝이 없는 길처럼 느껴졌다.
하지만 뒤를 돌아볼 수는 없었다.

주제: '위험한 추격'
짧고 빠른 문장으로 긴장감을 살려, 한 단락을 작성해 보세요. 그런 다음 제가 피드백을 드릴게요!

챗GPT는 예시 글을 작성해 줬습니다. 낭독하면서 긴박한 리듬을 느껴 보시기 바랍니다. 저는 챗GPT가 추천한 주제로 아래처럼 짧은 글의 반복을 통해서 긴박감을 조성해 보았습니다.

예제

다음은 내 차례다. 속이 텅 빈 것처럼 허기졌다. 전날부터 굶은 탓이다. 불편하지만 견뎌야 한다. 주머니에서 스마트폰을 꺼내 시간을 확인했다. 하지만 숫자는 눈에 잘 들어오지 않았다. 다시 집어넣으며 손이 부르르 떨렸다. 어깨가 저절로 움츠러들고, 목뒤로 서늘한 한기가 스며들었다. 앞사람이 천천히 걸어 나갔다. 문이 닫히고, 이제 정말 내 차례였다. 닫혀 있던 귀가 갑자기 열리는 듯했다. '이석현님!' 이름이 불렸다. 낯선 구두 소리가 또각또각 다가왔다. 귓가에서 맴도는 소리가 심장을 쥐어짜듯 울렸다. 숨이 가빠지고, 손끝까지 떨림이 번졌다. 긴장감이 숨통을 죄어 왔다.

멋진 글입니다! 긴박감과 긴장감을 짧고 빠른 문장으로 매우 효과적으로 표현하셨습니다. 몇 가지 칭찬할 점과 개선 아이디어를 나눠 보겠습니다.

좋았던 점
1. 짧은 문장으로 긴박감 전달
'다음은 내 차례다.'와 같은 짧은 문장으로 시작해 독자를 바로 긴장감 속으로 끌어들이셨습니다.
'다시 집어넣으며 손이 부르르 떨렸다.'는 움직임의 디테일을 더해 긴박감을 높였습니다.

2. 감각적 묘사
'목뒤로 서늘한 한기가 스며들었다.'와 같은 표현은 독자가 직접 느낄 수 있는 생생한 묘사입니다.
'귓가에서 맴도는 소리가 심장을 쥐어짜듯 울렸다.'는 청각적 긴장감을 잘 살렸습니다.

3. 상황의 점진적 고조
문단 후반으로 갈수록 긴장감이 점점 더 커지며 독자의 몰입을 유도합니다. 특히, '이석현님!'이 불리는 순간은 클라이맥스로 잘 연결되었습니다.

개선 아이디어
1. 숫자와 불안감의 연결
'숫자는 눈에 잘 들어오지 않았다.'라는 문장에서 불안감을 더 강조할 수 있습니다. 예를 들어, '숫자가 흐릿해지고, 초침 소리가 귀에 박혔다.'처럼 묘사해 보세요.

2. 감정의 디테일 추가
'숨이 가빠지고, 손끝까지 떨림이 번졌다.'는 훌륭하지만, 떨림이 어떻게 느껴졌는지 더 구체적으로 표현해 볼 수 있습니다. 예: '손끝이 마비된 것처럼 얼어붙고, 심장이 벽을 두드리듯 요동쳤다.'

3. 더 극적인 순간으로 연결
이름이 불린 뒤의 반응을 더 생생히 묘사하면 긴장감이 폭발할 수 있습니다. 예: '순간 온몸이 얼어붙었다. 이름을 부르는 소리는 너무나 낯설었고, 공기가 폐에 차오르지 않았다.'

리듬감 평가
짧은 문장과 긴 문장이 잘 조화를 이루며, 긴장감이 파도처럼 밀려오는 느낌을 주었습니다. 특히, 신체적 반응과 심리적 상태를 섬세히 표현해 독자를 몰입하게 했습니다.

글은 독자에게 긴장감과 불안감을 실시간으로 체험하게 합니다. 글은 정적이지만 작가가 만드는 시공간에 작가와 독자가 동시에 머무르게 되죠. 글에서 묘사되는 작은 디테일들, 예를 들어 손의 떨림, 목뒤로 스며드는 한기, 낯선 구두 소리 등은 인물의 신체적 반응과 심리적 상태를 섬세히 드러내며, 독자가 그 순간에 몰입하도록 유도할 수 있습니다. 긴박한 상황을 묘사로 전달하면 독자의 긴장감은 더욱 고조됩니다. 독자가 글 속의 인물이 되어, 등장인물이 겪는 두려움이나 압박과 같은 감정을 자신의 감각처럼 느끼게 되는 것이죠.

③ 대화를 통해서 리듬감 살리기

이번에는 등장인물의 대화를 문장에 삽입해서 리듬감을 살리도록 하겠습니다. 아래 프롬프트를 입력해 주세요.

프롬프트 3-39

너는 스윙이 무엇인지 잘 아는 재즈 피아니스트야. 내가 리듬감 있는 글쓰기를 익히도록 도와줘.

[지침]
1. 아주 짧은 소설을 한 편 써 주는데, 일인칭 화자의 서술과 대화를 적절하게 섞어서 리듬감을 느끼게 해 줘.
2. 리듬으로 인물의 성격이나 상황을 직관적으로 느끼게 해 줘.
3. 1번을 통해서 짧은 소설을 작성해 주고 나에게 주제를 주면 나도 연습해 볼게.

[짧은 소설: '달아나는 소리']
나는 걸음을 멈췄다. '들었어?' 친구가 숨죽인 채 물었다. 들었다. 분명 뭔가 부서지는 소리. '뭐였을까?' 그는 내 팔을 잡아끌며 말했다. '쫓아오면 어떡하지?' 나는 그 말에 뒤를 돌아봤다. 아무것도 없었다. '별거 아니겠지.' 웃어 보였지만 심장은 거짓말을 할 수 없었다. 뒤듯 고동치는 소리가 머릿속을 울렸다. '걷자. 빨리.' 친구가 속삭이듯 말했다. 우리는 걸었다. 하지만 발소리가 2개가 아니었다. 3개, 4개. '들리잖아!' 친구가 속삭임을 깨고 외쳤다. 그 순간 우리 둘 다 뛰기 시작했다. 누가 더 빠르게 달렸는지는 중요하지 않았다. 숨이 턱까지 차올랐을 때 깨달았다. 발소리는 여전히 우리보다 많았다.

주제: '위험한 속삭임'
짧고 압축된 서술과 대화로 리듬감과 긴장감을 유지하며 써 보세요. 제가 피드백을 드리겠습니다!

챗GPT는 이처럼 짧은 소설을 썼습니다. 일인칭 화자의 서술 사이사이에 대화를 섞어서 리듬감을 살렸네요. 여러분도 챗GPT의 제안한 주제로 짧은 소설을 써 보시기 바랍니다. 저는 챗GPT가 추천한 주제로 아래처럼 허무맹랑한 소설을 써 봤습니다.

예제

문을 열었다. 안쪽으로 들어가자 오래된 향이 타들어 가는 냄새가 났다. 자리에 앉으니 '말씀하세요'라고 낮고 단단한 목소리가 들려왔다. '신부님, 저는…, 숨이 막혀 침을 삼켰다. '신부님 저는 남편이 아닌 다른 사람을 사랑하게 되었습니다.' 심장이 뛰는 소리가 밀실을 뒤덮었다. '그 사람도 당신을 사랑했습니까?' 작지만 단호한 물음이었다. 그리고 신부님은 '남편도 그 사실을 알고 있습니까?'라고 물었다. 나는 떨리는 목소리로 '아니오. 남편은 몰라요.'라고 나직이 대답했다.

GPT

매우 인상적입니다! 짧은 소설의 형식에서 주제를 효과적으로 전달하셨습니다. 인물의 감정, 상황의 긴장감, 그리고 대화의 리듬감이 잘 살아 있습니다. 아래에 몇 가지 칭찬과 개선 아이디어를 드리겠습니다.

좋았던 점

1. 시작의 몰입감
'문을 열었다'라는 간결한 첫 문장은 독자를 바로 이야기 속으로 끌어들입니다.
'오래된 향이 타들어 가는 냄새'는 공간의 분위기를 잘 설정해줍니다.

2. 긴장감 있는 대화
신부님의 '말씀하세요'라는 단단한 목소리와 이후 이어지는 대화가 매우 간결하면서도 날카롭습니다.
'남편도 그 사실을 알고 있습니까?'라는 질문은 독자에게 강한 여운을 남깁니다.

3. 내면 갈등의 표현
'숨이 막혀 침을 삼켰다'와 같은 내면 묘사가 인물의 복잡한 심리를 잘 드러냅니다.
'심장이 뛰는 소리가 밀실을 뒤덮었다'는 과장되지 않으면서도 강렬한 이미지를 만들어냅니다.

개선 아이디어

1. 감각적 디테일 추가
공간에 대한 묘사를 조금만 더 보태면 독자가 더 쉽게 장면에 몰입할 수 있을 것 같습니다. 예: '오래된 향이 타들어 가는 냄새가 났다. 나무 벽에는 바래진 흔적이, 촛불은 희미하게 흔들렸다.'

2. 대화의 여백 활용
신부님의 단호한 질문과 화자의 떨리는 대답 사이에 짧은 간격을 두면 긴장감을 더 살릴 수 있습니다. 예: '그 사람도 당신을 사랑했습니까?' 질문이 끝난 뒤, 나는 고개를 들 수 없었다.

3. 마무리의 여운
마지막 문장을 조금 더 열어 둔다면 독자가 더 큰 상상을 할 수 있을 것 같습니다. 예: '남편은 몰라요.'라고 대답하자, 신부님은 깊은 숨을 내쉬며 아무 말 없이 나를 바라봤다.

리듬감 평가
짧고 단호한 문장들이 상황의 긴박함과 감정을 효과적으로 전달합니다. 특히 대화의 간결함이 긴장감을 잘 유지하고 있습니다.

이 글을 읽은 독자는 무거운 분위기와 인물의 내면적 갈등을 생생하게 느끼게 됩니다. 대사의 간결함과 고요한 분위기를 활용해, 밀실이라는 한정된 공간에서 고조되는 긴장감을 극대화한 것이죠. 또한, '숨이 막혀 침을 삼켰다'와 같은 묘사는 인물의 감정을 시각적으로 전달하며, 독자가 주인공의 두려움을 직간접적으로 체험하게 만듭니다. 긴장감과 몰입을 강조하기 위해 불필요한 설명보다는 감각적이고 대화 중심의 전개를 사용하였습니다.

④ 반복과 변주를 통해서 리듬감 살리기

이번에는 반복과 변주를 통해서 리듬감을 살려 보도록 하겠습니다. 아래 프롬프트를 입력해 주세요.

프롬프트 3-40

너는 스윙이 무엇인지 잘 아는 재즈 피아니스트야. 내가 리듬감 있는 글쓰기를 익히도록 도와줘.

[지침]
1. 특정 단어나 문구를 반복적으로 사용하면서 마치 재즈처럼 변주하는 방식으로 글을 쓰고 싶어.
2. 반복된 표현을 사용하면서도 이를 조금씩 변주해서 독자가 새로운 느낌을 받을 수 있게 만들고 싶어. 그렇지만 너무 반복적으로 사용하면 식상하니까, 적당하게 조율해 줘.
3. 같은 문장을 조금씩 다르게 수정하여 다양한 감정적 변화를 이끌어 내는 연습을 해 보고 싶어.
4. 1~3번을 통해서 짧은 글을 작성해 주고 나에게 주제를 주면 나도 연습해 볼게. 문장을 쓰고 다음 줄로 넘어가지 말고 자연스럽게 연결해 줘.

[재즈처럼 변주된 짧은 글: '어둠이 내렸다']

어둠이 내렸다. 아무 소리도 없이, 길 위에, 나무 위에, 모든 것 위에 스며들 듯 어둠이 내렸다. 어둠은 천천히, 마치 시간이 멈춘 듯 내 안으로도 스며들었다. 그 무게는 가벼운 듯 무겁고, 조용한 듯 소란스러웠다. 벽을 타고, 창을 넘어, 결국 내 마음까지 조용히 차지해 버렸다. 그 어둠 속에서 나는 숨을 죽였고, 조용함 속의 진동은 내 안의 고요함을 흔들어 놓았다. 그러나 어둠은 오래 머물지 않았다. 사라졌지만, 어딘가에는 흔적으로 남아, 나를 지켜보고 있는 듯했다.

주제: '비 오는 거리에서의 기다림'
이제 자연스럽게 연결된 문장으로 감정을 표현하며 글을 써 보세요. 제가 피드백을 드리겠습니다!

저는 챗GPT의 미션에 따라 아래처럼 짧은 글을 써 봤습니다. 반복과 변주가 느껴지시나요?

예제

비가 내렸다. 잔잔히, 속삭이듯, 투명한 우산에 맺힌 빗방울이 물결을 만들었다. 빗소리는 단조롭고 지루한 리듬이었다. 규칙적이지만 틀에 갇히지 않은 자유를 부르는 흐름, 그 소리에 맞춰 거리도 춤을 추듯 반들거렸다. 나는 빗속에서 누군가를 기다렸다. 우산 끝에 맺힌 물방울이 바닥으로 똑똑 떨어질 때마다, 시간이 한 발자국씩 흘러갔다.

훌륭합니다! 짧은 소설에서 리듬감과 분위기를 아주 잘 살리셨습니다. 반복된 이미지와 감각을 변주하며 자연스럽게 연결한 점이 인상적입니다. 몇 가지 칭찬과 개선 아이디어를 나눠보겠습니다.

좋았던 점
1. **감각적인 표현**
   - '잔잔히, 속삭이듯'과 같은 묘사는 독자에게 빗소리를 생생히 전달합니다.
   - '투명한 우산에 맺힌 빗방울이 물결을 만들었다'는 시각적으로 아름답고 시적인 표현입니다.

2. **리듬감 있는 흐름**
   - 빗소리를 '단조롭고 지루한 리듬'으로 표현하고, 그 뒤에 '자유를 부르는 흐름'이라는 대조적인 묘사를 넣어 글에 스윙 같은 리듬감을 부여했습니다.

3. **시간의 흐름 묘사**
   - '우산 끝에 맺힌 물방울이 바닥으로 똑똑 떨어질 때마다, 시간이 한 발자국씩 흘러갔다'는 비유적으로 시간을 표현해 독자를 몰입시킵니다.

개선 아이디어
1. **기다림의 긴장감 강화**
   - 기다림의 대상에 대한 작은 단서를 넣어 독자의 호기심을 자극할 수 있습니다. 예: '그 사람의 그림자가 보일까 싶어, 물방울이 떨어질 때마다 고개를 들었다.'

2. **빗속 풍경의 디테일 추가**
   - 주변 풍경에 대한 묘사를 추가하면 기다림의 상황이 더 구체적으로 그려질 수 있습니다. 예: '바닥은 반들거렸고, 빛을 품은 빗방울은 전등 아래에서 은빛으로 반짝였다.'

3. **시간의 흐름에 감정 더하기**
   - 시간이 흐르면서 화자의 내면 변화나 감정을 조금 더 드러내면 글이 더욱 풍부해질 수 있습니다. 예: '똑똑 떨어지는 물방울이 어느새 초조함으로 내 마음을 채우기 시작했다.'

리듬감 평가
문장들이 유기적으로 연결되며 리듬감이 탁월합니다. 특히, 빗소리와 물방울의 이미지를 중심으로 변주를 시도한 점이 마치 재즈의 즉흥 연주처럼 느껴졌습니다.

> **TIP** 《개미》의 작가 베르나르 베르베르는 소설을 쓸 때 특정한 음악을 배경으로 틀어 놓고 집필을 했다고 합니다. 서스펜스와 스릴을 느껴야 하는 장면에서는 긴장감을 고조시키는 음악을 틀고, 감정적인 장면에서는 서정적인 음악을 트는 식이죠.
> 여러분도 작성하는 글의 장르에 맞춰 음악을 틀어 놓고 써 보세요. 재즈, 클래식, 락, OST 등 음악에서도 충분히 영감을 받을 수 있습니다. 문장을 리듬에 태워 보세요. 리듬을 타고 글이 스스로 움직이도록 만들어 보시기 바랍니다.

챗GPT가 써 주는 글은 때로는 단조롭습니다. 호흡도 너무 일정하고 마치 교과서적인 느낌을 지울 수 없죠. 글쓰기는 호흡이 일정하면 곤란합니다. 예측이 불가능할 정도로 불규칙적이어야 합니다. 이를테면, 감정의 사용, 독백과 대화의 조화, 비유나 은유의 사용, 내면의 깊은 사유, 적절한 유머, 권태와 허무, 단어의 반복 등을 마치 재즈처럼 불규칙적으로 사용해야 멋진 재즈곡처럼 통일성을 이룰 수 있다는 것입니다. 이 점을 꼭 기억하시고 항상 리듬감을 살리도록 노력해 보세요. 그렇다고 재즈를 매일 들으라는 얘기는 아닙니다.

자신만의 글쓰기 스타일을 찾는 실전 프롬프트

글쓰기에서 스타일은 글 쓰는 사람의 정체성을 표현하는 방식입니다. 정체성에는 글에서 나타나는 외형적 특성뿐만 아니라 작가의 마음과 경험 그리고 세계관이 담겨 있죠. 즉, 글의 스타일은 단순하게 문장을 표현하는 일을 넘어섭니다. 작가의 삶과 내면의 가치관이 세계관과 합쳐 외부에 드러나는 방식이라 할 수 있죠. 영어 단어 'style'의 어원은 라틴어 'stilus'에서 유래했습니다. 이것은 고대 로마 시대에는 필기도구를 뜻했는데, 오늘날에는 글쓰기 혹은 표현의 방식으로 의미가 확장되었습니다. 따라서 스타일이란 '글쓰기로 나를 표현하는 방식'으로 이해하면 되겠습니다.

① 스타일의 외형적인 특징

스타일에서 외형적인 면을 먼저 고려해 볼까요? 글의 톤, 어휘, 문장 구조, 표현 방식이 스타일에 속합니다. 예를 들어, 톤이 유머러스하면 독자는 친근함을 느끼고, 문장이 짧고 간결하면 정보 전달에 효과적이죠. 반대로 긴 문장은 서정적이거나 철학적인 분위기를 만들어 냅니다. 스타일을 크게 4가지로 정리해 봤어요.

- **문체:** 문장을 구성하는 방식(짧고 간결하거나 혹은 길고 유려한 문장)
- **어휘:** 자주 사용하는 단어와 표현(주로 명사의 활용을 중요하게 봄)
- **톤의 분위기:** 글에서 느껴지는 감정, 진솔함, 철학, 예술적 요소
- **구조:** 문단 구성, 이야기의 흐름, 플롯, 시간의 활용

스타일은 어떻게 훈련할 수 있을까요? 사람마다 다르겠지만 시간과 연습이 필요하겠죠. 나를 표현하는 스타일이 쉽게 만들어지지는 않습니다. 쓰는 사람의 가치관과 개성, 삶의 경험을 녹여 내야만 스타일이란 게 생겨요. 챗GPT와 몇 번 대화를 나눈다고 해결될 일은 아니라는 겁니다.

일단 쓰면 알게 됩니다. 그리고 꾸준하게 오래 쓰다 보면 더 자세히 알게 됩니다. 예를 들어 매일 특정 주제를 정해 10분 동안 글을 쓰거나, 하루에 단 하나의 문장을 완성해 보는 연습을 지속해 보세요. 그리고 이미 쓴 글을 다른 방식으로 구성해 보는 것도 스타일을 개발하는

데 효과적입니다. 쓰지 않고는 스타일이란 것은 절대 생기지 않습니다. 그런데 왜 우리는 글을 쓸까요? 내가 누구인지 알고 싶어서, 내가 현재 무엇을 느끼는지 알고 싶어서, 내가 무엇을 할 때 가장 행복한지 알고 싶어서, 쓰려고 하죠. 왜냐하면 쓰는 일이란 내면에 깊이 다가서는 행위이기 때문입니다. 자기 자신에게 더 가까이 다가설수록 그 과정이 글쓰기에 그대로 투영이 되거든요.

② 내 글의 스타일 분석하기

여러분이 쓰신 글을 한 편 준비해 주세요. 이왕이면 여러분의 스타일이 잘 담긴 글이면 좋겠네요. [새 채팅]을 누르고, 아래 프롬프트를 챗GPT에 입력합니다.

프롬프트

프롬프트 3-41

아래는 내가 작성한 글이야. 읽어 보고 스타일을 아래 [지침]에 따라 구조적으로 분석해 줘.

[지침]
문체: 문장을 구성하는 방식(짧고 간결하거나 혹은 길고 유려한 문장)
어휘: 자주 사용하는 단어와 표현(주로 명사의 활용을 중요하게 봄)
톤의 분위기: 글에서 느껴지는 감정, 진솔함, 철학, 예술적 요소
구조: 문단 구성, 이야기의 흐름, 플롯, 시간의 활용

예제

글을 읽으면 우리는 어떤 미지의 세계로 빨려 들어가는 듯한 느낌에 사로잡힌다. 눈은 글자를 따라가느라 바쁘고, 손끝은 종이의 질감을 느끼고, 코로는 책마다 다른 고유의 향기를 감각하게 된다. 도취, 매혹, 심취와 같은 주관적 감정들이 우리의 내면을 요동치게 한다. 이러한 신경생리학적 감정의 변화는 때로 우리를 더 깊은 의식의 층으로 인도하려고 애쓰는 편이다. 나만 그런가? 그러면 뭐 할 수 없지만… 극히 드문 경우에 해당이 될지도 모르겠지만, 이는 '마음의 창발'이라 칭할 수 있을 것이다. 이런 기묘하고도 강렬한 감정의 세계를 경험한 이들은, 그 체험을 글로 표현하고자 하는 충동에 사로잡히게 된다.

[…생략]

이러한 통찰이 어쩌면 많은 이들에게 이미 익숙한 것일지도 모른다. 마치 상투적인 진리를 새삼스럽게 되풀이하는 듯한 느낌에 부끄러움이 밀려온다. 그러나 동시에, 이런 근본적인 진실들은 때때로 재확인되고 새롭게 조명될 필요가 있다는 생각도 든다. 어쩌면 이 글은 나 자신을 위한 리마인드였을지도 모른다. 글쓰기의 본질, 그 신비로운 과정에 대한 재발견. 그리고 이 여정을 함께 나누며, 누군가에게는 새로운 깨달음을, 또 다른 이에게는 잊고 있던 진실의 재확인을 제공할 수 있다면, 이 글은 그 존재 의의를 다한 것이 아닐까?

분석 결과

1. 문체
- **특징**: 문장이 길고 유려하며, 종종 추상적이고 서정적인 표현을 포함합니다. 짧고 간결한 문장보다는 복잡하고 심도 있는 내용을 전달하기 위한 구체적이고 긴 문장을 선호하는 경향이 있습니다.
- **예시**: '글을 쓴다는 것은 860억 개의 세포로 이루어진 대뇌의 복잡한 신경망을 총동원하는 일이다.'
  이는 깊이 있는 사고를 반영하며, 독자에게 정보를 전달하고 동시에 몰입을 유도하려는 의도가 드러납니다.

2. 어휘
- **특징**: 과학적이고 기술적인 용어(예: '신경세포', '전기 스파크', '전두엽')와 감성적이고 추상적인 단어(예: '도취', '매혹', '창발')를 동시에 활용합니다.
- **자주 사용하는 명사**: '글쓰기', '뇌', '감정', '체험', '경지', '창발'.
  이는 글이 논리성과 감성 사이의 균형을 추구하고 있음을 보여줍니다.
- **표현**: 비유적이고 시적인 표현이 많으며, 독자에게 깊은 인상을 주는 문구를 자주 사용합니다. 예를 들어, '마음의 창발' 같은 단어는 독창적이고 철학적인 이미지를 불러일으킵니다.

3. 톤의 분위기
- **분위기**: 진지하고 성찰적인 동시에 다소 시적이고 철학적인 감각을 제공합니다.
- **감정**: 글쓰기에 대한 열정과 몰입이 강하게 드러나며, 독자와 공유하고자 하는 지적 자극과 자기 성찰의 분위기가 형성됩니다.
- **예술적 요소**: 글 자체가 글쓰기라는 행위의 예술적, 철학적 본질을 탐구하는 데 초점이 맞춰져 있습니다. 이는 단순한 정보 전달을 넘어 글쓰기 행위를 예술로 승화시키려는 의도가 느껴집니다.

4. 구조
- **문단 구성**: 명확하게 분리된 문단으로 이루어져 있으며, 각 문단이 독립된 주제를 다루면서도 전체적으로는 유기적으로 연결됩니다.
- **이야기의 흐름**: 서론에서는 독자를 글의 본질로 끌어들이며, 점차 글쓰기의 과정과 본질로 확장됩니다.
- 중반부는 글쓰기를 과학적, 철학적으로 분석하고, 후반부는 자기 성찰적 결론으로 이어집니다.
- **시간의 활용**: 시간적 전개보다는 개념적 흐름을 따라가는 방식으로 글이 진행됩니다. 서사적인 시간의 흐름은 없지만, 논리적인 단계가 명확히 드러납니다.

종합적인 평가
강점:
글의 문체가 유려하고 어휘가 풍부하며, 독자를 몰입시키는 데 성공적입니다.
감성적이고 철학적인 주제를 탐구하면서도 과학적 논리를 포함하여 글의 깊이를 더했습니다.
구조가 체계적이고 논리적이어서 독자가 쉽게 따라갈 수 있습니다.

개선점:
긴 문장이 많아 독자가 집중력을 유지하기 어려울 수 있습니다. 가독성을 높이기 위해 문장을 간결하게 다듬는 연습이 필요합니다.
감정 표현과 논리적 서술 사이의 균형을 맞추는 데 신경 써야 합니다. 과도한 추상적 표현은 독자의 이해를 방해할 수 있습니다.
글의 핵심 메시지를 강조하기 위해 결론에서 구체적이고 실용적인 예시를 더해도 좋습니다.

추가적인 조언
- 문체 개선: 긴 문장과 짧은 문장을 조화롭게 섞어 변화를 주어 독자의 피로감을 줄일 수 있습니다.
- 어휘 확장: 추상적 어휘뿐 아니라 일상적인 어휘도 적절히 활용해 보다 다양한 독자를 끌어들일 수 있습니다.
- 구조의 정교화: 서론과 결론에서 보다 강렬한 메시지나 교훈을 강조하면 독자의 기억에 남는 글이 될 것입니다.

> **TIP** 노션 '프롬프트 정리' 페이지 [프롬프트 3-41]에서 예제 전문을 확인해 보실 수 있습니다.

챗GPT는 4가지 카테고리로 제 글을 분석했습니다. 챗GPT가 추상적인 부분을 개선점으로 조언해 주었네요. 실제로 저는 추상적이고 은유가 담긴 문체에 과학적인 견해를 더하는 방식을 즐겨 사용합니다. 그렇게 하는 이유는 글에 신뢰와 깊이를 더하고 싶어서입니다. 하지만 그런 시도가 때로는 독자와의 거리감을 만들 수도 있습니다. 문장이 다소 길게 늘어지고 감정과 논리의 균형을 맞추기 어려워지니까요. 그런 지적은 가슴 아프지만, 그래서 더 귀하게 느껴집니다. 챗GPT가 제 글을 정확히 파악하고, 제가 놓치고 있는 부분을 정확히 짚어 주었네요.

글을 쓰면서 가장 어려운 건 독자와 작가 사이에서 균형을 찾는 일입니다. 추상적인 접근이 좋긴 하지만, 실용적인 예시나 구체적인 내용이 없으면 독자가 공감하기 어렵겠죠. 그렇다고 너무 구체적이면 글의 여백이 사라져 독자가 스스로 상상할 여지를 잃어버리기도 합니다. 그래서 저는 글을 통해 독자와 함께 생각하고 느낄 수 있는 여지를 남기려고 노력합니다. 글을 쓰는 일은 이런 균형을 찾아가는 끊임없는 연습 과정이라는 걸 스스로 경험해 보시기 바랍니다.

③ 나만의 스타일 찾기

글에는 여러 장르가 존재하죠. 일기, 소설, 에세이, 기사, 시 모두가 스타일이 다릅니다. 예를 들어, 소설은 이야기와 묘사가 중심이고, 에세이는 작가의 생각과 경험이 중심이 되고, 기사는 정보를 사실적으로 전달하는 데 중점을 둡니다. 이러한 차이를 인식하고 실험해 보는 것은 스타일을 발견하는 데 도움이 됩니다. 어느 장르가 자신에게 어울리는지는 직접 써 봐야 알 수 있으니까요. 글쓰기를 처음 배울 때는 한 장르에 국한해서 쓰지 마시고 다양한 장르의 글을 실험 삼아 써 보세요.

그리고 작성이 완료되면 바로 발행하지 마시고 타인에게 피드백을 받아야 합니다. 가족이나 친구에게 의견을 듣는 것도 좋고 글쓰기 합평 모임에 참여해서 다른 사람의 객관적인 의견을 듣는 것도 좋습니다. 저희에게는 글쓰기 코치 챗GPT도 있네요. 물론 타인의 의견을 수용하는 것은 좋지만, 무비판적인 수용은 또 위험합니다. 자신만의 기준을 무너뜨릴 수도 있거든요.

챗GPT에게 나만의 글쓰기 스타일을 만들려면 어떻게 해야 하는지 물어볼까요? 아래 프롬프트를 입력해 주세요. 챗GPT가 여러분의 글을 분석하고, 이를 기준으로 글쓰기 스타일을 제시해 줄 것입니다.

프롬프트 3-42
프롬프트 나만의 글쓰기 스타일을 찾고 싶은데 어떻게 하는 게 좋을까? 실용적인 아이디어를 제안해 줘.

GPT 나만의 글쓰기 스타일을 찾기 위해 실용적으로 시도해 볼 수 있는 아이디어들을 아래에 정리했습니다. 각각의 방법은 단계별로 나누어 있으니 필요에 따라 맞춰 실행해 보세요.

1. **자신의 글 분석하기**
   - 목적: 현재 글쓰기 스타일의 특징과 패턴을 파악.
   - 방법:
     - 지금까지 작성한 글들을 모아서 문체, 어휘, 구조, 톤 등을 분석합니다.
     - 자주 사용하는 어휘와 문장 패턴, 글의 분위기를 기록합니다.
     - 객관적인 피드백을 받을 수 있다면, 다른 사람(특히 전문가나 글을 많이 읽는 독자)에게 피드백을 요청합니다.
   - 도구 활용:
     - 노션에 글별 특징과 피드백을 정리하는 표를 만들어 기록.
     - AI를 활용해 문장의 패턴과 어휘 빈도를 분석.

2. 다양한 스타일 실험하기
- 목적: 새로운 표현 방식을 발견하고, 자신만의 스타일을 구체화.
- 방법:
  - 모방하기: 좋아하는 작가(예: 무라카미 하루키)의 글 스타일을 모방해 비슷한 주제로 짧은 글을 작성해 봅니다.
  - 반대로 쓰기: 기존의 자신의 글과 전혀 다른 문체나 어휘로 같은 주제를 다시 작성.
  - 장르 탐험: 다른 장르(에세이, 소설, 칼럼 등)에 도전하며 문체 변화를 실험.
  - 형식 파괴: 문법, 문장 구조, 어휘 사용에서 평소 틀을 깨는 시도(예: 의식의 흐름, 시적 표현 강조).
- 예시:
  - '오늘 하루는 평화로웠다'를 '바람 한 점 없는 거울 같은 호수처럼 고요했다'로 바꾸어 문체 실험.

3. 글쓰기 루틴 만들기
- 목적: 일관된 글쓰기 습관을 통해 스타일의 정체성을 강화.
- 방법:
  - 매일 같은 시간에 일정량의 글을 작성하며 꾸준히 글쓰기 습관을 유지.
  - 주제별 또는 감정별로 일기를 써서 감정 표현과 글의 흐름을 다양화.
  - 하루 한 문단씩 같은 주제로 다른 톤(예: 비극적, 희극적, 서정적)을 시도.
- 도구 활용:
  - 노션이나 구글 킵에 '매일 글쓰기' 페이지 생성.
  - 특정 톤이나 문체를 실험한 날짜를 기록하고 효과를 평가.

4. 글쓰기 워크숍 참여
- 목적: 다양한 관점을 배우고, 외부 피드백을 통해 스타일을 발전.
- 방법:
  - 글쓰기 워크숍, 온라인 커뮤니티, 혹은 현장 모임에 참여.
  - 다양한 주제나 형식의 글쓰기를 과제로 받아 새로운 시각을 탐색.
  - 다른 사람의 글을 분석하며 배울 점을 찾고 내 글과 비교.
- 추천: 브런치 작가 모임, 지역 문학 워크숍, 온라인 작문 챌린지 참여.

5. 피드백 기반 스타일 수정
- 목적: 글에 대한 독자의 반응과 피드백을 활용해 자신을 재발견.
- 방법:
  - 브런치, 블로그, 혹은 뉴스레터에서 글을 공유하고 독자의 피드백을 수집.
  - 독자들이 좋아하거나 공감하는 부분과 그렇지 않은 부분을 분리.
  - 내가 쓴 글과 독자가 원하는 글 사이의 간극을 분석.
  - 독자의 피드백을 참고하되, 내 고유의 색깔을 유지할 부분을 명확히 설정.

6. 테마와 철학 정리
- 목적: 글쓰기의 일관된 방향성을 설정.
- 방법:
  - '왜 글을 쓰는가?'에 대한 질문에 답을 정리.
  - 평소 흥미롭다고 느끼는 주제와 키워드(예: 인간의 내면, 기술과 철학의 접점)를 리스트업.
  - 이러한 주제들을 중심으로 반복적으로 다루면서 자신만의 핵심 스타일을 구축.
- 도구 활용:
  - 노션에 '글쓰기 철학' 페이지 생성 후 테마와 스타일 목표 기록.

7. 독서와 글쓰기 연결
- 목적: 다른 작가의 스타일에서 영감을 받고 내 글에 적용.
- 방법:
  - 다양한 장르의 책을 읽고, 각 작가의 문체와 어휘를 분석.
  - 책을 읽은 후, 비슷한 주제로 짧은 글을 써 보며 내 스타일과 비교.
  - 좋은 문장과 어휘를 필사하며 나만의 변주를 만들어 보는 훈련.
- 추천 도서:
  - 무라카미 하루키의 소설에서 서정적 묘사 배우기.
  - 조지 오웰의 간결한 문체 실험하기.
  - 문학, 에세이, 철학 서적 등을 다양하게 접하며 스타일 비교.

8. 작업 진행 평가 시스템
- 목적: 진행 상황을 점검하고 글쓰기 스타일이 발전하는지 확인.
- 방법:
  - 월별로 자신이 쓴 글을 평가하며 스타일의 변화를 추적.
  - 이전에 쓴 글과 새로운 글을 비교해 일관성과 독창성을 점검.
  - 글의 주제, 문체, 어휘 사용에 대한 발전을 노트에 기록.

실행 플랜 예시
- 첫 주: 과거 글 분석 및 새로운 문체 실험.
- 두 번째 주: 매일 다른 톤으로 같은 주제의 글 작성.
- 세 번째 주: 모방 및 형식 파괴 실험.
- 네 번째 주: 피드백 수집 및 스타일 평가.

이 과정을 반복하며 스스로 만족스러운 스타일을 찾아가면 됩니다. 원하는 부분을 바로 실행할 수 있도록 추가 자료나 연습 과제를 요청하셔도 좋습니다!

캔버스 시작하기

2024년 12월, 오픈AI는 캔버스Canvas를 출시했습니다. 캔버스는 글쓰기와 코딩을 도와주는 도구인데요. 캔버스를 선택하게 되면 별도의 노트 편집기에서 챗GPT와 협업하며 글을 쓸 수 있습니다. 다양한 편집 기능을 제공하기 때문에 사용자는 텍스트를 원하는 곳에 직접 입력할 수 있고 특정 부분을 어떻게 수정해야 할지 챗GPT에게 요청할 수도 있습니다. 캔버스의 기능을 하나하나 살펴보겠습니다.

① 캔버스 기능 알아보기

캔버스 기능을 사용해서 글 한 편을 완성해 보도록 하겠습니다. 채팅창에서 '도구 보기' 아이콘 을 클릭한 다음, '캔버스'를 선택해 주세요. 아래처럼 '캔버스' 모드가 활성화되었습니다.

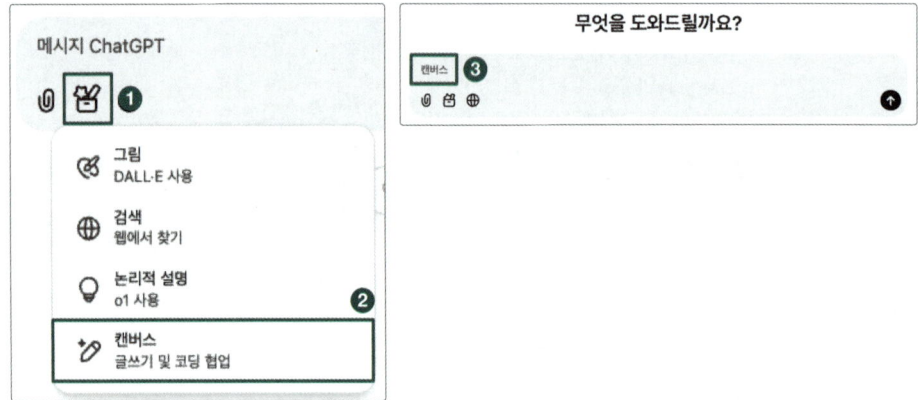

01 캔버스 모드가 활성화한 후 아래 프롬프트를 프롬프트 입력 창에 입력해 주세요. 화면이 이분할됩니다.

프롬프트 3-43

뉴스 기사, 매거진 등에 전문적으로 글을 기고하는 작가로서 글을 쓴다고 생각하고 아래 지침을 수행해 줘.

[주제]
종이책을 읽어야 하는 이유

[목표]
[주제]에 관련된 5문단 구조 완성하기
각 구조별로 내용을 탄탄하고 구체적인 사례로 개조식의 간단한 요약만 제시하기(긴 문장 쓰지 말 것)

[지침]
도입부 : 독자의 관심을 유도하는 글의 목적과 중요성 제시할 것, 핵심 주장 담기
본문 1: 문단의 핵심 아이디어 제시 및 배경 정보 제공
본문 2: 주제문을 설명하고 증명하는 구체적인 정보, 예시 제시
본문 3: 개인의 경험담 제시(어떤 경험담이 필요한지 사용자에게 물을 것)
결론: 주요 내용 요약, 핵심 주장 재강조, 향후 전망 및 제언 제시

캔버스 기능은 글쓰기를 돕는 도구입니다. 작업의 과정을 보여고 시각적으로 편집할 수 있도록 설계되었습니다. 캔버스는 2개의 창으로 구성되며, 각 창이 서로 다른 역할을 수행합니다.

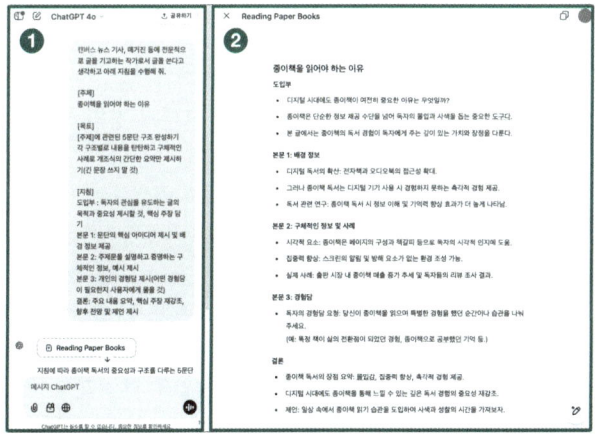

❶ **왼쪽 창:** 사용자가 작성한 프롬프트와 챗GPT의 응답이 나타나는 공간입니다. 사용자와 챗GPT가 상호작용하며 글을 어떻게 작성할 것인지 방향과 구체적인 지침을 설정합니다.

❷ **오른쪽 창:** 사용자가 요청한 결과물이 나타나는 캔버스 공간입니다. 실제 작업 결과물이 실시간으로 표시되는 공간이죠. 물론 사용자가 직접 수정할 수도 있습니다. 캔버스는 초안 작성부터 최종 편집까지의 과정을 유기적으로 연결하며, 특히 전문적인 글쓰기를 원하는 사용자들에게 적합한 환경을 제공합니다.

02 캔버스 모드의 장점은 '내가 원하는 문장을 수정할 수 있다'는 점입니다. 도입부의 첫 번째 요약 부분을 마우스로 선택하고, ❶ 팝업 화면이 나오면 'ChatGPT에게 묻기'를 선택합니다. 그리고 ❷ 아래 프롬프트를 입력해 주세요. 그러면 챗GPT는 한 문장만 수정을 진행합니다. 여러분도 오른쪽 창의 챗GPT가 작성한 초안에서 한 문장을 선택해 수정해 보세요.

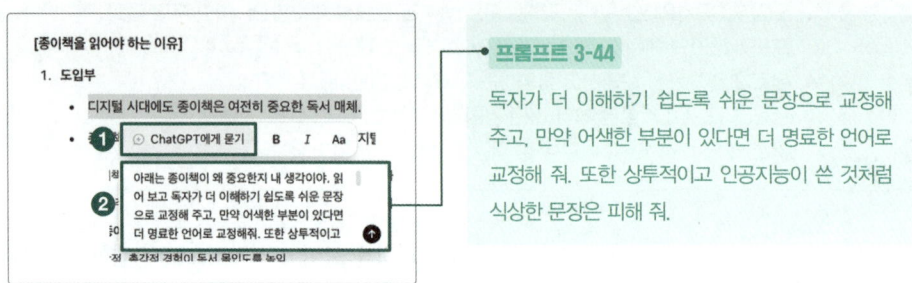

프롬프트 3-44

독자가 더 이해하기 쉽도록 쉬운 문장으로 교정해 주고, 만약 어색한 부분이 있다면 더 명료한 언어로 교정해 줘. 또한 상투적이고 인공지능이 쓴 것처럼 식상한 문장은 피해 줘.

03 이번에는 두 문장을 한꺼번에 선택하고, 두 문장을 통합해 달라고 요청해 보겠습니다. 기존에 챗GPT에서 진행하기에는 분명 까다로운 작업입니다. 마찬가지로 'ChatGPT에게 묻기'를 선택하고 아래 프롬프트를 선택합니다. 여러분도 위에서와 같이 오른쪽 창의 챗GPT가 작성한 초안에서 두 문장을 선택해 수정해 보세요.

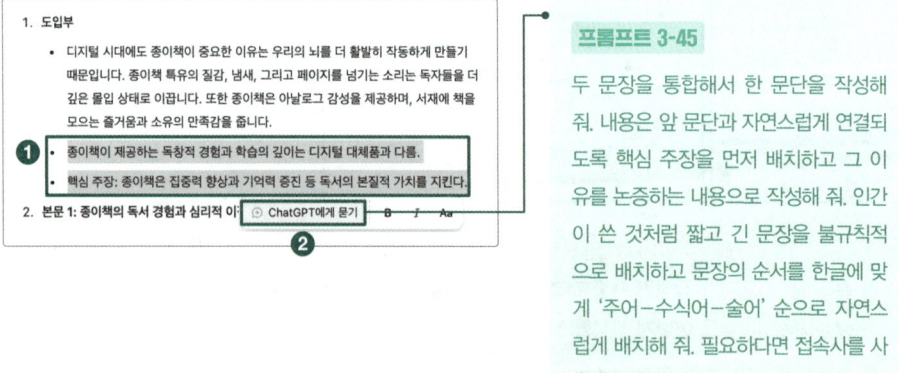

프롬프트 3-45

두 문장을 통합해서 한 문단을 작성해 줘. 내용은 앞 문단과 자연스럽게 연결되도록 핵심 주장을 먼저 배치하고 그 이유를 논증하는 내용으로 작성해 줘. 인간이 쓴 것처럼 짧고 긴 문장을 불규칙적으로 배치하고 문장의 순서를 한글에 맞게 '주어-수식어-술어' 순으로 자연스럽게 배치해 줘. 필요하다면 접속사를 사용해도 좋아.

> **TIP** 기본 플랜 사용자도 캔버스를 이용할 수 있습니다. 프롬프트를 입력하시고 '캔버스를 열어 줘'라고 입력해 보세요.

04 물론 문장 전체도 수정할 수 있습니다. 여러분도 오른쪽 창에 챗GPT가 작성한 초안에서 본문 1의 3줄을 수정해 보세요. 'ChatGPT에게 묻기'를 클릭하고 아래 프롬프트를 입력해 개조식 문장을 두 개의 문단으로 구성하도록 요청해 봅니다.

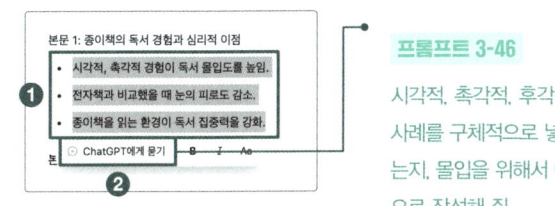

프롬프트 3-46

시각적, 촉각적, 후각적 경험이 왜 독서 몰입도를 높이는지 과학적 사례를 구체적으로 넣어주고, 전자책이 왜 눈의 피로도를 감소시키는지, 몰입을 위해서 어떻게 독서 환경을 꾸미는 게 좋을지 두 문단으로 작성해 줘.

05 캔버스에서도 '웹에서 검색'을 활용할 수 있습니다. 오른쪽 창의 챗GPT가 작성한 초안에서 궁금한 점이 있다면 '웹에서 검색'을 켜 물어보면 되겠죠. 챗GPT의 초안에서 궁금한 점을 '웹에서 검색'을 통해 찾아보세요.

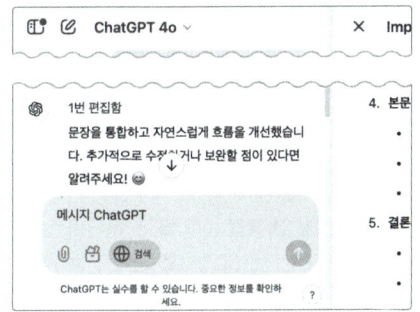

기존 챗GPT의 경우 특정 부분에 구체적인 요청을 내리기가 어려웠습니다. 캔버스를 활용하면 내가 원하는 부분만, 훨씬 구체적인 요청을 내릴 수 있어 편합니다. 캔버스를 활용해 여러분이 원하는 방향으로 구조를 만들고, 수정해 보시기 바랍니다. 개인의 에피소드를 보내고 스토리를 자연스럽게 편집해 달라고 요청하는 것도 좋습니다.

> **TIP** 챗GPT의 답변이 도서와 다르더라도, 예제와 같이 여러분이 수정하고 싶은 문장과 문단을 골라 수정해 보세요.

CHAPTER 10 5단계: 챗GPT와 탈고하기 **329**

② 자신의 문체로 수정하기

구조를 완성하셨나요? 이제 구조를 여러분의 문체로 수정해 보겠습니다. 여러분을 대표할 수 있는 글 한 편을 준비합니다. 그리고 캔버스 모드에서 아래 프롬프트와 글을 왼쪽에 입력하겠습니다. 그러면 위의 종이책과 관련된 구조를 챗GPT가 제 문체에 맞게 글로 작성할 것입니다.

프롬프트 3-47

아래는 내가 작성한 글이야. 내 문체, 문장과 문단의 구성 방식, 단어의 배치 방식, 설명의 구체성, 유머 사용, 철학적 질문, 문학적 상상력, 유머 사용 빈도, 독자에게 질문하는 빈도, 가독성 수준, 사용 어휘, 감정 표현 등을 분석해서 내 글처럼 캔버스의 전체 글을 교정해 줘. 아래 글은 분석만 하고 스타일만 반영해야지 실제 문장을 활용하면 안 돼.

예제

탑승문은 열려 있다. 아마도 곧 닫힐 것이다. 잠시 후 이곳에서 출구는 사라지고 만다. 열차는 멈추지 않고 미래로 달린다. 그러나 미래는 정해지지 않았다. 내 티켓엔 '경주'라는 글자가 또렷하게 인쇄되어 있고 머릿엔 '불확실'이라는 글자가 흐릿하게 떠오른다. 종착역을 결정하는 것은 나일까? 아니면 열차일까? 혹은 제삼자일까? 미래까지 안전하게 도착할 수 있을까? 미래는 자꾸만 멀어지지 않는가. 그렇다면 어떻게 거기에 도착하지? 도착한다 해도, 그곳에서 내려야 할지, 말아야 할지 확신이 없다. 하지만 이미 탑승하지 않았는가. 믿고 갈 수밖에.

종이책은 독자를 깊은 몰입의 세계로 이끄는 열차와 같다. 그 책을 손에 들고, 특유의 질감과 냄새, 그리고 페이지를 넘기는 소리를 느낄 때 독자는 단순히 정보를 얻는 것을 넘어 독서라는 여정을 시작한다. 그 여정 속에서 우리의 뇌는 더 활발히 작동하며 새로운 가능성을 탐험하게 된다.

저는 과거에 제가 쓴 글 중에서 저의 정체성을 나타내는 대표적인 글 한 편을 제공했습니다. 저의 스타일을 반영해서 글을 교정하도록 한 것이지요. 사용자가 작성한 글을 첨부하고 그 스타일을 분석해서 글을 작성한다는 것은, 챗GPT가 쓴 글이지만 마치 제가 쓴 것과 같은 효과를 누리기 위해서입니다. 글의 일관성과 개성을 유지하면서도 AI와의 협업 능력을 극대화하는 일이죠.

챗GPT가 사용자의 고유한 문체를 학습함으로써, 정보를 전달하는 차원을 넘어서 사용자 고유의 감성과 철학을 담은 맞춤형 콘텐츠를 생성할 수 있게 됩니다. 또한, 챗GPT가 사용자의 스타일을 반영해 글을 수정하게 되면, 사용자의 글쓰기 스타일을 더 깊이 이해하고 개선할 수 있는 기회를 제공합니다.

TIP 만약 챗GPT가 캔버스에 제대로 반영하지 않는다면, 왼쪽 창에 '다시 반영해'라고 입력하시면 됩니다.

③ 캔버스에서 최종 교정하기

글을 모두 작성하셨다면 캔버스를 이용해 조금 더 쉽게 글을 정리해 보겠습니다. 캔버스에서는 여러분이 더 쉽고 빠르게 글을 수정할 수 있는 다양한 기능을 제공하고 있습니다. 캔버스 모드에 여러분이 직접 교정한 글을 입력합니다.

편집 제안 활용하기 오른쪽 아래 화면의 [편집 제안] 위로 마우스를 가져가면 메뉴가 나타납니다. [편집 제안]을 한 번 더 클릭해 ① [화살표 모양]을 클릭합니다. '편집 제안'을 활용하면 챗GPT가 캔버스에 어느 부분을 교정하는 게 좋을지 노란 배경으로 표시합니다. ② 챗GPT가 노란색으로 표시한 곳을 마우스로 클릭하고, AI의 수정 방향이 맘에 든다면 [적용]을 클릭합니다. 이런 방법으로 나머지 제안 부분도 문장을 교정할 수 있습니다.

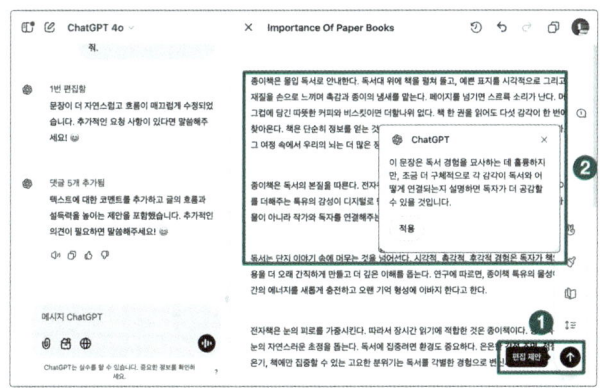

길이 조절 활용하기 만약 분량이 모자란다면 '편집 제안' 메뉴에서 '길이 조절' 메뉴를 선택해서 분량을 조절할 수 있습니다. 위쪽으로 바를 올리면 분량이 늘고 아래로 내리면 분량이 줄어듭니다.

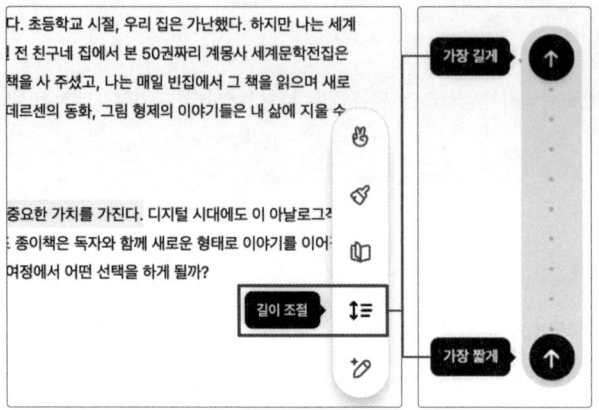

지금까지 캔버스로 글 한 편을 작성해 봤습니다. 험난한 과정이었죠? 캔버스는 막강합니다. 여러분의 글을 더 세세하게 챗GPT와 작업할 수 있으니까요. 하지만 그 과정에서 좋은 글을 볼 수 있는 능력이 얼마나 중요한지 잊지 마시기 바랍니다.

부록: 챗GPT가 쓴 문장 숨기기

챗GPT 쓴 글은 티가 난다는 사실 알고 계신가요? AI가 작성한 글처럼 보이는 문장은 전반적으로 수정할 필요가 있습니다. 'isgen'은 GPT-4, Claude, Gemini 등 AI가 작성한 텍스트를 감지하는 AI 탐지기입니다. 검색창에 'isgen'을 검색하거나 직접 링크 isgen.ai를 입력해 접속합니다. 제가 챗GPT에게 요청한 글을 붙여 보니 현재 AI 생성 확률이 75% 이상을 보이고 있네요.

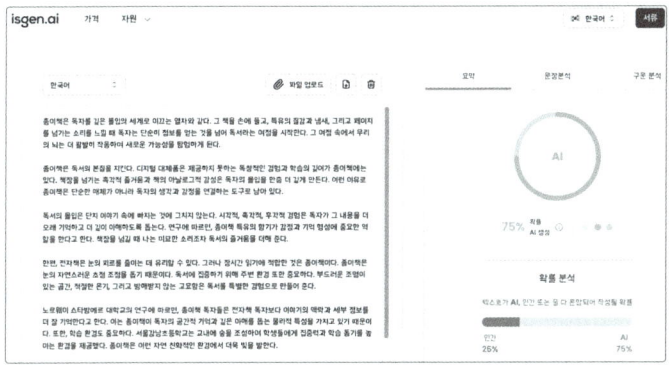

> TIP isgen.ai에 가입하시면 매월 단어 12,000개 분량의 글을 검사해 볼 수 있습니다.

챗GPT나 다른 AI로 쓴 글은 왜 티가 날까요? 이는 AI가 글을 쓸 때 자주 사용하는 단어들이 확률적으로 선택되어 AI가 특정 표현을 자주 사용하기 때문입니다. 예를 들어 '가능성, 탐험, ~할 수 있다' 등과 같은 표현은 독자에게 긍정적인 느낌을 전달하지만, 챗GPT에게는 주관적인 관점이 존재하지 않기 때문에 약간 모호하고 애매한 뉘앙스를 풍기게 됩니다. 챗GPT는 인간이 쓴 견해를 그저 전달하는 입장이니까요. 이런 표현들은 이해하기는 쉽지만, 인간의 단어가 가진 다양한 뉘앙스를 담기에는 부족하죠. 그리고 '이는, 이를 통해, 이런 이유로' 등 연결어는 글을 매끄럽게 보이게 하지만, 이런 문장은 챗GPT가 공적인 문서나 학술 자료에서 훈련받은 결과일 뿐입니다. 하지만 우리는 항상 이런 학술적인 답변만을 원하는 건 아니죠. 우리가 원하는 문장은 인간적인 것입니다.

챗GPT의 문장은 종종 길고 설명적이지만, 주장이나 개성이 부족합니다. 구체적인 사례보다는 일반적인 경향을 강조하는 경우가 많고, 사례를 요청해도 추상적인 편이라 감동이나 깊은 인상을 주기 어렵습니다. 여러분도 이 점을 참고하시고 챗GPT로 쓴 글은 여러분의 문체에 맞게 다시 다듬는 과정을 꼭 거치시기 바랍니다.

AI가 자주 쓰는 표현

1. ~와 같다
계절의 변화는 인생의 흐름과 같다. 각각의 순간이 저마다의 의미를 지니고 있다.

2. ~하는 ~를 느낄 때
우리는 자연과 조화를 이루며 살아갈 때 깊은 안정감을 느낄 수 있다.

3. ~ 속에서
빠르게 변화하는 현대 사회 속에서 우리는 끊임없이 적응하고 발전해야 한다.

4. 가능성
AI 기술의 발전은 인간과 기계가 협력할 수 있는 무한한 가능성을 열어준다.

5. 탐험
새로운 아이디어를 탐험하는 과정에서 창의적인 해결책이 탄생할 수 있다.

6. 이런 이유로
이런 이유로, 데이터 기반 의사결정이 점점 더 중요해지고 있다.

7. 이는
이는 우리가 지속 가능한 미래를 만들어 가기 위해 고려해야 할 중요한 요소다.

8. ~한다고 한다
연구에 따르면, 명상은 스트레스 완화와 집중력 향상에 긍정적인 영향을 미친다고 한다.

9. ~할 수 있다
올바른 학습 전략을 적용하면 누구나 효율적으로 지식을 습득할 수 있다.

10. ~하도록 돕는다
이 책은 독자가 보다 효과적으로 글을 쓸 수 있도록 돕는다.

PART 4

챗GPT를 활용해 어디서나 작가처럼 글쓰기

CHAPTER 11

글쓰기 도전과 성장

- 나의 글쓰기 레벨 진단하기
- 브런치스토리 작가 도전하기
- SNS에 업로드할 짧고 강렬한 글쓰기
- 리뷰로 나의 감상을 독자에게 전달하기

나의 글쓰기 레벨 진단하기

여러분은 파트 1에서 챗GPT를 글쓰기 코치로 활용하기 위한 첫걸음을 내디뎠고, 파트 2에서는 문장력과 어휘력을 강화하며 글쓰기 근육을 단련했습니다. 그리고 파트 3에서는 주제 설정과 자료조사, 브레인스토밍 등의 과제를 수행하며 실전 글쓰기를 연습해 봤습니다. 이제 그간의 글쓰기 여정을 돌아보며, 여러분의 현 상태를 점검해 보고, 작가로 성장하는 단계를 체험할 시간입니다. 꾸준한 노력이 몸과 마음을 변화시키고 있다는 사실을 기억하며 작가처럼 글을 써 보도록 합시다. 우리는 현재 자신의 상태를 객관적으로 파악해 볼 필요가 있습니다. 현재 내 수준을 알아야지 다음 단계로 계속 나아갈 수 있거든요.

① 글쓰기 진단 프로그램 시작하기

글쓰기 진단 프로그램으로 현재 글쓰기 습관과 태도를 객관적으로 점검해 보겠습니다. 이 프로그램은 여러분의 강점과 개선점을 파악하고, 글쓰기를 대하는 자세를 되돌아볼 수 있는 기회를 제공합니다(공신력이 있는 것은 아닙니다. 그래도 지금까지 글을 써 오며 익힌 노하우를 최대한 담았으니 참고가 되실 겁니다).

01 먼저 여러분 스마트폰에서 카메라를 켜고 아래 QR코드를 스캔해 주세요. '글쓰기 진단 프로그램' 페이지가 나타납니다.

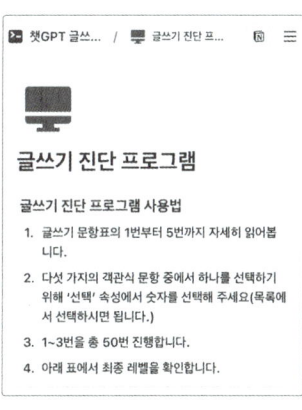

02 '글쓰기 진단 프로그램' 페이지에서 오른쪽 위에 있는 ❶ [설정]-❷ [복제]를 클릭하고, 여러분의 워크스페이스를 선택한 후 [개인 페이지에 추가]를 눌러 페이지를 복제합니다. 제대로 복제하였다면 이제는 노션의 모바일과 데스크톱 모든 환경에서 '글쓰기 진단 프로그램' 페이지를 확인하실 수 있습니다.

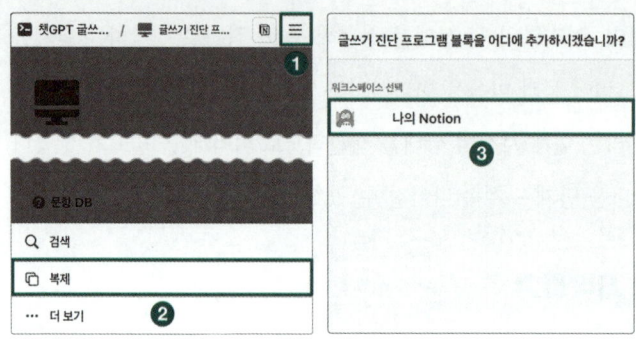

03 노션 페이지에서 아래쪽으로 이동해 ❶ '글쓰기 진단 문항' 페이지의 [열기]를 클릭합니다. 페이지가 열리면 ❷ 선택 탭의 [비어 있음]을 클릭하고, ❸ 해당하는 문항을 선택합니다.

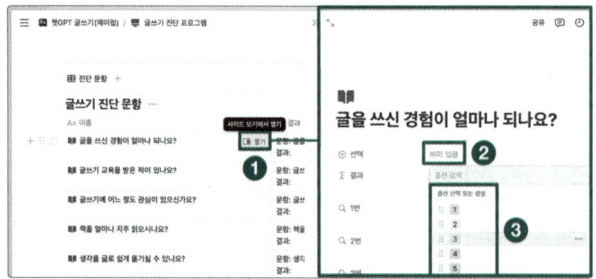

04 문항을 모두 선택하셨다면 페이지에서 맨 위에 '진단 결과'를 확인할 수 있습니다. 종합 점수와 글쓰기 레벨을 확인합니다.

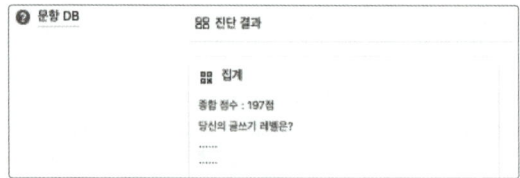

② 챗GPT로 진단 결과 분석하기

챗GPT로 글쓰기 진단 프로그램의 결과를 분석해 보겠습니다.

01 우선 '결과' 속성의 첫 번째 내용을 마우스로 클릭 후, 아래로 드래그해 '결과' 속성 탭을 모두 선택합니다. Ctrl + C 를 눌러 결과를 모두 복사합니다.

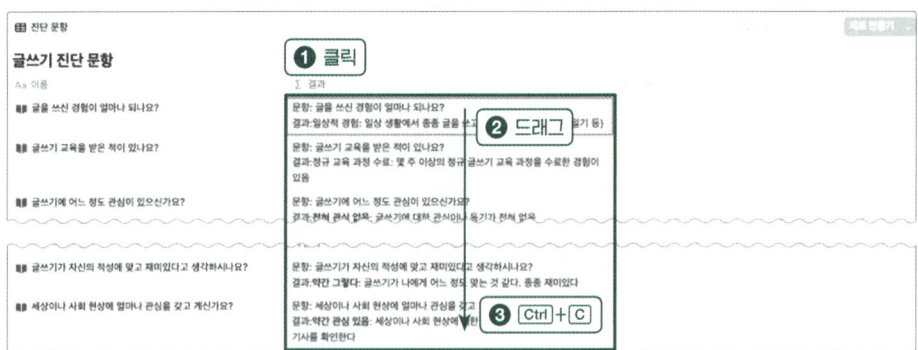

02 진단 결과를 복사하셨다면 [새 채팅] 을 누르고, Ctrl + V 를 눌러 위에서 진단 결과를 아래 프롬프트와 함께 챗GPT에 입력합니다.

프롬프트

프롬프트 4-1

아래는 나의 글쓰기 진단 프로그램 테스트 결과야. 문항과 대답을 읽어 보고 나의 현재 글쓰기 실태가 어떤지 강점과 약점을 객관적으로 분석해 주고, 이를 기반으로 어떻게 실력을 발전시킬 수 있을지 구체적으로 안내해 줘.

[진단 결과]

GPT

분석 결과
강점
1. 전문성 및 경험: 전문적인 글쓰기 경험이 있으며, 정규 글쓰기 교육을 수료한 경력이 강점으로 작용. 보고서나 제안서 작성 등 실무적 글쓰기를 익숙하게 수행.
2. 꾸준함과 습관: 필사와 기록 습관이 정착되어 있고, 글쓰기를 위해 정해진 시간과 장소를 활용. 꾸준한 독서와 글쓰기 연습이 큰 장점.
3. 글쓰기 환경과 도구 활용: 글쓰기 도구와 플랫폼을 자유롭게 활용하며, 글쓰기 환경을 최적화.
4. 관심과 열정: 글쓰기에 높은 관심을 가지고 있으며, 자주 글쓰기를 실천. 모방 연습을 통해 자신만의 스타일을 구축하려는 노력도 높이 평가됨.

5. 생각과 감정의 표현력: 자신의 생각을 글로 옮기는 데 능숙하며, 문장 구성 능력이 뛰어남. 타인에게 감정을 솔직히 표현할 수 있는 점도 글에 감정적 깊이를 더함.
6. 피드백 수용 태도: 타인의 피드백을 긍정적으로 받아들이며, 글쓰기에 반영하려는 노력이 돋보임.

약점
1. 완벽주의 경향: 완벽주의적 성향이 있어 중요한 글에서 과도한 시간과 노력을 투입할 가능성이 있음.
2. 변화와 도전 부족: 글쓰기 스타일이나 주제에 변화를 주려는 시도가 약간 부족하며, 변화를 위한 과감한 도전이 필요.
3. 사회적 글쓰기와 독자 반영 부족: 독자의 니즈를 깊이 고려하는 글쓰기는 다소 부족. 사회적, 공익적 주제에 대한 관심은 있으나 적극적이지 않음.
4. 글쓰기에 대한 약간의 두려움: 글쓰기에 약간의 두려움이 있으며, 이로 인해 새로운 시도를 주저할 가능성이 있음.

발전 방안
1. **변화를 위한 글쓰기 연습**
   - 추천 활동:
     - 새로운 장르나 스타일로 글을 써 보기(예: 판타지, 미스터리, 시 등).
     - 사회적 이슈나 철학적 주제를 다룬 글 작성.
     - 하루 10분 동안 기존 글을 새로운 시점이나 스타일로 다시 써 보는 연습.
   - 목표: 기존 글쓰기 틀에서 벗어나 창의성과 다양성을 기르기.

5. **사회적 이슈와 글쓰기 결합**
   - 추천 활동:
     - 뉴스나 시사 문제를 주제로 글을 작성하며 자신의 관점을 표현.
     - 사회적 주제와 개인적 경험을 연결해 독창적인 스토리텔링 시도.
   - 목표: 사회적 글쓰기 능력을 키워 글의 범위를 넓히기.
   - 글쓰기 향상을 위한 구체적 플랜
   - 매일 실천하기:
     - 하루 15분, 새로운 장르로 글쓰기.
     - 매주 블로그에 최소 1편 글 업로드.
   - 독서 확장:
     - 새로운 작가와 다양한 장르 탐색.
     - 한 달에 한 번은 글쓰기 관련 도서를 읽고 적용.
   - 피드백 시스템 구축:
     - 글쓰기 동아리나 커뮤니티에 참여해 정기적인 피드백받기.
   - 목표 설정:
     - 3개월 후 공모전 제출 목표로 특정 주제의 글쓰기 프로젝트 실행.
     - 이러한 전략을 통해 글쓰기 능력을 체계적으로 향상시킬 수 있을 것입니다.

챗GPT는 총 6개 분야에 걸쳐 심도 있는 분석을 진행해 주었습니다. 마치 글쓰기 코치에게 컨설팅을 받는다고 생각하며 그 결과를 객관적인 시각으로 받아들이고 무엇을 개선해야 할지 찾아보세요. 장점은 키우고 단점은 보완하면 됩니다. 나를 객관적으로 이해해야 다음 단계로 성장할 수 있다는 사실을 명심하세요.

03 한 걸음 더 나아가 볼까요? 결과를 바탕으로 여러분이 어느 분야에 강점이 있는지를 요청해 보겠습니다. 아래 프롬프트를 챗GPT에 입력합니다.

프롬프트

프롬프트 4-2
다양한 구체적 플랜을 제안해 줘서 고마워. 하지만 나에겐 타깃을 명확하게 설정하고 그 분야에 집중하는 게 더 중요할 것 같아. 어느 분야에 더 치중하는 게 좋을지 내 실태를 반영해서 딱 1가지만 제안해 줘.

GPT

당신의 현재 글쓰기 실태와 강점을 반영했을 때 '전문성과 창의성을 결합한 생산성 및 자기계발 관련 글쓰기' 분야에 집중하는 것을 추천합니다.

왜 이 분야인가?

1. 전문적 경험과 글쓰기 능력:
보고서, 제안서 등 실무적인 글쓰기 경험이 풍부하며, 생각을 명확하게 전달하는 데 능숙합니다. 이는 전문성과 관련된 글쓰기에 큰 강점이 됩니다.

2. 높은 관심과 꾸준함:
글쓰기와 기록에 대한 지속적인 관심과 노력은 자기계발 글쓰기에서 신뢰와 깊이를 줄 수 있는 기반이 됩니다.

3. 목적 지향적 글쓰기 가능성:
글을 쓸 때 명확한 설계도와 목표를 세우는 습관은 생산성, 자기계발, 또는 노하우 공유와 같은 실용적인 글에서 큰 강점으로 작용합니다.

4. 성장과 공유를 위한 태도:
피드백을 수용하고, 타인에게 도움을 줄 수 있는 노하우가 있다는 점에서, 이 분야에서 영향력 있는 작가로 자리 잡을 가능성이 높습니다. 새로운 작가와 다양한 장르 탐색. 한 달에 한 번은 글쓰기 관련 도서를 읽고 적용.

5. 피드백 시스템 구축:
글쓰기 동아리나 커뮤니티에 참여해 정기적인 피드백받기.

6. 목표 설정:
3개월 후 공모전 제출 목표로 특정 주제의 글쓰기 프로젝트 실행.
이러한 전략을 통해 글쓰기 능력을 체계적으로 향상시킬 수 있을 것입니다.

챗GPT는 저에게 '전문성과 창의성을 결합한 생산성 및 자기 계발 관련 글쓰기'를 제안해 줬습니다. 자신의 전공이나 현재 업무가 연관된 영역을 글쓰기와 연결하는 것이 가장 안전하면서도 현실적인 길이 아닌가 싶어요. 개인적으로 시 쓰기를 좋아하지만 역시 현실은 생산성 및 자기 계발 관련 글쓰기가 더 저에게 잘 맞나 봅니다.

단순히 문장을 조합하는 것보다 여러분의 생각과 감정을 진솔하게 표현하고 싶으신가요? 물론 쓰는 일도 중요하지만 진단 프로그램으로 자신의 상태를 꾸준하게 파악하면서 쓰는 방법도 있습니다. 스스로 얼마나 성장했는지 객관적으로 인지하는 것도 중요하니까 말입니다.

🖊️ 브런치스토리 작가 도전하기

카카오의 '브런치스토리https://brunch.co.kr/'는 글쓰기를 사랑하는 사람들에게 새로운 도전과 기회를 제공하는 특별한 플랫폼입니다. 이 플랫폼은 작가 지망생과 글쓰기를 사랑하는 사람들에게 각별한 의미죠. 브런치스토리에서는 누구나 글을 발행할 수는 없습니다. 오직 엄격한 심사 과정을 통과한 사람만이 '작가'로서 활동할, 말하자면 자격이 주어지죠.

브런치스토리에서 글을 쓸 수 있는 자격을 얻은 사람을 작가라고 부르지만, 우리가 아는 일반적인 작가의 개념과는 다소 거리가 있습니다. 하지만 '작가'라는 명칭에는 무게감과 자부심이 담겨 있죠. 그것이 자연스럽게 동기를 부여합니다.

① 브런치스토리 작가 신청하기

브런치스토리 플랫폼에서 꾸준히 글을 쓰게 되면 자신의 책을 출판할 확률이 높아집니다. 많은 작가들이 브런치스토리에서 발행한 글을 바탕으로 출판 기회를 얻었습니다. 작가라면 자신의 책 한 권 정도는 최소한 출판해야 하지 않겠어요? 온라인에서 글을 쓰는 것도 좋지만 작가의 자격은 결국 출간한 책이 증명한다고 믿거든요.

브런치스토리에 가입하고 작가 신청을 해 보겠습니다. 카카오 계정이 있다면 간편하게 회원가입할 수 있습니다. 가입 후 화면 왼쪽 상단의 ❶ [설정]에서 ❷ [작가 신청]-❸ [브런치 작가 신청하기]를 클릭합니다.

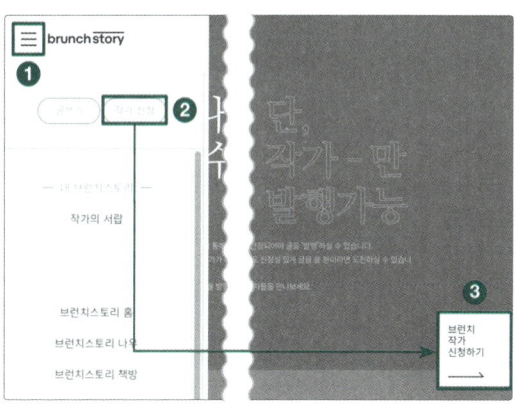

② 1단계: 300자 이내로 작가 소개 쓰기

1단계는 '작가소개'입니다. 브런치 작가로 첫발을 내딛기 위해서는 먼저, 자신을 짧지만 매력적으로 소개하는 일입니다. 작가 소개를 300자 이내로 압축하는 것은 자기소개를 넘어, 앞으로 쓸 글의 방향을 보여주는 역할을 담당합니다. 왜 글을 쓰기 시작했는지 계기와 글쓰기에 대한 열정을 진솔하게 작성하세요.

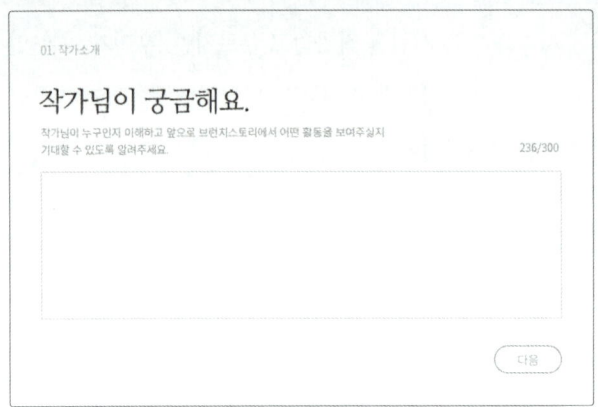

독자가 여러분의 글에서 무엇을 얻을 수 있는지 알려주는 것이 핵심입니다. 챗GPT와 '작가 소개'를 준비해 보겠습니다. [새 채팅] 을 누르고, 아래 프롬프트를 챗GPT에 입력합니다.

프롬프트 4-3

카카오 브런치 스토리에서는 작가가 되기 위해서 몇 가지 관문을 통과해야 해. 너 스스로를 카카오 브런치 스토리의 전문 에디터라고 생각하고 행동해 주기 바라. 아래 [지침]을 수행해 줘.

[지침]
1. 첫 번째 임무는 사용자가 300자 이내로 작가 소개 글 쓰는 것을 도와줘야 해.
2. 사용자가 본인의 창작 배경과 작가로서의 방향성을 살릴 수 있는 간결하면서도 매력적인 글을 쓰기 위해 사용자에게 간단한 질문을 제공해 줘.
3. 챗GPT는 사용자의 대답을 모은 다음, 스스로 충분히 작가 소개 글을 쓸 만큼의 내용을 확보하면 질문을 멈추고 매력적인 작가 소개 글 예시글을 사용자에게 보여 줘.
4. 사용자가 최종적으로 작가 소개 글을 편집해서 제공하면 피드백해 줘.

GPT 좋습니다! 먼저 간결하고 매력적인 자기소개 글을 작성하기 위해 몇 가지 질문을 드리겠습니다. 아래 질문에 답해 주세요. 답변을 바탕으로 자기소개 글 초안을 작성하겠습니다.

질문
1. 어떤 계기로 글쓰기를 시작하게 되었나요?
2. 지금까지 어떤 종류의 글(소설, 에세이, 시 등)을 주로 써 왔나요?
3. 글을 통해 독자들에게 어떤 메시지나 감정을 전달하고 싶나요?
4. 본인만의 글쓰기 강점이나 특징은 무엇이라고 생각하나요?
5. 브런치에서 작가로서 어떤 목표를 이루고 싶나요?

각 질문에 짧게 답변해 주시면 충분합니다!

챗GPT는 5개의 질문을 제공했습니다. 여러분과 저의 질문이 아마도 다르겠지만, 깊이 생각하고 각 질문에 대해 성실하게 답변해 보세요. 답변한 내용을 바탕으로 챗GPT가 작가 소개 초안을 작성해 줍니다.

프롬프트

예제

- 어떤 계기로 글쓰기를 시작하게 되었나요?
피천득 선생님의 수필집 《인연》을 읽고 나도 선생님처럼 서정적이고 아름다운 문체의 글을 쓰고 싶다고 생각했어. 또한 이병률의 책을 읽고는 시인처럼 사람들이 가슴을 울리는 글을 쓰고 싶다고 꿈을 품었고 그의 표현을 노트에 쓰고 따라 해 보려고 노력했어.

- 지금까지 어떤 종류의 글(소설, 에세이, 시 등)을 주로 써 왔나요?
소설, 에세이, 시, 보고서, 자기 계발서 등등 다양한 분야의 글을 썼어. 가장 좋아하는 장르는 소설과 시야. 정보성 글은 출간을 위해 쓰고 있지. 정보성 글로 3권의 책을 출간했어.

- 글을 통해 독자들에게 어떤 메시지나 감정을 전달하고 싶나요?
아름다운 문장으로 잔잔한 감동을 주고 싶어. 소설을 통해서는 상상력의 세계를 현실처럼 멋지게 표현하고 싶어.

- 본인만의 글쓰기 강점이나 특징은 무엇이라고 생각하나요?
어휘력이 다양하고 철학적인 면이 깊다고 생각해. 비교적 생각을 빠르게 글로 옮기는 편이야. 마음만 먹으면 10분 이내에 3,000자 넘는 글을 쓸 수 있어. 몰입을 잘 한다고 할까.

- 브런치에서 작가로서 어떤 목표를 이루고 싶나요?
브런치북 프로젝트에서 금상을 수상했어. 대상을 꼭 받고 싶고, 출간 작가로서 베스트셀러도 만들어 보고 싶어.

자기소개 글 초안
피천득 선생님의 수필집과 이병률 시인의 글에서 영감을 받아 글쓰기를 시작했습니다. 서정적이고 아름다운 문체로 사람들의 마음을 울리는 글을 꿈꾸며, 소설, 시, 에세이 등 다양한 장르에 도전해 왔습니다. 철학적인 깊이와 풍부한 어휘력을 바탕으로, 상상력의 세계를 현실처럼 생생히 그리는 글을 지향합니다. 브런치북 프로젝트 금상 수상에 이어, 대상을 목표로 꾸준히 창작하며, 독자들에게 감동과 영감을 주는 작품을 선보이고 싶습니다.

어딘가 어색하지 않나요? 챗GPT가 쓴 글을 그대로 쓰기보다, 초안을 검토하고 여러분의 문장으로 수정해 보세요. 수정 후에는 다시 한 번 챗GPT에게 첨삭을 요청합니다. 완성한 글을 작가 소개에 붙여 넣고, [다음]을 클릭합니다.

③ 2단계: 브런치 활동 계획 입력하기

2단계는 '브런치 활동 계획'입니다. 활동 계획을 작성할 때는 자신의 전문성을 글쓰기에 자연스럽게 녹여 내도록 해야 합니다. 예를 들어 '심리학을 통해 터득한 인간의 심리를 글로 풀어냅니다'처럼 전문성을 글쓰기와 연결하여 구체적으로 표현하면 독자의 관심을 끌 수 있습니다. 글쓰기와 어떤 연관성을 자연스럽게 설명해 보세요. 간결하게 표현하면 좋습니다.

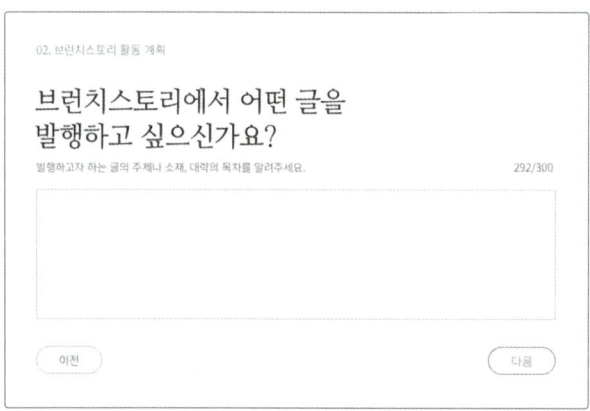

챗GPT와 발행하고자 하는 글의 주제, 소재, 목차를 기획해 봅시다. 브런치에는 다양한 분야의 글을 쓰는 작가들이 이미 존재합니다. 그들은 이미 자신의 자리를 차지하고 있죠. 따라서 그들과 여러분의 차별점을 어떻게 제시할지 그것이 제시해야 합니다. 챗GPT로 돌아가서 아래 프롬프트를 챗GPT에 입력합니다.

프롬프트

프롬프트 4-4

이제 두 번째 관문을 통과해야 해. 아래 [지침]을 수행해 줘.

[지침]
1. 두 번째 임무는 작가로서의 활동 계획을 입력하는 일이야.
2. 활동 목적을 설득력 있게 전달하는 게 핵심 목표야. 전문성이나 관심사가 활동 계획에 자연스럽게 녹아들었으면 좋겠어.
3. 발행하고자 하는 글의 주제나 소재, 대략의 목차를 제시해야 해. 그렇게 하기 위해 사용자에게 간단한 질문을 제공해서 대답을 유도해 줘.
4. 챗GPT는 사용자의 대답을 모은 다음, 충분히 활동 계획과 방향성을 정립할 만큼의 내용을 확보하면 질문을 멈추고 매력적인 활동 계획에 관한 예시글을 사용자에게 보여 줘.
5. 사용자가 최종적으로 활동 계획 글을 편집해서 제공하면 피드백해 줘.

GPT

좋습니다! 작가로서 활동 계획을 설득력 있고 구체적으로 작성하기 위해 아래 질문들에 답변해 주세요. 답변을 모아 매력적인 활동 계획을 초안으로 작성하겠습니다.

질문
1. 작가로서 발행하고자 하는 글의 주제나 소재는 무엇인가요?
    예: 에세이(삶의 의미, 자기계발), 소설(판타지, 공상과학), 시(사랑, 자연)
2. 이 주제를 선택한 이유는 무엇인가요?
    예: 독자와 공감대 형성, 나만의 경험 공유, 새로운 시도 등
3. 글의 대략적인 목차나 구성은 어떻게 계획하고 있나요?
    예: 에세이라면 주제별 장, 소설이라면 챕터별 주요 사건, 시라면 테마별 구분
4. 어떤 독자층을 대상으로 글을 쓰고 싶나요?
    예: 20-30대 직장인, 글쓰기에 관심 있는 초보자, 특정 장르 독자 등
5. 발행을 통해 이루고자 하는 목표는 무엇인가요?
    예: 독자에게 영감을 주고 싶다, 내 글을 통해 공감과 치유를 전하고 싶다, 브런치북 대상을 목표로 한다 등

각 질문에 답변해 주시면 활동 계획 초안을 작성하겠습니다!

챗GPT는 챗GPT는 5개의 질문을 제공했습니다. 깊이 생각하고 각 질문에 대해 아래와 같은 형식으로 답변하면, 이를 바탕으로 챗GPT가 작가 소개 초안을 작성합니다. 저는 아래처럼 작성해 봤습니다.

프롬프트

예제

1. 발행하고자 하는 글의 주제나 소재는 무엇인가요?
- 감성 에세이(내면 탐구와 자아 성찰).
- 사소한 일상에서 발견한 섬세한 감정, 삶의 소소한 순간들을 포착해 내고, 그곳에 담긴 철학을 나만의 시선으로 풀어내기.
2. 이 주제를 선택한 이유는 무엇인가요?
- 일상에서 관찰한 순간들(자연, 사람, 사물) 속에서 빛을 발하는 감정을 찾아내고, 그것을 독자와 나누고 싶음. 글을 통해 잔잔한 위로와 공감을 전하며, 독자들에게 자신의 정체성을 찾고 내면이 성찰할 기회를 제공하고 싶음.
3. 글의 대략적인 목차나 구성은 어떻게 계획하고 있나요?
- 시작의 여백: 일상의 사소한 시작점에서 발견한 깨달음들.
- 흔들리는 나날들: 삶의 혼란 속에서 마음을 다잡아 가는 과정.
- 조용한 아름다움: 눈에 띄지 않는 순간들이 가진 가치와 의미.
- 멈추어 본 자리: 성찰과 휴식을 통해 얻은 작은 진실들.
4. 어떤 독자층을 대상으로 글을 쓰고 싶나요?
- 삶의 여유를 찾고자 하는 20~40대 직장인, 내면의 목소리에 귀 기울이고 싶은 사람들, 잔잔하고 시적인 글을 사랑하는 독자들.
5. 발행을 통해 이루고자 하는 목표는 무엇인가요?
- 사소한 일상에 묻혀 지나가는 감정들을 끄집어내어, 독자들에게 새로운 감각을 선물하고 싶음. 나의 글이 독자들에게 작은 쉼표가 되기를 바람.

GPT

활동 계획 초안
'감성 에세이 사소한 빛, 조용한 쉼표를 주제로, 내면 탐구와 자아 성찰의 여정을 글로 풀어내고자 합니다. 일상의 작은 순간들—자연, 사람, 사물 속에서 발견한 섬세한 감정을 기록하며, 그것들이 지닌 철학적 의미를 나만의 시선으로 담아낼 예정입니다.

이 글은 4가지 장으로 구성됩니다:

1. 시작의 여백에서는 사소한 순간 속 깨달음을,
2. 흔들리는 나날들에서는 혼란 속 마음을 다잡는 과정을,
3. 조용한 아름다움에서는 눈에 띄지 않는 순간들의 가치를,
4. 멈추어 본 자리에서는 성찰과 휴식 속에서 얻은 진실을 이야기합니다.

> 주 독자층은 삶의 여유를 찾고자 하는 20~40대 직장인, 내면의 목소리에 귀 기울이고 싶은 이들입니다. 글을 통해 잔잔한 위로와 공감을 전하며, 독자들에게 자신의 정체성을 찾고 내면을 성찰할 기회를 제공하고자 합니다. 제 글이 독자들에게 새로운 감각과 작은 쉼표가 되기를 바랍니다. 또한, 브런치북 대상을 목표로 하며, 독자와 깊이 소통하는 글쓰기를 지속적으로 이어 갈 계획입니다.

챗GPT가 초안을 제안해 주네요. 챗GPT의 초안을 활용해 활동 계획을 완성해 보세요. 활동 계획은 300자 이하로 구성해야 합니다. 위와 마찬가지로 제공한 문장을 그대로 쓰는 것보다 자신의 언어로 표현하는 게 더 중요하다는 점을 잊지 마시기 바랍니다. 챗GPT의 피드백이 더 이상 필요 없다면, 이제 작성한 활동 계획 글을 붙여 넣고, [다음]을 클릭합니다.

④ 3단계: 작가의 서랍에 작성한 글 첨부하기

브런치 작가가 아니어도, 브런치에 미리 글을 미리 쓸 수 있습니다. 브런치 서랍에 1~3편 정도의 글을 써 놓고 3단계를 작성하는 것을 추천합니다. 그중에서 가장 자신 있는 글 한 편을 골라 보세요. 선택한 글은 활동 계획과 연관성이 있어야 하며, 지속적으로 다듬어야 합니다.

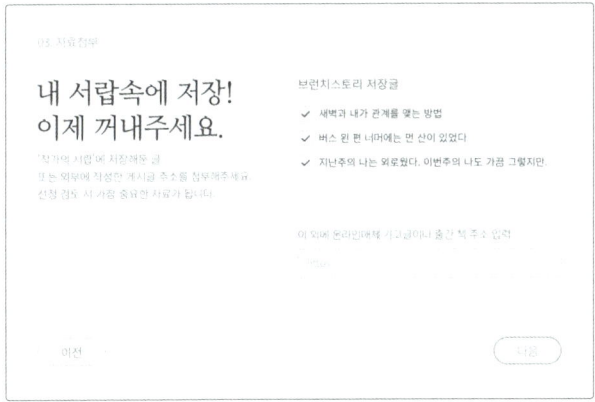

> **TIP** 글을 첨부할 때 참고해야 할 점은 다음과 같습니다.
> - **글의 분량 조정**: 각 글의 길이는 1,500~2,000자 이내로 설정해서 독자들이 부담 없이 읽을 수 있도록 조정합니다.
> - **소제목 활용**: 긴 글은 소제목으로 나누어 독자들이 내용을 쉽게 따라갈 수 있도록 구성합니다.
> - **이미지 추가**: 글의 분위기와 어울리는 이미지를 활용합니다. 챗GPT의 DALL.E를 활용하는 것도 좋습니다. 예를 들어, 여행 관련 글에는 현지 사진을 첨부하세요.
> - **문장 다듬기**: 불필요한 수식어를 줄이고 정확한 표현을 사용하세요. 모호하고 추상적인 글보다는 구체적인 글이 좋습니다.
> - **연관성 강조**: 활동 계획과 선택한 글이 어떻게 연결되는지 간단히 설명합니다.

브런치에 작성한 글 1~3편을 선택하거나, 타 플랫폼에서 작성한 글의 주소를 입력한 후, [다음]을 클릭합니다.

⑤ 4단계: 마지막 단계!

마지막으로 활동 중인 SNS 링크를 첨부합니다. 저는 제 블로그 주소를 첨부했습니다. 그리고 [신청서 보내기]를 클릭해서 결과를 기다리면 됩니다.

브런치스토리 작가가 되는 길은 여러분에게 큰 도전일 수도 있습니다. 하지만 브런치스토리는 자신만의 콘텐츠를 만들어 나갈 수 있는 환경을 제공합니다. 독창적인 아이디어를 세상과 공유하고, 글을 통해 새로운 독자들과 소통할 수 있는 독특한 기회를 선사합니다. 그렇지만, 도전과 노력 없이 성취될 일도 없습니다. 철저한 계획과 명확한 전략을 준비하고 자신만의 이야기를 세상과 나누고 싶은 열정이 있다면 브런치스토리를 시작해 보시기 바랍니다. 작가의 꿈을 이룰 수 있는 미래가 여러분을 맞이하고 있습니다.

> **TIP** 챗GPT와 함께 작성한 글로 브런치스토리 작가에 도전했는데 다음 날 합격 통지를 받았습니다. 그렇다고 챗GPT에게 모든 글쓰기를 맡길 수는 없겠죠? 결국 글쓰기는 여러분의 일입니다. 독자들은 여러분이 쓴 글과 챗GPT의 글을 귀신같이 느끼니까요. 독자가 어떤 글을 선택할지는 여러분도 잘 아시리라 생각합니다.

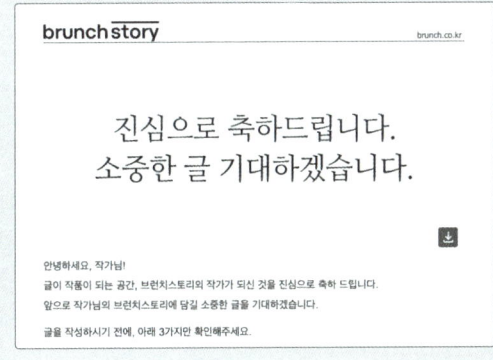

SNS에 업로드할 짧고 강렬한 글쓰기

SNS는 독자의 주목을 단 몇 초 만에 쟁취해야 하는 치열한 무대입니다. 독자가 스크롤을 멈추고 글에 관심을 갖도록 만들어야 하며, 더 나아가 감정을 울려야 합니다. 짧고 강렬한 문장은 바쁜 현대인의 마음을 단번에 사로잡을 수 있죠. 이처럼 간결하면서도 강력한 메시지는 SNS에서 살아남기 위한 필수 요소가 되었습니다.

SNS에서 성공하는 글쓰기에는 2가지 핵심 조건이 있습니다. 첫째, 시각적으로 주목을 끌어야 하고, 둘째, 독자와 정서적 공감대를 형성해야 합니다. 사람들은 감각적인 언어와 구체적인 메시지에 반응하기 때문이죠. 몇 개의 단어로도 독자의 마음을 울리는 기술이 필요합니다. 예를 들어 '당신은 매일 밤 쇼츠에게 혹시 마음을 잃어 가고 있지 않나요?'라는 한 문장으로 사람들의 호기심을 불러일으킬 수 있습니다.

독자의 즉각적 관심 끌기

첫 문장에서 독자의 흥미를 사로잡지 못하면 그 글은 결국 잊히고 맙니다. 조회수의 싸움에서 승리하려면 일단 '제목과 첫 문장'에서 승부를 걸어야 하죠. [선택한 조건]에 따라 여러분이 원하는 제목과 첫 문장을 작성할 수 있습니다. 우선 첫 훈련은 아래의 2번, 6번 조건으로 먼저 진행해 보겠습니다. [새 채팅]을 누르고 '웹에서 검색' 옵션을 활성화한 후, 아래 프롬프트를 챗GPT에 입력합니다.

프롬프트 4-5

프롬프트 | 언론사에서 일하는 베테랑 기자로서 기사를 작성한다고 생각하고 아래 지침을 수행해 줘

[목표]
독자의 흥미를 단번에 사로잡는 강력한 첫 문장을 사용자가 쓰도록 도와주고 모호한 문장으로 설명하지 말고 반드시 아래 [조건]을 중심으로 실제 기사를 사례로 보여 줄 것

[조건]
1. 예상치 못한 상황이나 정보 제시
2. 질문 던지기
3. 충격적이거나 논란의 여지가 있는 사실 제시

4. 감정 자극하기
5. 이야기의 한가운데로 끌어들이기
6. 흥미로운 시간과 공간 제시
7. 장황하게 설명하지 말고 바로 행동하기
8. 공감대 형성하기
9. 상상력을 자극하는 구체적인 묘사

[지침]
반드시 [링크]에서 기사를 검색할 것
사용자가 선택한 [선택한 조건]에 입력한 숫자가 여러 개라면 해당하는 숫자의 조건을 모두 개별적으로 실행할 것
만약 사용자가 여러 개의 숫자를 ','로 구분해서 입력했다면 해당하는 숫자의 조건을 모두 개별적으로 수행해야 함
조회수도 높고 사용자에게 반응도 좋은 기사를 검색할 것
기사를 총 [선택한 조건]의 입력 숫자의 개수 * 3개를 찾고 각각의 제목과 첫 문장을 보여 줄 것

[선택한 조건]
2, 6

[링크]
https://bit.ly/3VDYO87 (구글 뉴스 섹션)

GPT

요청하신 대로, '질문 던지기'와 '흥미로운 시간과 공간 제시'를 활용한 기사 제목과 첫 문장을 각각 3개씩 찾아보았습니다.

1. 질문 던지기
  - 제목: '왜 이 도시는 매년 같은 날에 모든 불을 끌까요?'
    첫 문장: 매년 12월 21일, 스웨덴의 작은 마을 예테보리는 전통적으로 모든 가로등과 집안의 불을 끄는 행사를 진행합니다.
  - 제목: '어떻게 한 남자가 30년 동안 세금을 한 푼도 내지 않았을까?'
    첫 문장: 존 스미스 씨는 복잡한 세법의 허점을 이용해 지난 30년간 세금을 전혀 내지 않았다고 주장합니다.

2. 흥미로운 시간과 공간 제시
  - 제목: '새벽 3시, 서울의 지하철역에서 벌어진 미스터리'
    첫 문장: 서울의 한 지하철역에서 새벽 3시에 정체불명의 남성이 나타나 역무원을 놀라게 했습니다.
  - 제목: '한여름 밤, 사막 한가운데서 펼쳐진 오로라의 향연'
    첫 문장: 지난주 한여름 밤, 사하라 사막 한가운데서 이례적으로 오로라 현상이 관측되었습니다.

우리는 [선택한 조건]에서 2번과 6번, 2개의 조건을 선택했습니다. 챗GPT는 우리가 설정한 [선택한 조건]에 따라 총 6개의 기사를 찾고 각각의 첫 문장을 제공합니다. 여러 개의 번호를 선택하셔도 됩니다. 선택한 숫자에 따라 원하는 기사가 정확하게 제시되는지 확인해 보세요. 조건을 바꿔 가면서 테스트해 보며 제목과 첫 문장을 어떻게 작성하는지 감을 익혀보시기 바랍니다.

> **TIP** 만약 챗GPT가 위에서처럼 2번과 6번, 2개의 조건을 선택했는데, 하나밖에 결과를 내놓지 않는다면 '내가 2와 6을 선택했으니까 2와 6의 사례를 개별적으로 찾아 줘'라고 입력해 보세요.

유행하는 최신 키워드 찾기

다음으로는 어떤 키워드를 사용하는 게 좋은지 알아보겠습니다. 키워드는 독자에게 강렬한 인상을 남기죠. 게다가 감정을 자극하는 역할까지 수행합니다. 키워드는 보통 유행을 타기 마련인데요. 어떤 키워드가 요즘 SNS에서 대세인지 찾아보도록 하겠습니다. 아래 프롬프트를 챗GPT에 입력합니다.

프롬프트 4-6

현재 SNS에서 유행 중인 최신 키워드를 찾아 주고 아래 [지침]을 수행해 줘.

[목표]
현재 시점, 한국을 중심으로 SNS에서 유행 중인 최신 키워드 찾기

[지침]
키워드의 특징과 뜻 정의하기
키워드의 특징 설명하기
키워드의 예시, 3가지 보여 주기
키워드가 사용된 실제 SNS 글 3개 링크하기

[SNS 대상]
인스타그램
페이스북
네이버 블로그
페이스북
스레드

현재 한국 SNS에서 유행 중인 최신 키워드는 다음과 같습니다:

1. **갓생**
   - 정의: '갓(God)'과 '인생'의 합성어로, 신처럼 완벽하고 열심히 사는 삶을 의미합니다.
   - 특징: 자신의 목표를 이루기 위해 부지런하고 성실하게 살아가는 모습을 표현하며, 주로 젊은 세대 사이에서 자기계발이나 노력하는 삶을 강조할 때 사용됩니다.
   - 예시:
     - '요즘 매일 새벽 5시에 일어나 운동하고 공부하는 중이야. 진짜 갓생 살고 있어.'
   - 실제 SNS 글:
     - 갓생 살기 도전! 오늘도 새벽 5시 기상 성공

2. **추구미**
   - 정의: '추구하는 미(美)'의 줄임말로, 자신이 지향하거나 닮고 싶은 이상적인 모습을 의미합니다.
   - 특징: 개인의 이상형이나 롤모델의 특정 특성을 지칭하며, 자신이 부족하다고 느끼는 부분을 보완하고자 할 때 사용됩니다.
   - 예시:
     - '내 추구미는 항상 긍정적인 마인드를 가진 사람이야.'
   - 실제 SNS 글:
     - 요즘 내 추구미는 자기 전에 책 읽는 습관 들이기

3. **맛꿀마**
   - 정의: '맛있다'와 '꿀맛'의 합성어로, 매우 맛있는 음식을 표현할 때 사용됩니다.
   - 특징: 음식의 맛을 극찬할 때 사용되며, 특히 새로운 맛집이나 요리를 소개할 때 자주 등장합니다.
   - 예시:
     - '이 집 떡볶이 진짜 맛꿀마네!'
   - 실제 SNS 글:
     - 오늘 발견한 맛꿀마 맛집 공유합니다!

이러한 키워드들은 현재 한국의 SNS에서 활발하게 사용되며, 사용자들 간의 소통과 공감을 형성하는 데 중요한 역할을 하고 있습니다.

챗GPT는 현재 한국에서 유행 중인 키워드의 정의, 특징, 예시 그리고 실제 SNS에 사용된 글을 링크로 제시했습니다. 예시와 SNS 글을 읽어 보며 감을 잡으면 되겠습니다. 물론 SNS 세계가 워낙 빠르다 보니, 책이 출간한 시점에는 또 다른 키워드가 유행 중일 겁니다.

> **TIP** 챗GPT에서 첨부한 링크가 제대로 접속되지 않는 경우, 퍼플렉시티 AI를 이용하시면 정확하게 출처를 찾을 수 있습니다.

③ 트렌디한 문장 만들기

트렌디한 문장이란 현재 유행 중인 표현이나 단어를 활용해서 문장을 만드는 것입니다. 유행은 사람들의 관심을 끌기 마련이죠. SNS에서 짧은 글로 인기를 얻으려면 공감을 얻는 게 제일 중요합니다. 트렌디한 문장을 어떻게 쓰는지 알아봅시다. 아래 프롬프트를 입력해 주세요.

프롬프트 4-7

SNS에서 트렌디한 문장을 쓰고 싶어. 아래 [지침]을 수행해 줘.

[목표]
트렌디한 문장을 쓰는 실용적인 방법 찾기

[지침]
최신 유행어나 밈의 변주 사례를 보여 줄 것
간결하면서도 임팩트 있는 표현 사례를 보여 줄 것
독특한 단어 조합이나 문장 구조를 보여 줄 것
공감을 어떻게 불러일으킬 수 있는지 사례로 보여 줄 것
재치 있는 언어유희나 중의적 표현 사례를 보여 줄 것
낯선 단어의 조합
라임 사용

[SNS 대상]
인스타그램
페이스북
스레드

다음은 SNS에서 트렌디한 문장을 쓰는 실용적인 방법과 다양한 사례를 제시한 것입니다. 각 방법은 유행어, 밈, 언어유희 등을 활용해 간결하면서도 독특한 표현을 만드는 데 초점을 맞췄습니다.

1. 최신 유행어나 밈의 변주 사례
- 사례 1: '갓생 살기 어렵다며? 다들 갓생 척척박사네.'
- 사례 2: '맛있으면 0칼로리랬잖아. 이 떡볶이, 진짜 맛꿀마 인정?'

2. 간결하면서도 임팩트 있는 표현 사례
- 사례 1: '오늘도 갓생 한 숟갈.'
- 사례 2: '선 넘으면 꿀잼, 선 안 넘으면 평범함.'

3. 독특한 단어 조합이나 문장 구조
- 사례 1: '지옥에서 살아남는 법: 갓생 + 커피 3샷.'
- 사례 2: '맛있음의 정의 = 너 + 이 케이크.'

4. 공감을 불러일으키는 사례
- 사례 1: '갓생은 무슨... 그냥 잘 버티는 것도 성공이다.'
- 사례 2: '나만 힘든 줄 알았는데, 다들 '힘내'를 달고 사는구나.'

5. 재치 있는 언어유희나 중의적 표현
- 사례 1: '기분 저기압일 땐 고기 앞으로.'
- 사례 2: '갓생이란, 갓만큼 열심히, 생명력만큼 꾸준히.'

6. 낯선 단어의 조합
- 사례 1: '꿈맛, 희망조미료 한 스푼.'
- 사례 2: '생각을 저금한다. 목표 은행에.'

7. 라임 사용
- 사례 1: '갓생러, 목표를 향해 달려라!'
- 사례 2: '맛꿀마, 오늘도 떡볶이에 반했나.'

이러한 트렌디한 문장은 SNS에서 공감과 반응을 얻기 좋으며, 개성을 드러내는 데 효과적입니다. 원하는 스타일에 따라 변주해 보세요!

각각의 SNS마다 그들만의 언어가 있어요. 일상적인 언어를 사용하면서도 중간중간 아래 챗GPT가 제시한 문장처럼 유행어나 밈을 변주해 활용해 보세요. '갓생 척척박사', '맛꿀마 인정', '#추구미 찾으러'처럼 문장을 쓰는 겁니다. 그리고 간결하면서도 임팩트 있고, 독특한 단어 조합, 공감을 불러일으키는 방법, 재치 있는 언어유희나 중의적 표현을 사용해 사용자의 시선을 끌어 보세요.

리뷰로 나의 감상을 독자에게 전달하기

리뷰는 우리가 이미 감상한 작품의 내용을 대강 살펴보거나 거기에서 줄거리나 핵심을 추려내는 작업입니다. 추려 낸다는 것의 의미는 무엇입니까? 나만의 시선으로 감상한 내용을 재해석하는 것이죠. 이것은 감상 결과를 단순하게 기록하는 차원이 아닙니다. 작품에서 얻은 느낌을 나의 언어로 표현하지만 독자에게 신선한 관점을 선사하게 되니 그런 면에서는 예술이라고 표현할 수도 있겠죠.

작품은 책, 영화, 음악 등 우리가 흔히 소비하는 콘텐츠들입니다. 그 작품에서 얻은 통찰을 독자에게 제대로 전달할 수 있다면 리뷰는 어쩌면 성공한 셈이나 마찬가지입니다.

다른 글이 그렇듯이 리뷰 글에도 고유의 형식이 있습니다. 철학적인 질문을 던지거나, 핵심을 찾아서 몇 줄로 요약하거나, 독자에게 요긴한 정보를 전달하기도 합니다. 그리고 결정적으로 그 작품을 추천할 것인지, 말 것인지 결정해 줘야 하죠. 이런 과정은 모두 창의적입니다. 창의적인 작업을 혼자 해낼 수 있다면 좋겠습니다만, 그걸 못 해내니 우리는 챗GPT를 찾게 됩니다.

① 리뷰 쓰는 방법

리뷰 글은 어떤 구조와 흐름을 갖는지 그것부터 알아보도록 하겠습니다. [새 채팅]을 누르고 '웹에서 검색' 옵션을 활성화한 후, 다음 프롬프트를 챗GPT에 입력합니다. 첫 훈련은 2024년 넷플릭스에서 공개한 리처드 링클레이터 Richard Linklater 감독의 〈히트맨〉으로 진행하고, 이후에 여러분이 리뷰하고 싶은 콘텐츠를 넣어 진행해 보세요.

프롬프트 4-8

책, 영화, 음악 등의 리뷰 글을 전문적으로 쓰는 에디터로서 리뷰를 쓴다고 생각하고 아래 지침을 수행해 줘.

[목표]
[리뷰 대상]의 리뷰 글을 쓰기 위한 구조와 흐름 짜기
각 문단에 짧은 내용 요약하기

[지침]
도입부 1문단
1. 핵심 내용 요약 제시: 줄거리, 작가 소개
2. 독자의 관심을 끌기 위한 핵심 질문 3가지 제시: 그중에서 1가지를 사용자가 고를 예정
3. 리뷰 대상에 관한 개인적 에피소드: 리뷰 대상과 관련한 구체적 경험을 찾도록 질문 1가지 제시

본론 1문단
1. 핵심 요소 나열 : 감독, 연출, 배우, 플롯
2. 리뷰 대상의 구조 제시: 리뷰 대상이 다루는 3가지 주제 요약: 사례 덧붙일 것

본론 2문단
1. 3가지 주제의 심화 설명

본론 3문단
1. 강점: 무엇이 좋고, 왜 좋은지 설명
2. 단점: 개선할 부분, 아쉬운 부분 비판적 설명

결론
1. 전체 요약
2. 객관성과 주관성의 균형: 개인적 느낌과 객관적 정보를 조화롭게 다룰 수 있도록 가이드라인 제시

[리뷰 대상]
2024년 넷플릭스 제작 <히트맨>

영화 <히트맨>(2024)은 리처드 링클레이터 감독이 연출한 넷플릭스 오리지널 작품으로, 대학 교수이자 경찰의 가짜 청부살인업자로 활동하는 게리 존슨의 실화를 바탕으로 한 코미디 영화입니다.

도입부
1. 핵심 내용 요약: 이 영화는 심리학 교수 게리 존슨이 경찰의 의뢰로 가짜 청부살인업자로 활동하며 벌어지는 해프닝과, 그 과정에서 만난 여성 매디슨과의 로맨스를 그린 코미디 작품입니다.

2. 독자의 관심을 끌기 위한 질문:
   - 게리 존슨은 어떻게 평범한 교수에서 가짜 청부살인업자가 되었을까?
   - 매디슨과의 만남이 그의 삶에 어떤 변화를 가져왔을까?
   - 실화를 바탕으로 한 이 이야기는 얼마나 사실에 근접해 있을까?
3. 개인적 에피소드 유도 질문: 이 영화를 보며 일상 속에서 예상치 못한 역할을 맡아본 경험이 떠오르셨나요?

본론 1

1. 핵심 요소 나열:
   - 감독: 리처드 링클레이터
   - 주연 배우: 글렌 파월(게리 존슨 역), 아드리아 아르호나(매디슨 역)
   - 플롯: 가짜 청부살인업자로 활동하는 교수의 이중생활과 로맨스
2. 리뷰 대상의 구조 제시:
   - 이중생활의 묘사: 게리 존슨이 교수와 가짜 청부살인업자로서의 역할을 어떻게 병행하는지 보여 줍니다.
   - 로맨스 전개: 매디슨과의 만남과 그로 인한 감정 변화를 중심으로 이야기가 전개됩니다.
   - 코미디 요소: 예상치 못한 상황에서 발생하는 유머와 아이러니를 통해 관객에게 웃음을 선사합니다.

본론 2

1. 주제의 심화 설명:
   - 이중생활의 복잡성: 게리의 2가지 역할이 충돌하면서 발생하는 갈등과 긴장을 상세히 다룹니다.
   - 인물 간의 관계 발전: 매디슨과의 관계가 깊어지면서 게리의 내면 변화와 성장 과정을 보여줍니다.
   - 유머와 아이러니: 가짜 청부살인업자로서의 활동 중 발생하는 예상치 못한 상황과 그로 인한 코미디를 강조합니다.

본론 3

1. 강점:
   - 독특한 설정: 실화를 바탕으로 한 독특한 스토리라인이 관객의 흥미를 끕니다.
   - 배우들의 연기력: 글렌 파월과 아드리아 아르호나의 자연스러운 연기가 캐릭터의 매력을 더합니다.
2. 단점:
   - 액션의 부재: 제목과 달리 액션 장면이 거의 없어 일부 관객에게는 아쉬움을 줄 수 있습니다.
   - 전개 속도: 일부 장면에서 전개가 느리게 느껴질 수 있습니다.
   - 결론
   - 전체 요약: <히트맨>은 평범한 교수가 가짜 청부살인업자로 활동하며 겪는 해프닝과 로맨스를 유쾌하게 그린 코미디 영화로, 독특한 설정과 배우들의 매력적인 연기가 돋보입니다.

> • 객관성과 주관성의 균형: 영화의 독특한 설정과 배우들의 연기력은 객관적으로 높은 평가를 받을 만하며, 개인적으로도 이러한 요소들이 영화를 더욱 즐겁게 감상하게 해 주었습니다.

챗GPT는 우리가 요청한 프롬프트의 내용대로 각각의 구조별로 필요한 내용을 요약해 줬습니다. 챗GPT의 요약에는 세부 요소들이 개략적으로 정리되어 있습니다. 이 기초 자료를 토대로 우리는 그곳에 살을 붙여야 합니다. 물론 리뷰 대상을 감상하는 게 먼저겠죠? 그 작업이 끝났다면 필요한 자료를 찾아 정리합니다. 단, 여기에서 중요한 것은 독자 입장에서 무엇을 궁금해하고 흥미를 느낄지, 독자의 관점으로 생각하며 질문에 대답하듯이 자료를 정리해야 한다는 점입니다.

② 리뷰 완성하기

자료를 아래처럼 정리했다고 가정하고 채팅창에 프롬프트를 입력해 주세요. 예제 로 작성한 내용은 지극히 개인적인 것입니다. 참고는 하셔도 되지만, 내용은 다른 작품을 리뷰한다는 생각으로 그 리뷰에 필요한 내용을 메모하듯이 채워 보시기 바랍니다.

프롬프트

프롬프트 4-9
아래처럼 각 문단별로 자료를 정리해 봤어. 자료를 토대로 리뷰 글을 실제로 자연스럽게 엮고, 아래 [지침]을 수행해 줘.

[지침]
내가 정리한 자료를 토대로 핵심만 간추려서 짧은 문장으로 만들고 그것을 모아 자연스럽게 리뷰 글을 작성할 것
AI처럼 일반적인 글쓰기를 하지 말고 인간처럼 문장을 짧고 길게 불규칙한 패턴으로 작성할 것

예제
도입부
핵심 내용요약: 이 영화는 대학 강사이지만 너드인 게리 존슨이 가짜 킬러로 일하면서 벌어지는 해프닝과 그가 만난 매디 마스터스라는 여성의 삶을 구원하는 이야기로 흥미진진하게 이야기가 펼쳐집니다.
독자의 관심을 끌기 위한 질문: 한 인간의 정체성은 이미 결정된 것일까요? 아니면 원한다면 얼마든지 바꿀 수 있을까요? 게리 존슨은 평범한 교수에서 가짜 청부살인업자로 변

신하게 됩니다. 그리고 그 과정에서 진정으로 사랑하는 연인도 만나게 되죠. 매디슨과의 만남이 그의 삶에 어떤 변화를 가져왔을지 들여다봅시다.
개인적 에피소드 유도 질문: 예를 들어, 원하지도 않는 직장 생활을 월요일부터 금요일까지 무미건조하게 해나가는 것입니다. 그리고 자신에겐 직장 외에 다른 가능성은 없다고 자신의 가능성을 제안해 버립니다.

결론

<히트맨>은 완벽한 영화라고 하기엔 아쉽지만, 색다른 경험을 원하는 관객에게는 충분히 추천할 만한 가치가 있습니다. 독특한 이야기를 선호하거나 장르의 경계를 넘나드는 작품을 선호하는 사람이라면 절대 놓치지 말아야 할 영화입니다.

영화 <히트맨>(2024)은 대학 강사 게리 존슨이 가짜 킬러로 활동하며 벌어지는 해프닝과, 매디 마스터스라는 여성을 만나 그녀의 삶을 구원하는 이야기를 흥미진진하게 펼쳐냅니다. 한 인간의 정체성은 이미 결정된 것일까요? 아니면 원한다면 얼마든지 바꿀 수 있을까요? 게리 존슨은 평범한 교수에서 가짜 청부살인업자로 변신하게 됩니다. 그 과정에서 진정으로 사랑하는 연인도 만나게 되죠. 매디슨과의 만남이 그의 삶에 어떤 변화를 가져왔을지 들여다봅시다. 혹시 원하지 않는 직장 생활을 무미건조하게 해나가며, 자신에게 다른 가능성은 없다고 단정 지은 적이 있으신가요?

2024년 넷플릭스에서 공개된 영화 <히트맨>은 리처드 링클레이터 감독이 메가폰을 잡고, 배우 글렌 파월이 공동으로 각본 작업을 했습니다. 리처드 링클레이터 감독은 자연스러운 대화와 캐릭터를 중시하며, 시간의 흐름에 맞서는 한 인간의 변화를 탐구하는 것으로 알려져 있습니다. 이 영화에서도 그 테마가 미묘하게 감지됩니다. 게리 존슨의 실제 직업은 대학교수지만, 가짜 청부살인업자 연기를 하며 자신에게 어울리는 진정한 정체성을 발견하게 됩니다. 매디슨과의 예측하지 못한 만남 덕분에 그는 감정 변화를 겪게 되며, 예상치 못한 상황에서 다양한 사건과 갈등이 발생하고, 이 과정에서 관객은 유머와 카타르시스를 느끼게 됩니다.

게리는 강단에서 니체의 철학을 자주 언급합니다. 이 영화에서 떠오르는 니체의 이미지는 한 인간의 아이덴티티의 변화, 즉 초인의 모습입니다. 게리는 나약하고 자신 없으며, 한적한 시골에서 조류 사진이나 찍으며 살아가는, 자신의 정체성이 고정되어 있다고 믿는 인물입니다. 그의 동료나 학생들도 게리를 무시하죠. 그러던 중 살인청부업자 연기를 하게 됩니다. 살인청부업자는 게리가 아닌 완전히 상반된 론이라는 인물로 정체성을 바꿉니다. 게리는 자신이 론인지 게리인지 혼란을 겪으면서도, 론으로서의 삶에 더 만족합니다. 그 과정에서 사랑하는 여인을 만나 기묘한 사건에 휘말리게 되는데, 그녀를 만난 것도 게리가 아닌 론이었기 때문에 가능했습니다.

니체는 초인을 낙타, 사자, 어린아이에 비유했습니다. 초인은 3단계에 걸쳐 변화됩니다. 낙타 단계에서 개인은 의무와 규범을 받아들일 뿐입니다. 순종하는 인간이 낙타 인간입니다. 사자 단계에서 인간은 기존의 질서와 가치를 거부합니다. 자신의 독립성을 쟁취하는 인간이 사자 인간입니다.

만약 사회에서 폭력을 구사하는 악인이 존재한다면, 그 악인을 어떻게 사회적으로 격리해야 할까요? 법이 지배하는 사회라면 법은 잔혹한 인물을 구속할 겁니다. 법의 구속력이 약한 사회라면, 킬러는 악인을 대신 없애주는 사회적 기능을 수행한다고 볼 수도 있습니다. 그 과정에서 악인이 사회에서 격리되니 자연스럽게 그의 유전자는 대물림되지 않겠죠. 인류가 선사시대에서 폭력적인 우두머리가 부족 간의 분쟁을 빈번하게 일으킬 경우, 그 리더를 제거하는 극단적인 선택을 감행할 수도 있습니다. 폭력적인 성향을 가진 인간의 유전자가 자연스럽게 도태되는 자연 선택의 메커니즘을 따른다는 원리인 것입니다.

강점: 독특한 설정으로 실화를 바탕으로 한 이 영화는 가짜 킬러라는 독특한 스토리라인으로 관객의 흥미를 끌어냅니다. 코미디와 스릴러, 로맨스 요소를 균형 있게 결합했습니다. 살인 장면이 없는 킬러 영화라는 점이 독특합니다. 글렌 파월과 아드리아 아르호나의 자연스러운 연기가 돋보이는 요소입니다.

단점: 제목과 달리 액션 장면이 거의 없어 일부 관객에게는 아쉬움을 줍니다. 현실에서 나타날 수 없는 과장된 장면이 현실감을 떨어뜨립니다. 후반부에서 갑자기 전개가 빨라집니다. 결말이 다소 허무합니다.

<히트맨>은 완벽한 영화라고 하기엔 아쉽지만, 색다른 경험을 원하는 관객에게는 충분히 추천할 만한 가치가 있습니다. 독특한 이야기를 선호하거나 장르의 경계를 넘나드는 작품을 선호하는 사람이라면 절대 놓치지 말아야 할 영화입니다.

리뷰 글 역시 구조적으로 접근해야 합니다. 도입부-본문-결론에 각각 어떤 내용을 넣을 것인지 먼저 얼개를 짜고 차차 내용을 채워 넣는 것이지요. 필요하다면 챗GPT에게 편집을 의뢰할 수도 있지만, 조사한 내용을 어떤 흐름으로 채워나갈 것인지는 여러분의 몫이라는 사실을 명심하세요. 매번 챗GPT에게 부탁할 수는 없을 테니까요. 그러니 여러분 만의 관점으로 내용을 채워 나가는 재미를 느껴 보시기 바랍니다. 물론 퇴고 정도는 맡겨도 무방하겠지만요.

또한 중요한 것은 강력한 도입부로 독자의 관심을 끌고, 스포일러spoiler를 최소화하며 영화의 줄거리를 간략히 요약하는 것입니다. 그것이 리뷰 글쓰기의 핵심입니다. 주제를 중심으로 해석과 관점을 제시하고, 장점과 단점을 균형 있게 분석한 후, 자신의 경험이나 감정을 연결해 보세요. 마지막으로 적확한 결론으로 영화의 추천 여부를 밝히면 좋습니다.

> **TIP** 노션 '프롬프트 정리' 페이지 [프롬프트 4-9]에 예제 전문을 업로드해 놓았으니 확인해 보실 수 있습니다.

✏️ **Memo**

 **마치며**

책의 마지막 장까지 긴 여정을 동행해 준 여러분에게 깊은 감사의 인사를 전합니다. 이 책에는 평범한 IT 개발자가 경험한 글쓰기의 온갖 노하우와 경험을 담았고, 이 여정의 든든한 동반자 챗GPT와 함께 글쓰기의 가능성을 펼쳐 보았습니다.

여러분은 이 책의 여정에서 무엇을 발견하셨나요? 혹시 챗GPT를 글쓰기 코치로 삼아, 이전과는 다른 자신만의 새로운 세계를 찾으셨는지 궁금합니다. 그리고 이 책을 통해 앞으로 어떤 삶을 설계하고자 하는지, 글쓰기로 그리는 여러분만의 미래가 조금은 명확해졌기를 바랍니다.

이 책에서 진행한 글쓰기 훈련은 단지 글을 잘 쓰기 위한 기술이 아닙니다. 삶을 바라보는 방식을 바꾸고, 새로운 관점을 제공하며, 더 나은 자신과 만나게 해 주는 마법과도 같습니다. 챗GPT와 함께한 이 글쓰기 여행이, 여러분의 삶을 더 풍성하게 가꾸었기를 바랍니다.

책을 만드는 과정은 마치 어둡고 긴 터널을 통과하는 과정과 비슷합니다. 때로는 힘들어서 중간에 멈추기도 했지만, 항상 제 곁을 지켜 준 분들이 있었습니다. 꼼꼼하게 한 문장 한 문장을 점검해 준 나준섭 편집자님, 책이 세상에 빛을 보도록 노력해 준 출판사 관계자분들, 따뜻한 지지와 격려로 곁에 있어 준 가족들에게 진심으로 감사합니다.

글쓰기의 진정한 여행은 이 책을 덮는 순간 시작됩니다. 여러분은 글쓰기로 어떤 삶을 꿈꾸길 원하나요? 여러분이 원하는 꿈으로 더 가까이 다가서기 위해 이미 첫걸음을 뗀 것이나 마찬가지입니다. 부디, 오늘 이 책과 함께 설계한 여러분만의 글쓰기 로드맵을 따라 꾸준히, 그리고 즐겁게 글을 써 나가길 응원합니다.

당신의 글쓰기가 앞으로 꾸준히 이어지길, 그리고 그 여정에 언제나 설렘이 가득 차 있기를 바랍니다.

고맙습니다.

찾아보기

알파벳

Chain-of-Thought Prompting 47
GPTs 29
GPTs 스토어 29
LLM 45
Multiple Prompting 52
Role Prompting 50
Save to Notion 54
SNS 352
Template-Based Prompting 50
Zero-shot Prompting 45

ㄱ

관점 12
교정교열 299
구어체 199
구체성 146
굴튀김 이론 255
귀납적 사고 275
글의 구조 113

ㄷ

두괄식 161

ㄹ

리듬감 309
리뷰 358
리추얼 250

ㅁ

맞춤법 97
맞춤형 지침 24
모방 185
모순 103
목차 120
묘사 168
문체 183, 195
문해력 83
미괄식 163

ㅂ

반의어 93
분위기 128
브런치스토리 343
비유 139

ㅅ

산문 195
선명도 146
스타일 319
신경가소성 279

ㅇ

에세이 263
연상 143
연역적 사고 273
오픈AI 15

요약 133
의성어 76
의인화 105
의태어 76
임시 채팅 19

편집 299
프롬프트 엔지니어링 45
필사 181

ㅈ

자기소개 255
자료 조사 235
전사 반복 129
주제 223

ㅊ

첫 문장 126
초고 210

ㅋ

캔버스 326
키워드 115

ㅌ

토큰 45

ㅍ

패러디 189
퍼플렉시티 AI 60
페르소나 228

진솔한 서평을 올려 주세요!

이 책 또는 이미 읽은 제이펍의 책이 있다면, 장단점을 잘 보여 주는 솔직한 서평을 올려 주세요.
매월 최대 5건의 우수 서평을 선별하여 원하는 제이펍 도서를 1권씩 드립니다!

- **서평 이벤트 참여 방법**
  1. 제이펍 책을 읽고 자신의 블로그나 SNS, 각 인터넷 서점 리뷰란에 서평을 올린다.
  2. 서평이 작성된 URL과 함께 review@jpub.kr로 메일을 보내 응모한다.

- **서평 당선자 발표**
  매월 첫째 주 제이펍 홈페이지(www.jpub.kr)에 공지하고, 해당 당선자에게는 메일로 연락을 드립니다.
  단, 서평단에 선정되어 작성한 서평은 응모 대상에서 제외합니다.

독자 여러분의 응원과 채찍질을 받아 더 나은 책을 만들 수 있도록 도와주시기 바랍니다.